全球化下

西方工人合作社演化的制度分析

以蒙德拉贡为例

AN INSTITUTIONAL ANALYSIS ON
THE EVOLUTION OF

WESTERN WORKER COOPERATIVES

UNDER GLOBALIZATION

TAKING MONDRAGON AS AN EXAMPLE

娄 锋 著

社会科学文献出版社
SOCIAL SCIENCES ACADEMIC PRESS (CHINA)

“合作社必须每天更新”

——阿里兹曼迪阿列塔（Arizmendiarrieta）神父（蒙德拉贡工人合作社创始人）

前 言

1844年，罗虚戴尔公平先锋社（Rochdale Society of Equitable Pioneers）的成功实践使其原则迅速传播，进而促进了西方工人合作运动的蓬勃发展。1956年，西班牙巴斯克地区诞生了一家工人生产合作社——乌尔格（Ulgor）。随后，它迅速发展并成长为全球第一大工人合作社——蒙德拉贡合作社集团（以下简称“蒙德拉贡”），蒙德拉贡的成功发展使它自身逐渐成为工人合作运动的典范，进而成为其他工人合作社借鉴和学习的对象，这意味着其制度安排在全球工人合作社中最具代表性。

20世纪90年代初，蒙德拉贡开启了大规模全球化扩张战略，并由此带来一系列的制度变革：一是合作社子公司（股份制企业）的大量出现；二是创建新型组织结构——混合合作社；三是合作社成员身份、资格复杂化。在这些变革中，一些行为已触及合作制的底线，甚至比“新一代合作社”① 还要“出格”，如在国内外设立资本主义性质的股份制子公司并雇用工人等，这引起了西方学术界的广泛关注②。

其一，持资本主义立场的学者，基于西方经济学，特别是新制度经济学分析范式解析了蒙德拉贡的新变化与新发展，认为合作社由于存在“先天”的制度缺陷，做出一系列的制度变革是必然的，工人合作社仅仅是工业化逆境期或经济危机发生时的特殊产物，最终要么演变为股份制企业，

---

① “新一代合作社”是农业合作社为应对全球化下农业生产经营新变革、新发展的一种折中方案，即按事先确定的交易量（额）来投资与分配收益，这又可被视为按约定的入股金来投资与分配收益，该类合作社既有合作制的特征，又有股份制的特征。

② 蒙德拉贡在当前实践中的新变化与新发展尚未引起国内学术界的关注，对这些新变化进行深入制度解析的文献更未出现，原因正文中详述。

要么消亡，或被股份制企业取而代之，劳动者所有、管理并占有剩余的企业终将消失。

其二，肯定合作社或支持合作化立场的研究者可分为三派，其中少数研究者认为，蒙德拉贡全球化战略的实施，特别是大量资本主义股份制子公司的出现是工人合作社的变异、退化，甚至允许非工人劳动者（纯投资者）成为社员等是对合作精神的背叛；而另一部分研究者则认为在全球化下，蒙德拉贡发展中出现的股份化是合作制与股份制由并列甚至对抗走向交融，是“相互融合，是一种多元化模式，两者并行不悖”，蒙德拉贡不会演化为股份制企业。而更多的研究者认为，蒙德拉贡的新变化与新发展不是变异，是在国内外市场、技术环境等条件发生了巨大变化下，不得不做的调整，该调整是在坚持合作社核心原则的基础上展开的，但他们同时也表达了对蒙德拉贡嬗变为资本主义股份制企业的担心。这部分研究者的研究多为事实描述，大多没有基于制度分析方法来深刻揭示蒙德拉贡新变化、新发展的本质及新变化、新发展的深层机理，即研究尚未深入合作社内部治理结构设计、制度构建、运行机制分析等问题，而新制度经济学的研究早已深入涉及上述问题，导致他们在与持资本主义立场的学者的论战中明显处于劣势。

当前，西方对工人合作社进行制度解析的主流工具——新制度经济学有其合理成分，但它以个人主义方法论作为组织理论研究的基础，理论渗透着唯心史观，把合作社问题置于交换领域研究，使合作社理论仅限于市场运行层面的解释。我们认为研究合作社不能限于从个体出发，应从社会和个人两方面入手，合作不是一个可以抽象成没有历史的交易模型，不应机械、静态（或比较静态）地分析问题，应将工人合作社放入人类工业生产的历史演进中研究，做到理论逻辑与历史逻辑的统一。因此，我们基于马克思制度分析的合理内核（唯物史观），借鉴和吸收新制度经济学、新古典经济学以及企业组织、管理理论的合理成分，经过扬弃，有机合成而构建一个崭新的关于合作社产生、发展与变革的“生产社会化—产权社会化—管理、分配社会化”制度分析框架、分析范式（以下简称“社会化制度分析理论”），以丰富、创新和发展马克思主义工人合作社理论。

创新的分析框架、分析范式相对于西方经济学分析理论，无论是在深度，还是在广度上均拓展了我们的视野，深化了我们对工人合作社产生、发展演进内在规律的认识。基于创新的分析框架、分析范式的解析，揭示了以蒙德拉贡为代表的工人合作社在全球化下的变革不是合作社向资本主义企业的异化，而是工人合作社为顺应生产社会化内在要求而进行的产权、管理、分配关系社会化的适应性调整①，是当代工人合作社制度安排的积极变革，是在充分利用资本主义各类市场特别是资本市场将合作社做大做强，使其能在与资本主义企业激烈的市场竞争中生存与发展下去，这意味着我们需要动态、辩证地看待工人合作社的上述变革。

以蒙德拉贡为代表的工人合作社在经济全球化背景下的制度变革实际上是，通过部分否定合作社制度——主要是与合作社生产社会化不相适应的制度安排，使合作社能在激烈的全球化市场竞争中生存与发展下去，进而才能确保合作社的主体制度不变质，才能保证这类特殊的企业组织形式存续下去。此外，以蒙德拉贡为代表的工人合作社的变革是合作运动未来发展的共同趋势，它不是工人合作社独有的变化，在西方农业合作社及其他各类合作社发展演进中都有类似表现，进而可探索市场经济下合作社发展、演进的最一般规律。因此，对蒙德拉贡的当代变革进行全面、深刻的制度解析，揭示合作社产生、发展演进的最一般规律，并结合我国改革开放以来农业合作化的具体实践，可为解决我国各类合作经济组织特别是农民合作社发展中的“两难困境”② 提供重要的启示与借鉴。

此外，蒙德拉贡中合作制的主体地位没有改变，股份制处于从属地

① 这一适应性调整并非股份制与合作制的并行共存，甚至相互融合，而是工人合作社在资本主义社会大环境下，生产社会化——生产关系社会化变革的结果，由合作社发展、演化的内在机理决定。

② 当前，我国农民合作社的制度安排带有明显的股份制色彩，理论界已认识到这是现实国情造成的，但这类合作社是否能实现可持续发展？在新时代要求下如何发展？一些学者认为合作社应依照《中华人民共和国农民专业合作社法》（2007 年版、2017 年版均是按西方经典合作制原则制定）先规治，后发展，但对于这种为实现农业现代化的“合作化西式道路”是否可行，理论界尚无定论。总之，当前理论界正处于认识的“两难困境”：当前势头迅猛的非经典合作社发展是否可持续？规治后再发展的“合作化西式道路”是否可行？

位，是其生产社会化在广度和深度上拓展所利用的“工具”，蒙德拉贡依然坚持施行多数企业资产全体劳动者所有、劳动者民主参与企业管理并按劳分配盈余的基本原则，即使在其子公司、在其雇佣工人中也大力推行全体劳动者民主参与管理，体现了使工人阶级成为企业真正主人的宗旨，同时还坚持对子公司进行合作化改造的指导原则不变。新时代，在中国农民合作社变革进一步深化的进程中，蒙德拉贡所提倡的劳动者参与制和共享制是我国社会主义核心价值观的具体反映，蒙德拉贡的成功经验对于我国农民合作社民主管理及全员共享制度的构建、发展具有重要的借鉴意义。

本书的内容如下。第一章对研究背景、意义，基本概念和研究对象的界定与分类，以及研究的重难点、创新之处进行了系统说明。

第二章介绍了西方合作社思想的起源及相关流派，阐明了合作社原则、目标追求等产生与发展的过程，以正本清源。

第三章对所能穷尽的国内外关于工人合作社的前沿文献进行了全面、系统的梳理，同时收集、整理了西方学术界关于工人合作社，特别是蒙德拉贡在全球化下的新变化、新发展的研究资料（这方面国内相对欠缺），进而结合工人合作社产生与发展演进的历史事实进行了分析与评述。

第四章阐述了蒙德拉贡的产生、发展与制度演化，尤其是对蒙德拉贡在全球化扩张中所展现出来的新特点进行了详细介绍与分析，指出蒙德拉贡在全球工人合作社中一枝独秀，这种独特性表现为：一是其企业文化支持系统不仅是单纯的经典合作社文化、合作精神与价值追求，还有机融合了本地的宗教信仰、文化传承等，因而它具有复合型企业文化特征；二是独特的内部制度设计；三是应对内外部挑战特别是全球化挑战，基于实事求是的态度，采取了收购或兼并资本主义企业为自己的子公司、与资本主义企业合资设立子公司、独立投资设立子公司等多样化的应对措施；四是构建了自己的一套产权、管理及分配关系社会化扩展体系；五是勇于创新，对全资子公司进行合作化改造等。进而在上述历史事实分析的基础上，深入揭示了蒙德拉贡产生、发展和当代演化的本质。

第五章对比分析了马克思制度经济学和新制度经济学产权理论，指出了后者在合作社产权制度分析中的不足。以前者为主要分析工具，借鉴后者的合理成分，深入揭示西方工人合作社产权制度的设立基础、产权制度的基本模式及变革模式等。结合前一章研究成果，构建生产社会化—产权社会化—管理、分配社会化分析框架，深入揭示了工人合作社产权制度产生、发展与变革的根本原因，揭示其未来变革的方向。最后，运用生产社会化—产权社会化—管理、分配社会化分析框架，对合作制企业与现代股份制企业的产权制度、产权社会化程度等进行了深入的对比分析，揭示了两种企业制度最本质的属性与差异，最后说明了工人合作社为什么不能成为工业领域最主要的生产经营组织形式。

第六章首先研究了马克思制度经济学与新制度经济学分析范式对企业管理制度的产生及管理权归属问题的理论分歧，指出了新制度经济学分析范式的理论缺陷。随后，以前述分析为理论基点，运用生产社会化—产权社会化—管理、分配社会化分析框架及分析方法，着重探讨了西方工人合作社管理制度的产生、特点、模式、内部治理结构及其发展演进等，从而揭示了全球化下工人合作社呈现从“社员中心管理模式”逐步向“利益相关者管理模式”转变的趋势，管理关系表现出社会化变革趋势。

第七章对比分析了新古典经济学、新制度经济学与马克思制度经济学的价值决定及收入分配理论，揭示了马克思价值决定及收入分配理论的科学性，以此为逻辑起点，运用生产社会化—产权社会化—管理、分配社会化分析框架及分析方法，解析西方工人合作社的分配制度——复合分配制度的特征、本质及其发展演进的决定因素等。

第八章基于对以蒙德拉贡为代表的西方工人合作社的制度分析，阐明了它们给我们带来的理论（规律、经验等）和政策启示，对西方工人合作社的演化进行制度分析的意义主要体现在这一部分中。具体结合蒙德拉贡全球化扩张前后制度变革的历史事实，以及对此进行的制度解析，说明工人合作社在全球化背景下的变革是一种适应生产社会化的表现，是合作社进行产权社会化，管理、分配社会化的适应性调整，是工人合作社的积极变革。这一变革不是对合作社本质的否定，是部分否定、是扬弃，以肯定、保证合作社的主体属性不变。向社会化方向发展的趋势不是工人合作社独有的表现，它是当代西方合作运动的共同发展趋势，因此它对我国农民合作社及各类合作组织的未来发展具有重要的借鉴价值。基于上述分析，结合当前中国农民合作社发展的现实问题，提出相应启示。

目　录

第一章　导论

一　研究背景

为反抗工业与商业资本家的剥削，改善自身生存状况，1844 年，英国罗虚戴尔小镇的 28 名纺织工人将各自的资金聚集起来，共同成立了一家消费合作社——罗虚戴尔公平先锋社（Rochdale Society of Equitable Pioneers）。罗虚戴尔公平先锋社作为西方合作运动成功实践的典范，确立了合作社劳动者所有、民主管理和劳动者受益（按劳分配）的基本制度框架。随后，基于罗虚戴尔公平先锋社原则，合作社作为一种不同于股份制企业（或资本主义企业）的新兴企业制度不断发展、壮大并成为各国经济中不可忽视的、重要的生产经营组织，发挥着不可替代的作用。

当今世界，合作社在西方社会的多个领域都呈现活跃状态。与股份制企业不同，由于是劳动者自己拥有并民主管理的企业，合作社能为不同生产经营领域、不同类型的劳动者成员提供更多的福利，最大限度地保证了劳动收益归劳动者成员所有。因此，在全球化加大贫富差距的背景下，合作社起到了一个重要的平衡作用。Munkner 在 1995 年指出："现代合作社是在 19 世纪中叶的产业革命时期被创立的，一直以来人们把它作为一种组织形式去应对迅速而又广泛的社会、经济和技术变化。"[①] 从当前情况来看，Munkner 的认识仍不过时，合作社在 21 世纪经济社会，特别是在当下

---

① 转引自高峰（1998，第 185 页）。

全球经济一体化的深入发展过程中仍将持续发挥重要作用。

在罗虚戴尔公平先锋社之前，早期的西方合作经济思想往往表现出双重目标：在政治上改良甚至改造资本主义制度，在经济上改善劳动者的生存状况。但随着国际合作运动的不断演进，合作运动的目标也在不断发生变化，这种变化主要表现为：随着合作运动的发展，西方合作运动逐渐放弃政治层面的诉求，转而寻求合作社在经济上的单一目标。由于目标的转变，合作社减少了来自资产阶级政府方面的阻力①，甚至还得到资产阶级政府的支持，这使得西方合作运动发展至今，演变出很多不同种类、功能的合作社。如按功能可分为消费合作社、信用合作社、生产合作社、住房合作社等；按合作社所在的领域又可分为农业合作社、工人合作社等。工人合作社又可分为工人生产合作社，工人保险、医疗、消费合作社等，如罗虚戴尔公平先锋社就是一个工人消费合作社，但由于本书研究的主要对象是蒙德拉贡，其主体是工人生产合作社，生产合作社外围也存在一些为它服务的合作社，如工人消费合作社、信用合作社、住房合作社、保险合作社等，这些合作社大多是为工人生产合作社服务的，在不引起歧义的情况下，本书中工人合作社指的是工人生产合作社，如有不同会特别说明。

工人合作社的基本特点是所有者与生产、经营管理者同一，全为工人劳动者②，但所有者与惠顾者大多不同一，即工人合作社的成员大多不是合作社产品的消费者；而服务型合作社，如西方大量存在的农业或农场主

---

① 倍受西方推崇的《新帕尔格雷夫经济学大词典》反映了西方经济学界对经济事物评价的主流观点，该词典是这样解读合作社的（1992 年版，第 719 页）：“1834 年著名的德贝（Derby）工人罢工之类的劳资争议与合作社的造反思想有关……欧文主义的失败导致了合作社渐进主义概念，虽然 1844 年诞生的消费合作社（罗虚戴尔公平先锋社：引者注）绝不是共产主义思想的贬值。”西方将罗虚戴尔公平先锋社视为合作社成功的典范，其构建的基本原则被国际合作社联盟（ICA）及大多数国家接受。上述解释说明西方经济学界的主流意识认为：合作社与共产主义思想有密切联系。同时，合作运动初起时，在理论上，人们将它看作消除社会不公、和平改造资本主义的手段。在实践上，一些合作社明确表示拒绝与资产阶级政府合作，既不接受政府的资助，也不受它干预。而资产阶级政府或者采取限制的立场，想方设法阻挠合作社的发展；或者采取听之任之的态度，将合作社纳入商法和民法的约束范围。

② 所以，西方研究者也将工人合作社称为生产者或工人拥有的企业，即 Worker Owned Firm，简称 WOF。

合作社的所有者与惠顾者大多同一。尽管服务型合作社与工人生产型合作社有很大的不同，但两者都是基于罗虚戴尔公平先锋社原则或者其演化原则（如“95原则”等）构建起来的，这是它们的基本共同点。两者具有相同的制度构建原则，但在数量上，工人生产型合作社比服务型合作社要少很多。本书主要以西班牙蒙德拉贡合作社集团为例解析当今工人合作社在全球经济一体化下的新发展、新变革。以蒙德拉贡为例主要是因为它在发展中经历了多次经济危机依然焕发勃勃生机，并且它为应对全球经济一体化所进行的制度创新与变革也非常成功，是当今世界工人合作运动成功的典范，进而成为全球其他工人合作社借鉴和学习的榜样，这意味着其制度安排在世界工人合作社中最具代表性[①]。

蒙德拉贡合作社集团[②]始发于1956年西班牙巴斯克地区诞生的一家工人合作社乌尔格（Ulgor）。随后30多年间，在合作社工人们不断的努力和创新下，乌尔格发展为今天全球最大的跨国工人合作社集团。秉承“合作、参与、社会责任、创新”的价值观，如今的蒙德拉贡是一家集工业、零售、金融、教育四大领域于一体的大型工人合作社，生产范围覆盖全球5大洲，截至2015年底，已在全球范围内设立了128家生产工厂及9个办事处，共有74335名员工。工业和零售是它生产经营最重要的两大领域。2015年，蒙德拉贡在工业领域的销售总额为50.95亿欧元。其中，国内销售额14.85亿欧元，国外销售额36.10亿欧元，从事生产的员工达32925名，投资项目209个；零售领域销售总额为62.73亿欧元，员工达37800名，零售店1896家。在技术创新发展方面，截至2015年，共有15个研发中心，获得了451项发明专利。[③] 表1-1具体展示了国际合作社联盟（International Co-operative Alliance，简称ICA）于2016年统计的、世界排名前10的工人合作社的年收入数据。2015年，蒙德拉贡的总收入是133.5亿美元，居第二位的则是

① 甚至，蒙德拉贡已成为工人合作社的代名词，当前凡是研究工人合作社的文献大多会以蒙德拉贡为“标尺”进行对比分析。

② 简称“蒙德拉贡”，亦称“蒙德拉贡联合公司”（Mondragon Cooperative Corporation，简称MCC），现为西班牙第七大集团、世界500强企业之一。

③ “Humanity at Work 2016,” http://www.mondragon-corporation.com/wp-content/uploads/2017/MONDRAGON-ING.pdf，2017-09-20.

美国的北新电力合作社，总收入仅为 21.3 亿美元。

表 1-1 世界排名前 10 的工人合作社总收入

单位：亿美元

排名	合作社	国家	2015 年总收入
1	Mondragon	西班牙	133.5
2	Basin Electric Power Cooperative	美国	21.3
3	Oglethorpe Power Corporation	美国	13.5
4	Tri-State G&T Association	美国	13.4
5	Central Electric Power Cooperative Inc.	美国	12.2
6	ORES Assets	比利时	11.7
7	Eandis System Operator	比利时	11.7
8	Seminole Electric Cooperative	美国	11.0
9	Associated Electric Cooperative Inc.	美国	10.9
10	North Carolina Electric Membership Corp.	美国	10.9

资料来源：整理自国际合作社联盟统计数据（http：//monitor. coop/en/download-years-monitor-previous-editions-and-complements，2018-09-11）。

根据表 1-1 的数据，2015 年工业领域全球排名前 10 的工人合作社总收入为 250.1 亿美元，蒙德拉贡占 53.37%，蒙德拉贡的总收入超过了后面 9 家工人合作社的总和。蒙德拉贡的成功绝非偶然，这是它为了应对全球经济一体化而不断进行制度创新与变革的结果。1990 年以后，随着全球经济一体化的深入发展，蒙德拉贡开始了其全球化扩张战略①，与此相适应，蒙德拉贡对内部制度安排进行了一系列重要变革，这些变革引起了西方学者的广泛关注，部分研究者认为这是工人合作社的变异、退化，是对合作精神的背叛，但也有西方学者持相反意见，认为当代工人合作社的变革是在坚持合作社核心原则的基础上进行的，因此工人合作社并没有变异或变

① 20 世纪 90 年代初，蒙德拉贡为适应经济全球化发展的要求，于 1991 年 12 月召开了合作社大会，373 位代表多数认为蒙德拉贡正面临着经济全球化的挑战，新形势下的合作社仍然有它的优势。但是在激烈的全球化竞争面前，合作社的规模和实力变得越来越重要。因此，需要考虑如何获得更多的外部资金和技术，需要有效地解决坚持资本从属性原则和提高获得资本能力的统一性问题，这意味着蒙德拉贡需要与时俱进，需要走向全球以寻找更多合作伙伴等。引自中华全国手工业合作总社考察团（2004，第 20 页）。

质，相关变革是工人合作运动的实践创新。

从国内的研究现状来看，蒙德拉贡作为工人合作社的成功典范，早期在我国得到了较多的关注[①]，但随后发现蒙德拉贡的成功极难“复制”，特别是随着全球化战略的推行，它的外在经济行为越来越“像”股份制企业，国内学术界认为将其作为工人合作社学习、借鉴的价值已不大[②]。因此，国内关于蒙德拉贡的研究越来越少，近十年来逐渐减少至当前几乎“销声匿迹”[③]，已有的研究大多属于经验或描述性资料的堆积且较为陈旧，部分研究对蒙德拉贡的企业制度有误解，如认为蒙德拉贡是社会主义甚至是共产主义性质的企业等；或认为蒙德拉贡的产生源于空想社会主义思想，蒙德拉贡是在所有制上与资本主义企业对立的生产经营组织，是经济民主的典型模式或者是颠覆资本主义企业的模式；等等。20世纪90年代国内虽然有学者对西方工人合作社进行过深入的制度分析，但恰好是工人合作社实施全球化战略变革之前的研究，而近20多年来，随着工人合作社的全球化扩张与发展，其制度发生了一系列新变化，这些变革“折射”出当代合作社最新和最前沿的发展趋势，因此研究当代工人合作社的制度变革就变得十分重要。

二　研究意义

（一）理论意义：丰富马克思主义工人合作社理论

研究工人合作社的理论大致可归为两类：一类是建立在历史唯物主义与辩证唯物主义理论基础之上，以马克思主义政治经济学为分析工具的工人合作社（或合作工厂）理论；另一类建立在“经济人”假说基础之上，主要以

① 主要将蒙德拉贡视为合作社或股份合作社成功发展的榜样进行研究，这类文献在20世纪90年代至21世纪初较多。

② 不过至今仍然还有少数研究者将蒙德拉贡视为经典合作社，认为它“严格管控资本的逐利性”“严格遵守一人一票的民主管理模式”等（解安和朱慧勇，2016，第62~63页），是我国合作社学习的榜样。

③ 依据中国知网的信息，2006年前每年有2~6篇涉及蒙德拉贡的论文，而2006~2015年每年仅有1~2篇，2016年后这类文献就基本不见了。

新古典经济学、企业组织理论，特别是新制度经济学为分析工具的工人合作社理论。当前，西方学术界对工人合作社的关注大多站在资本主义政治立场，利用新古典经济学的厂商理论和新制度经济学的产权、契约理论等西方经济学分析工具，研究工人合作社的制度安排及其生产经营活动。

新古典经济学的厂商理论将制度视为既定外生变量，主要运用均衡与边际分析方法，为合作制企业[①]在市场经济中的运作建立了完美的数学模型，然而事实证明，制度对企业的影响是极其重要的。基于这一点，新制度经济学在对新古典经济学的批判中“异军突起”，吸收并继承了新古典经济学的理论内核，在坚持“经济人”假说、个体收益（效用）最大化原则的前提下，将“制度”作为一个变量引入经济学分析，并提出以产权理论和交易费用理论为核心的制度分析框架。它对一系列企业组织的研究丰富了人们对微观经济问题的认识，但应该看到新制度经济学不仅有着特殊的时代背景与阶级基础，而且存在重大理论缺陷。新制度经济学以个人主义方法论作为企业组织理论研究的基础，其理论渗透着唯心史观；而马克思主义经济学则以唯物辩证法作为企业组织理论研究的根本方法，其理论始终贯穿着唯物史观。新制度经济学以“新经济人”假设作为企业组织理论研究的出发点，使其理论陷入了形而上学思维；而马克思主义经济学则以历史的、现实的人作为研究的出发点，使其企业组织理论的研究在辩证联系中展开。新制度经济学采用比较静态的方法，把企业组织问题置于交换领域研究，使企业组织理论仅限于市场运行层面的解释；而马克思主义经济学则运用系统发展的观点，在生产与交换的有机结合中研究企业的问题，既能认识企业的市场运行特征，又能认识其深层的本质关系。此外，新古典经济学、新制度经济学或企业治理理论要么从合作社生产经营方式，要么从合作社的内外部制度安排，基于静态或比较静态分析方法解析合作社的发展演化，没有综合联系两者从动态、辩证的视角研究合作社的发展演化问题等。

总之，本书认为对工人合作社的研究应坚持以下观点。①合作社的产生、发展与变革不是基于成本（或交易费用）-收益权衡、由人的主观意

① 西方理论界将合作社视为一类特殊的企业，即劳动者或工人拥有的企业。

识决定，而是由生产力水平、物质生产方式决定。②研究合作社不能从人的主观意愿入手，而应从人们所处时代的生产方式出发，并将合作社与劳动者的全面发展联系起来。③合作是在一定生产力水平与历史背景下的合作，不能将其抽象为一个没有历史的交易模型，更不能在这样的交易模型中去寻找工人合作社产生、发展演进的规律，而要基于人类工业生产组织发展演进的历史进程，动态地研究合作社的产生、发展与变革，如此才能做到理论逻辑与历史的统一。合作社并非在人类工业生产组织产生伊始时出现，对合作社产生、发展演进的研究不可割裂其演进的历史过程。[①] ④研究合作社不能仅仅从“理性经济人”个体出发，应从生产力与生产关系矛盾运动、对立统一的视角研究合作社的发展与变革。⑤生产关系是合作关系的基础，但合作不仅表现为生产关系，也表现为生产力。研究合作不能单从生产关系或生产力单方面入手，静态（或比较静态）、机械地研究合作社的产生与发展演进规律。⑥研究合作社应从社会和个人两方面入手，从共同利益和个人利益的辩证关系中研究合作，用整体分析和个体分析相结合的方法研究合作社问题。

基于以上观点，本书以马克思主义政治经济学为理论基础，吸收借鉴西方经济学的合理成分，并综合运用发展经济学、产业经济学等分析工具，将规范与实证分析、动态与静态分析、定性与定量分析相结合，并大量运用历史统计数据比较分析，力求将西方工人合作社在当前新经济、技术条件下的发展与变革解析得更准确、合理与全面。

（二）现实意义：促进中国农民合作社发展

从现实角度看，我国并没有真正意义上的工人合作社，我国的合作经济组织在经济领域的实践主要表现为农民合作社，但本书从更一般意义的

① “没有从资本主义生产方式中产生的工厂制度，合作工厂就不可能发展起来；同样，没有从资本主义生产方式中产生的信用制度，合作工厂也不可能发展起来。”［马克思：《资本论》（第三卷），人民出版社，1975，第498页］工人合作社是在生产力与生产关系矛盾运动辩证统一规律支配下，工业生产发展演进至资本主义市场经济后，工业领域内的劳动者为反抗资本家的剥削与压迫、为适应工业生产力的发展而按合作制原则联合起来、构建的一类生产经营组织。

视角研究合作社，可通过对当代西方工人合作社的发展与创新研究，揭示合作社产生、发展演化的内在机理及其未来变革的方向，而这一变革的方向不只是工人合作社的发展趋势，当代西方各类合作社都表现出类似变革趋势，所以它也值得我国农民合作社以及各类合作经济组织借鉴、学习。

劳动者拥有企业所有权，体现了马克思主义工人合作社理论所提出的使工人阶级成为企业真正主人的宗旨，否定了资本拥有企业所有权和管理、分配决策权，企业在没有资本家的情况下也能进行生产，并且生产经营效率并不比相同领域、相同规模的资本主义企业低，特别是在经济危机时甚至还要高。不仅如此，作为西方工人合作社的典型代表，蒙德拉贡所施行的全体劳动者民主参与管理并按劳分配净收益的原则，能在很大程度上提高工人的生产积极性，有利于组织生产经营效率的提高。新时代，在中国农民合作社创新、发展进一步深入的进程中，合作社模式所提倡的劳动者全面参与制、民主管理与利益共享制正是当前合作社改革应着力推进的。蒙德拉贡在劳动者参与制与共享制推行与实施方面，有许多成功的经验值得我们学习与借鉴。

此外，西方对工人合作社当前的一系列深刻变革进行了深入细致的研究，这方面的文献可谓“汗牛充栋”，而国内相关研究数量少且严重滞后，深入解析西方工人合作社当代新变化、新发展的文献，特别是进行深入制度解析的文献尚未出现，本书为弥补这方面的缺憾起到一个抛砖引玉的作用。

三 “合作”的界定以及工人合作社的定义与分类

（一）合作社中“合作”的界定[①]

合作社中的“合作”（Cooperation）是一个极易被混淆的概念，许多人认为合作就是协作（Coordination）。合作是指社会成员之间为了某一目的或利益，按预先达成的规则或制度安排，协同互助、共同行动以不断改善合作者的生存状况。它反映的是合作者在社会经济活动中平等互助的一种经济关系，这种关系分别建立在以下两类生产资料占有方式之上：一是

① 参考娄锋（2017，第14~20页），有重要更新与修改。

合作者共同所有经济活动中的生产资料；二是合作者按份所有与共同所有相结合，基于合作关系共同控制、管理、使用经济活动的生产资料并分配最终收益。而协作是指“许多人在同一生产过程中，或在不同的但互相联系的生产过程中，有计划地一起协同劳动……不仅是通过协作提高了个人生产力，而且是创造了一种生产力”①。可见，协作是生产力范畴，而合作则是特定生产关系（即合作关系）下的协作。协作可以创造新的生产力，这为许多经济学家（斯密、马克思、奈特等）所承认，但这种创造不一定是在合作关系下形成的。

在人类生活及经济活动中，某些家族、村落或人群根据习俗或约定（大多是口头的、临时性的契约）采取短期的、一次性的、阶段性的萌芽合作行为，是非常普遍的。例如，自古以来，世界上一些地方劳动者在生产繁忙时会按约定进行合作生产，如在农业生产领域，农民就有在收获时协作“护秋”以防盗贼和野兽的传统。严格地说“护秋”形成的组织只是一种劳动组合，是一种自发的、最简单的、萌芽状态的合作社形式。劳动组合与合作社的区别在于以下三点。第一，劳动组合是低生产力水平下的一种临时的、简单的协同劳动，没有规范化的分工协作、没有系统化的组织制度安排；而近现代合作社是在生产力发展到一定水平，具体说是在资本主义工厂制度确立之后产生的，是生产力发展的必然结果。合作社有规范化的分工协作、有系统化的组织制度安排。第二，劳动组合是小生产者的劳动联合。是因为个人的力量太弱小，希望借助集体的力量来增强个人力量。联合中没有财产转移，没有规范化的制度安排与分工协作，联合前后没有生产关系的变化；而合作社是生产社会化、劳动社会化、产权社会化②的产物，因而合作社是社会化生产劳动的联合体。合作中有财产转移，有规范化的制度安排与分工协作，合作前后生产关系发生了变化，即合作意味着一种新的生产关系产生。第三，劳动组合往往是自然经济下，小生产者们在生产活动中自发组织的一种联合形式（如联合的家庭手工作坊），联合是暂时的，组织是松散的，容易受外部势力的左右甚至是被控制。而

① 马克思：《资本论》（第1卷），人民出版社，1975，第362页。

② 对于生产社会化、劳动社会化、产权社会化，后文会详细解释。

合作社是相对组织严密（有系统化、规范化的组织制度）、稳定并有既定发展目标、纲领与价值追求的生产经营组织，因而合作社常常成为反对工业资本家盘剥的中坚力量。

总之，合作应具有以下一些基本特征。一是合作主体的独立性，即参与合作者应是能够独立进行合作活动并能对其活动负责的主体。合作者应拥有人身自由，能够自由支配自己的劳动，拥有自身劳动能力的产权（劳动的主观条件），同时又独立拥有或掌握一定的、能够自由支配的生产资料，即拥有生产的客观条件，这是形成和参与合作的前提条件。二是合作者的社会地位、社会化生产中的分工角色，在一定程度上是相同的（即具有一定的同质性），这决定了合作中合作者的行为目标是一致的，志同道合才能产生有效而持久的合作。三是合作行为的互助共赢。合作行为使合作各方获得并分享合作盈余，是合作者双方的双赢、多方的共赢。合作是一种平等互利的协同互助活动。人类在发展中，不断竞争、对抗、冲突，从无数次反复博弈的伤害教训中逐渐学会了妥协，懂得了通过谈判实现合作，实现双赢，甚至是多方共赢。因此，著名的自由主义思想家哈耶克在体现其毕生思想的最后著作《致命的自负》（2001，第1~2页）里开篇就指出："我们的文明，不管是它的起源还是它的维持，都取决于这样一件事情，它的准确表述就是在人类合作中不断扩展的秩序。"

（二）工人合作社的定义

工人合作社是进行工业生产的一类生产经营组织，是按特定的制度（合作制）构建，在工业中从事生产经营活动的合作组织。在西方，工人构建的合作社既有从事工业生产经营的，也有从事工人生活消费、住房、金融、保险、交通工具等服务的。西方文献常常将工人从事工业生产经营的合作社称为工人合作工厂[①]，为了讨论上的方便，下文中"工人合作社"

---

① 特别是西方的早期文献将工人从事工业生产经营的合作社称为工人合作工厂，但近代工人从事工业生产经营的合作社已不仅仅包括合作工厂部分，还包括为合作工厂生产经营提供消费、保险等各类服务的合作社，这里采用"工人生产经营合作社"或"工人合作社"，它包含的内容相对更宽泛，但工人合作社的主体还是合作工厂，书中研究对象主要是工人合作社的主体，同时也会涉及为其服务的合作社（涉及时会特别说明）。

与“工人合作工厂”是指同一概念。

从托马斯·莫尔（Thomas More）、昂利·圣西门（Henri Saint-Simon）、查尔斯·傅立叶（Charles Fourier）的空想社会主义到1824年罗伯特·欧文（Robert Owen）在美国的实验，再到1844年12月24日罗虚戴尔公平先锋社在英格兰的诞生，合作社逐步从理想变为现实，并在不断地实践、变革中成为一种独具特色的生产经营组织，遍布全球各行各业。因此在西方，对合作社的研究已成为经济学研究的一个重要领域。

国际劳工组织的《合作事业教程》(*Co-operation: A Workers' Education Manual*) 定义工人合作社（龚华斌和卢大晶，1994）：“是一个基于自愿而组织在一起的、为达到共同目标的生产经营组织；工人社员同等出资，共同承担风险，民主管理，共同受益，并积极参与其活动。”

法国全国合作社联盟（1986，第1~2页）的解释是：“合作社是一种经济组织，社员集体拥有资产，民主管理，盈余分配按社员劳动投入而不是按他们出资股金的多少。”

在瑞典，合作社被定义为生产者（社员）拥有和控制的公司（王洪春，2007，第8页）。

此外，一些经济学者也给出了定义。

Meade（1972，p. 401）认为工人合作社是“人们联合起来形成集体或合伙形式来经营的企业；他们雇用资本，购买其他投入品，根据市场价格机制生产、出售企业产品，并承担风险，将最终盈余分配给自己；根据工人的等级或技能获取相应的份额；他们的基本目标是人均收益最大化”。

Selucky（1979，p. 179）认为：“工人合作社实行‘生产资料集体所有并由利用它们的劳动者进行管理’”，是一种“劳动雇用资本而不是资本雇用劳动”的企业。

Bonin和Putterman（1987，p. 1）指出工人合作社是“最终决策权由工人们自己掌握，以权利平等为基础，依据职业、技能级别而不是投入资本多少来决定收益”的企业。

Scott（1992）认为，具有下述特征的劳动者管理型企业称为工人合作社：“第一，工人们集体控制生产资料；第二，工人的劳动力不是出卖给雇主以换取工资的商品。因为工人是剩余索取者，他们是为了得到企业收入的份额而劳动，而不是为了一份工资”。

Herrera 和 Davó（2016，p. 150）认为，合作社是社会组织，依靠成员间的合作产出积极的经济和社会成果，其构建基础是合作社伦理价值。在合作社中所有权与控制权掌握在成员工人手中，而在资本主义企业中所有权与控制权掌握在股东手中（股东提供资本）。合作社是一个工人拥有并民主控制的自治企业，它制度化的做法包括民主管理、企业教育、可持续就业和合作劳动。

然而，合作运动毕竟是一个国际性的运动，因此合作社必须有广为世人接受的定义。国际合作社联盟在成立 100 周年的大会（1995 年）上，给出了合作社最权威的定义，基于该定义可认为工人合作社是：自愿联合的工人，为了满足他们共同的经济、社会需求而通过联合拥有和民主控制的方式组建起来的自治企业。[①]

综上所述，可以得到关于工人合作社的定义。

①工人合作社是为实现经济上自我独立的工人劳动者组建，由工人社员所有并民主管理的生产经营组织，这决定了它追求的目标是工人社员利益最大化，而不是投资的利润最大化，这也决定了它的收益主要按工人社员劳动付出的质与量进行分配。工人社员向合作社投入股金表明他们获得了成员资格，股金可以分红[②]，但红利受到限制。

②工人合作社具有一定的社会属性，它反映了一类生产关系，也代表了一种生产力。

③人的联合是自愿的，工人社员有加入和退出合作社的自由（权利），“工人合作社对所有能够利用其服务并愿意承担社员义务的人开放，无性别、社会阶层、种族、政治观点和宗教信仰的歧视”[③]。

④工人合作社是“自然人”或“法人”的联合而不是资本的联合。基

---

① 引自 *Statement on the Co-operative Identity*（International Co-operative Alliance，1995），p. 1。

② 这里需要说明，西方多数工人合作社对社员投入的入门（或资格）股金不支付红利（或利息），只有超过的部分才支付红利（或利息），但也有少部分合作社对社员投入的全部股金支付红利（或利息），但不论是何种情况，支付红利（或利息）的利率均受到限制。

③ 引自 *Statement on the Co-operative Identity*（International Co-operative Alliance，1995），p. 1。

层合作社一般由单个“自然人”组成，但联合社可能有“法人”加入。

⑤工人合作社是工人社员联合所有（Jointly Owned）和民主控制的企业。[①] 合作社的财产是社员按份共有（Divided Owned）和集体共同共有（Common Owned）（不可分割的公积金积累一般为社员共同共有——笔者注）的结合；民主控制是指社员通过社员大会讨论并通过平等投票（在基层合作社里，实行“一人一票”；联合社按各合作社人数比例投票）决定合作社的基本政策和重大事项。工人合作社的所有权关系决定了它不同于私营企事业单位或国有企业。[②]

⑥工人合作社“满足共同的经济、社会和文化需要”，明确了合作社为社员、社区及文化建设服务的目标；当然，工人合作社的首要目标是通过共同努力，提高社员的收益，改善其生存状况，即“满足共同的经济利益需要”是合作社生产经营的主要目的。

⑦合作社这类生产经营组织形式在农业领域最多，这与农业特殊的生产方式密切相关。农业合作社与工人合作社的基本构建原则、制度特征及价值追求等是一致的，它们最大的区别是：农业合作社分布于农业生产领域，且基本上是服务型合作社，即为家庭农场提供产前、产中和产后服务，所有者与惠顾者（接受合作社服务的人）同一，合作社是所有者、惠顾者与生产经营终极管理者三者同一；而工人合作社分布于工业生产领域，是生产型合作社，合作社的所有者与惠顾者大多不同一，但生产经营终极管理者与所有者同一。[③] 此外，农业合作社生产经营的主要目的是服务成员，而工人合作社生产经营的主要目的是服务社会，即产品提供到市场上销售，参与市场竞争，在这一点上，它与资本主义企业是相同的。

综上所述，工人合作社是工人劳动者成员所有、民主控制并按劳分配收益的企业。尽管近年来西方工人合作社发生了一系列的变革，有研究者

① 引自 *Statement on the Co-operative Identity*（International Co-operative Alliance，1995），p. 1。

② 引自 *Statement on the Co-operative Identity*（International Co-operative Alliance，1995），p. 1。

③ 早期的合作社，无论是工人合作社还是农业合作社，生产经营的一线管理者大多来自社员（社员中选举产生），随着社会发展、生产力进步，生产专业程度不断提高，当代的工人合作社和农业合作社均开始外聘拥有专业技术的经理或雇员从事一线生产经营与管理。

认为这是合作社的异化甚至是退化，但不论是变革创新还是异化、退化，这些合作社制度演变的逻辑起点均是经典的合作社原则。因此，本书将工人合作社理解为：以工人生产者为主体，相关人员或经济实体为了保障、提高或追求共同利益，按照工人所有、工人民主管理、收益按劳分配的合作社原则构建起来的工业生产经营组织。

（三）工人合作社的分类

西方理论界对工人合作社大体有三种主流分类方法。一是依据工人合作社所处的领域或行业进行分类（或者说根据合作社的功能划分），如将处于工业生产领域的合作社称为工人生产合作社或工人合作工厂，将处于服务领域的合作社称为工人服务合作社，包括工人住房合作社、汽车合作社、消费合作社等；将处于金融服务领域的合作社称为工人合作银行（或工人信用合作社等）。二是根据合作社生产经营活动的范围、内容将它们分为专业型与综合型，特点是分类的专业性强，如将合作社分为工人胶合板合作社（如美国西北太平洋胶合板工人合作社）、工人电器合作社、工人机床合作社等。综合型合作社如蒙德拉贡、意大利 Lega 合作社等。三是根据构建或运行合作社时，所遵循的原则区分为：传统合作社（遵循传统原则或罗虚戴尔公平先锋社原则）与演化合作社，即所谓的“衍生”或“异化”的合作社，演化合作社大多遵循比例原则（Proportional Principle）或者是现代原则（Contemporary Principle）①。

要准确地划分工人合作社的类型，首先要确定一个科学的分类标准。马克思主义经济学认为，任何生产经营组织的建立与发展都是在一定的社会经济关系下进行的，虽然生产组织的本质属性，甚至内部结构均是各种经济关系作用的结果，但在这些关系中，生产资料所有制关系起决定性的作用。根据生产资料的所属关系，我们将工人合作社划分为建立在生产资料集体或公有制基础之上和建立在生产资料私有制基础之上的工人合作社，前者以欧文的新和谐公社、以色列的基布兹为代表，后者以欧美的工

---

① 引自 Barton（1989，pp. 21-34）。

人合作社，如蒙德拉贡[①]、美国西北太平洋胶合板工人合作社、日本的LJGYODAN工人合作社等为代表。

四 研究的重难点和创新之处

（一）研究重难点

①研究对象的特殊性、重要性和久远性导致文献的多样性，收集尽可能多的国内外最新、最前沿的研究成果，以及对浩如烟海的文献及相关资料进行分析甄别、整理阅读、归纳总结等是本书研究的重点。

②为什么当前几乎没有学者基于马克思理论对合作社进行研究？学术上遇到了理论与现实的冲突：生产资料与劳动者充分结合的优越性在马克思主义经济学中一再被强调，但工人合作社并没有成为资本主义工业生产经营的主要组织形式。进而，依据马克思主义制度分析的理论内核，吸收新制度经济学等西方经济学的合理成分，构建一个全新的合作制企业产生、发展演进的制度分析框架、分析范式研究工人合作社制度变革与创新的本质，即构建一个崭新的、符合历史事实、有说服力的理论分析框架是本书研究的另一个重点问题。

③马克思、恩格斯对资本主义社会中的工人合作社给予了高度评价，认为它是在资本主义制度下“对旧形式打开的第一个缺口”[②]，并对社会主义公有制下的工人合作社寄予厚望，认为它是实现共产主义社会的过渡生产组织形式[③]，但工人合作社没有成为社会主义社会工业生产经营的主要

① 蒙德拉贡的部分生产资料是共同共有，即公有，但所占份额不高，其基本制度特征是建立在工人个人私有制基础之上的劳动联合，最明显的特征是成员离开合作社可以带走自己的投入和划至个人资本账户下的奖金、利息和公积金份额等，这与集体所有制或公有制中企业财产归公而不可分割明显不同。

② 《马克思恩格斯全集》（第2卷），人民出版社，1998，第520页。

③ 马克思和恩格斯设想是在资本主义生产力高度发达的基础上建立社会主义社会，进而用合作生产取代商品生产，用合作经济替代市场经济，这样建立在生产资料公有制基础之上的工人合作社将与计划经济相匹配，进而合作社成为社会主义向共产主义过渡的生产组织。

组织形式。为什么？中国特色政治经济学对该问题存而不论（部分学者认为是回避了这个问题），本书研究尝试着解答该问题并深入解析工人合作社没有成为社会主义市场经济下工业生产经营的主要组织形式的深层机理，以补充、发展和创新马克思主义政治经济学。

④在当代全球经济日益一体化的背景下，西方工人合作社为什么会向股份化“飘移”？这一变革的本质和驱动力是什么？当代西方工人合作社的发展、变革对我国的农民合作社及各类合作经济组织又有何启示？它们都是本书研究的重点。

（二）研究创新之处

国内关于西方工人合作社的研究较少，当今西方工人合作社发展得如何？其制度发生了何种变革？对于这些问题，国内学术界关注不多也尚未给出答案。这是因为，一方面我国没有工人合作社，因此工人合作社的发展状况尚未成为学术界关注的热点；另一方面，蒙德拉贡近30年的全球化扩张行为使它从表面上来看“越来越不像一个工人合作社”，以致国内学术界认为学习和借鉴它的价值已不大。事实上，当代西方工人合作社在全球化时期的制度变革，揭示了合作社在未来发展、变革的总体趋势。本书研究基于马克思主义制度经济学的合理内核，吸收新制度经济学等西方经济学的合理成分构建一个全新的合作社制度分析框架，深入揭示当今西方工人合作社在全球化下的制度变革及其发展、演进的本质和内在机理。

第二章　工人合作社的基本理论*

人类自起源以来，就以一定的关系结合进行生产劳动或其他活动，早期的人们在活动中总要实行某种形式的互助和协作，多是一种临时行为或传统习俗，没有形成一套既定的组织制度。而本书考察的合作社，是有特定制度的生产经营组织，一方面它是生产力水平提高下，现代工场手工业和家庭劳动向大工业过渡，工厂制度和信用制度得以普遍化下的产物，另一方面它又是获得独立的劳动者为了捍卫自身权益、应对经济危机或反抗资本家苛刻劳动条件、剥削与压迫，按照平等互利和民主管理原则自愿组织起来、共同生产经营的经济组织，而资本主义以前的其他种种劳动协作方式和组织，都不具有这种性质。合作社创始于 18 世纪和 19 世纪之交的西欧，它既是商品经济高度发展的产物，也是早期合作社思想指导工人运动的结果。

一　早期合作社思想的产生与发展

早期（20 世纪前）合作社思想的问世有以下几个方面原因。一是产业革命促进了社会生产力的空前发展，进而商品经济逐步取代传统自然经济，社会分工协作日益紧密。社会化大生产的分工协作与商品经济的繁荣，为合作社思想的产生和发展创造了前提条件。二是启蒙运动后，新兴资产阶级崛起并引发思想变革。变革的思想重视个人的价值与追求，宣扬自由、民主、平等以及自由结社的权利。三是社会科学的重大进步。社会科学与自然科学

* 部分内容参考娄锋（2017，第 27~49 页），有重要更新与修改。

在这一时期都取得了长足的进步，使人们在实践中全面、深入地研究合作运动成为可能。四是资本主义原始积累所产生的资产阶级与劳动者阶级的矛盾激化，这为劳动者阶级将合作社思想付诸实践提供了内在动力。

资本主义发展中，资本原始积累的阶段在带来生产力进步的同时也带来了一系列社会弊病，特别是广大工人无产阶级深受资产阶级的残酷剥削和压迫，生活极端困苦，从而引起了一些社会思想家的抨击。为消除弊病，他们提出了合作社思想。但由于所处的阶级立场不同，观点也就大相径庭。总的来看，他们的观点大体可分为两类：一是认为各种社会问题的“万恶之源”是资本主义生产资料的私有制，因而应推翻私有制，建立公有制，实行人人平等、人人劳动，按劳分配劳动成果，从而改造资本主义；另一种是不否定财产私有制，主张通过自我劳动、管理与服务等避开压迫与剥削，改善工人和其他社会底层人民的生活状况，实质是对资本主义制度的一种改良或改善。前者以空想社会主义合作社思想为代表，后者以西欧的各种改良主义合作社思想为代表。两类不同的立场观点导致两种不同的合作社理论，进而这两种不同的理论深刻地影响着以后的世界合作社运动（徐更生和熊家文，1992，第 10 页）。

（一）空想社会主义的合作社思想

16 世纪初，空想社会主义的奠基人，英国的托马斯·莫尔目睹了英国当时残酷的“圈地运动”，他认为是资本主义私有制导致了广大劳动者被剥削、被压迫的境遇。他于 1516 年出版了《乌托邦》① 一书，书中揭露了资本主义制度的黑暗，设计了一个理想社会——“乌托邦”，并希望借助“乌托邦”改造当时的资本主义，消灭私有制，使全体成员拥有全部财产，这样就没有剥削与压迫，人人平等，人人劳动，产品按需分配，没有商品和货币。莫尔设想了空想社会主义合作经济组织雏形的制度构建。莫尔（1962，第 36 页）认为：“只要完全废除私有制度，财富就可以得到公平

① 《乌托邦》一书的全名是《关于最完美的国家制度和乌托邦新岛的既有益又有趣的金书》，原书用拉丁文写成，以对话的形式描述了一个人在所谓的“乌托邦新岛”旅行的所见所闻，实则是作者对理想社会的描述。

的分配、人们就可以得到足够的福利。”

欧洲工业革命之后，伴随着资本主义经济的快速发展，空想社会主义理论进入了一个新的时期，昂利·圣西门、查尔斯·傅立叶和罗伯特·欧文是这一时期空想社会主义者的杰出代表。

圣西门是法国著名的空想社会主义家。1821 年，在《论实业制度》一书中，他构想了一个实施“实业制度”的国家。他认为“实业制度”让实业家掌握国家财产而成为国家的第一阶级。实业家包括工人、工厂主、农场主、商人和银行家等，他们均是社会物质财富的生产者，掌握世俗权力，而精神权力则由学者掌握。在实业制度社会，保留私有财产以及凭借私有财产取得收入的权利。社会生产由一个控制中心主持，从而实现有计划地进行，人人都是劳动者，并提出“按业务能力评定才能，按才能评定报酬”的原则。个人的收入取决于劳动和投入生产资金的占有数额。[①] 圣西门认为，实业制度社会的建立离不开统治阶级的支持，他不断地向统治阶级呼吁，劝说他们帮助发展实业制度社会，但最终均以失败而告终（俞家宝，1994，第 22 页）。

傅立叶也是法国著名的空想社会主义家，并与圣西门同时代。他认为：“社会发展的动力来自于人的‘情欲’，人心本是善良的，人类被创造出来就是为了完成各种协作。但是，在资本主义制度下，人们是分散的，不协调的，人们的‘情欲’受到压抑和扭曲，成为有害的‘情欲’。但是人生来就是为了在协作社会内生活的，因而人的情欲必然要求过渡到协作制度。”[②] 进而傅立叶批判并揭露了资本主义制度的黑暗，并指出资本主义生产的无政府状态必然导致经济危机。因此，必须按照人的本性或“情欲”建立新的社会。

圣西门与傅立叶均认为资本主义私有制是该社会贫富对立和各种丑恶现象的根源，因而应建立实业制度，要尊重人性，尊重劳动者。基于此，他们构想了一种人人相互协作参与劳动的组织，该组织按社会的需求有计划地进行生产，最终劳动者根据自己在生产中的贡献获得收益，全体居民

① 圣西门及其思想、理论的介绍引自圣西门（1985，第 2~17 页）。

② 傅立叶及其思想、理论的介绍引自傅立叶（2010，第 13~15 页）。

没有贫富之分，人人过着幸福的生活。在他们的著作中虽然没有直接提到合作经济组织（或合作社），但他们已为空想社会主义合作经济组织的制度构建、目标、意义的实现设计了一个详细计划。

欧文是19世纪初英国杰出的空想社会主义实践者，也是合作经济思想的集大成者，其合作经济思想是马克思主义合作经济理论的重要来源之一。欧文（1965，第5页）认为要改造当时资本主义社会剥削的本质，使工人的生活状况有所好转，必须建立以财产公有制为基础的理想社会，该社会的基层组织是“合作公社”（又称“新和谐公社”）。欧文的合作公社具有以下主要特征。①合作公社是建立在财产公有制基础上的集体劳动的生产单位和消费单位。它是根据联合劳动、联合消费、联合保存财产和特权平等的原则建立起来的。合作公社是一个大家庭，社员按年龄和特长分配相应的工作，各尽所能，经常调换，亦工亦农，工农结合。②普通社员参与合作公社的管理。理事会是合作公社的领导机关，管理人员由社员大会选举产生，并组成理事会。理事会定期向社员大会报告工作情况，并接受社员的监督。③按需分配。合作公社生产的目的是满足社员的各种需要，可以让每个社员到公社的总仓库去领取他所需要的任何物品。④由于自然条件的差别，合作公社之间存在分工与交换。欧文认为资本主义生产与消费的矛盾起源于货币交换，他主张废除货币，用代表劳动时间的劳动券进行交换。① 欧文构想了合作公社，而不断进行试验。由于公社的建立及其制度安排与当时资本主义外部制度环境相抵触，试验全部以失败告终。

尽管空想社会主义合作社思想的实践全以失败告终，但它仍然具有重大意义：第一，对早期资本主义制度的深刻揭露、批判和对未来社会主义制度的设想，为科学社会主义及其合作社理论奠基；第二，反映了合作社思想是资本主义生产关系发展的必然产物，发展合作社有群众基础，合作社在资本主义经济中应有生存空间，但需要不断试错就改才能获得成功；第三，以取消商品经济关系为前提的合作社试验失败的教训，为今后的合作社发展提供了“前车之鉴”。在资本主义商品经济的“汪洋大海”中，

① 引自欧文（1965，第147页）和洪远朋（1996，第24页）。

在等价交换原则被人们普遍接受的时代，取消货币、反对竞争、按需分配是注定要失败的。

空想社会主义是马克思主义政治经济学的重要理论来源之一，马克思和恩格斯扬弃了空想社会主义，最终建立并发展了科学社会主义。更重要的是空想社会主义提出了生产合作社的构想并试验实施，其理论与经验教训为马克思和恩格斯的合作社理论提供了重要的素材和理论依据。马克思和恩格斯对三大空想社会主义者尤其是欧文的合作社试验给予了高度评价。马克思指出，“在英国，合作制的种子是由罗伯特·欧文播下的”①。恩格斯认为“当时英国的有利于工人的一切社会运动、一切实际进步，都是和欧文的名字联在一起的”②。恩格斯对欧文《新道德世界书》一书给予了很高的评价：“在这本书里就不仅可以看到规定有平等的劳动义务和平等的取得产品的权利的最坚决的共产主义陈述，而且还可以看到为未来共产主义公社作的带有平面图、正面图和鸟瞰图的详尽的房屋设计。”③

但是，马克思和恩格斯认为，空想社会主义者不懂得社会发展的客观规律，没有真正认识到资本主义社会的根本矛盾，没有找到社会改革的科学方法；反对暴力革命，把改造资本主义的希望寄托在资产阶级统治者身上：“只要它仍然限于个别工人的偶然努力的狭隘范围，就始终既不能阻止垄断势力按照几何级数增长，也不能解放群众，甚至不能显著地减轻他们的贫困的重担……要解放劳动群众，合作劳动必须在全国范围内发展，因而也必须依靠全国财力。但是土地巨头和资本巨头总是要利用他们的政治权力维护和永久保持他们的经济垄断的。他们不仅不会促进劳动解放，而且恰恰相反，会继续在它的道路上设置种种障碍。”④ 因而空想社会主义者的理想是不切实际的，必然遭到资产阶级的反对甚至是镇压，空想社会

---

① 马克思：《国际工人协会成立宣言》，载《马克思恩格斯选集》（第2卷），人民出版社，1995，第606页。

② 恩格斯：《反杜林论》，载《马克思恩格斯选集》（第3卷），人民出版社，1995，第614页。

③ 恩格斯：《反杜林论》，载《马克思恩格斯全集》（第20卷），人民出版社，1971，第290页。

④ 马克思：《国际工人协会成立宣言》，载《马克思恩格斯选集》（第2卷），人民出版社，1995，第606页。

主义者的合作化实践注定难以成功。列宁也指出，空想社会主义者“批评资本主义社会，指责它、咒骂它、幻想有较好的制度出现，劝导富人，说剥削是不道德的”；“但是空想社会主义不可能指出真正的出路。它既不会阐明资本主义制度下雇佣奴隶的本质，又不会发现资本主义发展的规律，也不会找到能够成为新社会的创造者的社会力量。”① “他们没有估计到阶级斗争、工人阶级夺取政权、推翻剥削者的阶级统治这样的根本问题，而幻想用社会主义来和平改造现代社会。因此我们很有理由把这种‘合作制’的社会主义当作彻头彻尾的幻想”②；“正确坚信必须进行阶级斗争、为夺取政权进行斗争等等的人们曾合理嘲笑、讥讽和蔑视过的那种社会主义，现在在使居民尽量合作化的情况下，自然就能达到目的了”③。恩格斯也曾指出：“在雇用劳工以自己的努力所能创造出来的小企业范围内，合作制永远不能改造资本主义社会。为了把社会生产转变为一种大规模的、协调的自由合作劳动制度，就需要有总的社会变革。即社会制度基础的变革，这种变革只有当国家政权这一有组织的社会力量由资本家和土地所有者手中过渡到生产者自己手中的时候才能达到。”④

（二）西欧改良主义的合作社思想

19 世纪的欧洲，是一个思想极为活跃的时代，人文思想、民主思想、功利主义思想、空想社会主义思想等的广泛传播，对今天的合作社理论产生了不同程度的影响。除空想社会主义者外的一批思想家，基于不同的立场、信仰与利益诉求，提出了各不相同的合作社理论。

1. 基督教社会主义合作社理论

威廉·金（William King）是英国的一名医生，他是基督教社会主义合作社理论的代表人物。威廉·金认为在资本主义制度下，劳动者被剥削、被压迫是因为没有掌握生产资本（实为生产资料：笔者注），因而其劳动

① 《列宁全集》（第 19 卷），人民出版社，1959，第 7 页。
② 列宁：《论合作制》，载《列宁选集》（第 4 卷），人民出版社，1972，第 686 页。
③ 列宁：《论合作制》，载《列宁选集》（第 4 卷），人民出版社，1972，第 681 页。
④ 《马克思恩格斯全集》（俄文版：第 13 卷），1936，第 200 页。

成果被资本家占有，这是劳动者贫困的根源。进而他主张劳动者要组织、联合起来，积累自己的劳动成果发展合作社，如此就能占有自己创造的全部价值，最终才能避免被剥削、被压迫的命运。威廉·金曾是欧文的追随者，但他认为合作社可以容纳私有制，与私有经济可以并行不悖，劳动者组织合作社不仅不会侵害资本家的利益，而且通过提高最低阶层的脑力、劳动者能力、道德素质和经济管理熟练程度，还有利于国家的稳定。①

经过了100多年的演变，上述思想在当代西方各国的合作运动中仍有重要影响。究其原因，有以下三点。第一，基督教社会主义合作社理论并未排斥商品经济，并未否定商品经济一般规律，并对合作社的作用给予了客观、正面的评价，认为合作社参与市场竞争有利于社会发展，合作社的发展能缓解阶级矛盾、有利于国家稳定，这些观点推动了合作社在资本主义商品经济条件下的生存和发展。第二，基督教在西欧有广泛的群众基础，这也导致基督教社会主义合作社理论对西方合作运动产生了深远影响，不仅如此，支撑合作社的合作精神、文化与价值追求也与西欧主流宗教“人人爱人，人人助人”的思想有着密切的联系，这也是合作社能在欧美人群中获得巨大成功的重要原因之一。第三，认为发展合作社既能改善成员的经济状况，又能通过合作知识教育提高成员的道德水平，有利于人们树立正确的价值观。

2. 国家社会主义合作社理论

国家社会主义合作社理论以法国的路易·勃朗（Louis Blanc）和德国的斐迪南·拉萨尔（Ferdinand Lasslle,）为代表。路易·勃朗主张建立大规模的生产合作社，他认为这种生产合作社是从资本家的压迫下救出劳动者的好办法，但劳动者虽有组织生产合作的能力，却没有与资本家对抗的财力，因而必须请求政府拨专款进行建设——基于这一理论，路易·勃朗的学说也被称为国家社会主义合作派。②

斐迪南·拉萨尔接受了勃朗的主张，认为只有组织生产合作社，使劳

---

① 参见杨坚白（1990，第37页）、苏志平等（2006，第10页）以及郭铁民和林善浪（1998，第21~23页）。

② 参见郭铁民和林善浪（1998，第24页）以及李秉龙和薛兴利（2003，第238页）。

动者自身成为办社的企业家，即劳动者独立，自主经营不受干预，才有助于劳动者的解放。合作社的资金、劳动工具等由国家援助。不过，他认为要得到国家援助非由劳动者掌握国家政权不可，也就是要靠普选。在取得支配国家政权之前，还是应以求助现政府的支持作为过渡办法。①

国家社会主义合作社理论至少可以给我们以下启示。第一，当前西方各国合作社的蓬勃发展均与其所在国政府的各种扶持紧密相关，而各国对合作社的扶持又与国家社会主义合作社理论或多或少有联系。经过多年的发展，西方发达国家对合作社已建立起一套系统和完善的扶持体系，同时在扶持中追求效率，这些均值得我们学习与借鉴。第二，合作社是人们基于一定生产方式，为实现既定目标，按自愿原则所组建的生产经营组织。在市场经济下，合作的形式、范围、程度、运行方式都应由合作社成员民主决定，不能用行政命令强制干预合作社内部的生产经营与管理。

3. 无政府主义合作社理论

无政府主义合作社理论以蒲鲁东为代表。蒲鲁东（Pierre-Joseph Proudhon）是一个无政府主义理论家。他认为小生产者可以联合起来组成进步协会，通过协会实现商品的等价交换。他还认为自由是神圣的，自由是社会主义真正的基础，是不受任何限制、不受秩序控制的；应建立一个可以任意行为的、人人都能享受自由的社会（俞家宝，1994，第 38 页）。他主张设立大交换银行，实行按生产产品的劳动时间进行以物易物的交换，而国家的任务只是评判经济交易关系是否公平合理。蒲鲁东提出的交换银行，既是生产合作社，又是消费合作社，还是信用合作社（李秉龙和薛兴利，2003，第 237 页）。

蒲鲁东的合作社理论的价值和意义在于它将占有权（法人产权）与所有权分离、对立起来的观点。他指出（蒲鲁东，1963，第 352 页）："我们应当大规模地应用集体生产的原则，给予政府以支配一切资本的优越地位，使每个生产者负起责来，废除海关，把各行各业转变为一种公共的职能。这样，巨额的钱财就可不必通过没收或暴力而归于消失；个人占有制

① 参见郭铁民和林善浪（1998，第 24~25 页）以及杨坚白（1990，第 36 页）。

就可不必经过共产制而自动地在共和国的监督下建立起来。”“所以一切占用人必然是占有人或益权人，而这种职能使他不能成为所有人，……他应当以符合公共利益的方式，按照保全并发展那件东西的目的而加以使用；他不得自作主张来改变它，减损它或使它受害。”① 强调占有权的观点是对因生产社会化而引起的产权社会化的客观反映，是股东终极所有权与占有权（或法人所有权）对立统一运动的结果。当代西方股份有限公司或企业的蓬勃发展，从某种意义上讲就是得益于股东终极所有权和企业法人占有权的分离或分化，即成功地进行了产权社会化，而工人合作社难以在工业领域拓展的原因，主要是多数工人合作社所有权与占有权之间还未找到恰当的产权社会化方式，这样就表现为成员离开合作社时只能带走自己名下的股份，最终造成合作社法人财产不稳定等问题的出现，而蒙德拉贡在相当程度上成功地解决上述问题，这也是它获得巨大成功的重要原因之一。

综上所述，西欧改良主义思想下合作社理论的共同特征是：①合作社与资本主义制度并行不悖，可以兼容；②重视个人物质利益，追求公平与效益之间的平衡；③提倡互助价值、民主管理、合理分配、教育原则等；④强调政府支持。当然，由于所处历史及认识上的局限性，西欧改良主义思想下的合作社理论也存在不足：①资本主义制度下，通过发展合作社消灭劳动者贫困，实现社会公平，最终改良资本主义是不可能的；②出于改良资本主义的目的，这些流派所提出的合作制价值和原则与现代合作社的价值和原则仍有较大差距，要么与处于主体的资本主义制度相对立，要么忽视合作社的独立性。

二　美国学派与当代西方合作运动的发展潮流

（一）以美国学派为代表的进化合作理论

20 世纪 20 年代以来，一批从事合作社理论研究的学者基于合作的经济目标，认为在资本主义经济体系内部，合作经济是一种“有益的发展或

① 引自蒲鲁东（1963，第 106~107 页）。

进化”、是一个有机的组成部分（即更看重经济意义而不是社会意义），因而该学派被称为“进化派”，其中影响最大的当属“美国学派”——由于起源于美国，故称之。美国学派与当时欧洲流行的各种社会改革思潮没有直接联系，该学派的合作社思想具有明显的实用主义色彩。英国的罗虚戴尔公平先锋社原则在19世纪70年代就传入美国，但直到20世纪初，这一原则也未被美国的各类合作社普遍接受，其间美国学术界发展了自己的一套合作社理论，主要有竞争尺度学派和埃米里扬诺夫学派等。

1. 竞争尺度（Competitive Yardstick）学派

这一学派以美国的艾德温·诺斯（Edwin G. Nourse）等人为代表。主要观点有（Schomisch，1979，p. 122）：①反对合作社进行市场垄断[1]；②合作社是个体劳动者生产的延伸，合作社管理中应坚持民主原则，并在个人利益追求与合作社效率之间实现“精巧的平衡”（ingenious equilibrium）；③合作社不是取代资本主义企业，而是对资本主义企业的一个补充；④应依据经济绩效水平评价合作社的优劣[2]。

该学派认为资本主义过于强调竞争及逐利性，不利于伸张社会正义和益贫性，而合作社能使那些逐利的企业受到一定的约束，合作社仅仅是抑制资本主义阴暗面、纠正部分资本主义制度谬误的手段，合作经济不可能成为资本主义社会中起支配作用的经济制度，而只能是改进资本主义市场的竞争机制，在实现市场均衡中起辅助作用。

竞争尺度学派的理论不像早期合作经济理论认为合作经济是对资本主义制度的一种改良，甚至是改造，而是认为合作经济是资本主义经济的一个重要组成部分，进而根据合作社在国家经济活动中的目的、意义解析合作社存在的价值，即更看重合作社在经济活动中的贡献与价值，特别强调合作社在促进市场竞争效率提高方面的作用。

2. 埃米里扬诺夫学派

该学派的主要代表人物是埃米里扬诺夫（Ivan Emelianoff），故而得名。

① 该观点不是基于合作社利益的考虑，而是基于整个市场运行效率的角度，将合作社视为建立市场均衡的一支重要力量，从而促使市场的竞争效率不断提升，进而让合作社成为一种标尺以检验市场的竞争效率。

② 即强调合作社的实用性，更看重合作社改善劳动者的能力与工作效率。

这一学派注重对合作社的微观分析，注重合作社的经济意义。他们认为，合作社是一体化与分化、独立与合并间的中间体，相对于股份制企业或公司，合作社不是一个组织严密的经营单位，而是一个联合体。该理论认为合作社是以成员为委托人、以董事会（理事会）为代理人的生产经营单位。①

从西方合作社理论的演进、发展历程来看，进化派在当代合作社理论中已占据主导地位。如果说在改良主义者那里还把合作社当作改造资本主义的手段，那么在其后的合作社理论中则基本放弃了这个目标，合作社仅作为社员争取个人经济利益的一种手段，劳动者在不利的情况下联合起来，加强自己的力量以改善生存条件，从而是一种劳动者为维护自身权益、争取公平待遇的联合。可见，西方合作社的发展目标越来越脱离其改良资本主义制度的政治目的，逐步转向经济取向。

（二）进化合作理论产生的原因

合作运动理论与实践的上述变化是与20世纪以来西方发达资本主义国家经济、政治、社会、文化的巨大变化密切联系在一起的。因此，我们有必要扼要分析这种变化的深层原因。

第一，经济发展的要求。早期主张成立独立的合作经济体系、改良甚至是改造资本主义社会、反对市场竞争的合作社思想限制了人们的经济行为，不利于合作社在空间及时间上迅速聚集生产资料、扩大生产经营规模以提高生产经营效率、改善成员收益。同时，在同一市场中，还大量存在着在分散风险、聚集资本方面呈明显优势、有较强竞争力的现代股份制企业的示范，合作运动出现上述变化也就在所难免。

第二，宏观政策调整。西方合作运动希望通过发展合作社使资本主义社会中的弱势群体，如工人、农民等摆脱当权者的剥削和压迫，但成效不大，这是因为上述问题的根本解决需要推翻资本主义制度，仅依靠合作社成员的努力，势单力薄。随着社会发展，为缓和阶级矛盾，资本主义国家

① 转引自 Torgerson、Reynolds 和 Gray（1997）。

开始考虑并逐步解决社会弱势群体的待遇问题，特别是二战以后，资本主义国家为了改善社会弱势群体的收入、提高其生活水平进行了一系列宏观经济政策调整，尤其是福利政策调整，在提高社会弱势群体的待遇方面有了一些成效。所有这些都使得西方合作社在其多重目标体系中重新权衡孰重孰轻，从而开始逐步转向经济目标。

三　马克思主义合作社理论概述

马克思主义合作社理论是在扬弃了空想社会主义合作社思想的基础上创立的。马克思和恩格斯对合作社的研究散见于《资本论》《国际工人协会成立宣言》《法兰西内战》《恩格斯致奥古斯特·倍倍尔》等论著中，我们可将其分为合作社一般理论和工人合作社理论。

（一）马克思和恩格斯的合作社一般理论

马克思和恩格斯的合作社一般理论，主要有以下观点。

第一，国家政权对合作社性质的决定作用。马克思和恩格斯认为合作社的性质及其作用将由其所在国的政权性质决定。资本主义社会中，在资产阶级政府和垄断资本双重势力所设置的重重障碍下，合作社的作用只能限制在资产阶级利益所允许的范围内。同时，资本主义社会中的合作社是资本主义性质的，必然拥有并再生出资本主义制度的“一切缺点”①。

第二，生产资料公有制是合作社建立的基础。马克思指出：“生产资料的全国性的集中将成为由自由平等的生产者的各联合体所构成的社会的全国性的基础，这些生产者将按照共同的合理的计划进行社会劳动。”② 可见，马克思认为只有建立在生产资料公有制基础之上的合作社才有社会进步意义。马克思曾指出：“从资本主义生产方式产生的资本主义占有方式，从而资本主义的私有制，是对个人的、以自己劳动为基础的私有制的第一个否定。但资本主义生产由于自然过程的必然性，造成了对自身的否定。

① 《马克思恩格斯全集》（第25卷），人民出版社，1974，第498页。

② 《马克思恩格斯选集》（第3卷），人民出版社，1995，第130页。

这是否定的否定。这种否定不是重新建立私有制，而是在资本主义时代的成就的基础上，也就是说，在协作和对土地及靠劳动本身生产的生产资料的共同占有的基础上，重新建立个人所有制。"[①] 这里的"重新建立个人所有制"指的是劳动者从资本家手中夺回生产资料，实现占有和支配生产资料的共同共有制，即公有制，这是工人合作社建立的基础。恩格斯进一步提出，在推翻资本主义制度之后，建立在生产资料公有制基础上的合作社可依靠国家的扶持建立、发展起来，他说："这件事无论同舒尔采—德里奇或是同拉萨尔都毫无共同之处。他们两个人提出建立小合作社：一个是靠国家帮助，另一个是不靠国家帮助，但他们两个人都认为，这些合作社不应占有现有的生产资料，而只是同现存的资本主义生产并列地建立新的合作生产。我的建议要求把合作社推行到现存的生产中去。正象巴黎公社要求工人按合作方式经营被工厂主关闭的工厂那样，应该将土地交给合作社，否则土地会按照资本主义方式去经营，这是一个巨大的差别。"[②]

第三，重视生产合作社。1866 年马克思在起草的《临时中央委员会就若干问题给代表的指示》中提出："我们建议工人们与其从事合作贸易，不如从事合作生产。前者只触及现代经济制度的表面，而后者却动摇它的基础。"[③] 这一论点十分明确地说明马克思和恩格斯十分看重生产合作社，认为它有重要的社会进步意义。马克思和恩格斯认为资本主义农业流通领域或消费领域的合作社实际上仍然被资本家控制或排挤，对资产阶级的统治、剥削与压迫不能构成任何威胁，因而资本主义流通、消费领域的合作社没有本质的进步意义。

第四，马克思和恩格斯认为建立在社会主义公有制基础之上的生产合作社（工人或农民等劳动者构建的生产合作社）是在社会主义经济向共产主义经济演进中处于中间阶段的生产经营组织形式。[④] 马克思和恩格斯认为生产合作社是可以容纳不同发展层次、不同发展阶段、不同劳动生产水

① 马克思：《资本论》（第 1 卷），人民出版社，2004，第 874 页。
② 《马克思恩格斯全集》（第 36 卷），人民出版社，1975，第 416 页。
③ 《马克思恩格斯全集》（第 16 卷），人民出版社，1964，第 219 页。
④ 《马克思恩格斯全集》（第 36 卷），人民出版社，1975，第 416 页。

平的生产经营组织形式，由于具有极强的包容性，因而成为向共产主义过渡的中间环节。总之，生产合作社是一种经营形式多样的、产业布局灵活的经济组织，但它作为中间环节的前提是：无产阶级获得政权，公有制在经济活动中取得了主体地位。

（二）马克思和恩格斯的工人合作社理论

马克思和恩格斯的工人合作社理论与他们的合作社一般理论是一脉相承的。

第一，资本主义社会中工人合作工厂的出现，是资本主义工业生产力及社会发展的必然：“由于社会的必然性，在合作制成为势在必行的地方就出现了工厂。由于谁也不能单独生产出任何东西，于是就使得合作制成为一种社会必然性。”① 马克思进一步指出资本主义工厂制度和信用制度是合作工厂产生的必要物质条件：“没有从资本主义生产方式中产生的工厂制度，合作工厂就不可能发展起来；同样，没有从资本主义生产方式中产生的信用制度，合作工厂也不可能发展起来。”②

第二，合作工厂与股份公司均是对资本主义所有制的扬弃，但合作工厂是积极的扬弃。马克思指出，随着资本主义生产关系与生产力发展的矛盾激化，合作工厂和股份制企业出现，成为扬弃资本主义生产关系（从私人资本向社会资本的扬弃，即从私人企业组织形式向社会企业组织形式的扬弃）的两种过渡形式，但股份制企业是消极的扬弃，工人合作工厂是积极的扬弃。“资本主义的股份企业，也和合作工厂一样，应当被看做是由资本主义生产方式转化为联合的生产方式的过渡形式，只不过在前者那里，对立是消极地扬弃的，而在后者那里，对立是积极地扬弃的。”③ 因为工人合作工厂的产生“直接取得了社会资本的形式，而与私人资本相对立，并且它的企业也表现为社会企业，而与私人企业相对立”④。这样合作

① 《马克思恩格斯全集》（第 16 卷），人民出版社，1964，第 648~649 页。
② 马克思：《资本论》（第 3 卷），人民出版社，2004，第 499 页。
③ 《马克思恩格斯文集》（第 7 卷），人民出版社，2009，第 499 页。
④ 马克思：《资本论》（第 3 卷），人民出版社，2004，第 494~495 页。

工厂的生产资料“已不再是私人生产的资料和私人生产的产品，它们只有在联合起来的生产者手中还能是生产资料，因而还能是他们的社会财产，正如它们是他们的社会产品一样”[①]。

第三，马克思对资本主义社会中的工人合作工厂给予了高度赞扬：合作工厂是劳动的政治经济学对财产的政治经济学取得的一个更大的胜利[②]，对那些伟大的社会试验的意义不论给予多高的评价都不过分[③]。同时，马克思指出合作工厂作为“在旧形式内对旧形式打开的一个缺口”，“当然到处都再生产出并且必然会再生产出现存制度的一切缺点”。[④] 在资本主义制度下，合作工厂不可能从根本上改变工人阶级的命运：“不管合作劳动在原则上多么优越，在实际上多么有利，只要它没有越出个别工人的偶然努力的狭隘范围，它就始终既不能阻止垄断势力按着几何级数增长，也不能解放群众，甚至不能显著地减轻他们的贫困和负担。”[⑤] 资本主义社会中的工人合作工厂仅在“形式”而非“内容”上否定资本主义生产关系，只有通过无产阶级革命，剥夺剥夺者（资产阶级），工人阶级才能占有和支配社会生产资料，在这一基础之上构建的工人合作工厂才能真正改变工人阶级的命运，才能在“内容”和“形式”上否定资本主义生产关系，合作工厂自身的缺点也才能被根本性克服。

第四，工人合作工厂实现了生产资料的所有者和劳动者的同一，劳动与资本的对立已被克服，不再是资本支配劳动，而是相反，工人作为联合体成为自己的资本家，并基于民主制度实现自我监督与管理。马克思指出：“资本和劳动之间的对立在这种工厂内已经被扬弃，虽然起初只是在下述形式上被扬弃，即工人作为联合体是他们自己的资本家，也就是说，他们利用生产资料来使他们自己的劳动增殖。这种工厂表明，在物质生产力和与之相适应的社会生产形式的一定的发展阶段上，一种新的生产方式

---

① 马克思：《资本论》（第 3 卷），人民出版社，2004，第 498 页。

② 《马克思恩格斯选集》（第 2 卷），人民出版社，1995，第 605 页。

③ 《马克思恩格斯选集》（第 2 卷），人民出版社，1995，第 605 页。

④ 马克思：《资本论》（第 3 卷），人民出版社，2004，第 499 页。

⑤ 《马克思恩格斯全集》（第 16 卷），人民出版社，1964，第 12 页。

怎样会自然而然地从一种生产方式中发展并形成起来。”① 在合作工厂中，工人通过使用自己的生产资料进行劳动，并占有和支配增殖的劳动成果，在这一过程中，监督劳动的资本及其代理人消失了。合作工厂“证明资本家作为生产上的执行职能的人员已经成为多余的了”②，劳动者实现了民主化的自我管理制，工人在“资本的压迫与折磨下生产”被“带着愉快的心情生产”所取代，工人的生产积极性得到极大的提高。此外，相对于资本主义企业，合作工厂降低了监督费用和管理费用，“监督劳动的对立性质消失了，因为经理由工人支付报酬，他不再代表资本而同工人相对立……在所有这些场合，利润高的原因是由于不变资本的使用更为节约。”③ 恩格斯进一步指出：“许多个生产和分配合作社所证明，在那里没有遭到警察的蓄意破坏的地方，这种合作社同资产阶级的股份公司相比，管理得一样好，而且要廉洁得多。”④ 最后，马克思认为合作工厂不能决定自身的社会性质，他曾指出：“在一切社会形式中都有一种一定的生产支配着其他一切生产的地位和影响，因而它的关系也支配着其他一切关系的地位和影响，这是一种普照的光，一切其他色彩都隐没其中，它使它们的特点变了样。”⑤ 合作工厂的生产关系受社会主体生产关系的深刻影响。

第五，资本主义社会中的“合作工厂决不能改造资本主义社会”⑥。其一，“不管合作劳动在原则上多么优越，在实际上多么有利，只要它没有越出个别工人的偶然努力的狭隘范围，它就始终既不能阻止垄断势力按着几何级数增长，也不能解放群众，甚至不能显著地减轻他们的贫困的重担”⑦，即资本主义制度下工人通过组织合作工厂，进行“狭隘范围”内的努力是不可能从根本上摆脱资本主义剥削和压迫的。其二，工人合作工厂虽然扬弃了资本与劳动之间的对立，却不能摆脱为价值增殖而进行的商品

① 马克思：《资本论》（第 3 卷），人民出版社，2004，第 499 页。
② 马克思：《资本论》（第 3 卷），人民出版社，2004，第 435 页。
③ 马克思：《资本论》（第 3 卷），人民出版社，2004，第 436 页。
④ 《马克思恩格斯〈资本论〉书信集》，人民出版社，1976，第 498 页。
⑤ 《马克思恩格斯全集》（第 12 卷），人民出版社，1962，第 757 页。
⑥ 《马克思恩格斯全集》（第 16 卷），人民出版社，1964，第 219 页。
⑦ 《马克思恩格斯全集》（第 16 卷），人民出版社，1964，第 12 页。

生产，只“应当被看做是由资本主义生产方式转化为联合的生产方式的过渡形式”①。因此，工人劳动者要从根本上摆脱资本主义剥削，就应实现社会制度的根本改变，必须“把社会的有组织的力量即国家政权从资本家和大地主手中转移到生产者本人的手中”②。马克思和恩格斯认为资本主义社会制度下的合作生产有局限性，不可能使工人阶级获得真正的解放，不仅如此，还会“生产和再生产出”资本主义制度的一切缺陷。列宁在《哥本哈根代表大会俄国社会民主党代表团关于合作社的决议草案》中指出合作社在资本主义制度下“要承受竞争环境的压力，因此有蜕变为资产阶级股份公司的趋势”。③

第六，合作工厂应以按劳分配为主，按资分配只是一种临时性的补充。马克思认为，“每个企业的工人，不管他们是不是股东，都应当从收入中得到同样的份额”④。同时，应“同意让股东得到少量的利息这种纯粹临时性的措施”⑤。马克思和恩格斯指出，“在共产主义社会（初级阶段——引者注）里，已经积累起来的劳动只是扩大、丰富和提高工人的生活的一种手段”⑥。这表明，劳动积累起来的资金是工人实现劳动价值的工具或手段（而非攫取剩余价值的工具或手段），得到利息只是一种临时性的措施。在合作工厂里，劳动者可以保留自己入股生产资料的所有权并获得相应的利息，这是马克思主义工人合作社分配理论的一项重要内容。恩格斯也对丹麦社会主义者施行土地、资金和劳动联合生产的方式给予了肯定，指出“应当把自己的土地结合为一个大田庄，共同出力耕种，并按入股土地、预付资金和所出劳力的比例分配收入”⑦。恩格斯继承了马克思的思想，将按劳分配与按股分红（这也是劳动者劳动积累的报酬）相结合，这大大提高了合作社分配制度的激励效应，有利于合作社生产经营效率的提高。

---

① 《马克思恩格斯选集》（第2卷），人民出版社，2012，第517页。
② 《马克思恩格斯全集》（第16卷），人民出版社，1964，第219页。
③ 《列宁全集》（第19卷），人民出版社，1989，第305页。
④ 《马克思恩格斯全集》（第16卷），人民出版社，1964，第219页。
⑤ 《马克思恩格斯全集》（第16卷），人民出版社，1964，第219页。
⑥ 《马克思恩格斯选集》（第1卷），人民出版社，1995，第287页。
⑦ 《马克思恩格斯选集》（第4卷），人民出版社，2009，第525页。

第七，只有无产阶级夺取政权，建立在集体所有或公有制基础之上的合作工厂才能成为过渡到未来社会的中间环节。马克思指出，合作工厂改造资本主义旧制度以及成为未来社会中间过渡环节作用的发挥，必须基于“国家政权从资本家和大地主手中转移到生产者本人手中才能实现”①。同时，国家的大力支持是合作工厂获得发展、壮大的前提条件，“要解放劳动群众，合作劳动必须……依靠全国的财力”②。马克思认为应像巴黎公社那样，在无产阶级夺取政权后，工人按合作方式（在生产资料公有制基础之上的民主管理、按劳分配）经营被工厂主关闭的工厂，同时国家给予资金和技术等方面的支持，逐步将合作制推行到现有的所有生产中去。恩格斯进一步指出，无产阶级革命胜利后，工人将“由自己出资或国家出资收购厂主因危机或破产而停产的工厂等，或者是收购那些指定出卖的工厂，并按合作方式进行经营，从而准备把全部生产逐步过渡到合作制的轨道上去”③。

第八，无产阶级革命胜利后，建立在生产资料公有制基础之上的工人合作工厂是社会主义社会重要的生产组织形式，并将成为向共产主义社会过渡的中间环节。“在向完全的共产主义经济过渡时，我们必须大规模地采用合作生产作为中间环节，这一点马克思和我从来没有怀疑过。”④ 过渡中，合作工厂能否按全国总的计划，按比例协调地组织生产是合作社能否成为向共产主义社会过渡中间环节的决定性条件，而要实现这一目标，“生产资料的全国性的集中将成为由自由平等的生产者的各联合体所构成的社会的全国性的基础，这些生产者将按照共同的合理的计划进行社会劳动。”⑤

综上所述，马克思和恩格斯对工人合作工厂的观点可总结如下。第一，合作生产是依赖于所处社会形态的一种生产方式。在资本主义社会中，合作生产依赖于资本主义生产方式，因而不可能实现被压迫阶级的真

① 《马克思恩格斯全集》（第 16 卷），人民出版社，1964，第 219 页。
② 《马克思恩格斯选集》（第 2 卷），人民出版社，1995，第 606 页。
③ 《马克思恩格斯全集》（第 36 卷），人民出版社，1975，第 261 页。
④ 《马克思恩格斯全集》（第 36 卷），人民出版社，1975，第 416 页。
⑤ 《马克思恩格斯选集》（第 3 卷），人民出版社，1995，第 130 页。

正解放。第二，尽管相对于资本主义生产关系，合作生产关系具有一定的进步意义，但是不彻底，只有财产不划归社员名下，内部实施民主管理，按劳分配和盈余归公的生产合作社，即建立在公有制或集体所有制基础之上的生产合作社才具有完全的进步意义。第三，对资本主义制度下和无产阶级专政制度下合作工厂的性质和意义，马克思和恩格斯有着严格的区分。他们认为前者只是在社会总资本的控制下，工人自愿组织起来通过联合劳动摆脱了资本的压迫和剥削，但这一摆脱仅仅是在合作工厂内，是一种有限的解放形式，后者才是劳动者彻底解放的形式，并将成为人民管理的、过渡到共产主义社会的重要生产组织形式。第四，马克思主义合作工厂理论主要以高度发达的资本主义社会化大生产以及工人阶级始终处于被压迫、被剥削的境遇为研究前提，以组织、发动工人阶级通过革命解放无产阶级为基本出发点，基于上述革命任务的需要与当时的历史背景，该理论更关注政治目标，强调公有（集体）产权制度的生产合作，这是他们在特定的时代背景下得出的结论。恩格斯曾指出："我们只能在我们时代的条件下去认识，而且这些条件达到什么程度，我们才能认识到什么程度。"①

对马克思和恩格斯工人合作社理论的评价不能脱离该理论产生的时代背景。马克思和恩格斯提出工人合作社理论时正处于工业革命后期，机器大工业时代，资本家对工人的残酷剥削与日俱增。资本主义"从头到脚，每个毛孔都滴着血和肮脏的东西"②，工业革命给工人阶级带来的是更加残酷的剥削。在被傅立叶称为"监狱"的工厂制度中，工人已经沦为机器和资本的附属物，成为一种兵营式的纪律下的雇佣兵。他们的劳动权利、生存权利丝毫也得不到保证，劳动时间极长，劳动条件极端恶劣；同时由于大量使用童工和女工，工资水平被压到最低点。劳累、饥饿、伤亡、失业、愚昧等是资本主义工厂制度给工人带来的后果。这是一个绝望的年代。这种绝望是建立在再也没有比现在所经历的更差的这种感觉上（吴宇晖和张嘉昕，2008，第16页），广大工人劳动者苦不堪言，工人阶级与资

---

① 《马克思恩格斯选集》（第4卷），人民出版社，1995，第337~338页。

② 《马克思恩格斯全集》（第44卷），人民出版社，2001，第871页。

产阶级的矛盾日益激化，工人罢工甚至反抗起义此起彼伏①，这已严重影响了社会生产力的发展，此时社会发展要解决的主要矛盾是以工人为代表的无产阶级与资产阶级之间的矛盾（这一矛盾的本质是资本主义私有制与社会化大生产发展之间的矛盾）。进而，马克思和恩格斯提出工人阶级可以成为自己的资本家以解决当时资本主义生产关系不适应生产力发展的矛盾，具体通过以工人阶级为领导、以工农联盟为基础的无产阶级革命，剥夺剥夺者，实现生产资料的全民所有制，在公有制基础之上，通过构建工人等劳动者生产合作社改造旧有的资本主义私有制，并基于这一目的研究工人等劳动者生产合作社的构建与发展问题②，这样既能解放工人等劳动者，使他们摆脱被压迫、被剥削的命运，又有利于社会生产力的发展。就当时的时代背景及生产力发展面临的困境来看，马克思、恩格斯提出工人合作社理论是正确的。③

当代，资本主义企业的资本社会化程度大大提高（张彤玉，1999，第11页），生产工作条件、劳动保障条件已大大改善，社会保险、同意工人设立工会并立法保障、法律或协议规定的最低工资水平以及其他的工人权益保护条款、就业保险安排、职工持股计划、工人参加管理或联合决定等各种资本主义改良方案，都在不同的程度上改善了工人的待遇和处境，劳动者与资本家之间已不再激烈对抗，工人更多的是关注如何通过自己的劳动改善生存条件，而不是推翻资本主义制度。

从工人合作社理论的发展历程来看，由于所处时代的历史背景及社会生产力发展的内在要求，马克思并不看重资本主义生产关系下的工人合作社，因为它是摆脱资本奴役的有限解放形式，并且会“再生产出现存制度

---

① 美国历史学家威尔·杜兰特在其巨著《世界文明史》一书中这样描述当时的情形（1998，第2~5页）：“1774年，里昂的丝工罢工并发动暴动，政府召集军队并绞死2个领导人物。1786年他们再次罢工并暴动，同样遭到军队镇压。1752年至1768年，法国工人的罢工和暴动有6次在诺曼底，1768年发生在里昂，1770年发生在兰斯，1772年在普瓦捷，1775年在第戎、凡尔赛、巴黎、蓬图瓦捷，1785年在艾克斯，1788年和1789年又发生在巴黎。”“这不是法国，整个西欧都处于这样的状态，自18世纪60年代开始持续了近200年。”

② 即强调工人合作社政治上的功能——当时只有从政治上解决无产阶级的领导权问题，才能从根本上解决社会生产关系不适应生产力发展的矛盾。

③ 这意味着我们要深入学习与领会马克思和恩格斯分析问题的科学方法，而不是照搬他们在特定时代背景下的研究结论。

的一切缺点”，而只有推翻资本主义私有制，建立在社会主义公有制基础之上的工人合作社才具有真正的进步意义①，需要认真地研究工人合作社的构建。事实上，马克思和恩格斯也深入研究了社会主义公有制基础之上的工人合作社的发展问题。因而，基于马克思主义制度分析方法的科学性，对以蒙德拉贡为代表的西方工人合作社新变化、新发展的制度分析，需要回归马克思对人类生产经营组织的基本分析方法上，重构分析框架，需要不断补充完善与创新。

总之，一方面，从时间维度来看，马克思所讨论的那个时代已过去，当前工业生产的内外部条件及工人生存状况发生了翻天覆地的改变，在此情形下如何解析当代资本主义制度下的工人合作社发展、演进与变革的内在规律？另一方面，从补充、完善和创新马克思主义工人合作社理论的角度来看，该理论也需要与时俱进，需要“吸收和借鉴人类社会创造的一切优秀文明成果”，不断自我扬弃，不断完善、创新与发展。

马克思主义工人合作社（或合作工厂）理论源自生产力与生产关系对立统一分析范式下的合作工厂分工与协作生产理论，该理论从历史的角度，运用唯物辩证法，在生产力与生产关系的对立统一中研究工业生产及生产组织（含合作社）的发展演化问题，既可认识合作社的市场运行特征，亦可了解合作社内部深层的经济关系，是科学的理论内核并具有开放性。但由于当时的历史背景及革命使命要求，基于对社会未来发展的判断，该理论转向强调公有制基础上的生产合作并基于此设想合作社的构建——因为只有工人合作生产才能否定和消灭资本主义剥削制度，从根本上解决当时阻碍社会生产力发展的主要矛盾。本书回归生产力与生产关系对立统一分析范式下的工人分工与协作生产理论，还原合作社的经济功能（即不忽视合作社的经济功能），同时吸收新制度经济学、企业组织与治理理论的合理成分，经扬弃，有机合成而构建一个崭新的关于合作社产生、发展演进的生产社会化—产权社会化—管理、分配社会化的理论分析框

① 注意这一结论是基于当时特定历史条件下社会生产力发展的内在要求提出的，即马克思和恩格斯始终是基于生产力与生产关系辩证原理提出该结论，并非单纯认为公有制基础上的工人合作社具有进步意义。

架，深入揭示合作社及其制度安排产生、发展演进的内在规律，丰富、完善和发展马克思主义工人合作社理论。

中国改革开放40年取得举世瞩目的伟大成就在于探索出了一条中国特色社会主义现代化道路，这条道路的成功是因为我们在发展中坚持了“马克思主义理论与中国国情相结合”这一指导具体实践的原则，当前针对国内外对马克思主义理论质疑和否定的声音，我们需要不断发展与创新马克思主义理论，增强其话语权，进而更好地避免西方话语陷阱，以推动中国特色合作社的创新与发展，以及中国特色合作化理论的构建。

四 当代西方经典合作社理论

（一）罗虚戴尔公平先锋社与合作制原则的构建

空想社会主义者的合作社试验没有成功，却产生了很大的影响，它警示人们：必须依靠自己的力量，着眼于改善成员的切身利益，基于现行的经济和社会条件构建合作社。19世纪30~40年代，欧洲合作运动实践方兴未艾，出现了一些经典的、富有影响力的合作社，罗虚戴尔公平先锋社就是一个成功且最具影响力的合作社，被视为近代合作运动成功的典范。

1844年12月24日，在英国北部兰开小镇罗虚戴尔，28名纺织工人经过较长时间的计划和准备，以每周节省下来的两便士为股金，成立了一个日用品消费合作社，取名“罗虚戴尔公平先锋社”。该合作社成立的直接目的是满足成员的现实需要，供应日常生活用品，减轻商业资本的中间盘剥，改善成员的生活境况。罗虚戴尔公平先锋社开办了一个小商店，每周六晚上营业，成员拥有合作社，并且自我管理和自我服务，即实行合作社的所有者、服务者和管理者、惠顾者同一的工作模式。① 为了使这一模式成功运作，该合作社因地制宜地制定了一套办社原则（或者说具有西方特色的办社原则）（Holyoake，1944，第6~7页）。

① 参见Holyoake（1944，第6页）。在28个发起人中既有欧文的信徒，如荷利约克、廉·库珀等，也有基督教空想社会主义者，如查尔斯·豪沃斯（Charles Howarth）等。还有宪章运动者，也有的是刚刚参加过罢工的工会会员，甚至有瑞典神秘教派信奉者。

①入社自由。加入罗虚戴尔公平先锋社的所有人，均出于自愿，并有退社自由。入社自由表明合作社要广泛地吸纳成员，并保证合作社的股东（劳动者）是合作社的惠顾者（使用者）。

②一人一票。这集中体现了公平先锋社执行民主管理制度。社章规定：社员大会是合作社的最高权力机构，每个社员无论股份多少，只有一票表决权。

③现金交易。本社成员无论在什么情况下，都不能以任何借口不用现金交易。

④按市场价售货。按市场价售货，从而获得一定盈利，可壮大合作社的经济力量和发展教育、社会福利等事业，这对提高合作社的影响力和社会地位有重要的作用。

⑤准斤足尺、销售好货。该原则主要是针对当时中间商的欺诈行为提出来的。

⑥盈余按购买额分配。社员购货凭购货本，并由销售员登记，到一定时期进行一次结算。在对盈余做了必要扣留（作为公积金、教育基金等，以发展壮大合作社）之后，按社员购买本社货物的多少，按比例返还给本人（分红）。这是一个重大的创举。在资本主义社会中，盈余都是按资分配，而按购买额分配的方式是对按资分配的否定。社员入社股金可以获得利息，但不参加分红，且利率不得高于市场平均利率水平，即“股金报酬有限”，这样就将食利者排除在合作社之外。

⑦重视对社员的教育。罗虚戴尔公平先锋社为了提高成员的思想修养、文化素质以及培养合作精神，根据合作社的现实情况，要求逐步开展对成员的教育和培训。

⑧在政治和宗教问题上保持中立。这一原则是依据当时的社会条件而做出的决定。因为只有表明合作社没有任何政治背景或政治目的，才可排除资本主义政府的干预，同时也可消除社会上一些人把合作社与社会主义、共产主义联系在一起的疑虑。对宗教保持中立态度，表明合作社不是宗教团体，不让宗教介入，也不参与宗教活动，这样为不同观点和信仰的劳动者加入合作社敞开了大门，从而加固了合作社发展的社会基础。

“按惠顾额分配盈余、资金报酬有限”、“一人一票”和“劳动者（惠顾者）拥有合作社”体现了合作社三位一体的质的规定性。“按惠顾额分配盈余”和“资金报酬有限”同属于合作社的分配制度，它集中体现了构建合作社的思想渊源：禁止或限制资金参与利益分配，即不能让资金转变为剥削劳动的资本，要实行按劳分配，严禁或限制按资分配。而要保证这一分配制度的顺利施行，合作社管理制度上就要“一人一票”（对劳动的民主）而不能“一股一票”（对资本的民主），否则就可能滑向按资分配。最后要保证合作社的分配制度、管理制度不发生质变，劳动者（惠顾者、社员）就应始终是合作社财产的所有者。产权制度（劳动者拥有企业）、管理制度（“一人一票”）和分配制度（按惠顾额或按劳分配盈余、资金报酬有限）形成合作社三位一体的制度原则，从而使合作社区别于其他生产经营组织。合作社的三位一体原则体现了合作社成员自建、自我管理与控制、自我服务和各人占有自己劳动成果的核心思想，这也是合作社的灵魂所在。

三位一体原则是一个统一、有序的整体，缺一不可。实践证明，该原则有效地保证了罗虚戴尔公平先锋社的巩固和发展。公平先锋社成立一年后，社员人数扩大到 80 人，资金总额达 900 镑，到 1895 年国际合作社联盟成立时，社员已达 12000 多人，资金总额为 150 万镑，到 20 世纪 30 年代，社员已达 4 万人。[①] 罗虚戴尔公平先锋社的成功产生了极强的示范效应，对其后的世界合作运动产生了极其重要与深远的影响。

作为合作社成功的典范，罗虚戴尔公平先锋社的原则被国际合作社联盟向全球推广。我们认为，它成功的根源在于以下方面。

第一，以谋取成员的个人利益为主要目的。公平先锋社主要将合作社作为解决成员实际困难的手段或工具以谋取成员的个人经济利益，改善成员的生存状况。同时资本主义政府也发现，合作社可以缓和阶级矛盾，转而开始支持合作社：“那些面善口惠的贵族、资产阶级的慈善空谈家，以至机灵的政治经济学家，先前在合作劳动制处于萌芽状态时枉费心机地想要把它铲除，嘲笑它是幻想家的空想，咒骂它是社会主义者的邪说，现在都突然令人发呕地捧起场来了。”[②]

---

① 数据来自查尔斯·莫瑞克兹（1993，第 8 页）。

② 《马克思恩格斯选集》（第 2 卷），人民出版社，1995，第 606 页。

第二，将成员的个人利益追求与合作社的发展密切结合。空想社会主义实践不能成功的重要原因之一就是忽视个人利益，在资本主义经济大环境下，试图否定市场经济，超越商品经济，而公平先锋社明确地肯定了个人对经济利益的追求，其社章规定："本社的目标与计划是实现社员的经济利益与改善社员之社会地位和家庭状况"（Holyoake，1944，第 7～8 页）。公平先锋社把成员个人利益与合作社发展紧紧地结合在一起，成员通过惠顾合作社而使合作社不断发展壮大。在满足自身经济利益的同时，也使得合作社能为成员提供更好的服务，能使成员不断改善自身生存条件，这是一种与资本主义企业完全不同的生产经营模式。此外，公平先锋社首先考虑的是经济目标，即先实现提高成员收益的目标而后才考虑其他目标，这是公平先锋社不同于早期的许多合作社，如欧文的新和谐公社最终获得成功的重要原因之一。

第三，将合作社发展与成员民主权利追求结合起来。在公平先锋社中，由于劳动者占有生产资料，劳动者通过惠顾返还可完全获得自己的剩余劳动。公平先锋社中生产资料不是资本，生产资料已失去了资本的特性，变为成员进行生产劳动的手段，劳动者在一定程度上实现了与生产资料的充分结合。成员投入合作社的生产资料可以获得利息，利息是合作社使用生产资料的成本，而不是资本主义企业用来剥削劳动者所获得的红利（所以利率受限）。为此，公平先锋社必须坚持"一人一票"（对劳动者的民主）的管理原则，高度重视对劳动者的民主，否则合作社就有滑向股份公司"一股一票"（对资本的民主）的危险。这一制度安排培养了劳动者民主管理的技能及价值追求，增强了社员的主人翁意识，调动了广大社员劳动者参与生产经营的积极性，有利于合作社生产经营效率的提高。

原则机制还需要支持系统来保证正常运转。保证合作社正常运转的三个支持系统是：资金支持系统、合作信念的精神支持系统和政府的政策法律支持系统。

①资金支持系统。资金支持系统可分为内源资金支持系统与外源资金支持系统两部分。内源资金支持系统主要由入股金制度和盈余公积金提取制度构成。入社要缴纳股金，因为要保证合作社设立成功和初期的正常运

转，合作社就必须有一定的初始资金，同时初始资金的出现也使合作社与成员之间有了经济利益连接纽带，实现激励相融。除入股金制度外，还需要建立盈余公积金提取制度以不断地提取资金，这是因为合作社在发展过程中需要不断地投入资金，不断提高自身的实力以应对激烈的市场竞争，从而更好地为成员服务。通过上述两方面的制度安排，合作社有了一定的积累，还可向非成员或金融机构提供商业信用保证，向社会融资，进而形成合作社的外源资金支持系统。

②合作信念的精神支持系统。公平先锋社之前的一些合作社中，经常惠顾合作社的成员，在合作社提取的盈余公积中所占的份额大（即为合作社财产积累的贡献大），但投票权所有成员相同，这样在惠顾合作社多与少的成员之间产生了矛盾；合作社成立之初，成员缴纳的股金一样，但随着合作社的壮大，不断地有成员加入，新社员将直接享受到老社员所创造的公共财产带来的收益，这样在新社员入社股金多少的问题上，新老社员之间也会产生矛盾，许多合作社因此而办失败。合作社成员之间的矛盾是不可避免的，但公平先锋社解决矛盾的方法与同时代的其他企业组织完全不同：一是强调发扬合作精神；二是对原则做出具体化明细和变通，如不断提高入股金标准，入股金可获得利率受限的利息等。由于矛盾在合作中时时刻刻会产生，而具体化和变通往往是滞后的，所以罗虚戴尔公平先锋社十分重视合作文化、信念及价值追求的教育，这正是公平先锋社将“重视对社员的教育”作为一条重要的原则写入社章的根本原因（这也来自公平先锋社之前许多合作社失败的前车之鉴）。公平先锋社非常重视对社员的合作教育，开始时主要是召开社员研讨会，后来又创办了图书阅览室，为社员服务。为了加强教育工作，公平先锋社 1849 年成立了教育委员会，专门负责教育、培训工作。1853 年还决定从每年的盈利中提取 2.5%作为教育基金，并将这一决定正式列入合作社章程。1850 年开办了儿童学校，供社员子弟读书。1855 年又创办了成人学习班，1873 年开办了正规学校等等。[①] 这表明合作社的发展必须有合作信念的支持。

---

① 转引自王树桐和戎殿新等（1996，第 51 页）。

当然，通过教育发扬合作精神不是万能的，而第二个方法，即做了一些变通，如先锋社同意入社股金可获得利息等作为第一个方法的物质基础而与教育相辅相成：教育能使变通实现（否则合作社在尚未变通前就瓦解了），而变通能使教育更有效。只有经济或物质上的目标能够实现，精神层面的目标，甚至政治上的目标才能够实现。

③政府的政策法律支持系统。罗虚戴尔公平先锋社已放弃改良，甚至改造资本主义制度的目标，专注改善社员的经济境况（合作从理想主义转向实用主义），这有利于缓和资本主义社会的阶级矛盾。资产阶级政府也发现公平先锋社和依其原则建立的合作社发展对维护社会经济、政治稳定具有不可低估的作用，进而开始系统地制定相关法律、法规，出台政策以支持合作社的发展，甚至允许部分社员成为议会的议员。[①] 公平先锋社成立 8 年后，即 1852 年，英国议会就通过了关于合作社的法律，从此合作社获得了法人资格，以及经营工商业的权利和对非社员销售商品的权利。1862 年，随着上述法令的修订，合作社又获得了组织联合社的权利，以及向其他合作社投资的权利（马玲之，1986，第 23 页）。

最后需要说明的是，罗虚戴尔公平先锋社原则并非空想社会主义的产物。国内部分研究者认为，“西方早期的合作思想本来是空想社会主义的一个组成部分”（李树生，2003，第 16 页）；“西方合作思想萌发于空想社会主义者的思想体系”（蓝益江，1999，第 2 页）；“19 世纪末，受欧洲空想社会主义思潮的影响，欧洲大量手工业生产者和农户纷纷把自己的愿望同人类社会的理想组织联系起来，希望建立一种平等、公正、协作、互相帮助的理想组织，合作社理论的基本思想轮廓从此诞生”（王醒男，2006，第 68 页）；“合作经济思想最初起源于欧文等人的空想社会主义理论”（谭扬芳和程恩富，2012，第 90 页）。

上述观点主要有以下两方面理由。一是，由于世界公认的第一个合作社

---

① 英国的合作社代表，在议会中被称作“合作党”代表。合作党成立于 1917 年，以保护合作社的权益。它与国际合作社联盟、工党在 1957 年签订了一项条约，以便增进三方的了解和友好关系。英国工党政府在 1979 年成立了“合作化发展代办处”（CDA），它的作用是关注合作社组织的健全与发展。参见马玲之（1986，第 22 页）。

的成功典范——罗虚戴尔公平先锋社诞生于英国，构建该合作社的基本原则——罗虚戴尔公平先锋社原则是国际合作社联盟推崇的、当今世界上绝大多数合作社所采纳的基本原则。所以部分研究者引用马克思的话“在英国，合作制的种子是由罗伯特·欧文播下的”[1]，将英国罗虚戴尔公平先锋社的建立认为是欧文空想社会主义合作社理论的实践（上海市科协与上海市市农村工作委员会，1997，第 1 页），进而推出罗虚戴尔公平先锋社原则是空想社会主义的产物。我们认为这一说法值得商榷，对此我们只需仔细查阅这句话的上下文：“劳动的政治经济学对财产的政治经济学还取得了一个更大的胜利。我们说的是合作运动，特别是由少数勇敢的‘手’独力创办起来的合作工厂。对这些伟大的社会试验的意义不论给予多么高的估价都是不算过分的……在英国，合作制的种子是由罗伯特·欧文播下的；大陆上工人进行的试验，实质上是从那些并非由谁发明，而是在 1848 年大声宣布的理论中得出的实际结论。”[2] 可见，马克思这里所指的合作制是欧文合作社理论中合作工厂的合作制（对应生产合作社），而非罗虚戴尔公平先锋社原则下的合作制（对应消费或服务合作社）。在欧文的合作社理论中，合作工厂是建立在财产公有制基础之上，全员集体劳动，按需分配，这与罗虚戴尔公平先锋社建立在个人财产私有制基础之上（突出表现为成员在离开合作社时可以带走自己名下的财产）、“按劳动+按资分配”（按资分配利息受限）有根本的不同。

二是，发起组建罗虚戴尔公平先锋社的 28 个工人中大部分人是欧文的追随者。但这并不能说明罗虚戴尔公平先锋社原则源自空想社会主义，关键要看欧文的追随者与支持者是否坚持了空想社会主义的合作社思想，是否“改弦易辙”。空想社会主义者如圣西门的“实业制度”、傅立叶的“和谐社会”、欧文的“合作公社”中，生产资料集体占有或公有，成员联合劳动，是公有制经济的组织形式，生产资料所有制形式与罗虚戴尔公平先锋社的所有制形式有本质的不同。“实业制度”“和谐社会”“合作公

① 马克思：《国际工人协会成立宣言》，载《马克思恩格斯选集》（第 2 卷），人民出版社，1995，第 606 页。

② 马克思：《国际工人协会成立宣言》，载《马克思恩格斯选集》（第 2 卷），人民出版社，1995，第 605~606 页。其中着重点是引者所加。

社”都是空想社会主义关于未来理想社会的设想，理论上更重视对生产合作社构建的思考，而罗虚戴尔公平先锋社是一个消费型合作社。同时，欧文本人也不认为公平先锋社这样的消费合作社能实现他的“新道德世界”。他曾评论“现在该抛弃公众中流行的这种说法了，即这不是我们所期待的社会制度”（Roy，1964，pp. 71－72）。在另一场合他又说（Roy，1964，p. 72）：“这些从事买卖活动的贸易协会在我的合作社计划中不占任何地位。”公平先锋社的社章中曾提到（Holyoake，1944，第7～8页）：“一旦条件许可，本社即当从事于生产、分配、教育以及自治诸项工作；换言之，即在当地建立自力更生、利益一致的新村（类似于欧文的合作公社），或协助其他社团建立这样的新村。”但从随后的发展历程来看，它真正付诸实践的是社章的第一句话：“本社的目标与计划是实现社员的经济利益与改善社员的社会地位和家庭境况。”这说明公平先锋社是实用主义的产物而非空想社会主义的产物。

此外，政治及宗教方面保持中立的原则，表明罗虚戴尔公平先锋社已放弃了空想社会主义改造资本主义制度的基本目标。因此，从所有制、目标追求、中立原则来看，罗虚戴尔公平先锋社均偏离了空想社会主义构建合作社的初衷。因此我们认为，说罗虚戴尔公平先锋社原则源自空想社会主义是不正确的。从时间上看，在圣西门的“实业制度”、傅立叶的“和谐社会”、欧文的“合作公社”提出之前，就已经出现合作社了（如表2-1所示）。

表2-1　1760～1799年有史料记载的合作社

成立年份	合作社	国别或地点
1760	面包坊合作社（最早有记录的合作社）	英国英格兰
1769	食品购买合作社	英国苏格兰格拉斯格南部的芬维克村
1769	“便士资本家”合作社	英国苏格兰额尔郡
1794	制表工人商业合作社	奥地利维也纳
1795	合作零售协会	英国英格兰
1795	合作面粉厂	英国英格兰
1799	傅立叶型合作社	法国
1799	欧文的新拉纳克工厂	英国苏格兰

资料来源：第一、第二行资料来源于杜吟棠（2002，第57页）；其余资料来源于徐更生和熊家文（1992，第9页）。

例如，1760年，英格兰沿海沃尔奇和查特姆造船厂的工人，为了抵制私人食品商的高价垄断，就办起了一个合作磨坊和一个合作面包坊（杜吟棠，2002，第57页）。1769年，在英国苏格兰额尔郡的芬威奇，一小批纺织工人组织了一个采购合作社，由于他们在生活中节约每一个便士作为股金，被老板们蔑称为“便士资本家”，他们成立合作社的目的仅仅是逃避中间商的盘剥，而当时空想社会主义的合作社思想还未提出（徐更生和熊家文，1992，第7~9页）。其实早在1695年，英国人奎克·约翰·贝尔斯（Quaker John Bellers）就提出了合作社的雏形——“工业社团”，并提出了建立“工业社团”的构想（彼得·纽曼，1992，第719页）。因此，合作社思想、实践的“创造权”不独属空想社会主义。而且西方合作社在以后不断实践、不断发展过程中逐渐形成了一般的合作社基本原则和制度安排，与空想社会主义的最初设想已相去甚远（徐更生和熊家文，1992，第10页）。

除将罗虚戴尔公平先锋社视为空想社会主义思想的产物外，还有研究者将罗虚戴尔公平先锋社视为马克思主义合作社理论具体实践的产物。“马克思在《资本论》中指出，生产合作社在生产领域，消费合作社在流通领域，冲破了私有制的框架，但将合作社原则的内容首先综合和具体地运用于合作社实践，则是英国的罗虚戴尔公平先锋社”（谭扬芳和程恩富，2012，第90页）。显然，这一认识也值得商榷，首先，马克思并不认为罗虚戴尔公平先锋社等资本主义制度下构建的合作社“冲破了私有制的框架”，恰恰相反，这些合作社的生产关系是建立在生产资料个人私有制基础之上的，具体地说是建立在个人私有制基础之上的工人消费合作社。社员离开合作社时可以带走自己名下的资产、入股金可以获得红利等制度安排就是对个人私有产权的承认。因而同时代的欧文对公平先锋社这类消费合作社是持否定态度的，认为它们完全偏离了社会主义性质；马克思也对这类消费合作社持否定态度，认为它们没有从根本上动摇资本主义生产关系，同时还会生产和再生产出资本主义生产关系的一切缺点。其次，罗虚戴尔公平先锋社也并不基于马克思主义合作社理论，将“合作社原则的内容首先综合和具体地运用于合作社实践”。

受限于所处的经济大环境，公平先锋社是建立在资本主义个人私有制基础之上的工人消费合作社，所有制基础大相径庭，这与马克思在《资本论》中倡导的合作社完全不同。

（二）国际合作社联盟的成立与合作社原则的演进

随着合作社理论的传播以及世界范围内合作运动的蓬勃发展，各国间越来越需要进行交流，以解决理论上或实践中出现的问题，从而不断推进合作运动向前发展。1895 年，为方便各国对合作社理论与实践经验进行交流，一个国际性组织——国际合作社联盟（International Co-operative Alliance，简称 ICA）在英国伦敦成立。根据章程，ICA 是联合代表和服务于全世界合作社组织的独立的、非政府的社团法人。任何国家级合作社组织、国际性合作组织以及与 ICA 的目标相一致的组织，只要承认和遵守 ICA 的章程，均可以申请加入。[①]

成立之初，ICA 就将承认“罗虚戴尔办社原则”（The Rochdale Starting Principle）作为申请加入的首要条件。1937 年，ICA 进一步修订了罗虚戴尔办社原则，一共有 9 条：①门户开放（入社自由）；②民主管理（“一人一票”）；③按交易额分配盈余；④股金利息受限；⑤政治和宗教信仰中立；⑥实现现金交易；⑦促进社员教育；⑧照时价或市价交易；⑨创立不可分割的社有财产。

为使合作社不断适应内外部环境的变化，ICA 在 1966 年的第 23 届大会上将上述罗虚戴尔办社原则中的第 5 条、第 8 条规定删除，改为 7 条，将之称为“合作社原则”（The Co-operative Principle）。1995 年 9 月，ICA 在成立 100 周年的第 31 次代表大会上，商议并通过了《关于合作社特征的宣言》（*Statement on the Co-operative Identity*），对合作社的性质、价值和基本原则进行了重新定义。新定义的原则（即“95 原则”）有以下 7 条（管爱国和刘惠，1995，第 4~8 页）。

①自愿和开放的社员制。合作社对所有能够利用合作社服务和愿意承

① 对 ICA 及其章程的介绍均来自：http：//ica. coop/（2010 年 11 月 2 日）。

担社员义务的人员开放，无性别、社会、种族、政治和宗教信仰的限制，自愿加入、自由退出。

②社员民主管理。合作社是社员民主管理的组织，合作社的重大方针和事项由全体社员积极参与决定。选举产生的代表，无论男女，都要对社员负责。在基层合作社，社员有平等的选举权（“一人一票”），其他层次的合作社组织也要实行民主管理。

③社员经济参与。社员要公平地入股并民主管理合作社的资金。入股只是作为社员身份的一个条件，且分红要受到限制。合作社盈余按以下某项或各项进行分配：用于不可分割的公积金，以进一步发展合作社；按社员与合作社的交易量分红；用于社员（代表）大会通过的其他活动。

④自主和自立。合作社是由社员管理的自主自助组织。合作社若与其他组织包括政府达成协议，或从其他渠道募集资金，必须做到保证社员民主管理并保持合作社的自主性。

⑤教育、培训和信息。合作社要为社员选出的代表、经理和雇员提供教育和培训，以更好地推动合作社的发展。合作社要向公众特别是青年人和舆论名流宣传有关合作社的性质和益处。

⑥合作社间的合作。合作社通过地方的、全国的、区域的和世界的合作社间的合作为社员提供最有效的服务，并促进合作社发展。

⑦关心社区。合作社在满足社员需求的同时，要推动所在社区的持续发展，包括经济的、社会的、文化的发展和环境保护。这是合作社的社会责任和优良传统。但是，合作社以什么形式、用多大力量促进社区发展，要由社员决定。

近代西方合作社是市场经济的产物，其制度安排必然随着市场经济的发展而变化。为适应市场经济、商品经济发展的内在要求，ICA 分别于 1921 年[①]、1937 年、1966 年和 1995 年先后四次修订了合作社基本原则。1995 年修订的原则与前三次相比更加灵活，如民主管理中，对合作联合社不再强调“一人一票”；分配方式可以民主决定，但再次强调了社员经济

① 由于罗虚戴尔办社原则要适用于不同类型的合作社，1921 年的修订将罗虚戴尔办社原则中具有消费合作社特征的“只销售货真量足的商品”删除。

参与，公共积累不可分割。总的来看，从罗虚戴尔办社原则出现至“95 原则”的 100 多年，合作社的原则只有 5 条基本未变，即入社自由、民主管理、自主和自立、盈余主要按交易额（量）返还和重视教育，而“95 原则”在民主控制和分配制度上有所松动，如承认受限的“一人多票”制（即要求不突破民主控制的底线）。只要成员同意（即社员大会通过），盈余可按投资比例进行二次、三次分配，这实际在很大程度上挑战了“投资报酬有限的原则”。本书在以后的讨论中，“传统合作社原则”是指 1966 年制定的合作社原则，相对于“95 原则”，更强调“一人一票”“投资报酬有限”的制度安排。

2002 年 6 月，国际劳工组织（International Labour Organization，简称 ILO）第 90 届大会通过《合作社发展建议书》（*Promotion of Cooperatives Recommendation*），敦促各国政府把促进合作社发展作为经济和社会发展的重要目标之一。该建议书对合作社的定义、原则和价值追求等均遵循了“95 原则”（慕永太，2001，第 60 页），这说明具有变革意义的“95 宣言”已逐渐得到广泛认可，同时也说明对传统合作社的改革势在必行。近年来，基于产权明晰化（例如：合作社生产经营中，成员权、责、利关系的匹配与对等）的比例原则越来越受到关注，实践中越来越多的合作社接受了该原则。比例原则是指成员的资金与劳动投入多（少），意味着成员承担的责任和获得的收益应多（少），进而该成员就应获得更多（少）的管理投票权（当然管理投票权有上限限制），这一变革实际上是进一步明确成员与合作社或成员与成员之间的权、责、利关系。

最后需要说明，ICA 并未具体规定或强制设定合作社的内部制度安排，一是因为各国的具体情况特殊；二是因为合作社在内外部条件变化、发展中需要不断变革与创新制度安排。实践中，欧美或欧美化的国家大多参照罗虚戴尔公平先锋社的制度设计，这是因为西方经过百年实践，终于找到了一条适合自己的合作化道路及具体的合作社内部制度安排。

ICA 在阐述“95 原则”时也坦承：“合作社总是在不同的地区、不同的丰富信仰体系中发展，既然合作社及其领导人深受其影响，那么关于合作社价值追求、具体制度设计的任何讨论就不可避免地打上相关地区具体情况和道德行为价值判断的烙印。因此，尽管非常有必要具体规范合作社，但要达成共识总是很困难的。”这意味着合作社具体的制度设计要因地（时）制宜，各国要依据自身实际情况设计适合本国国情的合作社制度安排。具体实践中，我们需要不断地扩展 ICA 规定原则的内涵与外延，以给我国正在不断摸索中发展的合作社以足够的制度拓展空间，进而找到具有中国特色的合作社制度设计，最终走出一条具有中国特色的合作化道路（而不是照抄、照搬西方的成功经验）——这才是学到了西方先进经验的精髓。

第三章　西方工人合作社研究文献综述

一　国外工人合作社研究现状

对工人合作社或合作工厂的研究是西方经济学的一个重要研究领域。在对西方工人合作社相关研究进行文献综述前，需要说明四点。①层次上。尽管还有少数研究者坚持用合作主义或社会发展“第三条道路”观点解读工人合作社，但不是主流，绝大多数当代西方研究者对工人合作社的研究早已从合作社存在的目的（改造还是改良资本主义的争论）、特征、在国民经济活动中的作用等问题转向合作社的运行、内部管理、产权制度安排、盈余分配等更微观的问题。其中，成员异质性、治理者行为、委托代理设计、投资激励和决策规则安排、治理结构选择、全球化下的发展战略、在激烈市场竞争下的变革与合作社价值追求之间的平衡、政府扶持政策调整等问题，正日益引起研究者的重视。

②方法论上。西方文献多以西方经济学为理论支撑点，而用马克思主义政治经济学深入剖析的较为罕见。

③尽管在方法论上有重大的分歧，本书还是查阅了所能穷尽、浩如烟海的相关外国文献。“他山之石，可以攻玉”，国外对工人合作社的研究不论是在研究的时间、研究人员的数量，还是在研究的层次上均远远超过国内，资料丰富且研究的程度较深。更重要的是，在国外文献中，对合作社部分问题的分析，不乏真知灼见，本书将批判性地吸收和借鉴。

④由于获得巨大成功，蒙德拉贡在全球工人合作社中具有无可取代的

地位，相应地国外对蒙德拉贡的研究资料也是最丰富的，本书将国外研究的文献分为工人合作社一般理论①和对蒙德拉贡的研究（包括其发展与创新方面的研究）两部分进行综述。

（一）工人合作社的相关研究

如前文所述，西方学术界对合作社的研究可一直追溯到早期合作运动的各学术观点及其理论，但当时更关注的是合作社对社会制度的影响，而非合作社在特定社会制度下的经济价值，重点在社会发展、道德层面而非从经济学的角度展开研究。随着合作经济的不断实践，西方理论界逐步将研究目光转移到后一领域，而该领域的开拓者就是19世纪两位著名的经济学家：约翰·斯图亚特·穆勒（John Stuart Mill）和阿尔弗雷德·马歇尔（Alfred Marshall）。

穆勒在其政治经济学研究中给予合作社高度重视。①他认为，人要生存，要么自己为自己工作，要么为雇主工作，进而将合作分为劳动者间的合作以及劳动者与资本家之间的合作，相对于后者，前者是一种制度创新，是劳动者为掌握自己的命运而进行的尝试，是人类社会生产活动中最优的合作。"如果人类不断进步的话，则应该预料到，最终占统治地位的合伙经营方式，将不是作为主人的资本家和没有管理权的工人之间的合伙经营，而是劳动者在平等基础之上的合伙经营，即工人共同拥有企业的资本，经理由工人选举产生并可由工人罢免。"② "合作运动还将以另外一种方式更有效地促进生产力的提高，那就是合作运动将极大地刺激劳动者的生产干劲，因为它将使全体劳动者与其所做的工作发生密切关系，他们将用最大的努力而不是尽量少的努力换取自己的报酬，这将成为他们的行为准则，同时也是他们的利益所在（而当前的情况则不是这样）。"③ 穆勒认为合作制是一种进步，不仅能提高劳动者在生产中的地位、更人性化，而

① 这类研究文献是将合作社作为一类特殊的生产经营组织或企业（即工人或劳动者拥有的企业），即从一般意义上进行研究。

② 引自穆勒（1991，第341页）。

③ 引自穆勒（1991，第359页）。

且更有利于生产效率的提高。

②他认为，合作社能促进社会生产力的发展：一是可以减少“分配者阶级（他们的工作不能使社会财富增加），而使社会上从事生产的人增多”；二是合作社生产中，“劳动者与自己的工作产生了密切的联系，因而有因物质利益刺激的工作动机和兴趣”。与此同时，还伴随着道德革命，“养成劳动阶级的安全意识与独立意识，使每个人的日常职业都成为社会同情及实践智慧的学校”。[①] 合作社追求物质和精神双重目标，既能满足劳动者在物质上改善生存境遇的要求，也能满足他们提高价值观和行为道德水准的需求。“人类的生活将不再是各个阶级为了谋求相互对立的利益而展开的争斗，而将成为追求共同利益的友好竞争；劳动的尊严将得到提高，劳动阶级将具有安全感和独立感，每个人的日常工作将变为对社会同情心和实用智慧的培养”[②]。而提高人们的道德水准有利于调和社会阶级矛盾[③]，“个人的自由和独立将同集体生产在道德、智力和节约等方面的优势结合在一起，而且用不着采用暴力或掠夺方法，甚至也不突然打乱现存习惯和期望”（穆勒，1991，第 360 页）。

那么合作社如何发展？穆勒认为：①国家应支持合作社发展，要为合作社的发展专门立法；②合作社发展中，不能让它们过度依赖国家的扶持，一定要让合作社与其他生产经营组织公平地参与市场竞争，在竞争中发展壮大自己，过度依靠国家扶持，将会越扶越弱，越扶生产经营效率越低；③为提高合作社的生产经营效率可适度将有限责任制引入，如允许一个合作社拥有其他合作社的股份，各基层合作社可共同入股构建联合社；等等。

1890 年，另一位经济学家马歇尔在《经济学原理》一书中，在论述了私人合伙制企业和股份制企业之后，从财产制度、管理制度、分配方式、比较优势等方面将前两类企业与合作社做了全面、深入的比较（马歇尔，1981，第 316 页）。①“相对于私人合伙制和股份制企业，合作制度产生

---

① 引自穆勒（1942，第 728 页）。

② 引自穆勒（1991，第 359 页）。

③ 显然，穆勒没有认识到资本主义社会阶级矛盾产生的根本原因。

的目的在于避免上述两类企业管理方法的弊端……他们是他们自己的经理和工头的雇主与主人；他们最有可能查出管理中工作细节的松懈和不称职。因为他们自己金钱上的利益，和他们对自己营业成就的骄傲，使他们每个人对他自己或他的同事工作不力都感到厌恶。”[①] ②要有一定数量高尚道德水准的成员，为了合作社的集体利益，能在一定程度上让渡个人利益，合作社的发展才能成功，因此造就这样一批具有献身精神的人才对于合作的发展极其重要。马歇尔强调了合作社发展中集体理性的重要性。③为了提高合作社的生产经营效率，可以采用“半合作”的形式发展，即依据各个国家的具体国情不同、各行业的生产技术不同、成员进行合作的动机不同，采取多种合作形式，但马歇尔没有对“半合作”的形式、如何“半合作”等展开具体讨论，这就为以后合作社研究提供了不断拓展的空间。④“合作社能为工人参与管理提供极好的机会”（马歇尔，1981，第318页），合作社能赋予所有成员民主参与管理的机会。劳动者最清楚合作社生产经营的具体情况，并且生产经营的好坏与劳动者成员自身利益的多少密切相关，这样劳动者成员的聪明才智就能得以充分发挥，这显然有利于合作社生产经营效率的提高，有利于市场经济的繁荣。⑤合作社能为工人参与管理提供极好的机会，能使工人的聪明才智得以充分发挥，这是合作社与其他生产经营组织的重要区别之一，这暗示工人合作之路是工人劳动者自主、自强之路。

此外，马歇尔也指出了合作社自身的不足。一是从事“手工操作的人容易低估从事管理工作人员的价值”，在外部市场激烈变化或合作社生产经营不佳时他们之间的矛盾可能会激化。二是合作社经营管理者来自生产一线的工人社员，“合作社中缺乏经过生存竞争挑选和专门训练的具有创造性和多才多艺的经理人员”（马歇尔，1981，第318页）。三是“如果合作社成员工作的报酬与其他地方所能得到的差不多，也会引起他们的怨恨”（马歇尔，1981，第318~319页），降低他们作为合作社主人的满足感等。这些不足说明合作社存在以下几方面的问题。一是合作社成员的所有

---

① 引自马歇尔（1981，第317页）。

者、管理者、生产者“三位一体”的角色在生产经营中难以协调统一。二是由于存在资金投入的多少、技术分工、能力差别等问题，不通过资本和劳动力市场，合作社传统制度很难在劳动者个人收入的分配上体现出上述差别。三是如果合作社成员的劳动报酬高于相同领域、相同生产规模的其他生产组织，市场竞争机制就会要求合作社不断提高生产效率，成员的劳动强度就会加大；如果成员的劳动报酬低于其他生产组织，就会引起成员的不满，组织向心力就会降低。进而，马歇尔强调了应不断提高成员高尚道德水准，不断培养一批对合作事业具有献身精神的人才，不断进行制度变革，如进行“半合作”形式的改革等。

总之，上述两位学者对合作社的研究，由关注合作社的社会意义和价值转向关注合作社本身的生存、发展及其在社会中的经济意义，由关注合作社在国民经济活动中的地位、作用转向关注合作社内部的制度、机制的特点及其发展与完善。这对其后经济学界的合作社研究产生了深刻的影响，使合作社研究由理想主义逐步转向现实主义。依据研究方法不同，对合作社的研究可分为两个时期。

1. 第一个时期：基于新古典经济学的厂商理论

第一个时期从 20 世纪 40 年代至 60 年代，理论方法多运用新古典经济学，将合作社视为一类特殊的厂商，厂商理论的均衡分析、边际分析是当时的主流研究方法。以埃米里扬诺夫在 1942 年出版的著作《合作经济理论》为代表，他开创了将新古典经济学厂商理论应用于合作社分析之先河，推动了西方合作社理论的发展。随后最有影响的研究者是 Ward（1954，1967），他认为股份制企业是以利润最大化为目标，而合作社以成员收入最大化为目标，因而为实现收入最大化，根据收益递减规律，合作社倾向于吸收更少的成员（甚至开除部分成员）、生产更少的产品，所以合作社的规模都很小，并且往往保守地应对外部市场变化，创新的动力比资本主义企业要小；资本配置效率常处于低水平，甚至出现价格上升、产量下降的局面（即供给曲线的斜率为负），使合作社生产偏离帕累托最优状态。这就是所谓的“沃德效应”（Ward Effect）。

“沃德效应”提出后，引起了许多研究者的关注和讨论。Domar

(1966)、Meade（1972）分别对 Ward 的假设分析做了修正和发展，形成了“Ward—Domar—Meade”模型，进一步验证了 Ward 的结论。而 Fleurbaey（1993）则认为 Ward 关于工人合作社经济效率低下的结论是片面的，并且价格上升、产量下降的“沃德效应”只有当规模收益递减和可变的社员制同时发生时才会出现，而这种情况非常罕见。Drèze（1976）认为 Ward 模型将工人合作社的目标函数设定为人均收入最大化过于简单，且与现实不符，现实中合作社更关注保障全员就业，促进生产方式和生产组织的转变、保护传统工艺等。其后，Horvat（1982）、Hansmann (1996)、Kalmi（2003）等一批研究者通过详细调查，发现实践中并没有足够证据证明合作社少吸收成员、减少产量以使价格上升，并指出：Ward 模型关于工人合作社经济无效率的判断是建立在一系列缺乏现实基础的假设之上，该模型本质上是从静态的假设中推导出动态的行为结果，显然这些结果是经不起推敲的。Dow（2003）指出，Ward 模型最重要的错误是它假设合作社所处的经济体制中不存在劳动力市场的作用，但实际上几乎所有的合作社都会根据劳动力市场情况甄别吸收新成员并收取相应的入社费，这说明在合作社生产经营活动中，劳动力市场是真实存在并发挥作用。Dow 还指出，在“一人一票”的民主决策中，合作社想开除部分成员几乎是不可能的，实践中合作社常常采用降低人均工资或者减少劳动时间等办法应对危机。

此外，Ward（1958）还提出了合作社的发展存在危机，受此启发，Jansson 和 Hellmark 于 1971 年提出了合作社生命周期的三阶段论（起始阶段、初期成熟和晚期成熟）（蒋玉珉，1998），Cook（1995）在此基础上，提出了合作社生命周期的五阶段论（设立、发展、冲突、选择和死亡）。

Vanek（1970）放宽了 Ward 模型的假设条件，基于新古典经济学厂商理论研究了工人合作社在长期条件下生产的一般均衡问题，指出即便短期中劳动者管理型企业缺乏供给弹性，但在长期中它可以达到帕累托最优。此外，Vanek 还指出新古典经济学只关注技术分析，而不考虑企业的社会价值，进而他提出了“人道”体制的概念，认为工人合作社属于“人道”的体制，而资本主义企业属于“非人道”体制。合作社更关注人的价值，而这正是合作社发展的重要动力之源。Fleurbaey（1993）也认为应更重视合作社的社会价值，他提出了一个建立在工人合作社基础上的“平等主义的民主经济”（Egalitarian Democratic Economy）模式，旨在“实质性地改善现代经济的平等和民主纪录的同时，可以满足它的效率要求”。该模式具有4个非资本主义制度特征：间接融资、工作场所的民主管理、财富再分配和计划控制。最重要的是该模式否定资本的主导地位，强调劳动雇用资本，期望消灭资本主义剥削制度，把人类从资本的统治和异化下解放出来。

Bradley和Gelb（1985）认为工人合作社或合作工厂是在特定的经济和政治制度下发展起来的，因此很难以新古典经济学厂商理论研究它。由于新古典主义合作社模型存在重要的遗漏（忽略特定的经济和政治制度及其变化），主要基于效率（或经济绩效）的视角研究，所以对合作社研究的部分结论，如“少吸收成员，减少产量以使价格上升等”是片面的。最后，他们指出合作社是利润分享机制、员工持股和民主自治的组织，而资本主义企业中资本家、劳动力和管理层之间的关系要比合作社紧张得多，这与资本控制劳动与管理层的企业内部治理关系密切相关，这种权力等级治理结构从本质上讲是不协调的。工人合作社是资本主义和社会主义外的另一种选择，即合作主义——工人控制与管理企业，该权力治理结构从本质上讲是协调的。

Drèze（1993）认为，导致工人合作社投资不足、发展缓慢、生产规模小、风险厌恶、经营保守等问题出现的主要原因是在资本主义制度下，合作社缺乏一个符合自己发展要求的融资系统，因而成功的合作社或合作社集团总是拥有自己的融资机构或系统。他还认为合作社可以发行股票融资，但外部股票持有者为降低投资风险必然要实现对合作社的控制，这与合作社工人民主控制的原则相冲突，为应对这一难题，可以通过工人与合作社外部股票持有者签订一种类似于资本主义企业的劳资契约，明确双方的权利、义务和成本、风险等，即通过签订清晰界定双方权、责、利关系的契约解决上述冲突难题。

新古典经济学理论将合作社视为一类特殊的企业，认为合作社以成员收入最大化为目标，在实现边际成本等于边际收益时，必然导致价格上升而产量下降。合作社发展中面临的最大障碍是融资困难，这是导致合作社发展缓慢的主要原因，但通过科学、合理的融资方案设计，可以解决这一问题。合作社是一种促进市场竞争的力量，它能提高不完备市场的运作效率，进而提高全社会的经济福利水平等。另一些研究者对新古典经济学的分析结论提出了批评，认为合作社是利润分享机制、员工持股和民主自治的组织，其权力治理结构比资本主义企业更协调，即不应忽视合作社的道德与社会价值。

新古典经济学厂商理论为合作社的研究提供了重要的理论工具，但合作社与厂商理论中的企业有很大差异。①合作社既要追求成员利益最大化，在激烈的市场竞争中还要追求自身利益最大化（即需要不断发展壮大），即两者均要兼顾。两个目标有时会冲突，特别是在合作社发展困难时期。②合作社成员既是股东又是生产者和管理、决策者，需要平衡三者间的关系。③合作社决策基于“一人一票”制，而企业（股份制公司）遵循“一股一票”制。④合作社盈余主要按劳分配，而不是按股分配。合作社的特殊性，决定了在应用厂商模型对它进行分析之前，必须修正模型的利润最大化目标假设，重新确定合作社要追求的目标及其决策机制，这样新古典经济学的厂商理论才能被运用到合作社的相关分析中。

上述种种问题均可在修正假设前提后不同程度地克服，但新古典经济学无法对合作社进行内部组织制度分析。新古典经济学将企业制度本身置于研究对象之外，即制度是外生的，在特定制度安排下研究企业的行为，将企业内部结构（生产函数和偏好结构等）视为是由经济理论之外的生产技术状况和个人心理决定的“黑箱”，因而厂商理论不能用来分析合作社内部的管理及决策过程，如不能用它分析合作社的制度安排是如何决定其经济行为及经营绩效等。

2. 第二个时期：基于新制度经济学相关理论

第二个时期从 20 世纪 70 年代至今，新制度经济学相关理论，如交易费用理论、契约联合、产权理论、委托代理理论以及博弈论等，逐渐成为研究合作社的主流分析工具，并且研究中常常将合作社与资本主义企业进行对比分析。我们将当代国外的研究成果归类为以下几个方面。

（1）合作社的产生

新古典经济学家利用规模收益和市场失灵理论解释工人合作社的产生，而新制度经济学则主要基于交易费用（风险）-收益理论解析该问题。合约的不完全性，导致专用性投资较高一方的一部分准租金（Quasi Rent）会因另一方签约后的机会主义行为“套牢”（Trapped），专用性投资较高一方易被专用性投资较低的一方“敲竹杠”（Hold-up）。因此劳动者的横向联合及纵向一体化就会产生（Robotka，1957），社员通过合作社直接进入市场，降低了社员的市场交易成本，从而提高了收益（Dobrin，1966）。

Alessandrini 和 Messori（2016）指出，合作社消除了经济行为的中间层，成员共同组织他们的一些活动，如购买、生产和销售活动，这意味着他们并不必亲自到市场上购买生产要素或销售产品，他们把这种购买或销售行为转移到他们共同拥有的独立企业——合作社中去完成，这如同将外部市场购买和销售活动“内化”，降低了工人生产的成本与风险等，即降低交易费用，合作社由此而产生。

Hakelius（1996）认为，构建合作社能使成员在很多方面，如合作精神、价值观、共同的目标追求等方面形成高度的同质性，高同质性有利于形成一种志同道合的感觉，降低成员之间以及成员与市场之间的交易成本从而顺利达到既定目标。

Bijman 和 Hendrikse（2003）认为组建合作社最主要的原因是减小生产经营过程中的信息不对称以及外部性的影响，保护合作社专用资产免受机会主义行为的侵害等。

Berry 和 Bell（2018）以美国工人合作社为例证对象，认为不稳定的工作、工资低、无法预测的可工作时间、工作危险程度和等级管理制度造成工作紧张程度高等是工人构建合作社的主要原因。

（2）合作社的产权制度及其相关问题

新制度经济学对合作社的产权制度基本持否定态度，认为合作社产权界定不清晰，存在公有财产（共同共有财产），易引发“搭便车”行为、“公地悲剧”、内部治理失效等问题。其中，Cook（1995）以农业合作社为例证对象，从一般意义上研究了合作社的产权制度，他认为合作社“不明晰产权的多样化界定将导致在剩余索取权和决策权控制方面的冲突”。随后，Cook 进一步具体阐述了合作社存在的问题。①搭便车问题（Free Ride Problem）。当产权界定不清晰，不可交易、未定归属、不稳定时，成员或非成员为各自的利益使用合作社，而当产权没有明晰，以确定成员或非成员承担其行动的成本和获得的收益不对等时，就会产生该问题。此类问题容易在有公共财产且会员身份开放的合作社中发生，这样会造成大量低效率的新成员涌入而高效率的老成员退出（形成所谓的“柠檬市场”问题）。同时由于公共产权的存在，搭便车问题在处理公共所有权问题时也易出现。由于平等的收益权以及剩余索取权价格市场的缺乏，高效率成员不再有动机投资合作社。②投资比例问题（Portfolio Problem）。剩余索取权的不可交易性，流动性和融资增值机制的缺乏，意味着成员不能根据他们的风险偏好及时调整资产组合比例。产生此问题的原因又是股份约束问题：成员对合作社投资的多少由其自身经济状况决定，而非合作社，所以成员将根据对自己最有利的风险与收益权衡来影响合作社的投资组合决策，要降低风险就要尽量少投资合作社，这将导致可预期的回报率更低。③控制问题（Control Problem）。成员与管理者之间的利益分歧导致该问题的产生。由于股权不可交易，合作社不能获得股权市场所提供的信息和外在压力。同时，成员与管理者之间信息不对称，合作社治理结构有缺陷，社员缺乏评估合作社运行绩效的信息，也就不能有效地对企业进行控制管理。此外，合作社的股份广泛地分布在社员当中，每个社员所占的比例都很小，个人努力成果易被他人占有，这使他们缺乏内在的激励去监督合作社的经营管理，当合作社的规模扩大时，此类问题将更加突出。④影响成本问题（Influence Cost Problem）。合作社的成员是所有者和使用者的统一，成员的双重身份会给合作社的管理带来难题，社员会把合作社的决策引向有利于自己的方向。为了获得支持，合作社的管理者将努力使意见各异的社员达成一致，这将是一项成本高昂的活动。⑤眼界问题（Horizon Problem）。社员不能理解投资所获得边际产出的全部价值，出资的有限性往往导致合作社达不到最佳经济规模，从而合作社运行是低效率的。社员投资合作社的全部收益不能通过市场获得，因此社员倾向支持那些在短期内能取得最大回报的行为，对合作社的长期发展不感兴趣，合作社的发展将受制于成员的短期化行为。

Pejovich 于 1968 年基于新制度经济学产权理论，认为工人合作社产权的不完全性与成员身份时间长度的有限性之间存在矛盾，当期投资可能在未来成员身份期内无法获得应得收益，成员对合作社的投资内在激励不足且要求回报期短（Vanek，1970）。

Furubotn 和 Pejovich（1972）指出，在一个生产经营周期结束时，成员可以将收益投回本合作社，也可以把收益投向合作社之外，如购买消费品、投资人力资本、投资资本市场或设立储蓄账户等，成员如何选择主要是受预期收益评估以及个人时间偏好的影响。而合作社的产权制度安排会在很大程度上影响其成员的投资。合作社最重要的制度特征就是轻视资本，或者说重视民主治理而弱化产权，成员仅拥有企业资产的用益权，每个成员要获得收益都必须以他当前参与合作社生产活动为基础，如果他离开，他就不能获得合作社未来的任何收益。因而，合作社的产权是“准-所有权”（Quasi-Ownership），即不完整的、弱化的产权，这会使成员更倾向于把当期收益投资到合作社之外，强化成员外部储蓄和消费动机，成员缺乏对合作社再投资的热情。同时不完整的、弱化的产权必然导致一个生产集体时间跨度的短期性和成员时间偏好的高度性，成员更倾向于收益高的短期投资，这意味着只有投资合作社预期回报率高且回报周期短时，成员才会再投资本合作社，这就是所谓的“菲吕博顿-平乔维奇效应”（Furubotn-Pejovich Effect）（McCain，1977）。

Hansmann（1996）基于合约理论构建了一个企业所有权的分析框架，认为合作社是一个由“合约集束”（Contract Cluster）组成的网，它构建的目的是实现交易费用最低的所有权状态。随后，Hansmann 将工人合作社与资本主义企业的交易总成本进行比较，认为前者具有较低的交易成本，但集体决策成本较高，常常会超过其他方面成本（如企业内生产与管理层信息沟通成本、监督管理层代理人的成本等）的节约，因而合作社在工业实践中不占主流，并且出于控制集体决策成本的需要，现实中的工人合作社一般结构简单、规模较小。

Oakeshott（1980）归纳了以往工人合作社流于失败的4点原因：①投资者、工人生产者与所有者（控制者）之间的身份不清晰；②产权不明晰，导致融资困难；③不能吸引到优秀的管理者，内部管理效率难以提高；④由于处于一个敌意的外部环境之中，所以通常倾向于把自己封闭起来，对外部市场变化反应迟钝并趋于保守。

Moye和Langfred（2004）也指出工人合作社存在4个潜在的问题：①为提高成员人均收入而控制成员数，这将会导致合作社产量难以提高，难以实现规模经济；②合作社股权（普通股股权）在外部证券市场不可流通导致合作社直接融资不足；③存在“搭便车”行为，成员管理、运作集体资本金的积极性不足；④由于存在上述问题，再加上集体行动困境的影响，合作社发展不好面临被收购的风险，发展得好又存在新老成员更替问题（新成员入社相当于花很大一笔钱“买”一份工作——笔者注），如无新成员接替老成员，合作社就存在转化为股份公司的危险。

Podivinsky和Stewart（2012）将事件计数模型应用于英国工人合作社（制造业）的面板数据，以说明工人合作社或劳动力管理的公司（Labor-Managed Firms，LMFs）在市场经济中为何相对较少。结果发现，不是因为它们无法像资本主义企业那样长久地生存下去（即并非生存能力差——笔者注），而是因为它们的创建率要低得多。他们分析比较了合作社和资本主义企业产生并进入市场的过程，发现风险和资本要求构成了合作社比资本主义企业更大的进入壁垒，导致市场经济下的组织生产经营活动通常发生在由资本供应商而非劳动力拥有和控制的企业中。

William和Michael（1979）认为，由于产权制度上的缺陷，合作社内源融资困难，常常只能进行外源融资，进而他们将工人合作社称为“纯租赁型企业”（Pure-Rental Firm），并总结了这类特殊企业在产权制度安排和权力结构方面存在七个问题。①视野问题。工人拥有合作社的产权本质上不能使其直接受益，股权投资的跨度超过工人工作年限常常引致投资不足。工人有强烈的动机以各种方法使企业短期的净现金流量最大化；巧立名目将合作社的资产套现；通过向外贷款来投资，或者支付给自己更高的工资或较高的养老抚恤金，将还贷责任转嫁给新成员等。②纯租赁的不可能性。由于合作社生产经营需要的无形资产从本质上讲，都是不能被租赁的，若想获得这类资产，只能通过劳动者个人捐赠，显然捐赠是有限的，多数无形资产需要通过在资本市场发行股票融资购买，而这样做显然违背合作社的基本原则。③共同财产问题。由于新老成员对现金流量的要求权相同，所有成员能平等地分享合作社现金流量。合作社存在共同共有财产，当进行一项投资时，现有成员必须和新成员共同分享过去投资中的预期现金流量（包括共同共有财产产生的现金流量），这会抑制现有成员进行新投资的积极性。④不可交易问题。成员拥有的现金流量求索权不能进行市场交易。这将导致以下问题。第一，监督问题。资本主义企业的生产经营绩效水平可由其股票价格来反映，能反馈企业经理或管理人员的工作效率，而工人合作社没有这种反馈机制，经理或管理人员的工作效率无法得到有效监督。第二，投资组合问题。现金流量求索权不能进行市场交易，流动性和融资增值机制的缺乏，意味着成员不能根据他们的风险偏好及时地调整投资组合比例来分散风险。⑤控制问题。合作社成员是生产者与控制者（指最高管理权拥有者）同一，且基于“一人一票”制实现对合作社的控制。对于在众多成员中如何形成一致意见，合作社的拥护者们没有提出具体的解决办法，他们假定成员是同质的，有共同的偏好，将偏好转化为企业政策运行时不会有冲突，但实际上成员是高度异质的，控制问题需要一个合理、可靠和有效的政治程序才能解决，但这样的政治程序很难设计出来。⑥变异问题。老成员退休时，新成员无力向合作社支付成员权，新老成员工作交接困难，这时老成员就会倾向于把合作社卖给外部投资者（即资本主义企业），使企业发生变异。⑦向投资者所有企业（资本主义企业）“还原”或异化的问题，指的是一些资本主义企业被工人购买并经营成功后，又“还原”或“异化回”资本主义企业。

William 和 Michael（1979）对最后一个问题做出以下解释。首先，工人在购买股份并按合作制企业模式经营成功后，对潜在利润的追求使他们有较大的内在动力按市场工资标准雇用工人，而不是使工人成为所有者。因为如果每个工人创造的企业净收益高于市场工资水平，则对于工人股东而言，如果新工人与老工人劳动生产率是一样的，那么支付新工人一个市场工资价格要比给他一个企业利润的份额更为有利。这种做法最终将导致企业的所有权掌握在一小部分人手中，这是一种“小集体的自私”（Small Collective Selfishness），最终合作社出现了资本家企业的特征。

其次，在工人购买股份并按合作制经营成功后，合作社不断做大、做强表明其净资产规模越来越大，这意味着新成员越来越难以购买合作社股份而成为正式社员，在老工人逐渐退休后，合作社不得不卖给外部投资人，从而把合作社转变为资本主义企业。

最后，由于技术革命，合作社对技术、人才特别是资本要素的需求量越来越大，合作社转化回资本型企业是一种更优的选择，合作社不再是一种合适的组织形式，工人合作社由此转型为投资者所有的企业。①

Kremer（1998）则从人力资本投资激励视角解释工人合作社为何会变异，认为人力资本投资激励是决定企业模式的关键因素。例如，采取资本主义企业模式，企业的内部职工缺乏提高自身人力资本的激励，但对于有部分合作社变异为资本主义企业，是因为工人合作社起初的内部专用性投资特别是人力资本投资的边际回报率较高，进而人力资本投资激励效应很强，合作社成员的内部所有权是最优的所有权形式；而随着合作社的发展，其投资的边际回报率逐步下降，直到最后投资回报率趋近于零，这时减少寻租成本比刺激企业专用投资更为重要，合作社转变为资本主义企业这种外部所有权形式就成为最佳选择。

对于 William 和 Michael 等研究者的观点，许多学者并不认可。关于投资的跨度超过工人的工作年限而导致投资不足的问题，Vanek（1981）认为，只要投资收益期落入工人的工作期限内，工人就会有投资的动机；如果工人的工作期限短于其投资收益期，可以通过收入再分配对投入多但将要离开合作社或要退休的工人进行补偿，实践中有许多合作社这样做。

① William 和 Michael 对所谓合作社“还原”或“异化回”资本主义企业原因的解释是片面的，本书以蒙德拉贡为例，深入解析其成功的制度设计，说明合作社所谓“还原”的真正原因是资本主义各类市场特别是资本市场没有为合作社这类企业提供其产权社会化拓展的制度空间。

Dow 和 Putterman（2000）指出可以通过构建成员资格市场（Membership Market）解决投资激励不足、变异和视野等问题。他们将成员资格市场定义为：“在企业内部存在一个有效的市场，使得离职成员将他的成员身份资格出让给本企业以获得原有投资的现值回报，企业再通过公平竞争的方式向新加入成员收取费用，使新成员获得成员身份资格”。成员身份资格包含合作社的市场价值，成员资格市场相当于构建了一个合作社成员身份权交易市场，该市场的建立能在一定程度上解决投资激励不足、变异和视野等问题。

关于“视野问题”，Hansmann（1996）认为，现实中的工人合作社允许成员在退出时转让其成员权（即成员所有权），即便成员永远不能从企业中撤回投资，他们也有比资本主义企业工人更长的视野，这是因为合作社是成员拥有的企业，成员一般工作时间都在 15~20 年及以上（直到退休），普遍比资本主义企业的工人要长，如果算上领取退休金的时间，则时间会更长，并不存在成员会厌恶时间长回报慢的投资，或者成员会以各种方法使企业短期的净现金流量最大化。

关于“搭便车”等机会主义问题，Harris、Stefanson 和 Fulton（1996）提出，可以利用封闭的成员资格政策、加强监督制约加以解决，同时可以通过建立合作社股份的二级市场，允许部分股份在一定范围内流转以提高成员的投资激励。

关于“柠檬市场”问题，Birchall（2004）研究了如何激励高效率成员加入合作社的模型，提出了“共同激励”理论，构建了“参与链”数学模型并用样本数据进行了检验。“共同激励”制度设计将个人激励和集体激励结合在一起实现激励相融，从而能吸引高效率的成员加入合作社。

对于“变异问题”，Hansmann（1996）提出，只要持续保持效率上的优势，合作社就可以从退休成员手中买回企业的股份，这样就能提高资产负债率（以账面负债取代账面收益），降低人均净资产水平从而使年轻成员有能力向老成员支付成员权（提高资产负债率还可以降低未来预期收益，从而减少了老成员退社时的预期损失）。而“人力资本投资收益递减”问题完全可以通过加强合作文化与价值追求解决，合作教育恰恰是合作社的强项，这就是现实中“人力资本投资收益递减”并不常见的原因。他最后指出，合作社的变异通常是由两个原因造成的。一是创立合作社是一种“权宜之计”，即创立合作社不是对合作文化及价值追求的结果，如合作社是工人们在资本主义企业陷入危机时，以一个较低的价格买过来按合作制原则改制并经营，在合作社运行好转后，工人选择以一个较好的价格将合作社卖给外部投资者以获利；二是合作社所在的行业发生了某些根本性变化，如技术革新、生产方式变革等，合作社对资本的需求越来越强烈，合作社不再是一类有效率的生产经营组织形式，进而合作社制度发生变异，但这一切成立的先决条件是合作社缺少直接融资手段，间接融资也不顺利。

Ellerman（2013）针对工人合作社产权及其他制度设计的“天生缺陷”论，指出以下几点。第一，视野问题只是一个小的技术问题，蒙德拉贡通过内部“资本账户制度”（保有成员的投资所有权，以保证他们离开合作社后依然能获得他们前期投资的收益）早已解决了这个问题。第二，关于参与式民主管理的低效率，即所谓的“集体行动的困境”问题，合作社可以通过合作价值追求及合作社相关知识的教育、培训，提高成员的思想觉悟解决，而对成员进行长期的合作教育与培训正是合作社的优势所在。第三，对于认为合作社市场行为保守，这与创业精神格格不入。Ellerman以蒙德拉贡为例，通过分析说明，合作社绝不是企业家精神的桎梏，而是贯彻通过激发企业家精神实现经济充分增长的“天然制度环境”（Natural Institutional Environment）。

针对菲吕博顿-平乔维奇效应是阻碍合作制企业有效配置和积累自筹资金的主要障碍，Tortia、Albanese和Navarra（2017）提出合作社可发行有价债券以补偿即将离开成员的投资。但由于资本的可变性，债券本身也会产生风险，因此还需要施加各种限制和保留适当水平的集体储备才能从根本上解决这一问题。

Rebelo、Caldas和Teixeira（2002）则认为合作社面临的视野问题、共同财产问题等是因为合作社缺乏产权制度创新。他们通过对葡萄酒工人加工合作社的研究，发现它成功地运用产权组合协调的经营管理策略解决了合作社的共同财产、视野问题以及如何有效进行人力资源管理等问题。

Dow（2003）以蒙德拉贡为例，指出工人合作社最大的问题不是集体选择、委托代理效率低等问题，而是“成员资格的不可让渡性”（Non-transferable Membership），但只要构建成员资格市场，设计规则使成员资格（即所有权——笔者注）可交易，那么合作社制度的优越性就依然明显。

Mikami（2013）探讨了工人合作社通过发行可转让的成员股权（即不可赎回股权——笔者注）作为金融证券筹集资金的方法。他认为由于涉及合作社会员制股份交易的社会机构相当不成熟，所以没有在市场上进行成员股权系统的交易，但如果合作社为会员股份的交易设计适当的机构及交易规则，发行可转让的成员股权就可能成为合作社筹集资金的一种有效方法，这样工人合作社就可以通过发行可转让成员资格（像资本主义企业通过发行股票一样）筹集到同样多的资金。这表明，在成员市场存在的情况下，工人合作社作为一种商业形式并不一定比传统的资本主义企业差。特别是，当棘手的市场失灵在劳动力市场普遍存在时，工人合作社可以成为资本主义企业的一个有前途的替代组织。

（3）合作社的内部治理及相关问题

Webb（1920）认为，工人利益追求的多样化导致合作社治理决策的低效率，同时决策过程的成本居高不下。内部治理中，首先，成员需要投入相当多的时间和精力学习如何管理合作社，合作社也要向成员提供足够多的信息，这会提高内部治理成本。其次，如果社员在行使集体治理权时把自己视为有责任的所有者，不存在机会主义行为，那决策过程将是缓慢的并且常常争论不休，导致决策效率低下。如果社员偷懒或“搭便车”，则会影响决策质量。再次，社员群体在素质能力、利益及价值追求等方面均存在着差异，成员异质性导致不同的成员对进行何种治理决策持不同观点。合作社成员的异质性越高，意味着达成协议的成本也越高。在简单多数票原则下，往往是多数人的所得少于少数人的所失，造成多数人剥削了少数人利益。最后，由于管理者的自主权与处置权转移给了普通生产者，而生产者参与管理减少了管理投入要素的生产能力，因而管理者“替工人管理企业的经营效果，经常要好于那些工人自己管理企业”。

Hendrikse 和 Veerman（2001）认为合作社不把管理的决策权按投资的多少分配给投资者（成员），因此，在吸引投资方面不如股份制企业具有优势。随着成员不断增加、异质性不断增强，由于合作社民主管理（“一人一票”），企业决策没有完全掌握在企业风险最大承担者手中（占有合作社最多股份的成员），因而合作社的管理决策是低效率的。

而 Reynold 和 Gray（2001）不这样认为，他们运用奥尔森（Olson）集体行动理论，分析了成员规模不断扩大、异质性不断增强的合作社的决策过程。他们认为可以通过执行集体行动的规则（共同规则）解决集体一致行动的难题。行动原则是通过协调和约束成员个体的行为实现集体一致行动，从而实现决策与行动过程的帕累托改进。

随着契约理论、组织行为理论、博弈理论等一些新经济理论的兴起，一些学者也开始应用这些理论研究合作社内部的管理问题。Zusman（1992）根据契约理论建立了一个合作社的集体选择模型。这个模型解释了成员异质、缺少信任的合作社如何在信息不完全、不确定和有限理性等情况下制定规则以及如何选择集体行动规则。

Zusman 和 Rausser（1994）利用 Nash—Harsanyi 博弈法，提出了一个有 N 个参与者的组织中群体的均衡选择模型，这些模型将群体决策视为 1 个核心和 N 个非核心参与者的交易博弈，目的在于说明群体行为如何影响组织的经营管理效率。

还有部分学者认为按投资的多少分配决策权过于绝对。Porta、Lopez-De-Silanes 和 Shleifer（2001）指出，将财产置于私人所有者的独家控制之下，会让他们对错误（正确）决策的后果承担责任（获得回报），从而使他们更愿意激励管理者和工人，这一观点是狭隘的。即使在自由市场经济的堡垒——美国和西欧，现实中所有权结构也是丰富多彩的，不能用一种所有权结构约束所有的企业，工人或雇员拥有的合作制企业在消费、法律、会计、投资银行和医药等行业非常普遍；员工持股正在工业部门蔓延；农民拥有的合作社主导着基本农产品市场；等等。他们考察了五种非传统的所有权形式：大型上市公司的机构所有权；美国员工持股；中国企业职工持股；硅谷公司的共同所有权；西班牙著名的蒙德拉贡合作社集团和意大利的拉勒加合作社所有权。并着重强调了投资者的特质及其所处的投资环境、政府政策等对企业所有权形成的重要影响等。

20 世纪 70 年代以来，研究者逐渐将契约理论应用于合作社的研究。Klein、Crawford 和 Alchian（1978）基于契约理论的分析，认为合作社的产权制度安排容易产生“搭便车”等机会主义行为，合作社内部管理与运行是低效率的，要解决这些问题，成员承诺或对合作社的忠诚非常重要。他们认为工人合作社可视为一个企业也可视为一个社会团体，根据社会团体俱乐部理论，成员承诺（包括对其他成员及合作社组织的承诺）是每个成员为其他成员或合作社组织创造的一种专用性的和谐气氛，这一专用性租金是通过单个成员为其他成员付出承诺筹集的，是一种由有价值的友谊形成的投资，成员间的相互投资形成了成员资格的价值。为防止这种由专用性投资产生的价值流失，防止个别成员将股份出售给对合作社忠诚度低或承诺水平低的人，新成员必须经过考察并得到多数成员的认可才可进入。

Hart 和 Moore（1998）对比工人合作社与资本主义企业在不完全契约条件下的经营与管理效率，发现在完全市场竞争条件下，资本主义企业模式为最佳选择。而对于合作社，如果市场发生了突然或激烈的变化，易导致成员利益追求的多元化，“一人一票”民主管理决策的协调成本极高，从而降低合作社的经营与管理效率。如果工人合作社成员的偏好一致性程度较高（即成员同质性较强），或成员承诺水平、对合作社的忠诚度较高，则合作社的经营与管理、决策效率较高，合作企业模式为最佳选择。

伴随工业生产社会化的是工业生产经营分工的不断细化与深化，这内在地要求社会为工业生产经营提供专业化、科学化服务，而随着专业化管理与技术人员等进入合作社，合作社内部出现了所谓委托代理问题。Staatz 和 Levay（1987）认为合作社全体成员是委托人，而理事会或董事会代表全体成员聘任经理，受聘经理扮演代理人的角色并履行代理人的职能。基于委托代理理论，他们从合作社与投资者拥有的企业治理结构的差别出发研究它们内部治理行为模式的差别，指出合作社成员之间以及合作社成员与经理层之间交流信息更容易，但同时合作社的股权不易流动使合作社面临更多的融资困难以及缺少资本市场对合作社经营业绩的信息反馈，这些都会显著影响合作社理事会和经理扮演的角色作用及其决策效率。

Royer（1999）认为，合作社股份不可交易，以及缺乏股权激励机制，导致合作社内部存在非常严重的委托代理问题，也难以评价合作社的市场价值，同时还导致合作社很难有效监督其管理者的行为。而缺乏股权激励机制将导致合作社很难吸引和留住优秀的管理人员。

Staatz（1987a）的研究也发现：①合作社产权不能流转，管理者的行为既不能通过股票市场的价值反馈而得到监督，外部也不存在敌意收购者的挑战，有效的管理很难实现；②合作社缺少二级市场限制了成员——惠顾者优化他们的投资组合方案，因此，合作社成员行为是风险规避型的；③成员——生产者的所有权不可在市场上公开流转，只有在他们作为员工时才能得到体现，离开合作社时合作社市场增值收益不可获得。

Mintzberg（1971）认为合作社与资本控制企业的经理角色不同主要是两类企业组织形式不同造成的，进而两类企业的经理在经营管理中的行为也截然不同，相对而言，扮演好合作社的经理是困难的。

Haste、Shleife 和 Vishny（1997）进一步的研究表明，由于多数合作社不允许使用股权激励和股权认购的方式酬劳成功的管理者，因此，有效的决策与管理很难被制定与高效地执行。

Spear（2004）认为，合作社难以有效地解决代理问题将导致成员权益很难得到有效的保护，不但合作社内大股东或谈判实力强的个人或团体，即使是外聘的经理人也会损害成员的利益，特别是随着合作社规模的扩大和复杂性的增强，管理者将会充分利用成员“不断增加冷漠”（对合作社经营管理的参与度逐步降低、逐步漠不关心——笔者注）和合作社偏离传统的核心价值观念，促使合作社由成员控制向管理者控制转变。随后，Spear 以英国合作社为例，说明成员控制弱化、管理者控制强化问题是一广泛存在的现象。由于内部经营以及外部市场信息被隔断，成员及其他利益相关者几乎不能给管理者有效的监督压力，管理者的自利天性与机会主义行为倾向，可能会导致他们利用对合作社的实际控制权损害广大成员的利益。

近年来，合作社内成员的利益冲突问题越来越受到学者关注。Hakelius（1996）认为，拥有共同利益的同质成员之间的联合与合作，是合作社有效运转的基础。随着合作社规模的不断扩大，成员异质性渐渐增强，不同成员有着不同的利益目标，当目标追求差异大时，他们之间的利益冲突将非常严重。

Bijman、Lindgreen 和 Hingley 等（2010）认为，合作社的治理结构主要是为了解决协调和保护问题。资产专用性、计量的困难决定了合作社存在协调问题；交易频率、不确定性和相互依赖决定了合作社存在保护问题。因此，需要通过完善产权制度安排、社会机制和协调机制等治理机制解决上述两个问题。

西方大多数学者认为，成员间的相互信任是合作社治理机制得以有效施行的重要保证。Hakelius（1996）指出，对于合作社来说，成员中存在信任、相互理解、产生共同体的感觉等，都有利成员团结一致，降低成员间的合作治理成本。Bonus（1986）也认为合作社的成功得益于成员间的理解和信任，成员除了对合作社正确处理他们的业务感到满意外，还必须感觉合作社是他们可以信赖的组织。Bonus 进一步引用了 Draheim（1952）的观点，即合作社是利用经济和心理因素间的相互作用进行治理的，而心理因素就是合作社的集体主义精神，或者是对合作社的高度信任。

Borgen（2001）认为成员对集体组织的认同感越强，他们对合作社经营管理的“友善性信任”（Amicable Faith）就会越多。调查中还发现经验丰富的代表性成员对于维持合作社的凝聚力——建立信任是重要的。合作社成员与管理经营者在关于合作社经营、市场和消费者行为等方面的信息是不对称的，合作社的日常管理者比最高层管理者和普通成员拥有更多的信息，基于这种信息的不对称，成员（大量的个人委托者）对合作社日常管理者（代理人）的意图、能力和友善的信任是合作社能够有效运行的关键。

Fulton 和 Giannakas（2000）也认为合作社成员的承诺或忠诚是合作社内部高效率管理直至其健康发展的重要保障，是合作社与资本主义企业重要的制度设计差异，合作社的这一特点越明确，就越有可能在市场变化中处于有利位置。合作社要不断提高内部生产经营管理效率，进而在激烈的市场竞争中获得成功，就必须不断提高成员承诺水平。此外，成员承诺是合作社在交易波动更为复杂、生产组织重组兼并日益频繁的市场条件下一份可以有效维持成员身份和商业行动的“黏合剂”。成员承诺或对合作社的忠诚是解决“搭便车”、管理与决策协调成本高等难题的重要手段，能促使合作社成员的集体理性战胜个人理性，成员更加注重合作社的长远利益，为此可以暂时放弃个人利益。

Hoffmann（2001）更关注企业组织制度对内部争议的解决。他比较了南威尔士大型煤矿在两种情况下的纠纷解决行为：一是由英国煤炭公司以传统的等级组织形式经营煤矿；二是煤矿从等级组织向工人合作社转变。综合法律与社会、组织理论和替代性争议解决方法比较研究，Hoffmann 展示了共享所有权、扁平的等级制度和合作意识形态对争议行为的影响。研究结果表明，合作社制度提高了纠纷解决的程序正义水平。

Alessandrini 和 Messori（2016）认为，市场的开放、竞争的加剧，导致不同利益成员特定投资重要性的增强，特别是一些合作社成员的人力资本已经转化为一项关键资产，致使当前的内部治理更关注的是成员之间的冲突预防，以防止这些问题使合作社陷入停滞，或者更糟。因此，与资本主义公司的传统治理方式相比，整合不同利益相关者的公司治理问题更接近合作社的治理关切。

Surroca、García-Cestona 和 Santamaria（2006）认为工人合作社的内部治理问题是双重的：首先，鼓励工人定义一个最大化的福利目标；其次，诱导管理者追求和内部化该目标。与资本控制企业相比，合作框架下的代理问题更加复杂，也更难以解决。作为这一问题及其相应解决方案的实证证据，他们以蒙德拉贡为例，详细解释了这个成功的合作社集团目前的激励制度和控制机制：①蒙德拉贡的激励机制和监督机制结合在一起以实现最大化集体财富目标；②将共同控制和多种目标结合起来，在这种情况下，管理者对经济效益的偏好会降低，同时，合作社中代表其他利益相关者利益的其他目标会得到考虑。蒙德拉贡设计多重任务可同时纳入奖励办法的制度，为在利益攸关方参与的组织中执行共同控制机制开辟了新的可能性。

Hoffmann（2005）从工人合作社内部纠纷的解决角度出发解析合作社的管理效率，结果发现在共同拥有和民主管理下，合作社解决纠纷的效率更高，主要原因是在劳动者民主管理的体制下，更容易实现程序正义，从而保证最终结果的公平、合理。

（4）合作社的分配及相关问题

Holger 和 Wärneryd（2001）将资本主义企业称为外部所有权（Outside Ownership）企业，而将工人合作社称为内部所有权（Inside Ownership）企业，研究在不完全契约条件下两类企业分配制度的激励问题，认为外部所有权企业比内部所有权企业的激励效应更强。

Bradley 和 Gelb（1996）比较分析了合作社与股份制公司进行分配制度调整的困难程度。蒙德拉贡提供的证据表明，合作社对外部变化的制度调整要更谨慎或困难，因为受制条件太多，例如它不裁员，保证工人治理中的公平与民主、工人所有者调动工作很困难（涉及股权资金的转移）等。

Vitaliano（1983）认为由于分配的封闭性、合作社剩余分配权不能开放地交易，成员对合作社也没有独立所有权，所有权不流动，不能带来价格收益，成员只能拥有大致相同份额的货币价值求赎权（Redeemable Right），从而导致合作社失去资本市场对其经营状况评价信号和市场价值的反馈。

Furubotn（1971）指出，合作社初创成员对合作社投入了初始资本并在合作社发起、成长等过程中付出了艰辛的努力，这部分付出很难通过资本市场获得回报，而合作社全体成员“一视同仁”的收益均等化原则（相对于资本主义企业职工工资收入差距小），使得早期成员的付出也很难从合作社收益中获得。因而，在规模收益递减的情况下，初创成员为了获得既得利益，会有意地限制合作社的就业总量，以实现变向提高个人收入的目的。但这一方法显然不可持续，只能短期实现收入的提高，这表明合作社内部制度上的缺陷导致分配是低效率的。

Porter 和 Scully（1987）也认为，合作社的分配是低效率的，易造成合作社发展投资不足、过度使用等问题出现。由于眼界问题的存在，在合作社的剩余分配中，社员所要求的个人利益与企业所要求的发展之间的矛盾冲突很难避免。由于掌握着剩余分配权，社员在剩余分配中就会尽可能多地将剩余分到自己名下，而使得合作社积累不足，导致合作社发展缺乏后劲或被过度使用。同时合作社经理没有剩余分配权，经理的管理工作缺乏内在激励，这将导致管理的低效率。

Munkner（1988）认为分配低效率的根源是信息不对称。可从两方面解决：一是通过制度完善，有效和充分传递信息，消除信息不对称，使合作社的领导层与成员相互充分了解各自的需求；二是在成员已对合作社有充分了解的情况下，鼓励他们充分有效地参与合作社决策，同时对理事会的工作实施有效监督。

（5）合作社的绩效

作为一类与股份制公司并存的、特殊的经济组织，合作社的经济绩效及其与前者的比较等问题一直是西方理论界研究的重点。就新制度经济学的理论视野观察，合作社不可能是有效率的。因为合作社的产权界定是模糊的，产权不可交易，代理、决策成本过高，管理低效，成员与合作社的利益时有冲突，不可能最优化利用企业财务资源，公平也难以实现，等等（Fama and Jensen，1983）。

关于产权不清晰和代理成本过高，Porter 和 Scully（1987）的分析较有代表性。他们认为，合作社是低效率的生产经营组织，具体表现在以下方面。①技术低效。由于代理问题及公共积累制度所形成的集体财产所有权不清，努力的成果可能会成为全体成员的公共产品，成员们积极参与管理和减少偷懒的激励会逐渐减弱；由于产权不可流动，代理问题的存在，合作社的控制成本较高；还由于没有集中的所有权，改革的内在冲动渐渐减弱。所有这些都使合作社在技术上比未合作时低效。②规模低效。要有足够的成员参与，合作社才能获得最低成本的产出规模，但由于控制成本随成员的增加而递增，合作社在经营规模上也可能是低效率的，难以达到最优规模经济。③资源配置低效。由于成员们对长期投资回报的激励被其眼界所限制（不能理解投资所获得边际产出的全部价值），并且合作社拒绝接受旨在避免风险的各种制度调整，不能将所有权集中在能有效承受经营风险的所有者手中，合作社在资源配置上也是低效率的。

针对 Porter 和 Scully（1987）的结论，Spear（2000）认为任何企业均有制度设计上的优势与劣势，他从以下几方面指出合作社的优势：①合作社成员间的信任优势；②合作社成员间的互助优势；③合作社具有参与和合作的价值；④合作社具有关系或社会资本的优势；⑤合作社通过社会利益授权、联结社区等所产生的正外部性，具有较好的社会效益；⑥合作社在应对市场失灵和政府失效时是有效的，在提供准公共物品以及对社会（区）问题的反应上也是积极的。

Tennbakk（1995）用标准产业组织理论对双寡头私人企业、双寡头合作社和双寡头公共企业的运行绩效进行了比较分析，然后用三类结果与完全竞争市场的结果进行对比分析，指出合作社可以改善市场失灵、增加消费者福利，肯定了合作社的正外部性绩效。

Jones（2007）通过收集和分析 1981～1989 年意大利建筑业 51 家资本主义企业和 26 家工人合作社的数据，基于生产函数计量模型的估计，没有发现合作社和传统公司之间存在显著生产效率差异。虽然许多文献的计量模型结果表明合作社的单位要素产出低于资本主义企业，但此文章指出已有文献没有考虑数据的可比性及内生性问题等，但它考虑了这些问题，发现估计结果并非如此。

Burdin 和 Dean（2009）比较了工人合作社和资本主义企业工人工资和就业水平的差异。他们发现，工人合作社的就业和工资调整机制完全不同于资本主义企业，资本主义企业的工资水平与就业负相关，而工人合作社正相关。这两类企业在经济衰退时期的反应也不同：工资和就业都受到了负面影响，但资本主义企业的失业情况要比工人合作社严重得多，资本主义公司工人平均工资也比合作社的低。

Hansmann（1990）指出相对于资本主义企业（或股份制企业），工人合作社具有效率优势，主要表现在以下方面。①生产经营中节省监督费用，能改善工人的劳动生产率。②避免与工人锁住（Lock-in）关联的机会主义出现。③谈判中较少的策略性行为。在工人合作社中，由于将劳动与管理合二为一，劳动者与管理者分享相同的信息，从而可以降低或消除管理与劳动的冲突。④对工人偏好的有效了解。合作社中，工人能把他们的偏好或问题与管理者很好地交流。⑤较低的代理成本问题。工人合作社中，所有权与控制权没有分离，进而由此引发的代理问题比资本主义企业少得多。⑥对工人平均偏好与边际偏好的有效反应。组织的生产经营要求按照工人的平均偏好制定政策，边际个体工人的偏好可能与平均水平有较大的不同，而工人的民主投票决策制度可在此方面实现效率改进。⑦工人参与。工人参与减少了工人生产中的“离心力”，减少了经营管理中的机会主义，并且工人参与有助于对工人偏好进行深入了解，从而使得工人的工作条件得到改善。

Thompson（2015）认为，宣扬股份制公司的主流经济理论忽视了基于信任和忠诚合作的重要性，主流理论对工人合作社的批评是片面的。主流经济理论往往只专注于协调，未能承认生产知识的发展和应用也涉及合作，合作社实际上可能比股份制公司更能成功地实现对生产知识和应用知识的融合。

Park（2019）以首尔大都市区的工人合作社为例证对象，探讨了工人合作社成员的组织认同在工作情绪（或情感）耗竭（Emotional Exhaustion）[①] 与离职倾向（Turnover Intention）关系中的中介作用，同时也探讨了工人合作社成员的情绪耗竭在组织认同和离职倾向之间的调节作用。结果发现，情绪耗竭与组织认同负相关，而组织认同又与整个样本的离职倾向负相关。合作社成员的组织认同观念在一定程度上调节了情绪耗竭与离职倾向之间的关系，即降低了情绪耗竭对离职倾向的负向影响。Park 还证明相对于资本主义企业，工人合作社的合作文化、价值观教育减

① 情感耗竭是指人的情绪处于极度的疲劳状态，对于一切工作内容失去兴趣与热情，对待人和事情都没有良好的积极情绪反应。情感耗竭是职业倦怠产生的重要原因，也是职业倦怠的核心组成部分。参见 Park（2019）。

轻了情绪耗竭与组织认同和离职倾向之间的负向影响。由于工人合作社成员享有更多的自主权，即使成员已相当疲惫，但他们的组织认同水平仍然相当高，而资本主义企业雇员则表现出组织认同水平的急剧下降。此外，与资本主义公司的雇员相比，社员即使在极度疲惫的时候，也保持着较低水平的离职倾向。

（6）合作社的未来

在西方经济学分析范式下，有相当一部分研究者认为合作社是处于“一个在失败已成为普遍规则的领域之中”（汉克·托马斯和克里斯·劳甘，1991，第1页）。被西方理论界奉若经济学圣典的斯图亚特·穆勒所著《政治经济学原理及其在社会哲学上的若干应用》一书指出，合作社是一类极不稳定的企业，很容易异化为资本主义企业。在经济不景气时发展得很好而在经济繁荣时却会变异。在经济繁荣时，随着发展壮大，合作社倾向于从劳动力市场上雇用劳动者来增加产量，而不愿意使这些雇工成为社员股东。一是因为老成员对合作社的成功投入了巨大的物质、人力资本，如果允许新老成员享受一样的待遇，就会遭到老成员的反对；二是雇用劳动者而不是使他们成为社员股东，降低了工资分配份额，即降低了劳动力成本，这样可以增加老成员的收入。此外，退休或离开的成员将由雇工而不是新成员代替，因为通过这种方式同样可以提高老成员的收入。进而，随着时间的推移，合作社成员在工人中的比例逐渐下降，最后低到很难再把这种企业称为合作制企业。

这样，由于自私、短视和追求既得利益，最初的合作社成员便会违背合作社的原则和背叛合作社的宗旨，成为雇用他人和剥削雇佣劳动者的雇主。这些社员股东与其他公司的股东只有一点不同，即他们是工人。令人震惊的是，连罗虚戴尔的制造业协会也采取了这种做法。这是一种“工人资本主义”的经济，所不同的是资本家被自私的工人所有者所取代。穆勒认为，外部竞争压力，歧视性地使用雇佣劳动的做法在成功合作社的机体中播下了衰败的种子。“而且从长期来看，这些合作社也是抵挡不了个人竞争的。同各种集体经营制度相比，个人经营制度（即由一主要利害关系人，如资本家来经营）具有很多极为有利的条件，而合作制度只是在一个方面可以和这些有利条件相抗衡，那就是它使所有工人与企业享有共同的利益。但是，如果资本家也采取这一做法（他们实际上也将会这样做）……他们便会轻而易举地挤垮合作社，因为合作社一方面保留着旧制度的缺陷，另一方面却不能充分利用旧制度的各种便利条件。”①

但也有一部分研究者持不同观点，认为合作社有美好的发展前景。Levin（1983）指出，发达工业国家与发展中国家都会面临两个最严重问题：高失业率和缓慢的生产率增长。这些问题缺乏创新的解决方案，但当代的证据表明，工人合作社可能比其他拥有类似产品和产出水平的传统企业（指资本主义企业——笔者注）提供更高的生产率和就业。他以蒙德拉贡为例，指出合作企业是如何增加就业和提高生产率的。

Schoening（2005）通过对 CRC② 深度访谈和观察收集到的数据，认为工人合作社对成员有两种影响：第一，通过日常的民主实践使成员成为民主社会更好的公民；第二，通过日常的企业所有制实践使成员成为更好的、为社会服务的企业家。此外，合作社发展了合作精神，使成员坚持了平等和民主的合作价值观念，重视环境，尊重个人的贡献和工人的需要，致力于造福当地社区。事实证明，在资本主义经济环境下，工人拥有和民主管理的企业可以成为民主和自由商业意识形态的孵化器（Incubator for Free Business Ideology）。工人参与企业决策有利于培养工人参与社会的民主政治进程，并且对社会产生积极的影响。

Bonus（1986）指出，首先，合作社降低了单个成员的市场交易费用，存在集体组织优势；其次，成员们依然保持经济上的独立性，存在独立经营优势。合作社是一个工人组成的共同体，即数个生产要素所有者依据一系列协议或契约（通过民主、公平的方式订立）控制他们未来的生产经营行为以提高他们的共同收益。③ 共同体使得合作社治理中成员们的准租金不会流失、减少，不受剥削。此外，合作社具有社会团体和企

---

① 引自穆勒（1997，第 359~360 页）。

② CRC 是一家工人拥有、民主管理的户外娱乐设备制造合作社。该合作社成立于 20 世纪 70 年代末的美国，CRC 在 2016 年的销售额大约为 900 万美元并拥有超过 90 名员工。

③ 转引自波纳斯（1998，第 221 页）。

业的双重制度特征，通过经济利益追求和合作价值追求的相互作用来进行治理更有效率。除集体组织优势外，合作社还拥有独立经营优势，即民主管理制度的施行、企业主人翁地位的确立，有利于工人专有知识的充分应用与发挥。

更多合作经济支持者客观、现实地分析了合作社发展面临的困境，提出许多具体而详细的改进措施。Kyriakopoulos（2000）认为社会价值观念和技术的变化会使传统合作社面临更多的生存困难，未来的合作社需要学会获得和处理更多的市场信息，要吸引一定数量的外部专业技术人员和投资者加入合作社的生产经营，有的还可进入理事会和管理层，并分享合作社的收益。最后，Kyriakopoulos 指出合作社剥削雇佣劳动者的现象并不普遍，绝大多数情况下是外部激烈市场竞争导致，常常是权宜之计，合作社会将雇佣劳动者尽量吸收成为成员以体现合作社的价值追求。

Patrick 和 Tirole（2001）讨论了工人合作社融资与成员忠诚度之间的关系。他们认为相对于资本主义企业，工人合作社的融资渠道要少得多，主要通过成员的投资筹措发展资金，特别是合作社处于成长发育期时，规模小、实力弱，可用于贷款抵押的财产较少，很难实现间接融资，大多只能通过成员直接融资，这种特别的融资状态会产生一种外部性关联的负效应。即如果一些成员退社，很难寻到新成员加入，余下的成员需要增加投资以弥补退社成员带走的资产，而这又很可能反过来导致更多的成员退社。因此，未来发展中，合作社必须不断提高成员的忠诚度以解决合作社融资及资产不稳定的问题。最后他们指出，由于合作社常常与资本主义企业处于不平等竞争状态，这是因为资本主义企业可以采取二级和三级价格歧视，针对不同层次的消费者制定不同的价格策略，且在解雇工人方面遇到的障碍更少等，因而相同行业相同规模的资本主义企业更具竞争优势，更易制定政策吸引合作社中优势的专业技术工人，这意味着合作社未来发展中更需要重视对成员忠诚度的培养，加强培训和教育，突出合作社的价值追求、合作精神和工作环境等方面的独特优势，稳定专业技术工人队伍。

Olsen（2013）分析了合作社的形成路径：一是工人自己发起成立；二

是购买资本主义企业改造而来。并建议未来最好通过改造现有资本主义企业创建合作社。对各国工人合作社的研究发现，至少在短期和中期，工人合作社的失败率低于资本主义企业，特别是经济危机时，合作社的倒闭率极低，但为何合作社数量很少？Olsen 认为是它们的形成率低，有两方面原因。一是成员为合作社内源融资的个人财富有限，以及新成立合作社的早期风险较高以致难以外源融资，使得合作社仅在初始资本要求较低、预期利润率较高或两者兼而有之的情况下才会被设立，进而工人只会选择传统的、技术与资本含量低、投资风险小的领域，这大大降低了合作社的形成率。二是新企业风险的上升对工人合作社和资本主义企业的形成都是一种抑制因素，但信贷约束、企业租金和集体行动困境问题，使得资本主义企业比工人合作社更有可能被创建，造成合作社的形成率低。因而，Olsen 建议未来最好通过改造现有资本主义企业来创建合作社，政策支持、资本主义企业转型所涉及的集体行动问题阻力小，信用约束少，合作社成立时的创业租金更易获取等使得上述障碍阻力大大减弱。

Lambert（2017）以美国工人合作社为例证对象，指出合作社存在代理、眼界、为保证就业率不采用新技术、内部管理难度大等问题。与资本主义企业相比，一方面工人合作社并未表现出更多的产出、更有利可图、存活的时间更长，但另一方面也没有表现出难以获得资本和增长。通过对实践中合作社的问卷调查，Lambert 发现工人合作社不断地探索变革管理、分配制度，不断提高决策与投资效率等，这也是合作社未来发展的大势所趋。最后，Lambert 指出有了政府的支持，美国工人合作社可能会继续强调重视劳动力而不是资本，避免退化，同时在市场竞争的倒逼机制下，未来合作社会通过更多的投资实现更大的增长，甚至是在节省劳动力和提高生产率的技术上投资。多余的劳动力可以由合作社重新培训以完成其他任务，更强的盈利能力也是可以实现的。未来随着退税、信贷或捐赠设备的增加，美国工人合作社的投资目标和工人平均产出水平会逐步提高，以获得更多的盈利。Lambert 认为政府对工人合作社的支持是合理的，因为合作社不愿意解雇员工，这样就可以降低失业和节省政府福利支出。

当前越来越多的国家通过立法支持成立工人合作社，向现有合作社提供税收优惠，或向工人失业者提供补贴，帮助他们成立工人合作社（有的国家甚至提供特别贷款帮助工人买下倒闭的资本主义企业），这表明合作社的未来发展会得到更多国家层面的扶持。根据 Wolff（2012）的研究，意大利和其他欧洲国家的政府未来将给予工人合作社更有力的支持，这些国家传统上比其他许多国家的政府更支持合作社。Ranis（2016）以蒙德拉贡为例，说明它如此成功地发展壮大成一个巨大的跨国工人合作社集团，多年来是如何从西班牙政府获得税收优惠和贸易保护的。

近 20 年来，随着经济全球化的深入发展，西方理论界普遍认为企业在经营活动中应该拥有更多的合作关系，通过合作关系能够相互获得对方财产的使用权或所有权，从而进入对方企业，实现资源共享（Thompson and Sanders，1998）。Dunning（2002）认为在新经济、技术条件下，合作社完全融入外部市场、完全融入全球经济一体化是必然的趋势，合作社的商业战略将从竞争转向合作（包括与各种所有制形式的企业合作），由成员间的相互协作转向与企业的联合，随着实现目标联合程度的加深和相互承诺的加强，融入程度将不断提高。

Cheney、Cruzh 和 Peredo 等（2014）指出，联合国宣布 2012 年为国际合作社年，强调合作社通过创造就业、减少贫困和促进社会一体化对社会和经济发展的贡献，未来合作社将继续发挥这一作用。而对于工人合作社来说，它可能是未来应对全球经济危机的一种重要的组织制度选择[①]，但其未来发展将面临五项挑战。①工人合作社的组织资源、结构和发展动力使自身具有社会和经济弹性，这意味着需要进一步研究有助于工人合作社持续激发活力的资源、结构和做法，如合作社应多与公司之间相互合作，而不仅仅是合作社之间的合作。②工人合作社中领导作用的变化。例如，考虑到领导从魅力型到道德型再到合作型的作用转变。③合作社内部重建

① 合作社可在重新构想和重新配置整个经济资源以及提出其他治理形式方面发挥重要作用。事实上，合作社在当前经济危机中取得的成果，以及组织中民主理念的兴起，唤起了学术界和社会各阶层对合作主义的兴趣。

民主的能力和障碍，包括管理和解决不同目标、部门和各类成员之间冲突的手段，例如怎样处理好工人、投资者成员和雇佣工人之间的关系，平衡好这些关系对合作社的健康发展至关重要。④合作社与劳工组织、国家、社区和金融系统之间的关系，特别是在全球竞争加剧的情况下要协调好它们之间的关系。⑤在国际市场和环境范围内追求生产经营效率、提高竞争力与追求合作社价值之间的矛盾激化。总之，具体审视与工人合作社有关的这些挑战可以为工人所有权和管理方面的新项目提供发展经验，并可能协助其他企业和部门的民主制度改革。

尽管在西方经济学特别是新制度经济学视野下，合作社有这样或那样的问题，未来发展前景暗淡，但仍然有许多研究者支持合作社，认为合作社作为一类特殊的企业有自己的优点，同时合作社可以通过一系列组织与制度创新解决面临的问题，生产经营也可以通过改革提高效率，合作社并不“天然”地比资本主义企业差，现实中许多工人合作社弱小，这与合作社所生存的社会环境有很大的关系。此外，部分研究者还强调了合作思想、文化的价值，强调合作社对人们责任心、道德情操、集体观念、为社会服务观念的培养，提醒人们重视合作社价值追求对人们思想、社会风气的正能量影响等。

以上我们对当代西方工人合作社理论研究的进展做了回顾与综述，下面做一简要总结。①从研究的方法论来看，早期是运用厂商、联盟或契约理论分析工人合作社的产生、发展、作用、意义和价值。当前，新制度经济学相关理论被越来越广泛地应用到工人合作社问题的研究，新制度经济学的交易成本理论、一体化理论、集体行动理论、委托代理理论、不完全契约和博弈论等的引入，在深度和广度上大大扩展了前人的研究视野。

②新古典经济学视工人合作社（或劳动者管理型企业）为一类特殊的厂商，认为合作社产生的原因，一是因不完备市场均衡需要而产生，是一种促进市场完全竞争的重要力量；二是在一些平均成本曲线呈现下降趋势的产业中，为获得规模经济而组建。新制度经济学将合作社视为单独的厂商、厂商联盟、一体化和经济主体的一系列契约关系联结形成的合约集

等，它产生的根本原因来自降低工人生产经营的内外部交易费用的要求。

③新制度经济学产权理论基础之上的合作社产权分析范式，认为合作社在发展过程中存在产权不清晰、“搭便车”、工作激励不足、融资困难、视野、纯租赁的不可能性、共同财产、不可交易等问题，合作社产权制度安排是低效率的，但另一部分学者又认为，不清晰的产权、“搭便车”、视野、共同财产等问题不是合作社所固有的，关键是要进行合理的制度设计，随后他们提出了部分完善与改进措施。另外，还有一些学者更看重合作社的正外部性，强调合作社的社会价值，特别是解决就业与有利于社会稳定方面的价值。

④对合作社管理的批评集中在民主管理、成员异质性导致集体行动的困境（集体决策的低效率）等方面。一些学者认为“一人一票”的民主管理制度有缺陷，合作社应按股金的多少（或风险承担的大小）将管理权配置给合作社的投资者成员，或者将具体经营管理权转移给信息的充分掌握者即专业经理，并认为专业经理应获得企业剩余索取权以提高企业经营管理效率。但另一部分研究者则认为“一人一票”的民主管理制度并不必然导致上述问题，成员同质性、承诺、忠诚度与信任水平的高低才是关键。相对于资本主义企业，合作社成员及成员与经理之间更易沟通交流信息，可以通过培养基于认同的信任承诺、忠诚等克服上述问题的消极影响。

⑤新制度经济学分析范式下，合作社的分配也是低效率的，对成员的要素投入及参与管理缺乏内在激励，这源于合作社对剩余索取权转让的限制和产权缺少流动性，经理层没有剩余分配权，领导层、经理层与成员信息不对称以及成员开放政策等。随后一些学者提出具体应对措施：适度发行外部流通股，特别是优先股；提高经理等专业技术人员的奖金在净利润中的比例；加强领导层、经理层与成员的信息交流，降低信息不对称的负面影响；适当限制成员人数；等等。

⑥新制度经济学的理论视野下，合作社不可能是有效率的，或者说其经济绩效水平相对于资本主义企业（股份制企业）是低的，因为合作社产权关系界定是模糊的、产权不可交易、融资困难、代理成本过高等。但许多学者指出，上述问题并非不可克服。此外，在进行经济绩效研究时还忽

视了合作社解决就业及其市场和社会价值等。

⑦针对合作社的未来发展，部分研究者认为，合作制度已不能适应经济全球化进程，这种威胁主要来自技术和社会价值观念（个人主义价值追求）的变化、市场竞争愈发激烈压缩工人合作社传统生存领域等，这一切暗示着合作社传统发展战略及其制度变革势在必行，进而部分研究者提出了完善合作社未来发展战略、改进合作社制度安排的对策与措施等。

国内对西方工人合作社进行全面、深入的体系化制度解析的文献极少，除丁为民教授的《西方合作社的制度分析》[①] 外，其他研究者的成果尚未呈现。另外还有部分研究者将工人合作社视为劳动者管理的企业，从和谐、共享制度构建或和谐社会建设等方面研究工人合作社（段春晖和尤庆国，2006；王文举，2007），或基于微观视角，从工人参与民主管理企业的视角研究工人合作社（高玉林，2005；张嘉昕，2010），这些研究大多是对发展状况，发展的经验、方法与启示的介绍。部分研究者结合了中国国情，基于和谐社会构建的目标提出发展工人合作社的对策建议，或基于企业民主管理的目标，借鉴西方工人合作社的成功经验，提出一系列对策、措施。但上述研究均未对工人合作社产生、发展的基础及内在机制，工人合作社的本质、产权、管理及分配制度等进行深入的制度解析，也未涉及当代工人合作社全球化下的新发展与变革。

相对而言，西方学术界研究的时间长、程度深且全面而细致，紧跟工人合作社发展前沿。从西方的研究文献来看，思想深处存在支持（多持合作主义价值观立场）和否定（多持资本主义价值观立场）工人合作社的理论分野，否定工人合作社的研究者几乎全部运用西方经济学，特别是新制度经济学相关理论对合作社的产权、管理、分配制度安排、治理结构、运行机制、绩效水平、外部市场行为等进行系统研究，并常常将之与资本主义企业做对比进而否定合作社。合作社的支持者也运用西方经济学，包括新制度经济学的相关理论，但极少[②]，绝大多数研究者采用事实描述、案

① 主要涉及对西方工人合作社全球化变革之前的研究。

② 因为运用西方经济学，特别是新制度经济学相关理论系统研究的最终结论与合作社否定者的基本一致，即存在所谓的“新制度经济学方法论陷阱”问题（Hafe et al.，2013）。

例与统计数据分析，甚至从社会学、哲学、伦理学、道德论、价值论等视角来研究合作社，研究零碎、不成体系（相对而言，经济学才有成体系的研究方法），与持资本主义价值观立场的研究者在论辩中常处于不利境地。这表明，对（工人）合作社的制度分析需要一个全新的、有深刻说服力的分析方法。

（二）对蒙德拉贡的研究

如前所述，西方理论界多数研究者认为工人合作社存在各种“制度缺陷”，发展必然举步维艰，甚至已成为一类“濒临灭绝”的企业组织形式，当代全球工人合作社数量少（比农业合作社还要少），绝大多数规模小、实力弱，但蒙德拉贡绝对是一个例外，它的成功已被西方学术界称为工人合作社的一个“神话”（Kasmir，1996）。毫无疑问，蒙德拉贡是一个惊人的成功故事（多数工人合作社的弱小与蒙德拉贡的强大、持续发展的巨大成功形成强烈反差），它是“在世界资本主义制度背景下建立合作经济体系的可行性的杰出例子，甚至是旧世界孕育新世界种子的生动例证”（Gibson-Graham，2003）。

1. 蒙德拉贡：作为工人合作社的成功典范

由于蒙德拉贡的巨大成功，在西方理论界对它的研究几乎成为对工人合作社研究的代名词。根据成功的原因，西方研究文献可分为以下几类。

（1）合作思想、合作社原则的实施以及特殊区域文化和精神层面的价值追求等

相关研究揭示了合作社的成功不可能依靠单一的经典合作社思想、文化及制度设计，成功的合作社在思想与精神层面大多夹杂着当地特色的某些宗教或特有传统文化、思想，以共同约束和规制人们的合作行为。这暗示合作社要将自身的基本原则、制度设计与所在国或地区的具体情况相结合才会取得成功。

Lutz（1997）从文化和精神层面研究了蒙德拉贡的成功经验，指出除经典合作社价值追求外，巴斯克地区天主教文化也相辅相成地增强了成员的凝聚力。此外，经济民主的合作形式也是至关重要的，康德思想（在经

济领域尊重人的尊严）也贯穿于蒙德拉贡的企业文化与精神层面。

Forcadell（2000）通过研究蒙德拉贡的企业价值观和使命感，发现蒙德拉贡将集团战略目标和社会发展目标有机结合起来，强调合作社价值、文化、合作技能的培训，强调员工的民主参与和沟通，在提高成员的道德情操水平、改善成员生存状况的同时，也强调对社会的贡献，从而赢得了社区民众和政府的支持。

David（2004）则强调了巴斯克地区天主教文化的重要性，指出在天主教指导思想下运作的蒙德拉贡与其他基于标准商业模式运作的企业相比较，它的生产经营方式有很大的不同并且证明是非常成功的，同时重点强调了蒙德拉贡生产经营中的民主参与、按劳分配、经济公平等原则的重要性。

Stikkers（2011）认为蒙德拉贡的成功不能简单地归结于巴斯克地区的天主教文化和历史传承而忽略了蒙德拉贡对这种历史、文化的创新与发展。通过对历史和文化影响下的蒙德拉贡的发展与变革的剖析，他认为蒙德拉贡的成功在于坚持了一套行之有效的发展原则：坚持实用、有机与进化的发展观而非意识形态或乌托邦，经济增长根植于人的成长，不断尝试与探索等。这套原则具有杜威经济学（Dewey Economics）的特征。

Whyte（1995）强调了蒙德拉贡的成功不仅是合作思想、价值追求以及巴斯克文化的成功，也应归功于其创始人何塞·玛丽亚·阿里兹曼迪阿列塔（Jose Maria Arizmendiarrieta）神父非凡的远见卓识和领导才能，归功于他的创新精神，以及他和他的追随者为引导这一复杂体系而建立的独特组织文化。

Delgado（2013）指出，从20世纪60年代起，整个巴斯克地区创建的伊卡斯托拉斯（Ikastolas）学校大多采用合作社组织形式构建，并获得蒙德拉贡金融机构的全力支持。学校用巴斯克语教授大部分课程，宣扬巴斯克地区的天主教文化，主张人人平等与互助合作，同时专门教授合作社相关知识，并将天主教文化宣扬与合作社思想、价值追求等教育有机融合在一起，其毕业生一直是蒙德拉贡工人的主要来源。蒙德拉贡的成功与伊卡斯托拉斯学校及其教育密切相关。

Altuna（2008）指出，蒙德拉贡自成立以来就一直不断扩张，先国内后国外，扩张中它成功地经受住了经济衰退和内部挑战。可贵的是，经济全球化下，蒙德拉贡的扩张战略并未使它放弃罗虚戴尔公平先锋社原则。传统上，工人合作社集中在农业、渔业、非资本密集型专业服务、小型制造业和建筑业等部门，在资本密集型行业竞争的工人合作社较少，而当前经济全球化下，一些工人合作社已经开始接受环境可持续性原则，开始进入以前从未涉及的领域，包括医疗、营销与广告、工程、法律和信息技术等。显然，蒙德拉贡是这方面的佼佼者，它代表了当代工人合作生产经营可能性的最大广度：它几乎进入了上述所有行业和部门，并在生产经营中坚持通过民主的工作方式和对当地社区坚定不移的奉献精神取得市场成功。

Johnson（2017）认为蒙德拉贡的成功在于其专注实现利润最大化和创造可持续就业目标，目标的成功实现取决于维持一套共同的价值观念和发展适当的体制结构，以处理控制、分配正义和内部等级制度等问题。

（2）独特的制度安排

这些独特的制度安排，包括产权、管理及分配制度等，是蒙德拉贡依据自身发展的内外部环境变化不断进行制度创新、变革的结果。

Turnbull（1995）认为与资本主义企业相比，利益相关者民主自治的合作社在一系列治理措施上取得了显著的成功。蒙德拉贡的治理与控制体系结构包含许多创新之处，并为发展公司治理理论和实践提供了经验与借鉴。蒙德拉贡的内部治理结构及其激励制度是根据自身活动和主要利益相关者的性质定制的，由此产生的独特的控制安排和出色的业绩表明内部治理结构及其激励制度是可持续竞争优势的决定因素。最后 Turnbull 强调了治理、控制体系结构以及利用行动科学的社会研究方法不断实践来创建具有竞争力的企业对蒙德拉贡的重要性。

Saive（1980）指出，对合作社发展历史的研究表明，生产合作社的发展明显落后于信用合作社和一般的服务型合作社。事实上，人们普遍认为，工人自我管理的方法不适用于目前存在的大型工业综合体的管理。然而，这一观点已被蒙德拉贡进行的实践结果证明是错误的，该实践对合作社非最优性制度安排假设的每一个方面都提出了质疑。蒙德拉贡的成功源于有一个特殊的合作组织制度安排：资本和劳动力都集成在基层，最高权力由劳动力民主控制，这大大弱化了资本与劳动力之间的矛盾。蒙德拉贡独特的组织制度安排还包括：人人机会均等的原则通过个人民主参与制引入；设立监督委员会成为蒙德拉贡一个独立的监管机构（可再设立下属专门机构，监督集团整个生产经营过程）；承认了私有制原则和资本的约束（这暗示合作社会采取措施，如吸收非工人社员股东、设立或收购股份制子公司“借壳上市”融资等）；成立创业部，为合作社制定一般标准和规则，确保集团的协调发展；对生产经营活动进行标准化管理；所有的制度改革与它所处的资本主义环境相适应；稳定就业水平和防止资本外逃，促进了相对贫困地区的发展，以获得当地居民和政府的支持；等等。

Arando、Gago和Jones等（2011）的研究也证实蒙德拉贡由于特殊的制度设计而可以比其他类型的公司更具生产效率，并提供了有助于解释蒙德拉贡为何表现得更好的证据：工人控制、民主参与、全员培训和技能教育、关心社区等。Lawler（1996）也认为工人直接控制组织的生产经营可被视为绝对的利益获取，从而带来可在结构上持续的竞争优势。

Thomas和Logan（1982）详细考察了蒙德拉贡在产权、管理、分配等制度上所表现出来的特色，如合作社的基本产权原则，内部民主管理、平等的按劳分配与工资差距控制，对合作社发展具有重要支持作用的劳动人民银行，以及合作社成员的教育培训、社会保障等方面的制度安排等，认为这些制度安排是保证蒙德拉贡持续发展壮大并不断创新的动力之源。

Forcadell（2005）对蒙德拉贡独特的民主参与式管理模式进行了深入分析，认为这一模式是促使蒙德拉贡获得成功的重要因素，并且将民主管理与成功的商业运作有效结合在一起。Forcadell具体以蒙德拉贡旗下豪华车装配的工人合作社伊里萨尔（Irizar）为例，指出它将蒙德拉贡的民主参与管理模式发挥到了极致，并不断地完善知识管理、依据市场情况不断地调整战略目标、不断提高商业运作效率等，最终使自身获得巨大成功。

Hindmoor（1999）从社会发展的角度研究蒙德拉贡，认为它的成功可进一步引申到合作社会主义，但蒙德拉贡依赖于资本主义经济。尽管这是一个限制因素，但并不意味着合作社会主义在资本主义经济中没有发展前景，合作社可以通过努力赶上资本主义企业的发展水平，最终取代资本主义企业，实现合作社会主义。[①]

Irizar 和 MacLeod（2010）认为蒙德拉贡的民主思想、企业合作文化与组织特点使它能够适应不断变化的市场。从西班牙加入欧盟后贸易规则变化，再到全球市场的竞争加剧，蒙德拉贡成功地经受住了以下挑战：①维护民主原则和组织内部等级管理体系膨胀之间的冲突；②原有知识和外来管理制度之间的冲突；③坚持合作社核心价值观和市场全球主义之间的冲突。蒙德拉贡的经验是以基本的合作社原则为基础，建立一套独特的组织体系、制度和发展模式。蒙德拉贡的组织结构除了具有全体成员选举产生领导人和理事会，并由理事会任命管理者的双重决策结构外，还包括具有民主性质的合作社集体决策结构；发展中，在培养相互合作与团结氛围的同时注重生产经营效率的提高，措施包括建立用于重新分配的合作基金，根据生产需要重新分配工人，将教育和研究中心纳入公司等。蒙德拉贡对合作社原则的坚持是灵活的，他们以蒙德拉贡旗下的法格（Fagor）[②] 为例说明蒙德拉贡不会注入更多的资金给一个摇摇欲坠的子合作社，为了效率会关闭一个不再有利可图的家电制造商，相互合作与扶持的原则转化为支持与效率之间、科学的利弊权衡。

Campbell（2011）运用案例分析法，对蒙德拉贡的体制结构、特征和内部治理运作等进行了深入研究，认为蒙德拉贡取得巨大成功在于内部治理中强调员工民主参与、管理与自我管理相结合的原则，形成特有的、充满凝聚力的内源性发展管理模式。

Agirre、Reinares 和 Freundlich（2015）指出，合作社同其他类型的企

---

① 笔者认为这是 Hindmoor 对蒙德拉贡的误解，如同国内部分研究者认为，蒙德拉贡等西方工人合作社能引申出和谐社会、合作社会主义一样，均是空想社会主义合作社思想的延续。蒙德拉贡等西方工人合作社的产权制度基础及产权性质决定，它们不可能成为合作社会主义的载体。

② 1956 年，阿里兹曼迪阿列塔神父的 5 名学生创建了一家生产煤油炉的小型合作工厂（ULGOR），它便是法格的前身。法格曾是全欧第五大家用电器公司，拥有 Brandt、De Dietrich、Sauter、Vedette 等品牌。

业一样，需要通过采取面向市场的管理办法创造可持续的竞争优势。与资本主义企业的组织和治理模式相比，蒙德拉贡以另一种方式实现了这一点（而其他合作社似乎很难）。它结合了对民主原则、团结和竞争力的承诺设计了一种独特的管理模式，特点是依据市场需求实施全面质量管理、权力下放和社员民主参与决策、社员薪酬与市场销售业绩竞赛挂钩等。这种模式本身可以成为其竞争力的关键驱动力。他们重点研究了该管理模式、组织承诺、全面质量管理与市场导向之间的关系，以及上述这些因素对企业绩效的影响。实证结果表明：①蒙德拉贡的管理模式增强了组织承诺（这表明宣扬合作价值并维护一系列合作组织原则有利于企业组织承诺），促进了市场导向战略的采用；②市场导向对企业绩效有正向影响；③提高职工组织承诺将对管理模式执行效果及企业绩效有积极的影响；④权力下放和社员民主参与决策对加强组织承诺有重要影响；⑤实施全面质量管理、社员薪酬与市场销售业绩竞赛挂钩能提高组织承诺、改善市场销售和企业绩效；⑥蒙德拉贡展示了创建基于个体自治的自我管理组织的可能性，以及在当代市场中的高效和强大。

Bernacchio 和 Couch（2015）认为员工民主参与治理实践可以在发展美德（Virtue），即在提高道德修养以及对企业的忠诚度方面发挥重要作用，同时可缓解个人与公共利益之间的冲突。他们利用麦金泰尔（Alasdair MacIntyre）的美德、实践和制度理论分析框架（该框架被广泛应用于解析生产实践如何培养美德——笔者注），以蒙德拉贡为主要例证对象，验证了通过制度化参与式治理实践，可以有效克服成员异化，有利于成员共同价值观、忠诚与合作信念等美德的培养，而成员良好的美德反过来又能保护成员们的共同利益不受侵蚀。

Arando、Gago 和 Jones 等（2015）对蒙德拉贡旗下最大的成员联合合作社埃罗斯基（Eroski）（一个大型零售连锁企业）进行了一次有关绩效的计量经济学分析。埃罗斯基中有三种类型的商店或超市：①员工拥有绝大多数所有权和管理权的合作社；②员工拥有有限的所有权与管理权的合作社；③员工没有所有权和管理权的传统商店。通过对埃罗斯基旗下商店或超市的销售及成本等数据的收集，构建计量模型分析，结果发现第一类商店或超市的销售增长明显快于第二类商店或超市。并且对于小型超市而言，合作社型超市的绩效表现要优于传统商店。上述结果的出现，主要是由于合作社治理中有更广泛的员工参与、培训和更强的经济激励的机会；合作社成员的薪酬高于传统商店或超市的同行等。①

Fakhfakh、Perotin 和 Gago（2012）考察了蒙德拉贡的绩效，结果发现它比多数传统公司（指资本主义企业）更有效率，表现更好，这是因为蒙德拉贡成员在不同于传统公司工人所面临的制度安排下工作。具体来说，与传统公司的工人相比，蒙德拉贡成员有大量的机会接受教育、培训；能参与合作社的经营管理（既是权利也是义务）；他们的收益与合作社的财务绩效直接相关，能占有自己创造的剩余价值，这对他们的工作有很强的激励；成员有不同寻常的工作保障（不易被合作社除名）；等等。

Uzuriaga、Freundlich 和 Gago（2018）基于蒙德拉贡 123 名成员的问卷调查数据，采用主成分分析和回归分析，考察广泛参与管理/监督对合作组织氛围、共同所有权和组织承诺的影响。研究发现，有两个因素特别重要：①成员工作的管理/监督实践，尤其是与参与受访者直接工作领域的决策有关的实践；②工作类型（蓝领 VS 白领）。蓝领工人由于在生产一线，直接参与管理/监督，对合作组织氛围、共同所有权和组织承诺的认知和认同程度较高，更能协调与配合好白领工人的管理工作。该研究证实了在工人所有权制度设计中（工人所有者广泛地参与管理/监督是合作社特有的制度设计），广泛参与管理/监督对组织氛围、共同所有权和组织承诺有显著正向影响。这暗示对于工人所有者来说，在他们当前的工作环境中，积极沟通和参与管理/监督对合作社成功的重要性。

Abando、Gallartegi 和 Rodriguez（2007）分析了巴斯克地区工业和公司服务部门中，合作社和非合作社公司在管理质量方面的主要差异。② 研究表明，合作社管理的质量水平高于非合作社公司，合作社在人员管理、战略管理技术和管理程序等方面都取得了特别突出的成绩。管理质量的差异

---

① 这种结果导致了所有权结构的重大变化，截至 2014 年 1 月，埃罗斯基旗下的所有超市都是合作社。

② 巴斯克地区的工业合作社主要指蒙德拉贡旗下的合作社。

主要与合作社组织承诺（全员民主参与管理，不断地教育、培训和人力资本投资，更好的内部沟通和更强调对社会贡献的评价等），及良好的管理举措（强大的战略定位、适当的合作和管理人选、有效的财务管理与监督体系等）密切相关。

Azkarraga 和 Cheney（2019）指出，自 2008 年国际经济危机开始以来，蒙德拉贡成功地应对了各类危机。它获得的成功主要应归因于工人主权、自我管理制度；支持社区发展、持续的教育/培训和不断对市场的适应性变革。该合作社长期以来一直保持着这一模式，甚至在全球化进程造成的竞争压力极高的情况下也是如此。

（3）独特的组织结构、发展战略和灵活、实用的商业运作规划

Bradley 和 Gelb（1981）指出，蒙德拉贡的成功很大一部分要归因于它独特的合作组织结构本身而不是各种有利的外部因素。他们认为，蒙德拉贡合作组织结构是一种相比传统等级制“垂直管理”更有效的组织结构，可以减少合作社内民主管理的阻力并充分发挥劳动者智慧以发展生产力。

Hanna、Ridnour 和 Meadow（1992）分别对 400 名蒙德拉贡员工和资本主义企业员工进行问卷调查，研究了蒙德拉贡独特的组织结构对职工及其工作效率的影响，结果发现蒙德拉贡的职工比起资本主义企业职工更有安全感，工作满意度更高，有更强的工作责任心，对待工作更加积极以及生产更为高效。

Kasmir（1996）基于蒙德拉贡的成功经验，进一步分析了巴斯克地区的合作社与工人阶级的生存状态。他的结论是，蒙德拉贡是一个实用主义的产物，其发展战略成功地解决了资本主义经济下诸如社会不公、工人阶级地位低下、待遇差等问题，在经济层面上实现了工人自我管理的目标。

Martínez（2000）将蒙德拉贡的成功归结为其商业战略规划的高效制定及实施。并指出蒙德拉贡组织结构及其相关制度设计，不仅创造了所有合作者的参与，而且创造了蒙德拉贡旗下各部门以及组成部分之间各类信息的高度共享，这大大加强了沟通，促进了集体意识的发展，增强了企业的凝聚力。与蒙德拉贡组织结构及其相关制度设计相辅相成的是其强大的

企业文化和共同的目标感（Common Sense of Purpose），这得益于其强大的教育与培训功能，这些都有助于集团各类商业战略规划的高效制定及实施，使它成为全球工人合作运动的领导者。

Bajo 和 Roelants（2011）分析了蒙德拉贡是如何应对当前的全球危机，特别是 2008 年的国际经济危机，让人们了解它的组织结构、运行机制和发展战略，了解蒙德拉贡制度体系的复杂性，它的制衡机制以及团结机制——这使得整个合作社集团在危机面前更具灵活性、效率和创新性，使得资本主义企业在危机中常常出现的三个陷阱（消费陷阱、流动性陷阱和债务陷阱）难以形成。

Malleson（2014）认为蒙德拉贡给我们两个主要启示。①工作场所民主确实可以以一种经济上可持续和社会上优于传统公司的方式运作，只要它拥有合理的组织结构和可行的做法。②蒙德拉贡揭示了合作社是否注定会退化的问题。Malleso 从两方面就退化问题做了说明：一是我们对工人合作社的设想太过于完美，二是退化不是合作社本身固有的特性，而是合作社在所处的市场体系内，因面临市场压力而出现的结果。虽然蒙德拉贡已经部分退化，但这种退化对于工人合作社来说并非致命，并不能改变它身为合作社的性质，蒙德拉贡有极强的自我修复能力，这归因于它拥有合理的组织结构和一种经济上可持续和社会上优于传统公司的运作方式。

Agirre、Reinares 和 Agirre（2014）将蒙德拉贡的成功归结为组织承诺下的市场化转向。他们通过对蒙德拉贡组织模式进行深入调查，研究了其市场导向变革，发现组织承诺对市场导向变革具有最重要和最积极的影响，改善了市场信息的产生和分享以及随后对它做出的反应。研究证实，当企业通过团队等机制鼓励员工参与，并赋予员工权力时，员工就会产生对企业目标的认同，以及对合作的参与度、忠诚度，提高成员组织承诺水平，这显然有利于基于市场变化的、高效合理商业规划的制定。

Roche、Freundlich 和 Shipper 等（2018）介绍了蒙德拉贡独特的组织结构、所有权模式和决策过程。基于组织动态学相关理论解析了蒙德拉贡的非晶态组织网络结构（Amorphous Network Structure）是如何形成的，该结构是怎样使蒙德拉贡作为一个整体真正大于其各组成部分之和。他们认为蒙德拉贡持续成功的关键在于其独特的组织结构和管理方法，使它具有小型企业的灵活性、适应性、响应性和活力，同时还能够实现一个大公司的协同效应和优势。研究强调了蒙德拉贡特殊的组织结构带来的好处，这与那些等级控制、中央集权管理和外部所有权主导的组织结构完全不同，蒙德拉贡的竞争优势建立在平等分享决策、治理、奖励、资源、领导机会，分享知识和创业机会基础之上。

Kerswell 和 Pratap（2019）将蒙德拉贡与印度加尔各答的 Alcond Employees Industrial Co-operative Society（Alcond 员工工业合作协会）的市场经营策略进行了对比。Alcond 员工工业合作协会是一个由工人拥有和经营管理的电线合作工厂，它与处于同一地区的两家电线、电器合作工厂 CITU 和 CPIM 之间缺乏积极合作策略，相反它们之间还采取了防御性策略，形成恶性竞争关系导致 Alcond 员工工业合作协会、CITU 和 CPIM 在电线、电器生产经营中被边缘化和逐渐衰落。这与蒙德拉贡的市场经营策略形成鲜明反差，蒙德拉贡几乎与所有国内外合作社采取积极的合作策略，并成功地维持了自己作为工人合作运动领导者的地位。

（4）教育与培训

Meek 和 Woodworth（1990）认为强大的教育培训体系是蒙德拉贡成功的重要原因，他们重点研究了蒙德拉贡员工从生产技术、管理技能到合作文化、价值追求等精神、信仰方面教育培训体系的建立，通过列举如何发展乌尔格到如何发展以经济效益和教育为双重目标的艾尔（Alecoop）①，充分展现了蒙德拉贡强大的教育培训功能及其对蒙德拉贡经济发展的巨大贡献。

Clamp 和 Alhamis（2010）以蒙德拉贡模式为例分析了合作社企业家与资本主义企业家创业的不同，指出合作社企业家创业更贴近社会企业家精神，更关注社会责任，更易获得社会各方力量的支持，这得益于合作社价

① 艾尔是由学生成员组成的企业，是一家作为综合技术大学的附属公司而创建的工业合作社。学生们在这家合作工厂里半天工作，半天学习。

值、文化的培训教育。蒙德拉贡拥有一套复杂、成熟的教育系统，能够培养出娴熟于合作社内部生产经营与管理、社区资源整合与国际业务的管理者。

Storey、Basterretxea 和 Salaman（2014）以英国合作社约翰·刘易斯合作公司（John Lewis Partnership）和蒙德拉贡旗下的埃罗斯基为例，认为在众多学者对合作社及员工所有制企业发展普遍唱衰、持退化论的情况下，它们的市场经营（特别是在2008年国际经济危机之后的表现）堪称成功，这得益于它们强大而有效的、不断进行经营管理技术与合作文化培训的教育体系，从而不仅实现了比传统资本主义企业更好的经济绩效，而且没有表现出合作社向资本主义企业全面退化的倾向。

持资本主义立场的研究者将合作社的制度安排视为它“先天缺陷”的根源，认为合作社制度安排是低效率的，然而同样是合作社的蒙德拉贡坚定地坚持了合作社原则与价值追求却获得巨大成功。这样看来，合作社的制度安排并不能唯一地决定合作社生产经营的效率高低，就如同股份制企业制度安排也不能唯一地决定企业生产经营效率的高低一样，现实中也有低效率的股份制企业，在激烈的市场竞争中股份制企业也会倒闭，也有一部分股份制企业向合作制企业转变。合作社制度安排“先天缺陷”论是僵化、机械而非动态、辩证地看问题。任何企业制度安排均有优势与缺点，合作社、股份制企业均不例外，关键是怎样将缺点克服，将优势发挥。显然，蒙德拉贡将合作社的优势发挥至极致，这既是合作社制度的成功，也是巴斯克地区天主教文化、康德思想，甚至是杜威经济学的成功。当然成功同时还源自蒙德拉贡强大的教育与培训体系，持续不断地进行人力资本投资，将合作社的原则和制度与各国、各地区、各民族文化的具体情况相结合，成功也源自它独特的组织结构，面对外部市场变化，因地（时）制宜、灵活地制定发展战略和商业运作规划，不断依据内外部环境变化进行变革，不断创新和调整组织结构、制度安排，因势利导而不迂腐地恪守教条等。

人类的工业生产经营组织，在资本主义市场经济中，不论以何种组织方式出现均要实现生产社会化[1]，它可以按股份制、合作制、合伙制甚至按私人独资企业的组织方式进行生产经营。而具体以何种方式经营与该生产经营组织内外部的情况，特别是组织者们的自身情况（如拥有的实物资本、人力资本、技术实力、具体生产方式、文化背景、宗教信仰等），以及外部情况（如市场及政策支持等）密切相关。但不论哪一种经营方式，实现生产社会化以提高生产力水平、提升竞争力是任何一类企业发展永恒不变的主题。在 A 情形下，合作社更有利于生产力水平提高，合作制将会被采纳；在 B 情形下，股份制企业更有利于生产力水平的提高，股份制将会被采纳。此外，当内外部情况发生改变时，合作制可以变为股份制，股份制也可以变为合作制，甚至是合作制主体中有股份制的因素，股份制主体中有合作制的因素等。但不论是哪一类形态的组织，主要目的都是通过生产经营，创造价值，在市场经济中，竞争与生存是永恒的，这意味着它们必须与所处的制度环境融合，才能顺利实现生产社会化，不断提高生产经营效率与收益水平。因此，蒙德拉贡带有一点资本主义制度因素是再正常不过的现象。

2. 蒙德拉贡：全球化下的新变化、新发展

自经济全球化以来，西方工人合作社发展中遇到的问题趋于多样化与复杂化，面临的挑战越来越严峻。为应对这一形势，20 世纪 90 年代后西班牙的蒙德拉贡开启了全球化发展战略，开始大规模地全球化投资，向世界各地扩张业务[2]，相应地其企业制度发生了一系列“嬗变”。这些变化主要表现在以下方面。①工人合作社在国外设立资本主义性质的独资或合资

---

① 生产社会化的内容可以概括为三个方面：生产资料从个人的生产资料变成许多人共同使用的社会化生产资料；生产本身从一系列的个人行动变成一系列的社会行动；产品从个人产品变成社会的产品。生产社会化能实现生产资料在空间、时间上向生产经营组织聚集，生产经营组织不断发展壮大，有利于专业化分工协作的广化和深化，以提高生产经营效率及市场竞争力，这内在地需要一系列组织制度，如合作制、股份制等来保证专业化分工协作持续、顺利地广化和深化，在某一既定条件下股份制最好，而在另一既定条件下合作制最好，但不论是何种组织制度，最终都要高效地保证组织生产经营效率和竞争力的持续提高。

② 早在 1990 年以前，蒙德拉贡也有零星的国际化扩张，但规模都不大，大张旗鼓、大规模的扩张是在 1990 年后。

子公司，雇佣劳动规模化出现。早在1990年以前，蒙德拉贡在国内也有雇佣劳动存在，但规模很小，雇佣劳动制度大规模呈现是1990年之后，主要出现在其国外子公司中。当前，蒙德拉贡国外全资企业除个别子企业是合作社外，绝大多数是股份制企业，而其国外合资企业全部是股份制企业。[①]②创建混合合作社及应用股份制企业的管理、分配模式（主要出现在海外子公司中）。③合作社内成员身份资格的复杂化，临时社员出现，特别是还允许非工人投资者成为社员。尽管数量不多且主要分布在海外，但也对合作社基本原则及其价值追求产生了冲击。

1990年之前，研究者常常将蒙德拉贡零星的海外扩张视为暂时的或临时性的措施，是权宜之计，普遍认为海外扩大再生产不会对蒙德拉贡的合作社属性产生根本性影响，蒙德拉贡依然是工人合作社成功发展的典范。而1990年之后，蒙德拉贡全球化大规模扩张及其制度相应的“嬗变”导致对蒙德拉贡的研究趋于紧迫，新的经济学理论被不断应用其中，相关研究文献在西方主要学术刊物中呈现“百花齐放，百家争鸣”之势。

目前，对蒙德拉贡的前沿研究主要是关注它在推行全球化扩张战略（或跨国扩张战略）时所发生的一系列变革。这方面的研究文献依作者所持的观点大体可分为三类。第一类表现为对蒙德拉贡全球化扩张战略及其相应制度变革的肯定，包括完全肯定和有保留地肯定。完全肯定指认为蒙德拉贡全球化扩张战略是科学、合理的，蒙德拉贡的全球化扩张战略不会使它变异，而有保留地肯定是指在肯定蒙德拉贡全球化扩张战略是必需、合理、不得不进行的基础上，分析蒙德拉贡所面临的风险与挑战，认为它存在制度变异或退化为资本主义企业的风险。第二类也表现为对蒙德拉贡全球化战略扩张的肯定，但这一肯定是建立在认为蒙德拉贡作为合作社具有“先天性”或“天然”制度缺陷的基础上，认为蒙德拉贡在全球化下的一系列变革是必然的，最终蒙德拉贡会演变为资本主义企业（股份制企业）或倒闭——这类研究者大多基于资本主义立场，利用西方经济学，特别是新制度经济学分析范式解析问题。第三类表现为对当下蒙德拉贡全球

---

① 参见 https：//www. mondragon-corporation. com/en/about-us/economic-and-financial-indicators/annual-report/（2019-05-26）。

化扩张策略的批评。这类研究者大多持合作主义立场，认为蒙德拉贡全球化扩张战略与资本主义跨国企业的全球化扩张战略无异，特别是全球化扩张战略导致合作社的一系列制度嬗变是对合作文化、基本原则及价值追求的违背或背叛，个别研究者甚至认为蒙德拉贡是合作主义的叛徒。

（1）对蒙德拉贡全球化扩张战略的肯定

Clamp（2000）认为蒙德拉贡很好地适应了全球化发展，这主要得益于蒙德拉贡及时调整发展战略，制定了适应经济全球化下企业发展的商业运作规划，包括一系列的兼并、收购、投资（包括海外投资）、企业重组、企业产品全球质量标准体系的建立等。市场压力迫使蒙德拉贡在高度全球化和竞争激烈的部门中实现世界级的生产能力和市场导向。为应对全球化下激烈的市场竞争，蒙德拉贡还积极推行国际贸易战略以及对廉价劳动力的雇用、对海外市场的拓展。这不仅使蒙德拉贡在全球化进程中生存下来，而且富有效率和竞争力。

Batstone（2009）认为，全球化扩张战略的实施使蒙德拉贡成为一个工人生产合作社、信用贷款合作社和消费合作社成员共同经营的合作经营网络体系。以民主原则为基础的蒙德拉贡合作社联盟全球网络结构的发展，为合作社理论发展和实践提供了许多创新和借鉴，并展示了它在全球化日益加深的时代创造就业、财富和支持社区发展的能力。

Etxagibel、Cheney 和 Udaondo（2012）将蒙德拉贡跨国扩张的过程称为具有深刻社会、政治和经济价值的长期商业冒险。这一过程涉及复杂的管理变革，由于有全体生产者（包括部分海外雇员）高度参与、有力的技术支持、各个方向沟通的高度透明、协调和凝聚力的增强以及集团对集体和个人发展目标的关注等，所以是成功的。

Latinne（2014）在《蒙德拉贡：职场民主与全球化》（*The Mondragon Cooperatives*：*Workplace Democracy and Globalization*）一书中指出，在高度竞争和全球资本主义的背景下，一个决心成为跨国企业的合作社所面临的挑战（融入全球资本主义经济体系与坚持合作社性质不变）是多么严峻。为了在全球资本主义世界中进行跨国投资，同时保证企业主体的合作社性质不变，蒙德拉贡建立并发展完善了自己独特的一套银行、信贷、金融服务和咨询机构，建立了自己的社会保障和养老金体系以及自己的工程学院和研发中心。这样从内部看出，强化了合作社的企业性质，从外部看，向世界宣扬了合作思想、文化及其价值追求。蒙德拉贡跨国投资被批评最多的就是其雇员政策，其海外雇佣工人数迅速上升（意味着雇工制度的普遍出现），2008 年约有一半的海外员工不是工人社员。他认为允许雇用更廉价的劳动力使蒙德拉贡更具竞争力，否则它将被当地的资本主义企业挤出市场。蒙德拉贡始终坚持着另一种使用资本的设想，并努力改造着海外的资本主义子公司（当然实现这一目标有一个过程），这种设想尊重工人阶级，并试图防止不必要的工资差距和不必要的裁员，甚至会将下岗工人安置在旗下的其他合作社，这显然有利于社会稳定和经济发展。

Errasti、Heras 和 Bakaikoa（2003）基于蒙德拉贡在全球化时代的扩张政策，构建了一个涵盖合作社内部、外部两个视角的结构融合分析框架以分析它在全球化扩张后所展现出来的新特点。这些新特点在内部主要表现为成员身份的多样化，如“临时社员”（有成员资格，但是临时性的）、“临时非社员”（没有成员资格，类似我国的合同工和临时工，即雇佣工人）等，探索如何将雇员引导、转化为正式社员；在外部则表现为海内外收购子公司。基于此分析框架下，他们认为，蒙德拉贡在当前全球化背景下的制度构建面临着重大挑战，却成功地将合作社原则与扩张政策结合在一起并使其相互适应，这些成功是值得作为范本来解读的。

Bakaikoa、Errasti 和 Begiristain（2004）系统分析了全球化战略实施进程中，蒙德拉贡不同类型的员工产权、就业制度、员工民主管理制度的变化（主要出现在海外全资或合资子公司中）。结果表明，投资者成员（投资但不参与生产的成员）、雇佣工人等的产生使得合作社中出现了一些非合作社制度因素；同时企业管理中开始学习股份制企业的、可兼容合作制的一些管理方法。这一切使得包含工人合作社、信贷合作社和消费合作社并行运作的蒙德拉贡网络结构在全球化的市场经济中保持了较高的竞争力。此外，在保障就业方面，全球经济一体化过程中发达国家的公司被迫实现从劳动密集型到资本密集型的转型，而蒙德拉贡却始终保持着员工的稳定就业。

Macleod 和 Reed（2009）分析了蒙德拉贡在全球化进程中所面临的两方面挑战及其应对措施。在西班牙本土面临经济危机冲击的背景下，一方面，蒙德拉贡在全球化竞争压力下不得不进行生产转移而在海外扩张，目的不仅仅是降低成本和开拓新的市场，更重要的是创造巴斯克的本土就业以应对冲击；另一方面，国外的不断扩张又会对其合作原则构成“挑战”。他们对蒙德拉贡旗下的伊里萨尔在本土发展中的组织结构演进、创造就业、应对危机等进行了详细论述。他们指出，伊里萨尔在通过海外扩张措施以应对危机和创造本土就业上是极其成功的，这一点在合作社业务增长率和就业增长率上得到了体现：1990 年后，在实施海外扩张战略的 1991～2004 年，此合作社业绩年平均增长率达到 18.4%，同期合作社就业增长超过 280%；同时伊里萨尔在海外子公司的管理上鼓励员工参与企业各方面的管理，尽可能地将合作社价值观移植到子公司的管理体系中。

Arando、Gago 和 Kato 等（2010）考察了蒙德拉贡在全球化下的稳定性及管理制度变革。通过分析蒙德拉贡 1996～2009 年的销售、就业、投资、社员占比等数据，他们认为，一些研究者仅从表面观察到蒙德拉贡在某种程度上发生了合作社性质的“退化”，如雇佣工人的增加导致工人社员（合作社工人股东）比例的下降，但实际上蒙德拉贡可以通过制度改革，特别是人事管理制度改革控制工人社员比例的下降。在生产经营方面，与资本主义企业相比，蒙德拉贡并没有表现出生产能力下降、就业减少和投资不足等问题，对外部市场变化也是积极应对。基于此，他们认为蒙德拉贡全球化时代的发展可以否定合作社退化论一说。此外，他们还对蒙德拉贡内部组织体系在全球化下表现出来的新特点（临时社员身份、社员福利及收入差距变化等）进行了考察，认为蒙德拉贡在经历一系列全球化扩张之后，基本性质仍然没有发生变化。

Flecha 和 Ngai（2014）认为全球化并购资本主义企业成为自己的子公司并不意味着对合作社思想及价值观的放弃，对于自己的全资子公司，蒙德拉贡始终坚持着合作化改造的原则。他们认为全球化扩张政策已经成为蒙德拉贡在全球化时代保持竞争力的重要手段，而国际扩张的主要方式就是并购或建立海外子公司（股份制企业）。但建立海外子公司往往与合作社价值观产生冲突，因此蒙德拉贡需要对其全资子公司进行合作化改造以化解这种内在冲突。在蒙德拉贡的扩张案例中，他们详细讨论了蒙德拉贡在海外扩张中引入的“混合合作社”和“合作管理模式”这两种对子公司进行合作化改造的方式。但他们也承认一个客观事实，即改造过程中存在“利润、立法、文化、归属感”四个方面的障碍①，导致海外子公司的改造很困难。

Gallego-Bono 和 Chaves-Avila（2016）认为经济全球化中，蒙德拉贡的创新、创业模式作为集群结构变革的一种方式，形成了股份企业模式与政府主导模式之间的“第三条道路”。他们结合微观、中观和宏观层面，从制度变迁角度对蒙德拉贡全球扩张模式的创新过程进行了研究。结果证实合作社能够在最重要的中观层次完成结构变化过程，并产生在结构变化过程中起决定作用的中观和微观规则——这些规则很重要，因为集群/领土生产系统面临着成为创新系统以承担全球化的挑战，这种转变需要开发不同通道轨迹以引入创新。而这些技术、组织、认知和行为通道等轨迹在宏观秩序中产生不平衡，需要整合不同的通道轨迹，这个过程需要一个抽象的中观和微观规则。

Bonache 和 Zárraga-Oberty（2018）讨论了全球化战略下，蒙德拉贡分配制度的创新。他们指出蒙德拉贡的海外扩张使它面临设计和管理全球薪酬体系的挑战，并通过对蒙德拉贡海外子合作社的实证研究，揭示了蒙德拉贡如何解决这一难题，设计出了追求国际经营业绩与维护合作社原则相结合的薪酬分配体系。随后，他们将蒙德拉贡全球薪酬体系与资本主义跨国公司的薪酬体系做了比较，结果发现蒙德拉贡为海外子合作社设计了一系列独特和新颖的管理决策程序和标准，这些独特和新颖的解决方案并不比资本主义企业的薪酬体系的激励效率低。

De Paula Leite 和 Duaibs（2017）认为，在全球化战略实施过程中，与资本主义企业竞争是合作社所面临的最关键问题。一般来说，如果合作社坚守传统合作社原则，在资本主义环境下就无法与资本主义企业在激烈的

① 后文中将进一步详细说明这四个方面障碍的具体表现。

市场竞争中生存下来；而当合作企业变得有竞争力时，它们又会远离传统合作社原则。由于激烈的市场竞争，合作社有一个不可避免的、偏离其价值目标的趋势，这迫使合作社偏离平等、民主和开放原则，转向追逐利润和营利性的目标。除竞争压力外，合作社在资本主义经济中处于不利地位，并受到针对合作社意识形态偏见的侵蚀；对外部市场相对封闭，合作社缺乏创业经验而普遍表现出风险规避；金融机构的歧视，经常拒绝向合作社贷款等导致合作社退化的力量也是迫使合作社偏离其初始目标的重要因素。而当前，以蒙德拉贡为代表的合作制企业生产经营的全球化扩张能在很大程度上克服上述各因素的不利影响，促使它们回复初始目标追求，而这也正是蒙德拉贡等合作社实施全球化扩张战略的内在动力。

以上研究者肯定了蒙德拉贡全球化扩张战略，并从蒙德拉贡全球化扩张战略实施之后生产经营行为变化的原因、影响因素、效果等方面进行了全面研究，深入总结其成功的经验和启示。与国际市场上生产经营行为变化相对应的是蒙德拉贡制度上的变革与创新，但这些研究大多是对当前蒙德拉贡发展状况的数据举证、事件或事实描述与分析，绝大多数文献不涉及制度分析，更缺少相对全面的、体系化的深入制度解析。

从蒙德拉贡的国际扩张政策的发展历程来看，扩张初期，蒙德拉贡的重心主要是北非、拉美市场，随后又转回欧洲市场。进入21世纪后，随着中国的经济崛起，亚太市场成为蒙德拉贡的另一个关注焦点，即蒙德拉贡的全球化扩张进一步蔓延到中国市场，并且在中国的投资也很成功。Errasti（2015）专门讨论了蒙德拉贡在中国的跨国投资行动。当前蒙德拉贡在中国已有几十家工厂，而且中国市场也越发成为蒙德拉贡不可或缺的一个业务中心。但是在中国的扩张中，蒙德拉贡的子公司也不可避免地面临着无法被改造的困境。Errasti指出，中国工人往往不能接受集体民主决策的工作方式，而更倾向于按照上级主管的安排去工作。这一点，同Flecha和Ngai（2014）指出的一样，即合作社的跨国子公司的改造面临合作文化、价值追求缺失的障碍，对于蒙德拉贡的中国子公司而言也是一样。最后他们指出，如果能够将蒙德拉贡的运作理念移植到中国，那么将成为改善发展中国家的劳资关系的重要力量。

Luzarraga（2015）考察了蒙德拉贡旗下合作社奥克利（Orkli）昆山子公司的经营状况。他指出，对于蒙德拉贡而言，中国市场的未来潜力是不可忽视的。他肯定了奥克利在中国投资建厂的卓越眼光，但也承认，从长远的角度来看，中国子公司的运作还有许多问题需要解决，如员工的稳定性、鼓励员工参与企业民主管理及利润分享机制的改进等。[①] 最后，Luzarraga 通过调查中国工人的权益，发现蒙德拉贡在华子公司与传统跨国企业的子公司不存在本质差异，但如果蒙德拉贡在扩展民主和推广民主参与模式方面拿出实际行动，情况可能会有所改变。

另外一批学者更关注蒙德拉贡在全球化扩张中所面临的挑战。由于蒙德拉贡全球化扩张最重要的变革就是在海外并购或投资建立子公司，有许多子公司是资本主义性质的企业，蒙德拉贡的这种并购、投资行为必然会对传统工人合作社的原则、价值追求构成挑战和冲击，这部分研究者在肯定蒙德拉贡并购、投资行为的同时也表达了对合作社质变的担忧。

Taylor（1994）探讨了蒙德拉贡海外投资战略实施中，激烈市场竞争下的生存和努力创造民主工作场所之间的矛盾关系。他利用档案资料和访谈的数据，研究了蒙德拉贡的效率与增长需求是如何影响组织结构和组织价值追求的（特别是海外子企业的组织结构和组织价值追求）。蒙德拉贡正在采取的、提高效率的主要做法旨在使合作社更具竞争力，但也侵蚀了合作社的价值追求，如平等民主、人人参与、工作保障和按劳分配等目标。更重要的是，它使民主决策过程本身发生重大变化，限制了工人合法参与的范围（海外雇佣工人大多不能参与企业民主管理），削弱了对确定利润目标和追逐利润手段的控制等；蒙德拉贡在效率与增长的目标追求下存在嬗变的可能。Taylor 最后指出，可以采取强化合作精神、信念与价值追求的教育，进行内部制度创新和争取政府更多支持等措施来对抗嬗变趋势。

Bretos 和 Errasti（2018）认为，在全球经济一体化背景下，蒙德拉贡的多元化组织模式是成功的战略选择，除拥有合作社产权的成员外，还允

---

① 其实，在我们尚未学习实践之前，蒙德拉贡就已经在中国昆山开始实践其成功经验，但由于内外部条件差异极大，成功经验几乎无法移植。

许吸收雇佣工人。蒙德拉贡除了最初的合作社成员外，更多的是采用合作社内外“双系统多成分雇佣”（Multicomponent Employment of Double System）的形式。他们基于合作社社会经济政策的分析框架，认为雇佣制的出现对合作主义原则和价值观构成巨大挑战。并强调蒙德拉贡全球化扩张的关键标准是合作主义原则和利润追求的一致性，意味着一方面需要坚持企业民主的进步①，另一方面又需要最大可能地探索合作社生存、发展的制度边界。最后他们指出，蒙德拉贡需要适应经济全球化、不断进行探索与变革，但同时也表达了对蒙德拉贡退化为资本主义企业的担忧。

Flecha 和 Ngai（2014）指出，为应对经济全球化下激烈的市场竞争，蒙德拉贡需要变革传统的产业组织形式，国际经济危机加速了这种变革要求。他们讨论了工人合作社在全球化下改革面临的障碍——蒙德拉贡被迫全球扩张与保持合作社价值追求之间的矛盾，认为在全球市场竞争的巨大压力下，蒙德拉贡存在退化为资本主义企业的可能性，进而提出了解决上述矛盾的主要方案：一是创立混合合作社，二是广泛宣传合作社文化、价值追求等，使其深入人心进而不断强化企业民主管理模式防止嬗变。

Azevedo 和 Gitahy（2010）指出，当前蒙德拉贡正面临全球化的挑战，这迫使它构建新的组织、制定新的技术和管理战略：①在海外各分支机构建立新的财产和管理关系；②发展管理技术的新形式，调整好主分支机构与国外分支机构的关系，以实现长期、持续、良好的合作发展；③深化与周边地区及海外分支机构的社会经济交往；④制定国际社会经济政策，遵循合作社的原则和价值观；⑤针对海外子公司，制定各种能够充分实现合作化的民主和社会价值的多国管理办法；⑥强调民主管理方式和团结互助，利用创新能力来面对问题和找到极具创造性的解决办法，同时尊重基层合作社的自主权。这表明，在全球化挑战下，蒙德拉贡正在追求效率与追求合作价值之间努力寻找平衡点，既要保证自己的生存与发展，又要保

① 西方持合作主义观点的学者将合作社的开放原则、人人参与（均拥有话语权）、“一人一票”民主决策认为是真正的民主，是先进制度；而将股份制企业的层级管理、高层控制认为是专制，所以他们在文章中将合作社制度的构建称为进步，而将合作制转向股份制称为退化——这种认识在西方有一定的群众基础，这正是合作社能在西方获得巨大成功的重要原因之一。

证合作社的本质不变，而他们认为蒙德拉贡找到平衡点相当困难。

Iturrioz、Aragón 和 Narvaiza（2015）指出，在经济全球化下，合作社需要开放，与利益相关者（包括资本主义企业）合作，构建可持续、结构和管理良好的合作社生产经营创新网络。他们以全球化扩张的蒙德拉贡为例，说明合作社如何在生产经营创新网络环境下激发可持续的共享创新动力，分析了创新网络发展的主要驱动力，同时阐述了潜在社会资本和网络创新推动者发展共享创新的演变过程，指出蒙德拉贡融入原资本主义经济网络体系的困难，许多情况下，合作社不得不联合资本主义企业或借助资本主义子公司进入网络体系以获得发展与创新的驱动力和空间，而这会不断侵蚀合作社主体的本质属性。

Herrera 和 Davó（2016）在《从合作组织到混合组织：全球化、融资与危机》一文中指出合作社可以被认为是劳动者自组织和自治的企业，它们的制度化做法包括民主管理、企业教育、可持续就业和合作动力。但在当前的全球化扩张战略下，蒙德拉贡作为一个传统合作社正向混合合作组织转变：通过资本主义子公司上市融资以拓展融资渠道、吸收单纯的投资者成为社员、进行全球化投资以使企业经济快速增长等，一个更强的吸收、管理、运作资本的系统化制度建立起来，获得了较强的应对危机与融资困难的能力。最后，他们在肯定蒙德拉贡全球化战略下制度变革积极意义的同时，也表达了忧虑：全球市场中的竞争更加激烈，由于存在市场竞争的倒逼机制，合作社存在退化为资本主义企业的危险。

蒙德拉贡的海外投资并非一帆风顺，有成功也有失败，部分研究者关注了蒙德拉贡旗下子合作社海外投资失败的案例，找寻原因并总结经验与教训。这部分研究者多从本质上肯定蒙德拉贡的海外投资，认为个别子合作社失败不会影响整体的成功，事实也证明如此。[1] 蒙德拉贡海外投资最严重的一次失败是其旗下的工人合作社法格投资失败，导致该合作社于2013 年 10 月宣布倒闭，但其成员并未失业，法格的绝大多数成员被安排

① 西方理论界有一种奇怪的现象：当一家合作社倒闭时，理论界常常认为这是合作社这类企业制度的失败，而资本主义企业或股份制企业倒闭时，理论界则“不以为然”，认为“很正常”。

到了蒙德拉贡旗下的其他合作社。

Errasti、Bretos 和 Etxezarreta（2016）对法格（白色家电）[①] 在全球化运动中的崛起与陨落进行了案例考察。他们认为，尽管法格先在欧洲，而后在全球其他市场上的各项扩张活动使它迅速发展、壮大起来，但随后出现了投资上的失败，这里的原因是多方面的，如糟糕的全球市场环境、过度依赖特定的经营市场、来自掌握先进技术企业和新兴企业的竞争压力，以及过度的扩张战略导致高额的负债等。他们指出，法格过于专注保持当地就业和对企业的控制权而忽视了跨国公司所关心的利润率，这一点将不可避免地削弱合作社在全球市场上的竞争力。同时本身就低迷的欧洲经济（法格的绝大多数海外业务在欧洲）和西班牙国内的经济衰退意味着法格在这一时期扩张是一个错误的选择，这本身就埋下了失败的祸根，这些分析表明合作社所处的市场竞争相当激烈，合作社面临的挑战远远比人们想象的要险恶。

2017 年，Errasti、Bretos 和 Nunez 进一步讨论了法格倒闭的案例并进而延伸探讨了合作社的生存力。他们通过分析法格在过去几十年发展中存在的问题，指出法格的失败并不是合作社的失败（市场竞争中，资本主义企业也会倒闭），而是在严峻的市场环境中，各种经营、内部治理不善或客观市场环境恶化导致的失败。他们认为，任何一家企业都存在失败的可能，合作社也不例外。法格的失败只是一家经营组织的解体，并不意味着合作社的失败，即使它失败了，但蒙德拉贡作为一家大型合作社集团，仍然在全球资本市场上顽强地发展并且发展得很好。[②]

Arando 和 Bengoa（2018）认为，仅基于法格的倒闭，不应对合作社本身的民主管理产生怀疑，更不应对合作模式的可行性产生怀疑。合作社的倒闭在很大程度上是由市场条件造成的，而非合作社制度本身。蒙德拉贡并未机械地坚持合作社同舟共济原则而是同意法格的倒闭，避免了集团出现更严重的经济危机，从而避免连锁反应造成大规模失业，更深层次地恶

① 关于法格经营失败的案例描述均指法格旗下负责白色家电业务的子合作社。

② 仅从这一点看，就否定了新制度经济、新古典经济学者常常认为的合作社必然要消亡或异化、变质进而转化为资本主义企业的观点。

化集团的生产经营，这说明蒙德拉贡的管理是合理、科学和高效的。他们最后强调了合作社在管理就业方面所采用的相互合作机制的有效性，这些机制有助于迅速恢复法格失业工人的就业。

（2）对蒙德拉贡作为合作社的否定

这类研究者基于西方经济学特别是新制度经济学分析范式，对工人合作社本身持否定态度，认为由于具有“先天性”的制度缺陷（即对合作社制度本身的否定）[①]，合作社的一系列海外投资发展战略行为是必然的，最终合作社会呈现“进化”与“变革”的倾向。这种“进化”与“变革”的最终结果是合作社不得不转变为资本主义企业（股份制企业），即在全球化下，蒙德拉贡将由“低效率的企业转变为高效率的企业”；如不转变，在激烈的全球市场竞争中，将被资本主义跨国企业淘汰或收购。

正如前文所述，西方许多研究者本质上否定合作社的制度安排[②]，这部分研究者多认为，由于合作社存在公有财产且产权界定不明晰，常容易出现“搭便车”、投资比例、影响成本、眼界等问题。Furubotn 和 Pejovich（1972）运用新制度经济学产权理论分析方法，指出由于产权的不完全性与成员身份时间跨度的有限性存在矛盾，因此合作社存在投资激励不足的问题。Staatz（1987b）指出，由于股权不易流动，合作社面临更多的融资困难。合作社由于不允许使用股权激励和股权认购的方式酬劳成功的管理者，因此决策管理很难实现高效率；随着合作社组织规模的扩大以及合作社经理人员对合作社价值的偏离，成员缺少明确的角色分工以及成员监督经理人员的能力有限导致合作社的代理问题比其他组织更加广泛、更加尖锐。Nilsson（2001）也承认在产权问题上存在社员的机会主义行为，低效率的管理模式无法在市场竞争中高效率地对合作社进行灵活的管理控制。

Sidney Webb 和 Beatrice Webb（1921）认为，在资本主义市场中，工人合作社由于存在许多“先天性”制度缺陷而无法大量生存，它们的最终

---

① 持这类观点的西方学者人数不少。西方有相当一部分研究者认为合作社与社会主义甚至共产主义在思想上具有同源性，戴“有色眼镜”看合作社。

② 尽管他们当中部分研究者认为合作社的制度设计可以改进，依然能适应未来社会经济发展，但在本质上他们对合作社的制度安排持否定态度。

出路只能是异化成资本主义企业或者消亡。[①] 依循他们的逻辑，Meister 和 Ross（1984）以及 Benner（1988）认为，一方面，合作社是低效率的；另一方面，合作社自身存在“演化”为资本主义企业的倾向。

Miyazaki（1984）认为，成功的合作社生产经营规模大、成员人数多，往往存在严重的融资抑制、异质性治理及新成员进入困难等问题，合作社原则及其制度安排将难以持续，进而发展得好的合作社存在对自己进行解构的倾向，包括目标解构、文化解构、制度解构、组织解构、组织治理解构等。

Cook 和 Tong（1997）提出，一个合作社要有效减少因产权模糊而导致的无效率，必须具有以下特征：①可流转交易的股份；②股份可估价；③成员资格明确；④交付合同或协议应具有法律约束力；⑤有明确的、最低限度的先期付款投资额。显然，这些方法或途径暗示只有采用股份制企业的部分甚至全部制度设计（即转换为股份制企业）才能从根本上解决合作社的发展效率问题。

上述代表性结论为其后的研究者（在本质上否定合作社的研究者）提供了研究蒙德拉贡全球战略扩张的理论“生长点”，即下述论文或专著中多引用了上述研究者的结论并基于这些结论或研究方法对蒙德拉贡全球战略扩张进行研究。

Meister（1994）认为，一方面，当代全球化战略下蒙德拉贡在财务绩效水平、投资的地域范围等方面远远超出了创始人的预期。另一方面，全球化战略也给蒙德拉贡带来了“演化问题”。合作社作为民主组织，全球化拓展市场使其外部竞争越来越激烈，而内部则受管理效率的持续低下、融资抑制等问题的困扰，因此会进化为资本主义企业，重塑社会价值和参与性实践，并以符合效率、增长和竞争力的原则决定如何管理企业。当代全球化战略下蒙德拉贡会有一个生命周期，最终由掌握资本的统治精英控制。

---

① 有研究持不同意见。Convers（1995）认为他们关于生产合作社不可避免地失败的主张有些言过其实，尽管内部和外部各制度因素会影响合作社的生存，但所有因素不会同时作用合作社，这样合作社对某些因素作用的响应是不同的，会出现不同的结果。因此，合作社并非注定会失败。

Burdin 和 Dean（2008）指出，工人对风险的厌恶和流动性的限制意味着合作社在获得外部融资和投资方面的困难。蒙德拉贡的目标是创造长期可持续的就业机会，但合作社股份不流通、合作社的会计和财务报告采用账面价值而不是市场公允价值、通过每年年底向成员分配盈余稳定劳动力价格等原因，使得蒙德拉贡在进行全球化投资时面临融资、投资风险不可控等严重障碍。这将加速蒙德拉贡的“自己解构”，要么倒闭，要么向股份制企业转变。

Heckscher（2013）基于前人的研究，认为工人所有制性质的蒙德拉贡在制度设计上存在重大缺陷，随着全球化战略的实施，更多的价值通过灵活的跨界合作产生，合作社将逐步融入全球复杂的分布式协同生产系统中，至少存在四个日益突出的问题：①企业的价值如何在开放的市场上交换；②工人所有者如何处理与其他合作伙伴（包括资本、知识贡献者和相互依赖的利益相关者等）之间的关系和权利分配（在相互合作和相互依赖的网络中，所有权问题已经产生了许多对产权的新定义）；③资本主义体系下如何建立超越市场层次的结构框架（其中关注的重点是公司治理），从而形成有效率的组织和治理生产网络及其实现机制；④全球化战略下，员工（而非个人或外部股东）应该在多大程度上获得公司的决策权和财务回报。上述问题蒙德拉贡无法有效解决。当前有关蒙德拉贡全球化战略的文献大多肯定它所获得的收益，而没有太多关注潜在的危机，这些危机只有改变工人所有制才可从根本上解决。

Bajo 和 Roelants（2013）认为，蒙德拉贡在国内商业项目投资方面表现出非凡的活力，但当合作社进行海外投资时，随之而来的是大量的困境、悖论和矛盾：蒙德拉贡海外子公司大多采取资本主义企业（指股份制企业）形式，使一些工人（特别是海外工人）失去了最初适用于所有人的民主权利，这与蒙德拉贡宣扬的合作社价值追求相悖。如在中国昆山工业园区及其他部分海外子公司，工人没有获得任何企业民主管理、控制资格。这似乎清楚地说明了合作社在合作价值上的堕落。而采取合作社形式又存在许多不可逾越的困难，特别是融资困难。如果海外投资不成功，蒙德拉贡难以生存、发展，如果太成功，股份制企业性质的子公司做大做强，蒙德拉贡就有嬗变为资本主义企业的危险。他们最后指出，合作社作为工人民主企业，从长远来看是失败的，这主要是由于其内部制度安排上的缺陷，外部市场力量迫使合作社采取资本主义形式，这样才能从根本上解决上述困境、悖论和矛盾。

（3）坚持合作社原则和价值追求而对蒙德拉贡全球化扩张战略的否定

这类研究者坚持合作社立场，认为蒙德拉贡的一系列海外投资发展战略行为，特别是海外雇佣劳动及非工人投资者成为社员等问题的逐渐规模化出现，将导致合作社发生制度嬗变，这是对合作社文化与价值追求的侵蚀，是向资本主义制度的退化，是对合作社原则及其价值追求的违反甚至是背叛。这些研究者多数认为只要合作社的发展违背了经典合作社原则，那么这些合作社就存在“退化”的趋势。

Cornforth（1988）将合作社最关键的退化分为三类。一是正式的或宪法上的退化（Formal or Constitutional Degradation），即企业根本制度的退化。当合作社异化为资本主义企业时，这种退化就会发生。在这种情况下，一些非股东工人将会失去原先适用于所有工人的民主权利。二是目标退化（Target Degradation）。工人合作社生产经营的利润导向将导致合作社的目标退化，合作目标被追求利润的资本主义价值目标所取代。三是组织退化（Tissue Degradation）。随着内部管理权力的不断集中，合作社将出现组织结构的退化，即从合作社的合作管理结构退化为资本主义股份制企业的等级管理结构。Cornforth 认为，实施全球化战略加速了蒙德拉贡在这三个方向上的退化。

Bonin、Jones 和 Putterman（1993）指出工人合作社中工人拥有资产、分享利润并民主控制决策过程，收入分配是基于平等原则进行的（即按劳分配——笔者注）。而蒙德拉贡全球化扩张战略的实施，导致合作社中出现了三种特殊类型的利益相关者：①风险资本家，他们只提供资本（不提供劳动）并参与管理，根据他们的投入获得收益；②与社员有劳动关系的劳动者，即被社员雇用的劳动者，不拥有合作社的股权；③拥有股权资本（全部或多数）并参与合作社管理和利润分配的社员。显然第一、第二类利益相关者或成员的出现可以被认为是对工人合作社基本价值追求的背离，随着他们人数的增多，合作社追求的价值目标将会被侵蚀殆尽。

Harding（1998）认为蒙德拉贡的海外投资战略给它的发展带来了巨大的挑战，包括对合作思想基础、合作精神和合作社人员结构的挑战。越来越多的海外子公司采用合同制雇用工人，这些合同工人在可预见的将来成为正式社员的机会很渺茫，同时随着利润的增加，海外雇佣工人的比例还会上升，薪酬差距也会逐步拉大等，但没有证据表明近期蒙德拉贡有一项特别的战略、措施是为了同侵蚀合作制做斗争的。① 相反，管理高层似乎遵循一种实用主义的经济理性，这意味着蒙德拉贡作为行业中最杰出替代方案的时代即将结束。蒙德拉贡前身是一个非精英工会组织，致力于社区经济发展和工人对工业的民主控制。但如今，这一目标受到损害，合作社近年来的海外投资代表了一种实用主义战略实施，它威胁着这家企业的本质属性。合作社早期的理想主义与最近的结构变化之间存在着巨大的鸿沟，为了经济利益，如果蒙德拉贡用民主和团结的原则进行交易，那么合作主义运动以及提倡对社会做出积极反应的生产关系可能会受到严重打击，我们将目睹合作社及合作主义的衰落。

Cheney（1999）结合蒙德拉贡遵循的合作原则及其实践指出，蒙德拉贡内非合作就业（指雇佣工人就业——笔者注）的增加意味着它没有很好地践行合作社原则。这种实践与原则相悖的情况表明，蒙德拉贡在某种程度上正在丧失其合作社的性质。Clamp（1999）也认为，诸如增加非合作就业的国际扩张方式表明蒙德拉贡遵循的是资本主义跨国企业的发展战略。

Huet（2000）甚至认为，蒙德拉贡在本质上已经转变成了跨国资本主义公司。合作社在国外设立子公司的本质是通过雇用发展中国家低成本的劳动力、原材料等为成员谋利，这与资本主义跨国企业的股东无异，随着海外资本主义子公司发展壮大，并不断侵蚀合作社的基础，蒙德拉贡必然会成为合作主义的背叛者。

Bakaikoa、Errasti 和 Begiristain（2004）认为，蒙德拉贡在全球吸收资本主义企业成为自己的子公司、在海外雇用合同工等跨国扩张行为，是合

---

① Harding 的认识可能有误，尽管非常困难，但蒙德拉贡一直在对其海外子企业进行合作化改造。

作社向资本主义企业退化的主要驱动力。蒙德拉贡的海外扩张或投资实质上是它不断地向资本主义企业演化的过程，特别是随着经济全球化市场竞争的加剧，这一演化过程是不可逆的。

Cheney、Cruz 和 Peredo 等（2014）指出，蒙德拉贡的许多海外子企业是资本主义性质的，其工人劳动者民主参与原则被削弱。蒙德拉贡在海外大约有 60%的工人没有股东成员资格，这一事实清楚地说明合作制的“宪法退化”。为应对更加复杂的国际市场环境，蒙德拉贡的控制权越来越集中到少数人手中，海外扩张恶化了“组织退化”，许多海外工人不能参加合作社集团管理委员会的选举。必须找到一种办法，使大多数来自附属子企业的合同工人不会被排除在所有权和与之相关的控制权、管理权之外。同时还要加强民主管理的力量，不断提高工人的参与水平，否则蒙德拉贡的全球化战略必然导致其合作价值追求的消失，蒙德拉贡最终将退化为资本主义企业。

Heras（2014）的观点更为尖锐，他认为诸多学者的研究是从“浪漫主义”的视角分析蒙德拉贡的成功经验，这种视角导致他们忽视了蒙德拉贡的退化及其政策上的矛盾——声称追求的价值目标与实际市场行为的不一致。全球化扩张中，蒙德拉贡虽然声称坚持合作社的价值追求，但实际上行着向资本主义跨国企业发展之实。

Geppert 和 Dorrenbacher（2014）认为，蒙德拉贡总部不会真正地将国外子公司转变为工人劳动者控制的企业，不会鼓励这些工人真正参与企业民主管理，因为这样做被认为提高了生产经营的成本与风险。很明显，蒙德拉贡已转向了市场化下的利润导向，与资本主义企业相似地追求利润以提高集团总部成员的收入，而不是对合作文化、实践的加强和对合作价值传播的承诺。

Hymer 和 Cohen（2009）指出，蒙德拉贡海外战略实施过程中，劳资关系的改善一直很薄弱，不仅是在合作方面，而且在传统方面也是如此，海外子企业没有工会或其他工人代表机构就是证明。蒙德拉贡的发展目标、任务说明和原则所反映的言辞与合作社国际扩张的实际做法之间存在着很大的不一致。蒙德拉贡对合作和社会进步的承诺，在中国昆山子公司的治理和劳资关系实践中根本没有得到落实，在海外其他国家或地区的子公司中也很少得到落实。总体而言，蒙德拉贡的外国子公司目前与资本主义跨国企业的外国子公司并无显著差异，这是一种合作化的失败，这源自蒙德拉贡对合作制原则的逐步放弃。

Bretos 和 Errasti（2016a）从两个方面论述全球化扩张对蒙德拉贡的影响。①蒙德拉贡海外子公司的建立对合作社市场行为的影响，这种影响表现为一系列的国际扩张会改变合作社在市场经营中以成员为中心（即重视劳动者权益——笔者注），转向以市场为中心并更加关注经济增长和利润的获得。②蒙德拉贡全球化扩张加速自身合作社性质的退化，正如 Cornforth（1988）指出的，海外子公司规模的不断扩大，会加速合作社三个维度上的退化——宪法上（或制度上）的退化（吸收或设立资本主义子公司，资本主义企业制度特征在蒙德拉贡出现并不断扩张）、目标退化（转向单纯地追求利润和增长）、组织管理退化（由民主管理结构转向等级管理结构），出现去合作化和去合作劳动与民主管理的趋势。

Kasmir（2016）认为蒙德拉贡的全球化扩张战略是合作社的“资本化变异”（Capitalization Variation），是对劳动者主权（蒙德拉贡的核心理念——笔者注）的违背，会动摇资本从属于劳动的基本原则、弱化合作社的民主治理机制等。蒙德拉贡预期通过利用资本主义各类市场资源发展、壮大自身最终只会使自己变异，成为合作主义的背叛者。

Heras 和 Basterretxea（2016）指出，从对海外子公司的实际做法来看，蒙德拉贡所采用的正式政策和它关于海外合作化的说法是大相径庭的。海外子公司多数没有被合作化是由于所在国市场压力、体制等方面原因的影响，但更重要的是蒙德拉贡对权力、持续增长和利润的追求。海外工人直接参与民主管理常常无法实现或者只能限于低层次决策领域。蒙德拉贡总部更关注通过低层参与刺激子公司的生产经营效率提高，这似乎与资本主义企业民主管理、雇员持股计划具有同构趋势[①]，蒙德拉贡和其他以市场为导向的大型合作社正在接受传统等级管理制度，进而包括平等团结、工作保障、持续培训、员工参与、利润分享和民主管理在内的合作化核心实施方案等，没有在任何一家外国子公司得到一致和全面的落实。

---

① 这暗示 Heras 和 Basterretxea 不相信蒙德拉贡是真心实意地进行海外子公司的合作化改造，这一观点多数西方学者不认同，笔者也不认同，原因后详述。

Bretos、Errasti 和 Marcuello（2019）指出，在经济全球化的压力下，蒙德拉贡开始在国外投资设立越来越多的资本主义子公司，这带来一系列问题。①全球化投资和与之相关的资本主义子公司的设立如何影响蒙德拉贡的合作社性质？②将外国资本主义（或股份制）子公司转变为合作社，并且将合作模式特有的人力资源管理方法跨国传播给子公司会造成什么样的紧张关系？为此，他们以蒙德拉贡旗下的法格埃德兰（Fagor Ederlan）[①]为例，基于纵向数据和对23个海外子公司管理者的深度访谈，进行了深入研究。结果发现，全球化投资和资本主义子公司的设立对蒙德拉贡的合作社性质产生了影响，给部分员工，特别是总部员工与海外工人（多数为不拥有所有权的合同工人）之间带来矛盾，拥有所有权而进行管理控制的总部工人将子公司的工人排除在管理决策之外，这进一步显示了制度、权利关系和利益如何在蒙德拉贡内部形成和转移。这种形成和转移阻碍了合作社核心价值观的实现，造成总部员工与海外雇员之间的关系紧张（海外员工的话语权和工作岗位得不到有效保障）。最后，他们借鉴退化理论的观点，认为蒙德拉贡在海外采用资本主义一样的管理方式组织、管理子公司，尽管有一些客观原因，但跨国合作项目终究应坚持合作原则和价值追求，特别是应将它们传播到海外子公司，否则就是一种质的退变。

Bretos 和 Errasti（2018）阐述了蒙德拉贡在跨越国家和机构分歧的情况下所面临的挑战：国际扩张加剧资本主义逻辑（基于对增长、竞争力和利润的追求）与合作逻辑（基于维持合作就业的社会目标以及核心的团结、民主和参与价值观）之间的矛盾。蒙德拉贡所面临的困境在于，跨国投资为了实现经济增长、利润目标而设立资本主义子公司，这与合作社发展的目标逻辑相反。蒙德拉贡逐渐成为一个由合作核心（母合作社）和一个资本主义外围（子公司）组成的混合企业，前者将决策权集中于整个企业集团，后者被剥夺了与成员资格相关的权利和利益。然而，基于合作价值观和原则，全球投资的合作社被期望通过合作协议和民主、平等、团结

---

① 蒙德拉贡旗下一个汽车零部件，包括底盘和发动机等的生产商，同时也是一个铸造件和加工机械的生产商。引自 http://www.fagorederlan.es/ENGLISH/tabid/208/language/en-US/Default.aspx（2019-09-17）。

结构规范它们与外国子公司的关系，蒙德拉贡的做法意味着对合作社目标、价值观和民主实践的明显侵蚀。

对蒙德拉贡全球化战略的否定主要来自它仅仅对极少的海外子公司进行了合作化改造。批评者认为海外子公司越来越多并且不断做大做强，必然使蒙德拉贡中资本主义的成分越来越多，同时随着子公司的不断发展壮大，雇佣工人的增加，合作社中越来越多的海外工人没有享有最初适用于蒙德拉贡所有工人的全部民主权利，这必然使得蒙德拉贡越来越偏离合作社原则及其价值追求。由此研究者们必然发出疑问：资本主义企业的因素出现并不断增加，现在的蒙德拉贡还是合作社吗?① 此外，海外资本主义子公司的大量出现、发展还会强化蒙德拉贡的市场化转向、对利润的全球化攫取。随着这些海外子公司逐渐成为蒙德拉贡利润的主要创造者，蒙德拉贡更容易嬗变为资本主义企业。

这样，为防止蒙德拉贡嬗变，对其海外子公司进行合作化改造就成为关键。Kostova（1993）指出，蒙德拉贡海外子公司的合作化改造很困难，进而在合作化改造之前应在诚实开放的合作价值观基础上，通过加强与子公司的互动关系产生相互信任、承诺等社会资本。一系列的研究表明，跨国企业通过社会资本建立的信任有助于促进地理和文化距离较远单位的员工之间共享信息和知识，这对合作化实践的转移至关重要。Bastida、Marimon和Carreras（2018）认为：①蒙德拉贡应该放弃本国合作模式也适用于其外国子公司的认识，国外子公司的合作化项目应适应它所在国的文化和法制背景；②蒙德拉贡不仅要为海外子公司提供进行合作化的手段，

---

① 现在的蒙德拉贡还是合作社吗？就如同国内研究者问，当前的农民合作社还是合作社吗？（两个问题仅仅是研究对象不同，问题的本质相同。）为什么真正的合作社现在如此难寻？——这是一个伪命题，即把问题都问错了。从工人合作社的发展历程来看，没有真假之分，只有生产经营效率高不高、适应不适应内外部环境之分。如果适应合作化内外部环境且生产经营效率高，这种由劳动者组织起来自服务或自生产的组织就是合作社，它的构建原则及制度设计就会被总结、提炼并向世界推广（如ICA所做的工作）。ICA为什么没有向世界推广欧文的“新和谐公社”、以色列的基布兹（Kibbutz），甚至后来的“集体农庄”而是罗虚戴尔公平先锋社？这样看来，世界认可谁是真正的合作社是由这类组织的生产经营效率以及对内外部环境的适应能力决定的，或者谁是真正的合作社是由其“效率”或“能力”决定的。

而且要制定合作化执行的时间计划表，应逐步赋予子公司员工更多的民主参与管理的权力；③在合作哲学和组织文化特征的理想、愿景、目标和价值观向子公司转移之前，应先在国外子公司开展合作价值观和实践方面的教育和培训，让工人正确理解合作化。

从西方学者对蒙德拉贡的研究来看，大致存在以下理论分野。①对以蒙德拉贡为代表的工人合作社的制度模式持肯定态度，并看好它们未来的发展前景。肯定蒙德拉贡的全球化发展战略，认为蒙德拉贡的全球化战略为合作社理论发展和实践提供了许多创新和借鉴，并展示了它在全球化日益加深的时代创造就业、财富和支持社区发展的能力。②一方面承认蒙德拉贡在合作社发展实践上的变革或创新，另一方面又认为蒙德拉贡在全球市场竞争中会面临一系列挑战，表达了对蒙德拉贡制度嬗变的担心，部分研究者还提出了保持合作社本质规定性、应对挑战的对策措施。③对以蒙德拉贡为代表的工人合作社的制度模式持否定态度，这类研究者大多基于西方经济学，特别是新制度经济学分析范式，否定合作社本身，即否定合作社的模式、构建原则及制度安排等。基于这一认识，这部分研究者认为蒙德拉贡的全球化扩张、市场竞争加剧将会恶化它作为合作社固有的制度缺陷，激化合作价值追求与利润追求之间的矛盾，加速合作社的自解构和退化倾向，最终合作社要么倒闭，要么演变为资本主义企业（股份制企业）。④坚持合作主义，基于合作社基本原则、制度安排、合作文化、价值追求的立场，对蒙德拉贡全球化扩张策略持否定态度，认为蒙德拉贡的全球扩张战略是对合作社原则、模式的违背，是合作社制度及合作文化的退化甚至是背叛，这部分学者的观点相对保守。

从支持蒙德拉贡全球化扩张战略西方学者的研究来看，一方面，蒙德拉贡在全球化时代表现出组建混合合作社、采用现代企业管理模式、成员身份复杂化等新特点。这些新特点是蒙德拉贡在制度层面上的创新，为蒙德拉贡解决设立资本主义子公司（合资或全资，以解决融资、专业管理人员和技术引进困难等问题）与坚持合作社原则之间的矛盾提供了可能性，同时还促进它进一步全球化扩张，而这有助于蒙德拉贡在激烈的全球化市场竞争中不断发展壮大。另一方面，蒙德拉贡在变革中依然坚持了合作社的基本原则，并将合作社的价值追求向全球推广，对于自己全资的资本主义子公司，无论是国内的还是国外的（绝大多数在国外）均逐步实施合作化改造。但他们同时又指出，在资本主义制度的“汪洋大海”中，合作社子公司的改造存在重重现实“困境”，需要因地（时）制宜地实行改造。如果蒙德拉贡的子公司缺乏改造的条件，则只有暂时选择妥协，等待时机成熟时再行改造。这部分研究者认可“蒙德拉贡在变革中依然坚持了合作社的基本原则”的观点，但他们中也有人怀疑蒙德拉贡是否能坚持到底，担心蒙德拉贡在全球化扩张中嬗变为资本主义企业。

另一部分学者关注了蒙德拉贡在海外战略实施过程中面临的风险或失败的案例。这意味着蒙德拉贡在全球化中的扩张、改革、发展与市场竞争并非一帆风顺，他们认为蒙德拉贡在全球化市场中将面临越来越严峻的挑战。不过，这部分研究者多数对蒙德拉贡的未来发展看好，认为尽管有严峻的挑战，但蒙德拉贡不会嬗变为资本主义企业并且能成功地应对全球化中面临的各类挑战，据此各自还提出了具体的应对措施。

此外，还有少部分学者认为合作经济最终是一种对资本主义经济的有益补充，在一定程度上能够解决资本主义经济的市场失灵问题。甚至个别研究者认为合作经济是一类有效的模式，将替代资本主义经济成为社会经济发展的“第三条道路”，最终实现合作社会主义。

尽管研究视角、方法、结论等千差万别，但上述研究者均是在本质上肯定合作社制度安排。而与上述研究者观点根本对立的，主要是基于新古典、新制度经济学方法论对合作社的制度本身提出批评或否定，认为合作社存在“先天性”制度缺陷，如合作社存在产权关系不清晰、“搭便车”、管理权控制等问题；合作社制度安排是低效率的，在内外部压力下，为了生存、为了提高生产经营效率，蒙德拉贡的全球化扩张是必然的。这部分研究者往往从蒙德拉贡变化的表象出发，基于西方经济学特别是新制度经济学分析范式得出结论：蒙德拉贡要么倒闭或被资本主义企业收购，要么最终嬗变为资本主义企业，而全球化扩张战略将会加速这种嬗变。

事实上，蒙德拉贡已发展几十年，在与国内外众多资本主义企业，包括跨国公司激烈的市场竞争中，依然没有破产、消亡，反而茁壮成长为一个跨国合作社集团，这本身就是对西方学界否定合作社制度观点的否定。蒙德拉贡在全球化扩张过程中，虽然并购、独资或合资成立了许多资本主义子公司，但它的主体依旧是一家工人合作社，其主体制度并未发生嬗变——这是一个不可辩驳的基本事实。

最后，坚持传统合作社价值追求或合作主义立场的部分西方学者（即第四类研究者）通过对蒙德拉贡全球化扩张的观察，对蒙德拉贡并购资本主义子公司、吸收雇工劳动、接纳非工人投资者成为社员等措施提出批评，认为蒙德拉贡正在向资本主义跨国企业演变，是合作社在目标、价值追求和制度安排上的退化与变异，是对合作主义的背叛，这些观点消极、保守。

当代合作社的目标、价值追求、构建原则与相应的制度设计源自 1844 年的罗虚戴尔公平先锋社。人类社会经过了 100 多年的发展，合作社生存的内外部条件发生了巨大变化，合作社的发展需要与时俱进，需要不断创新，同时创新还要与所在地区的政策、市场发育、文化传统、合作组织生产经营水平等具体情况相结合。这意味着当代合作社的目标追求与制度安排不可能与 100 多年前的罗虚戴尔公平先锋社完全一致，即当代的合作社已经不是 100 多年前的罗虚戴尔公平先锋社，同样当代的股份制企业也不是 100 多年前、机器大工业时代的股份制企业①，两类企业均需要根据自身发展的内外部条件不断改革、创新，才能生存与发展。西方部分研究者能认可股份制企业的创新与发展，为何不能认可合作社的创新与变革？这部分研究者的观念相对保守。此外，他们虽有提及蒙德拉贡全球扩张战略的积极意义，但消极方面的问题看得更多，特别是没有从动态、辩证的角度看这一问题，即合作社全球化扩张战略是通过部分否定合作社原则或价值追求，进而肯定合作社的主体性质不变；没有进行深入的制度解析；没有认识到蒙德拉贡全球化扩张战略及相应制度变革的本质，在资本主义

① 如当代股份制企业的财产终极所有权与企业法人产权已完全分离；企业控制与管理权的完全社会化；雇员持股制度的出现；等等。

“汪洋大海”中进行合作化制度拓展的困难，只是简单地、从表象认识上判定此类行为是对合作社原则及价值追求的背叛。

综上所述，坚持合作社价值追求立场的西方学者，既包括积极肯定蒙德拉贡全球化扩张战略或有保留的肯定的研究者，也包括观念相对保守的研究者。在阅读这些研究者的文献时，字里行间皆能深刻体会到他们对合作社事业的热爱。但遗憾的是，肯定和有所保留地肯定蒙德拉贡全球扩张战略的研究者们大多针对当前蒙德拉贡发展状况做数据举证、事件或事实描述与分析，或者基于对合作社成员的主观采访、历史文化资料做解读、推理等，绝大多数文献不涉及制度分析，无法解说蒙德拉贡产生、发展的本质，无法解析蒙德拉贡创新与变革的出现及其内在机理，无法预见蒙德拉贡未来的演化前景，包括实施全球化战略后的发展前景等，从而在与持资本主义立场的研究者论战中常常显得缺乏说服力。这表明我们对蒙德拉贡全球化下的市场行为及其制度变革，缺乏一个符合历史事实、经得起历史检验、具有强说服力的制度分析框架及分析范式①，如使用西方经济学分析工具，特别是新制度经济学分析工具必然得出“嬗变”论者的结论，即根本上否定合作社的制度安排，认为合作社最终将倒闭或嬗变为资本主义企业。

正如前文指出，无论是股份制企业还是合作制企业，均要因势利导、因地（时）制宜，不断地进行制度创新，以变革与生产经营效率提高不相适应的制度安排，顺应生产力发展的内在要求。在制度变革中，作为两类重要生产经营组织形式，它们相互为对方提供了可借鉴的榜样。当前的股份制企业在学习合作制企业的成功经验（如通过雇员持股计划培养雇员或工人的主人翁精神，提高他们的工作积极性等），而合作制企业也在学习股份制企业提高生产经营效率的成功经验。

实际上，实施全球化战略下的蒙德拉贡综合运用了两种发展策略。一是在市场行为上学习跨国股份制企业，相应地也要学习跨国股份制企业的内部制度安排，如雇工制度、内部等级管理制度，由此股票可上市流通交

① 支持和肯定蒙德拉贡海外扩张战略的研究者，对蒙德拉贡制度安排变化方面的研究极少，从前述对合作社研究的文献综述中就可看出，这主要是由于支持者缺少科学的方法论。

易等现象就会出现，可称之为“借鉴战略”，即借鉴合作社的主要竞争对手——跨国股份制企业的市场行为及其制度安排。

二是在坚持合作主义方向上，加强合作文化、知识、信仰及价值追求的教育与培训，不断提高合作社传统的组织制度优势。这有利于主人翁精神和工作积极性的培养，以及社员内部凝聚力的提高，从而可以更好地应对外部挑战，特别是股份制因素对母体的侵蚀，可称之为“巩固战略”——蒙德拉贡不仅对旗下的合作社（蒙德拉贡的主体企业，大多在西班牙国内及西欧各国），而且对旗下合作社的股份制子公司（无论是国内还是在国外的）加强合作文化、理想、信念、价值追求的教育。对旗下的合作社加强合作理想、信念等的教育，目的在于维持原来有利于企业生产经营效率提升的、已成熟的、可靠的制度设计。对海外独资子公司宣扬合作理念与价值追求，时机成熟时进行合作化改造。改造中，蒙德拉贡坚持实事求是原则，进行利弊权衡，当有利于子公司生产经营效率提高时，即进行合作化制度改造，否则维持股份制现状。[①]

此外，蒙德拉贡通过其资本主义子公司（包括合资子公司）解决融资、技术引进等发展中遇到的困难或困境，是在资本主义制度大环境下不得不采取的、拓展生存与发展空间的措施，即合作化发展中是通过部分否定合作社制度，以保证合作社的主体性质不变。这暗示我们要辩证地看问题，即正是由于蒙德拉贡实施全球化战略，并购、合资或直接投资设立资本主义子公司，其主体才未嬗变为一个资本主义企业[②]，同时也证明了蒙德拉贡在面对内外部环境变化时所表现出来的灵活性与适应性，没有机械、僵化地恪守合作社制度设计。

---

① 对于实施全球化扩张战略的蒙德拉贡来说，如何把握好两套战略的“结合度”，使两套战略并行不悖、相辅相成至关重要。坚持“借鉴战略”意味着在企业内部管理与分配机制上将给予资本更多的权力；坚持“巩固战略”意味着在企业内部管理与分配机制上将给予劳动者更多的权力。

② 股份制因素进入蒙德拉贡并非一个简单的背叛合作社原则与否的问题。这一演进既是一个辩证的过程，也是工人合作社发展的深层动力机制决定的。这一演化过程（即生产社会化过程）从工人合作社产生之时就开始，从未间断过，也永远不会停止。

二　国内对工人合作社的关注

蒙德拉贡当前发展面临的困境及其最新动态，即实施全球化扩张战略后生产经营行为改变及相应的制度变革尚未引起国内学者的广泛关注。当前国内多数研究者还停留在研究蒙德拉贡实施全球化扩张战略之前的发展情况，还将它视为经典合作社的成功典范，学习其构建、发展及内部管理运作等经验。部分研究者甚至将它引入当前集体经济发展的经验介绍中，认为它是集体经济组织发展的成功典范，可学习、借鉴①；或将蒙德拉贡视为劳动者管理型民主企业的成功榜样，学习其劳动者（工人）人人参与民主管理企业的先进经验，可为我国国有大中型企业民主管理的实施提供启示、借鉴；或将它视为合作主义的胜利，是社会发展走“第三条道路”的成功尝试，对当代社会改良具有重要的借鉴意义。还有研究者将它视为工人合作运动变革社会的动力，是理解马克思关于“工人（劳动者）阶级自己构建自己的道路”理论的实践依据，甚至认为是具有社会主义性质的企业（李继祥，1994）等。其中，第一、第二类文献（即将蒙德拉贡视为合作社或集体经济组织的成功典范）最多，第三、第四、第五类文献极少，研究者屈指可数。第一、二类文献根据研究的内容又可大致分为以下三类。

（一）蒙德拉贡的基本情况

张晓山（1988）以介绍罗虚戴尔公平先锋社的产生、发展为开端，从改革派和进化派两个视角对西方工人合作运动，包括蒙德拉贡工人合作运动的理论思想及发展趋势进行了深入解析。

沈莉（1997）介绍了蒙德拉贡产生、发展及当前的现状，阐述了其组织结构与制度设计等特点，最后指出蒙德拉贡成功地创造了合作制企业集团，证明合作制企业可以组织参与国内和国际的市场竞争，合作制是具有

① 蒙德拉贡不是工人集体所有制企业，它与集体所有制企业有本质区别。

强大生命力的、独立的一种企业制度。

刘会春（1999）指出，蒙德拉贡实行合作制，首要特征是以民主管理为宗旨，突出其行之有效的合作社运作规范，强调人人参与、团结合作、关心社区等价值理念。

林松华（2001）总结了蒙德拉贡的基本特点，如绝大多数员工持股，股份基本一致；企业治理结构上的四大机构相互制衡；职工收入分配受到控制，以避免贫富差距悬殊；重视职工教育培训；坚持实施产学研结合的方式进行产品开发；等等。

国家发改委经济体制综合改革司考察团（2006）介绍了蒙德拉贡的办社理念及原则，总结了其主要经验：股权均衡持有；分配兼顾公平和效率；管理充分民主；个人发展得到切实保证。尽管蒙德拉贡的发展壮大与西班牙在二战后的政治、经济环境以及巴斯克地区的历史、民族、文化传统密不可分，但更重要的是蒙德拉贡在整个发展进程中，一直坚持了经典合作制的基本原则。蒙德拉贡的社会意义不仅在于促进就业，而且在于尊重劳动者、以人为本、注重公平、重视教育的价值理念，以及坚持互助共济、民主管理、团结合作、关心集体和社区的做法，这些都极大地促进了当地社会的和谐。

依然和云杉（2008）通过对蒙德拉贡旗下合作社集团达诺巴特（西班牙最大的机床企业）的访问，深切体会到其内部员工热情高效的工作态度、主人公精神，并且发现达诺巴特的几大竞争优势：具有先进的技术并且产品价格合理，拥有自己的研发中心——Ideko 和教育机构，拥有全世界的销售网络；等等。

吴宇晖和佟训舟（2011）对西方国家工人合作运动，包括蒙德拉贡工人合作运动进行了详细介绍并指出，在资本主义社会，政府之所以向工人合作社提供支持是为了缓解劳资之间的矛盾与对抗，同时提升资本主义经济的运行效率。此外，他们还指出，西方工人合作制企业存在失败率较高、企业规模较小、投资动机较弱、企业稳定性差四个方面的问题。

张嘉昕（2012）在介绍了蒙德拉贡的合作社模式后，基于它 1984~2005 年的数据，分析了蒙德拉贡的运行绩效。随后，基于马克思工人合作工厂理论对西班牙蒙德拉贡的基本模式与运行绩效进行剖析，指出它是一个最具代表性的、马克思主义大型工业合作制企业，其就业增长率在上述测度期间实现了极大的增长，社内利润的分配相比传统资本主义企业也更为公平；蒙德拉贡在很大程度上符合马克思关于工人合作工厂基本运作模式设定的主要精神。

周环（1994）从合作社盈利趋向、雇工经营、民主管理弱化、竞争意识加强四个方面论述了当代西方合作社的异化。现代工人合作社制度面临“资本匮乏”的重大挑战，要解决这个问题，就必须在“利益分配机制”及“内部治理机制”上给予资本更重要的权力，如此才能吸引外部资本的注入。但许多研究者认为，为保证合作社的本质属性，应坚持按劳分配而不是按资分配。为此，合作社内部的利润分配应坚持以按劳分配为主，限制出资额度和按出资额返还的比率，尽量限制企业或社会资金的进入，对企业或社会资金加入合作社资金的情况应制定控制其权益扩大而损害劳动者成员权益的对策，并构建反资本主义的文化力量。出于上述考虑，合作社发展的必要资金应由内部解决或政府负担（赵鲲和门炜，2006；查尔斯·马斯克列，2019；郭家宏和徐铱景，2012；罗木水和蔡水珍，1998；朱启臻和王念，2008；等等）。

（二）蒙德拉贡作为工人合作社的成功典范

国内将蒙德拉贡作为成功典范的研究是最多的，主要是借鉴它成功的组织构建、制度安排及发展和运作经验来为国内合作经济、集体经济的发展及股份合作制①的改造提供指导或启示。这方面的研究成果主要通过国内一些考察团的考察报告呈现出来。中国工合国际委员会代表团（1994）介绍了蒙德拉贡的产权、管理、分配、合作教育、社会保障制度的特点及其具体表现。

国家体改委“股份合作经济和中小企业”考察团（1997）则通过对西

① 20世纪国内对蒙德拉贡有过较多的关注，是因为股份合作制的发展在当时是经济界关注的热点，但是之后股份合作制并没有预想的成功，随后理论界关注西方工人合作社的热情大幅下降。

班牙合作经济的考察，介绍了蒙德拉贡独具特色的合作社制度安排，尤其指出这样的制度安排使得蒙德拉贡旗下的工业合作社具有结成“合作社集团”的能力。同时，他们还介绍了西班牙政府和金融机构对合作社发展的支持政策。

中华全国手工业合作总社考察团（2004）介绍了蒙德拉贡发展的三个阶段，即1956~1980年的本土发展阶段、1980~1990年适应欧洲共同体的协同发展阶段、1990年以来的全球化扩张阶段。在介绍蒙德拉贡发展历程的基础之上总结了它成功发展的四条经验，即股权均衡持有、分配兼顾公平与效率、管理充分民主且工人全员参与，以及对个人发展的切实保证等。最后得到两点启示：一是合作制经济是实现扩大就业、组织群众参与进行民主管理、实现社会公平正义和人民共同富裕的重要途径，指出我国要大力发展合作经济；二是要注重发展合作教育和培训，要大力宣传合作社知识、文化及其价值追求。进而，他们倡导要学习蒙德拉贡的先进经验，大力发展劳动者所有、民主管理的合作制企业，促进中国现代合作经济的发展。最后指出，合作社是弱势群体的联合，合作精神是互助共济思想的具体体现，发展现代合作经济对社会主义农业合作化发展意义重大。

国家发改委经济体制综合改革司考察团（2006）详细介绍了蒙德拉贡遵循的十大合作原则，即自由加入、全员民主管理、劳动者主权、资本处于从属辅助地位、报酬一致、合作社之间的合作、推动社会变革、普遍合作、发展教育等，及其在产权、管理、分配等方面的办社经验，认为蒙德拉贡在商品经济中推行“合作社原则与市场经济相统一”的经验，解决了合作制发展中的世界性难题，也在一定程度上克服了市场经济导致社会两极分化的弊端等，上述经验均值得我国在经济体制改革中借鉴与学习。

除考察团的成果外，国内不少学者也对蒙德拉贡的组织结构、制度特征、经济绩效等进行了深入研究。肖维湘（1994）指出，蒙德拉贡按合作制原则组建合作银行（即劳动人民银行），该银行以合作社为成员单位建立，实行民主管理和一人一票的决策原则。合作银行为蒙德拉贡及其旗下合作社提供了源源不断的资金支持。蒙德拉贡拥有自己的金融机构，使得自身不断发展壮大，这对我国社会主义市场经济下合作社的发展与改革具有重要启示。

张铁诚和何一埠（1994）分析了蒙德拉贡的产权制度，从我国合作社制度改革的角度，提出应创立明晰的产权制度，职工个人资产和合作社共有资产必须严格区分管理，以提高资产经营效率。最后强调指出，职工入社一定要缴纳一笔固定的股金，以保证合作社现金流充裕，同时也使职工与企业之间形成一种密切合作的关系。

唐宗焜（1995）指出蒙德拉贡以独特制度安排和优异业绩成为举世公认的当代合作社典范，其制度创新成功地解决了国际合作运动中曾经长期困扰着许多生产合作社特别是工业合作社的难题，即坚持合作社价值追求与市场化之间的矛盾。这表明只要将合作社原则与融入市场经济环境有机统一起来，就能够成为现代市场经济中一种有活力的企业组织形式。最后他指出市场经济中，蒙德拉贡在建立个人资本账户、合作银行，发展社际合作和合作社文化教育、培训等方面的经验特别值得借鉴与学习。

荣兆梓（1995）则对蒙德拉贡内部资本账户给予了高度评价，认为这是解决工人掌握劳动主权和保证合作社资金筹措之间矛盾的唯一手段。蒋晓光和陶国良（1996）基于对蒙德拉贡成功经验的介绍，提出了以建立员工股份合作制为手段的国有中小企业产权制度改革方案。

张晓山（1995）详细论述了蒙德拉贡的内部资本账户制度和民主决策的管理制度，同时还介绍了蒙德拉贡一系列为促进和保持自身竞争力的措施，如大力发展合作教育、开办自身所属的合作银行等。最后指出，合作社只有做大做强、成为现代化的企业集团，才能在激烈的市场竞争中生存与发展；民主参与原则并不是企业追求经济效益的桎梏，关键是要建立一套科学的企业决策监督和激励机制；要注重合作教育，特别是要注重对领导者的培养等。

丁为民（1998）对西方工人合作社（常以蒙德拉贡为例）进行了全面的制度分析，论述了西方工人合作社的产生、发展及其产权制度、管理制度、分配制度、经济绩效、目标和价值追求等，指出西方工人合作社是一种完全有别于资本主义企业的、全新的生产经营模式。这从理论上引发了对资本主义生产关系扬弃的思考，从实践上为我国发展自己的合作经济提供了重要的借鉴。

仇章建（1999）介绍了蒙德拉贡的基本情况、10项办社原则、主要做法和特点，最后指出我国应大力发展股份合作制企业、国家应给予相应的支持、要有为中小企业发展服务的金融机构并积极进行工业合作社的试点等。

蔡昉和费思兰（1999）基于Hirschman的“退出”和“表达”概念，研究了蒙德拉贡的入社制度和内部治理结构。同时通过对蒙德拉贡合作经济发展的研究，探讨了蒙德拉贡的外部市场环境，如外部资本市场融资环境等的变化对其发展的影响，进而得到启示，国家应积极扶持合作社的发展。

刘国忠（2001）分析了蒙德拉贡合作教育的特点：教育目的明确；学校管理科学民主；教学内容因需而定，教学方法注重实际；人才培养与企业需求紧密结合；以合作教育促经济增长，以经济增长保合作教育，实现合作教育与经济增长的良性互动；等等。最后提出中国企业应多借鉴蒙德拉贡的合作教育经验。

冯开文（2001）从新制度经济学视角总结了蒙德拉贡的制度特征，如合作社成员入社要缴纳不低于一年工资、不超过合作社股金总额20%的股金，股金不分红只计利息，社员所得不支付现金而是计入个人资本账户等，最后结合中国农民合作社的发展现实，指出学习蒙德拉贡先进经验的必要性和迫切性。

宋葛龙（2006）认为，西班牙蒙德拉贡之所以能成为当代合作社的典范，是因为它在股权上实行均衡持有，在管理上实行全员民主管理，重视个人发展，在分配方面兼顾效率与公平等。最后指出，不应将合作制与市场经济割裂开来，蒙德拉贡的成功就在于把合作化与市场化有机结合起来。

张嘉昕和吴宇晖（2008）指出，西班牙蒙德拉贡是目前世界上规模最大、整体绩效水平最高的典型性工业合作制企业集团，其主要的企业原则为职工民主参与管理并分享企业净收益。他们对它的企业组织模式及绩效进行了分析，指出应学习成功经验，加强我国社会主义企业的民主管理建设等。

李鑫（2009）认为西班牙蒙德拉贡无论是在发展规模、发展速度还是在发展现状方面都是我国学习的典范，进而对比了我国农业合作社与蒙德拉贡的差异，借鉴蒙德拉贡的经验提出应学习其民主管理原则、产业化运作模式，同时政府应加大对合作社的外部扶持力度、减少直接干预等。

孔妮（2009）对蒙德拉贡的起源、制度特征及绩效进行了分析，指出蒙德拉贡成功的原因在于：巴斯克民族传统文化具有合作特性、合作社具有经济独立性、重视合作教育、合作社劳动力（主要是巴斯克人）的低流动性和环境隔绝性等。蒙德拉贡在西班牙国内的工业合作社中非常成功，其发展原则、模式等都非常值得学习，如合作化中应鼓励成员人人参与企业民主管理、持之以恒地进行员工合作教育培训、实施产学研结合的方式进行产品开发等。

谭扬芳和程恩富（2012）深入分析了蒙德拉贡合作制经济模式，分别从产权制度（在产权制度上，实行联合起来的劳动者共有制，职工个人所有与集体共有相结合）、管理制度（民主管理与集体决策相结合）、分配制度（兼顾当前利益和事业发展，兼顾个人利益和整体利益）、就业保障（建立社会保障，消除失业现象）、人才培养（大力发展教育、开展培训）、对外关系（自主创新的基础上，开展国际合作）等方面介绍了蒙德拉贡成功的经验和做法，进而得出了针对我国合作社制度构建的建议。

张勇（2013）从蒙德拉贡发展的指导思想、管理体系、制度构建等方面做了一个文献综述，通过介绍蒙德拉贡的制度设计、教育培训等成功的制度安排，指出它取得巨大成功的关键在于商品经济中，蒙德拉贡成功解决了坚持合作社价值追求与市场化之间的矛盾①，在对蒙德拉贡 4 个核心价值观、10 项原则进行回顾的基础上，总结出 4 条蒙德拉贡经验，即股权均衡持有、分配兼顾公平与效率、管理充分民主以及切实保证个人发展，进而得到针对中国农民合作社发展的启示：农民专业合作社建立很有必要；教育培训是农民专业合作社建立与发展的重中之重；合作制度设计是

---

① 其实，蒙德拉贡本身就是市场经济的产物，合作化与市场化并不矛盾，后面我们将在对蒙德拉贡产生、发展历史事实的深入解析中看到这一点。

合作社长远发展的根本保障；等等。

解安和朱慧勇（2016）认为，股份合作制是实现“重建个人所有制”的一个有效实现形式。西班牙蒙德拉贡在当今经济全球化和资本主义的夹击中所体现出来的社会责任感是一个伟大奇迹，它的治理实践是对股份合作制的创新。蒙德拉贡的核心发展理念是实现劳动者主权，使资本从属于劳动并服务于全体成员。其治理机制的独特经验可以概括为“三大法宝”：设立个人资本账户、弹性合理的薪酬制和个性化的教育培训。农村土地股份合作制是集体土地所有制的重要实现形式，蒙德拉贡的发展经验启示我们，在发展农村土地股份合作制的过程中，要始终遵循“劳动者主权”理念，按劳分配，有效管控资本的逐利性，不断增强成员的融入感，以解决我国农村集体土地产权主体虚化问题，真正实现农民当家做主。

杨巧园（2017）从蒙德拉贡的发展历程、合作社的体系构建以及运营绩效三个方面，对其发展进行了论述，认为蒙德拉贡的成功归因于巴斯克民族具有合作特性以及它对合作教育的重视。蒙德拉贡一直秉承以人为本的用人理念，坚持资本从属于劳动的基本原则不动摇，把劳动这一生产要素放在资本生产要素的前面，同时注重教育和培训，吸引了广大人民群众积极参与到它的生产中来，为社会解决了就业问题，实现了企业和社会的双赢。

张嘉昕和杨巧园（2017）认为工人合作制经济是与主流的资本主义企业直接对立的一种新颖的企业模式，马克思对合作制经济给予了高度评价。他们以蒙德拉贡为例对它的体系构建与社会经济绩效进行分析和评估，解析它发展壮大的原因，进而为我国社会主义经济建设和集体经济的发展提供对策与建议。

国内学者研究蒙德拉贡模式主要是借鉴它成功发展的经验，如坚持资本从属于劳动的基本原则不动摇，科学的内部治理结构、部门设置及制度安排，高效的管理与运作模式，全员民主参与，平等共享收益，创造性的内部资本运作模式以及系统的教育培训体系等。同时，蒙德拉贡实现了促进经济增长、降低负外部性、增加就业等一系列目标，尤其是它激发内部成员民主参与企业管理，且公平分享企业剩余等也值得我国学习。此外，另一些研究者将蒙德拉贡的成功经验应用于国内农民合作社，认为农民合作社应积极借鉴蒙德拉贡的经验，然而蒙德拉贡的许多成功经验是极难移植和复制的（蒙德拉贡“亲自”到中国昆山等地来移植和复制都尚未获得成功），如特殊的地域文化以及其整个系统在不断发展中自我稳定与调整的成熟机制、体系等是难以复制、移植的，当前这些研究者仍在不懈努力，寻求移植办法。

国内对以蒙德拉贡为代表的西方工人合作社的学习、借鉴始终没有摆脱适配性移植的思维模式，想将西方成功的经验、做法适配性地移植到国内，即按西方成功的经验、做法来要求国内的合作社，持这样观点的研究者其实思想中暗含着这样一个假设前提①，即蒙德拉贡这一西方合作社的构建原则、制度设计等是适合中国的。但自 2007 年国内第一部按西方合作社构建原则、制度设计制定的《中华人民共和国农业专业合作社法》颁布实施至今，13 年的实践证明恰恰相反：中国市场效率选择的结果是具有西方合作社制度特征的合作组织大多被淘汰或者根本就产生不了，而具有股份化或公司化特征的合作社却大量产生并存活了下来，西方合作社构建原则、制度特征设计不适合当代中国国情，这种移植的方法是行不通的。这也就是为什么从 20 世纪 80～90 年代我们就开始研究、学习蒙德拉贡的成功经验，而至今没有一家合作社“照猫画虎”学习成功。西方合作社的制度设计、构建原则等直接移植到中国，存在文化背景、合作化实施者素质、合作化的外部市场条件等众多差异，有些差异是根本性的，这意味着这类适配性的移植不可行，蒙德拉贡的成功经验不能照抄、照搬，须精炼、升华至理论，总结经验并结合中国现实才能为我所用。

（三）对西方工人合作社相关法律的评价

合作社法是合作社发展最重要的外部制度保障，同时合作社法的变更也反映了政府的引导方向与合作社自身发展方向博弈的结果，既反映了政府发展合作社的原则与目标，也反映了合作社自身发展愿望以及政府政策目标对合作社意愿的响应。关注西方国家合作社法的变革，既能了解合作

---

① 可能他们并未意识到。

社发展的外部政策或制度支持，也能了解合作社与政府之间的关系，在方法论上对我国政府修订、改进合作社法以及合理调整与合作社的关系具有重要的参考价值。

张晓山和苑鹏（1990）研究了西方国家合作社发展与国家立法之间的关系，指出资本主义国家合作社往往要经过不懈努力才能获得政府支持，获得合作社相关立法。同时，在合作社法案颁布实施之后，合作社还要针对那些不利于合作社发展的条款进行抗争，当然政府也会考虑合作社的利益、政府的利益、国际经济发展目标等不断调整、修订合作社法案。

刘驯刚（1994a，1994b，1995a，1995b，1995c，1995d）从7个方面重点介绍了西班牙《巴斯克合作社法》的核心内容，包括：①合作社构建的原则；②成员入社、退社的规则及权利、义务；③社员大会的类型、召开及大会权限；④合作社内四大委员会的组建和职责，包括管理委员会、监事委员会（监督委员会）、社员委员会（社区委员会）、上诉委员会；⑤社员捐献及合作社公积金、教育基金的建立及要求；⑥对合作社类别的说明，包括联合劳动合作社、教育合作社、住房合作社、混合合作社；⑦对合作社集团化、一体化的说明。

肖维湘（1995）也介绍了1993年《巴斯克合作社法》同之前旧合作社法的主要区别，指出新法对西班牙巴斯克地区合作制企业的发展起到了巨大的推动作用，合作社的发展越来越规范化。由于《巴斯克合作社法》规定了蒙德拉贡在发展过程中需要遵守的事项，这就意味着蒙德拉贡的一系列制度变更与创新都离不开《巴斯克合作社法》的支持和规范。

苑鹏（2016）从合作社的本质规定、成员制度、合作社的治理、合作社的审计制度四个方面考察了德国最新《合作社法》的修订变化。其中，在成员制度上，德国最新的《合作社法》表现出更加开放的成员资格制度，即允许投资者成员（非工人）加入合作社，并对投资者成员的权利进行了明确的约束。

三　关于文献综述的简要总结

西方文献早已深入对蒙德拉贡制度、文化以及内部运作机制的解析，国内文献大多是对蒙德拉贡产生、发展的基本情况，发展的经验、方法，如蒙德拉贡的办社原则、制度设计、内部结构与治理、运行措施等方面的主要做法和特点展开介绍、策论性的讨论等，对蒙德拉贡的产生、发展演进，特别是全球化战略实施后的蒙德拉贡进行全面、深入制度解析的国内文献尚未出现。

从前人研究文献不难看出，国内是将蒙德拉贡作为合作社（或股份合作社甚至是集体所有制企业）成功典范来解读和研究的，多数文献主要是介绍其组织结构、部门设置、制度安排、经营运作、教育培训、企业绩效（包括外部绩效）等，经过描述与评价，总结它成功的原因，最后得到可资借鉴的经验与启示。这样的学习不仅来自西方文献，也多次通过组织考察团实地调查以获得第一手的经验资料，但显然中国没有一家成型并正常运作的工人合作社，所获得的经验与启示全部用于农民合作社的发展研究而非工人合作社——这无可厚非。自 20 世纪 90 年代蒙德拉贡在中国昆山投资以来，已近 30 年，它在中国的子公司，甚至是独资子公司没有一个能改造为工人合作社，何况国人。Clamp 和 Alhamis（2010）称蒙德拉贡模式极难复制，但他们没有深入分析、揭示极难复制的原因，也未对该问题进行深入制度解析以揭示深层原因。此外，如何将工人合作社成功发展的经验用于农民合作社也是一个关键问题。工人合作社与农民合作社虽然构建的基本原则、价值与目标追求等相同，但由于处在不同的生产领域，生产方式存在重大差异，因而在具体的制度构建、内部治理与运作、外部政策扶持等方面存在较大区别，工人合作社成功发展的经验不可时配性（或适配性）照搬于农民合作社，须在总结经验的基础上升华至理论，并结合农业特殊的生产方式以及中国国情才具适用性。

虽然将蒙德拉贡作为合作社成功的典范来研究、学习的国内文献最多，但大多内容雷同，组织结构、部门设置、制度安排、内部治理、经营运作几乎是所有这方面文献均要涉及的内容，这些内容多为描述性、概括性地介绍并且高度一致，极少有深入进行制度解析的。相对于西方学者的研究，国内研究在方法、层次、视野等方面远远落后。本书研究蒙德拉贡等西方工人合作社不是为了“生拉硬套”或者是照搬其模式、组织结构、部门设置、制度安排等，而是为了深入分析其最本质的特征及构建原则、运行机理及发展演进规律，即获得最一般规律为我国农民合作社的发展提供参考。这表明我们需要构建一个优于西方经济学的、全新的制度分析框架、分析范式，深度揭示蒙德拉贡产生、发展演进的内在规律。

如前所述，国内学者对西方工人合作社的关注主要表现为对工人合作运动、工人合作社及其代表性企业、合作社立法等方面的研究。可以看到，其成果要么是基于实地考察的研究报告，要么就是对特色制度的描述与评介，而对工人合作社的产权、管理、分配等制度进行全面制度分析的则相对较少，甚至国内的最新研究都没有提及蒙德拉贡在全球化下的新变革、新发展，更没有对此进行相对全面、深入的制度解析。

结合中西方学者的研究成果来看，无论是基于新古典经济学还是新制度经济学的分析方法，抑或是像当代西方学者那样基于采访纪实、分析历史统计资料的办法分析蒙德拉贡的当代变革，都未揭示其发展变革的本质及内在规律性。个别研究者曾对西方国家工人合作社的产权、管理、分配、绩效制度进行过描述性的评价，但没有基于一套体系化理论解析合作社的制度形成与发展演进机理，而仅仅是介绍、描述合作社的制度特征或特点等。从工人合作社当下的发展状况来看，尽管工人合作社的所有制基本性质及基本的制度模式没有发生变化，在大方向上坚持了工人合作社的基本原则。但随着时间的推移和全球经济环境的变迁，特别是工人合作社的发展越来越受到全球资本主义市场的深刻影响，合作社的产权、管理、分配制度已经产生了很多重要的变革。前人的研究虽可以在理论上给予我们启发，但从现实角度来看，随着经济环境的变化和工人合作社制度的变迁，对工人合作社的产生、发展，特别是全球化下的一系列新变化、新发展进行深入的制度解析变得越来越重要。[①] 同时也需要构建一个全新的、完整和科学的制度分析框架深刻解析蒙德拉贡新变化、新发展的本质，对其变化进行一个深刻的制度解说，揭示其变革的本质及演化的内在规律。

---

① 一是因为这些变化，特别是股份制因素进入合作社并非仅在工人合作社这一类合作社出现，在其他领域的合作社，如农业、消费、信用合作社均不同程度地出现。

构建全新理论分析框架显然不能脱离被研究对象产生、发展演进的历史事实。作为一类工业生产领域内的生产经营组织——工人合作社产生与发展演进的规律及相应的制度分析理论构建应从历史事实中找寻，而不应从西方经济学，特别是新制度经济学理想的假设、抽象的模型中推理，因而下面需要深入地考察、系统地研究蒙德拉贡这一工人合作社产生、发展演进的历史轨迹。

第四章　蒙德拉贡产生与发展演进的历程及其本质

蒙德拉贡的制度安排源自罗虚戴尔公平先锋社，但罗虚戴尔公平先锋社已是100多年前的合作社，随着内外部情况的变化，工人合作社的制度安排也要经历一个不断调整的过程。因此，要对当代西方工人合作社制度的发展、演化进行深入的制度分析，首先需要从历史事实的角度解析蒙德拉贡产生、发展及演进的过程，基于历史事实解析以揭示蒙德拉贡产生、发展及其演进的本质，从而实现理论逻辑与历史逻辑相统一。

一　蒙德拉贡的产生与发展：1956～1990年

工业生产经营组织总是伴随着工业的发展而演进，在这一进程中，工业生产力水平起着决定性作用，即工业生产经营组织是随着工业生产力的发展而演变的，并受当时特定的社会所有制关系的深刻影响。同时，工业生产经营组织是社会经济关系中的一个有机组成部分，其演变又必然受外部社会、经济发展程度的影响。蒙德拉贡是西班牙北部巴斯克地区地处比利牛斯山脉中的一个小镇。“蒙德拉贡”（Mondragon）的西班牙文词意是“龙山”。蒙德拉贡的建立及其工人合作运动的发展，是其主要创建人何塞·玛丽亚·阿里兹曼迪阿列塔①及其学生共同努力的结果。1941年，阿

① 阿里兹曼迪阿列塔生于1915年4月，他12岁开始学习作教士，后到神学院学习，在那里被任命为神父。1941年2月，他从神学院毕业，被派到蒙德拉贡教区，1976年11月在蒙德拉贡逝世。他对社会学和经济学极感兴趣，期望社会公平与个人所有权协调一致。他是一个具有强烈的社会道德意识的人。他既是一个理想主义者，同时还是一个杰出的实干家，以及富于远见卓识的现实主义者。参见吴法俊和朱嶙（1994，第46页）。

里兹曼迪阿列塔一到蒙德拉贡，就发现那里的人民在西班牙内战中遭受了惨重损失，经济上极度贫困，精神上极度悲观，当地经济发展严重滞后。他决心改变这一切，特别是改善人们的生存状况。受欧文的合作社思想及罗虚戴尔公平先锋社的影响，他首先通过教育宣传合作社文化、价值追求等激发人们构建合作社以改变命运的热情。合作化宣扬中，他的个人所有权与民主参与相结合的基本理论构想，凝聚了一大批不满于资本主义现实、希望改善自身生存状况并有志于合作经济的人。

对于经济上极度贫困的劳动者，希望通过自筹资金改善自身生存状况，需要巨大的勇气和坚忍不拔的合作信念。正如穆勒所言，这是“一条充满荆棘的痛苦之旅”，“大多数这类企业的资本，最初只是创建者带来的几件工具，以及他们能够凑集的或从与他们一样贫穷的工人那里借的数量很少的资金……他们除了自己的微薄力量和工人兄弟的少量贷款外一无所有，他们过着极为清苦的生活，而把全部节省下来的钱用于资本积累……他们常常身无分文，发不出工资。货物销不出去，欠款收不进来，尽量削减一切开支，有时仅仅靠面包和凉水维持生存……正是在困苦和忧虑的煎熬下，这些创业时几乎身无分文而只有良好的愿望和双手的人，终于招来了顾客，获得了信用，拥有了自己的资本，建立起了发展前途稳定可靠的合作制企业”（穆勒，1997，第342～343页）。[①] 仅仅有构建合作社的愿

① 合作社创业伊始是艰苦的，穆勒在他的著作《政治经济学原理及其在社会哲学上的若干应用》的“论劳动阶级可能的未来”一章中，详细地记述了一家工人合作钢琴制造厂的艰苦创业历程，合作社创业之苦从中可见一斑。“1848年法国数百名工人计划合伙建立一座钢琴制造厂，他们选出代表，请求政府提供30万法郎的资助。要求遭到拒绝后，建立大企业的计划也就成为泡影。但有14个工人决心自己建立一个合作企业……对于这些自己没有钱也借不到钱的人来说，该计划确实有很大风险，但信仰就是信仰，它是不管什么风险不风险的。于是这14个人就干了起来。有几个从前单干的人，带来了工具和原料，价值约2000法郎。除此之外，还需要一笔流动资本。每个人好不容易各拿出了10法郎。一些未加入该企业的工人也捐献了一些钱，以表示支持。1849年3月10日，共筹集到了229.5法郎，于是该企业宣告成立。这笔钱少得连维持开业，支付一个车间的日常开支都不够。根本没有多余的钱开工资，将近两个月，他们手头没有分文。这期间他们是怎样生活的呢？他们像失业工人那样，靠分享在业工人的收入生活，或靠一点一点地典卖自己的少量财物生活。他们终于完成了几项订货，于5月4日那天接到货款。这天对他们来说像打了一场大胜仗，他们决心庆祝一下。付清所有到期的债款后，每个人可以分到6法郎61生丁。他们一致同意，每个人只领5法郎作为工资，剩下的钱 （转下页注）

望、勇气、信念及分工协作创造未来的憧憬是不够的，还需要有能力来实施，这意味着合作社需要进行专门的教育与培训。

1943 年，阿里兹曼迪阿列塔及其追随者在西班牙巴斯克地区蒙德拉贡小镇建立了一家职业培训学校，主要为当地年轻人或有志从事合作事业的工人进行职业培训。在这一阶段，培训学校既对学生、工人进行专业化工作技能、分工协作能力的培训，同时还给社会上未来潜在的合作社成员灌输涉及资本主义企业产权制度改革的相关思想，并对他们进行合作文化、合作精神及价值追求的熏陶。随后，这个职业培训学校第一批毕业的 5 名学生，加入了当地一家私营企业。受阿里兹曼迪阿列塔思想的影响，在该公司计划发行股票融资时，他们建议将公司的股份卖给企业员工并允许员工参与到企业的管理中来，但是他们的建议并未被采纳。后来，这 5 名学生决定自己创业并将在职业培训学校中被灌输的思想付诸实践，即建立一家“劳动者所有、劳动者自我管理、劳动者受益”的企业，劳动者成为资本的主人以摆脱受剥削、受压迫的命运。可见，职业培训学校是蒙德拉贡工人合作社成立的重要基石，不仅在思想上而且在能力上为工人合作社的构建打下了坚实的基础。在巴斯克地区诞生工人合作社之前，该地区的普通工人要取得经营企业的许可权很难。但幸运的是，1955 年蒙德拉贡小镇附近的一家公司濒临破产，这 5 名学生借机买下这家公司的经营许可证，并按照经营许可证上的经营范围生产商品。1956 年，他们将公司迁到蒙德拉贡本地，蒙德拉贡历史上第一家工人合作社乌尔格就此成立，名字取自这 5 个学生的姓名首字母。这样，这 5 名学生以及后来加入合作社的工人为提高生产经营效率、改善自身生存状况、摆脱资本的剥削和压迫，开始了独立自主、自力更生的合作生产。

乌尔格的成立激发了蒙德拉贡职业培训学校的毕业生，随后他们相继创办了三个合作社：1958 年成立阿拉赛特（Arrasate）[①]，1963 年成立考普

（接上页注①）用来搞一次聚餐。14 位股东大都一年没有喝酒了，那天他们带着妻子儿女一同参加了聚餐。每家花了 32 个苏。直到现在，他们谈到那一天仍很激动，听者往往也不知不觉受到感染。”引自穆勒（1997，第 343~344 页）。

① 生产机床加工器械的合作社。参见 https：//www. mondragon-corporation. com/en/co-operative-experience（2019-07-12）。

瑞西（Copreci）[①]、埃德兰（Elderlan，即为后来的法格埃德兰）。为解决合作社融资问题和提高合作社的生产技术水平，将合作社做大做强以提高市场竞争力，1959年、1974年先后成立了具有合作社性质的劳动人民银行（Caja Laboral Popular）与艾克兰技术研究中心（Technology Research Center of Ikerlan）。20世纪50~60年代成立的这些合作社，后来都成为蒙德拉贡的核心组织。随后30年，乌尔格在这些核心组织的基础上不断发展壮大，同时不断扩张，创建新的合作社，不但推广、宣扬了合作文化与价值追求，而且确实缓解了当地的失业问题，获得了大量的信众。1987年，这些工人合作社结成合作社集团，由此形成了蒙德拉贡合作社集团。[②]

从1956年到20世纪90年代初，巴斯克地区的工人合作社实现了长达30多年的稳定发展。这些合作社的成功发展，使得合作主义文化、信仰及价值追求逐步在巴斯克地区深入人心。蒙德拉贡确立了八项核心价值观。一是劳动神圣：从事任何职务或工种的劳动都受尊重。二是平等与团结：平等指全体社员的权利平等与义务平等；团结指社员之间、合作社之间在一切生产经营活动中要团结一致，同舟共济、共存共荣。三是合作：社员既是劳动者，又是所有者，社员利益与企业发展荣辱与共、休戚相关。鉴于单个合作社势单力薄，经不起市场竞争的风浪，蒙德拉贡始终支持发展合作社之间的合作。在生产经营上发展各合作社之间的协作配套，坚持社际互补原则，前提是保持各社的独立法人地位，彼此交易中不牺牲任何一方的利益。[③] 四是参与：人人持有“股份”，并参与民主管理，分享利益，全体社员参与管理既是权利，也是义务。五是建设：建设了教育培训系

---

① 生产工业和民用蒸煮、烹饪器具零配件的合作社。该合作社随后发展为蒙德拉贡旗下最重要的红色家电整部件制造商。参见 https://www.mondragon-corporation.com/en/co-operative-experience（2019-07-12）。

② 1991年，欧洲统一市场的竞争加剧，为适应这一变化，蒙德拉贡合作社集团又将其周边众多合作社联合起来，组建了蒙德拉贡联合公司。参见 https://www.mondragon-corporation.com/en/co-operative-experience（2019-07-12）。

③ 蒙德拉贡从不否定其旗下各个合作社的独立法人地位，也不对它们控股。相反，蒙德拉贡为各合作社共同拥有，并由各合作社代表组成的社员大会选举的机构来治理。蒙德拉贡的产权制度将单个合作社的有限规模原则同发展社际合作原则有机结合起来，既维护了合作社的民主、效率与灵活性，又发挥了合作社在市场竞争中的群体优势。

统、研究开发系统、消费合作与生活服务系统和社会保障系统。这些支持系统，不仅按合作社原则与治理结构组建，而且都以分别承担不同职能的专业合作社形式运作。六是创新：不断创新（制度与技术创新等）是合作社发展的不竭动力。七是创造就业岗位：这是成立合作社的初始动因与基本目标。就业保障并不是以牺牲经济效率去维持就业，而是要合作社适应环境变化及时调整或重组。蒙德拉贡的总体结构和发展战略随国内外市场的变化适时调整，但它十分注意任何调整都不损害其旗下各合作社的自主与自治。八是社会责任：包括平等分配财富（即按劳分配财富），并以集体利益优先；人的发展、合作社自主与自治、社会经济进步；个人目标与社会目标相一致；兼顾环境与社区利益；人的发展或人力资源的开发贯彻于合作社一切活动；相信合作社既是行使教育功能的经济机构，又是行使经济功能的教育机构，而合作社全部活动的总目标是促进社会经济进步。在蒙德拉贡，这些价值观与目标不是空洞的口号，它们充分体现在合作社的产权制度、治理结构、收益分配和社会责任等各方面的制度安排，并已收到了成效。[①]

以上八项充分体现了蒙德拉贡企业文化的核心价值观，那就是充分尊重劳动、团结协作、人人平等、不断创新、创造就业和服务社会，不仅充分体现了合作文化及其价值追求的核心思想，也充分体现了合作社通过自身努力（成员激励）、对外宣传（反馈与服务社会）以充分获得的内外部支持，实现壮大实力、提升生产经营效率的目的。

发展的内外部环境变化，面临的外部市场竞争日趋激烈，内在地要求蒙德拉贡的制度须进行相应的变革。基于经典合作社原则及上述八项核心价值观，蒙德拉贡对自身制度安排进行了一系列变革，并在 1987 年集团化后的第一届社员大会上讨论、修改后通过，最终形成如下十条[②]。

①开放的准入制度。即蒙德拉贡向所有接受其合作社原则的男女老少

---

① 参见 https：//www. mondragon-corporation. com/en/co-operative-experience/our-principles/（2019-07-12）。

② 参见 https：//www. mondragon-corporation. com/en/co-operative-experience/our-principles/（2019-07-10）。

开放，无任何性别、种族、宗教歧视。

②民主组织。民主组织意味着，在蒙德拉贡内部，社员的所有基本权利（包括所有权、管理权、知情权、监督权等）都平等，即蒙德拉贡是一个以社员为基础，社员享有所有权，同时进行民主管理的生产经营组织。以人为本是蒙德拉贡的价值观之一，人们聚集在一起，共同成就非凡的业绩，共同成长。蒙德拉贡有自己不同的、包容的、负责的、公平的、团结的模式——合作。

③劳动享有绝对主权。即工人对自己的劳动享有绝对主权，合作社内创造的财富完全归劳动者并按劳分配。

④资本的从属性和工具性。资本是合作社发展所必需的，需要充分利用，但只是作为一种工具而不在合作社内占主导地位。这表明资本仅仅只是蒙德拉贡实现合作社价值追求和目标的工具。

⑤社员参与管理。即蒙德拉贡是一个工人自我管理的合作社，在合作社内，通过构建合理的管理机制，在信息透明和共同协商的基础上，做到让每一个社员都参与到合作社的管理中来。

⑥报酬支付一致性。即根据合作社内的具体情况，考虑到合作社的长远发展，公平支付社员的劳动报酬①。

⑦组织间的合作。即开展蒙德拉贡旗下合作社之间的合作，蒙德拉贡同本土合作组织间的合作，以及在海外开展合作运动。

⑧社会转型。在经济社会的层面上，努力去协助巴斯克地区向一个更自由、更公平的社会转型（并未要求取代资本主义社会，而是“协助”，即不认为自己与马克思主义合作社有关，也没有实现合作社会主义的要求，仅仅只是希望自己所处的环境更自由、公平）。②

① 考虑到合作社的现实发展需要，特别是对稀缺要素的需求，相对于经典合作社的制度设计，这里没有强调按劳分配。

② 1995年国际合作社联盟（ICA）通过的国际合作社新修订的七项原则中，重点强调了“关心所在地区经济、社会、文化发展，保护社区环境”，要求“合作社根据社员批准的政策促进所在社区的持续发展”，要求突出“合作社作为一种以人为本的特殊组织对于推进社区可持续发展的不可替代的作用，对于为社会更加公正、更加尊重人类的价值所做出的贡献”。这与蒙德拉贡的规定是一致的。

⑨普遍性。声援并支持那些为开展国际合作运动、在经济民主领域内尽心工作、不遗余力开展合作原则推广的人。

⑩教育。即为了更好地促进合作社和合作运动的发展，必须留有足够的人力、物力对未来的青年人进行合作教育。

从以上十条原则来看，它们依旧继承了经典合作社原则下合作社制度三位一体的本质规定性，即蒙德拉贡是一家社员所有、社员自我管理（基于一人一票民主原则）以及社员享有收益（按劳分配）的工人合作社。蒙德拉贡坚持以国际合作社联盟（ICA）规定的合作社原则为基础，同时又根据所处市场的发展、变化不断变革和调整，实现了“合作社原则与市场经济相统一”。[①] 但值得注意的是，相对 ICA 的“95 原则”，蒙德拉贡着重强调了对资本的利用，认可“资本是合作社发展所必需、需要充分利用的要素”。从这一点来看，蒙德拉贡作为工人合作社不但没有排斥对资本的使用，相反高度重视资本的作用，这意味着合作社会充分利用资本主义社会的各类资源，特别是充分利用其资本市场解决合作社融资、市场开拓、技术研发等问题，但利用中强调了资本居于从属地位并受劳动的指挥，即劳动雇用资本[②]而不是相反，体现它与资本主义企业的根本不同。

1986 年，西班牙加入欧洲共同体，到 1993 年关税被逐渐取消，统一的欧洲大市场开始形成。随着欧洲统一市场的逐步完善与成熟，在市场竞争加剧的同时，蒙德拉贡也看到了机遇。它意识到随着市场的进一步扩大，需要更多高品质、适销对路的产品以及高效的市场营销、方便快捷的产品运输等以提升产品市场竞争力，不断满足消费者多样化的需求。但由

---

① 早期的工人合作社或多或少地带有工人反剥削、反压迫的“防御”“自保”性质（尽管工人合作社生产的产品是为社会服务，这与资本主义企业没有什么不同），但当代工人合作社的发展目标由关注工人社员开始转向关注市场、积极参与市场竞争，如蒙德拉贡不但积极参与国内市场竞争，还主动参与国外市场竞争，抢占全球市场份额，同时蒙德拉贡对其制度不断进行调整使其生产经营逐步适应全球资本主义的市场经济，以获得竞争优势——这对于工人合作社来说是一个重要原则转变或制度创新。

② 劳动雇用资本在蒙德拉贡这里表现为合作社可以利用资本在资本市场上获取收益。传统合作社的发展模式往往决定合作社扩张缓慢。但在蒙德拉贡这里，因为它不排斥使用资本，所以在全球化下它进行快速扩张，甚至不惜突破经典合作社的部分原则，这种突破最主要的表现就是并购、独资或合资设立资本主义性质的子公司。

于原集团经营所涉及行业过多，生产经营门类繁多，机构臃肿，经营管理效率低下；品牌商标使用混乱；旗下合作社在各自领域生产、竞争，各自为政，集体意识逐渐淡薄；对市场的应变能力、适应能力难以提高等，整个集团的潜力和优势未能得到充分、有效地发挥。

1988 年，100 多位蒙德拉贡旗下子合作社的经理聚集一堂，举行了题为“蒙德拉贡合作社集团与欧洲共同体”的大会，与会人员经过深入、细致的讨论，达成了四点共识：①欧洲的统一市场竞争将更加激烈,同时也会有更多的机遇；②中小企业在竞争中将会更加困难,企业兼并的进程将进一步加快；③市场将进一步扩大,需要更多的高质量的产品，这将鼓励更深入的技术发展，要求在发展规模经济的基础上降低生产经营成本；④目前蒙德拉贡经营所涉及行业过多,商标品牌名目繁多，辨识度不高，企业形象不强，合作社总体的潜力和能力优势未能得到充分发挥。这四个方面的问题表明，欧洲的统一市场建立后，面对激烈的市场竞争，蒙德拉贡要生存与发展就需要不断创新生产技术、开发新产品，不断提高企业生产经营及管理、运作效率，同时在发展规模经济的基础上降低生产成本，整合品牌商标，提高辨识度，提升竞争力，扩大市场份额以拓展盈利空间。

针对外部市场的变化及自身存在的问题，蒙德拉贡决定：①商业决策适当集中,从合作社向行业组织转型，以实现统一指挥、提高经营管理效率；②精简机构,对现有的合作社集团进行整改与重组。1991 年 12 月，蒙德拉贡总部开始对整个集团进行优化重组，削减臃肿、效率低下的机构和部门；放弃部分落后的产品生产，加强新产品的开发等。在随后召开的社员大会上，373 位合作社代表表决，决定成立新的合作社联合体——蒙德拉贡联合公司。蒙德拉贡联合公司主要负责制定各加盟合作社的统一战略目标、生产经营方针，管理共同基金，优化协调各合作社之间的行为，对外形成统一的合作社形象以实现联合公司的商业效益最大化。经过优化重组后的蒙德拉贡联合企业生产经营效率得到大幅提升。[①]

---

① 参见仇章建（1999，第 40~41 页）。

综上所述，蒙德拉贡从主观上看是西班牙巴斯克地区工人为了反抗资本的剥削与压迫，改善生存状况而构建、发展起来的自治组织；从巴斯克地区工业发展的角度来看，是工业生产力发展，专业化分工协作以提高工业生产经营效率的产物。而罗虚戴尔公平先锋社原则的产生为蒙德拉贡的诞生提供制度上的必备条件（当然还有巴斯克地区特殊的区域文化）。进而，蒙德拉贡首先是工业生产力发展的产物，其次才是工人运动的产物，蒙德拉贡之所以没有沿着股份制发展演化，是因为生产组织构建伊始，其资产就掌握在工人劳动者手中，而不是资本家手中，这就决定了只有合作制（而不是股份制）才适合该组织。总之，蒙德拉贡的产生是多种因素综合作用的结果，但工业生产力发展，专业化分工协作、组织生产效率的提高是根本原因。

二 蒙德拉贡的全球化扩张演进：1991 年至今

20 世纪 90 年代初，蒙德拉贡在对整个集团进行优化重组的同时也开始逐步实施全球化扩张战略[①]，这既是经济全球化下外部市场竞争压力所迫，也是蒙德拉贡自身发展的内在需要使然。如前文所述，欧洲统一市场发展的逐步完善与成熟，既增加了蒙德拉贡的竞争压力，但同时也使它看到了机遇，这内在地激励着蒙德拉贡优化重组，不断创新生产技术、开发新产品，不断提高合作社生产经营及管理、运作效率，同时在发展规模经济的基础上降低生产成本，提高竞争力，扩大市场份额。但蒙德拉贡显然并不满足于此，它逐步意识到欧洲市场毕竟有限，竞争激烈且融资与生产成本较高，必须走向世界，充分利用全球经济一体化下更加有效的生产和交换体系从而拓展获利空间，如充分利用金融市场全球化为合作社融资提供的便利。然而，伴随着全球化扩张政策的推进，蒙德拉贡面临的市场竞争也越发激烈，主要竞争压力来自资本主义股份制企业，特别是跨国股份制企业。

跨国股份制企业在竞争中的融资、组织兼并、扩张及市场经营手段常

① 实际上，蒙德拉贡在 20 世纪 60 年代初就首次实现了产品出口，并于 1989 年迈出关键性的一步，在墨西哥开设了第一家制造工厂，但“大张旗鼓”地实施全球化战略是在 1990 年后。

常是传统合作社无法“匹敌”的，这主要有以下五个方面的原因。①合作社将其产权关系主要限制在成员中[①]，进而直接融资大多在资金有限的工人社员中完成，无法进行全面的社会化直接融资，出现所谓“融资抑制”问题，而股份制企业对其股东身份没有限制，只要是合法企业、公民及社团等均可成为其股东。跨国股份制企业的股东范围更广泛，不限定在国内的企业或个人，符合企业规定或要求的国外企业或个人均可成为企业的股东，其股东社会化程度远高于合作社。

②金融市场的全球化不仅方便了跨国股份制企业在全球化资本市场中的融资，还为跨国股份制企业在全球获得低成本融资机会提供了便利，提高了其融资竞争优势。由于合作社产权制度方面的原因，如不允许大规模出现非工人的投资者成员，产权拥有者需具有一定同质性等，蒙德拉贡在进入全球化金融市场时会受到诸多障碍，面对全球化金融市场缺少直接融资手段（由于股票和有价债券等不能全面上市流通，难以融入全球化金融市场等），间接融资也很困难（企业价值缺少市场评价机制，难以从金融机构获得贷款等）：合作社难以充分利用金融市场的全球化带来的便利，融资竞争力难以提高。

③合作社是“人合”性质的企业，对成员的同质性有要求，兼并通常只能在成员同质、生产经营业务相似的合作社之间进行且兼并后的合作社规模不宜过大（过大易产生所谓“集体行动困境”等问题），否则需要“分立”（Spin-off）[②]。同时，由于是“人合”性质的企业，兼并也只能以

---

① 经典合作社的股份认购有着严格的上限规定，蒙德拉贡大致是一个工人一年的平均收入。股金投入不能给成员带来相对应的收益，相当于只是获得一个工作机会，成员的收入是通过参加合作社的劳动获得，这种制度安排使成员缺乏足够的激励向合作社投资，导致合作社融资困难。

② 1974年，蒙德拉贡下属的工厂乌尔格中一部分工人社员，因反对在生产线上支付差别报酬和在直接生产工人社员中运用考绩制度（Merit Ratings），而进行了一次社员罢工，有414名社员（占工人总数的12.7%）参加，罢工持续了8天，最后社员大会通过惩罚和开除罢工社员才使罢工结束（William Foote Whyte and Kathleen King Whyte，1991，pp. 96-98.）。此后，为了解决社员间的意见分歧，蒙德拉贡在每一个合作工厂达到一定规模后，就要进行分立。即随着合作社的发展壮大，成员增加导致成员异质性增强，合作思想受到外部市场主流自利思想的冲击，成员的合作思想动摇时，合作社内部的某个部门就不得不分离出来成为一个新的、独立的组织。

联合社的形式进行，这决定了合作社兼并对象与手段单一。而股份制企业是“资合”性质的企业，对成员的同质性没有要求，兼并可以在不同性质的企业间进行，兼并除可以以联合、同盟的形式进行外，还可以控股、相互持股等形式进行，兼并对象与手段丰富。

④合作社常常是在相近或相邻的地区、相似的商业环境下，拥有共同文化、信仰、价值追求的人群中建立，这决定了合作社向国外拓展比股份制企业困难得多——这也就说明了为什么合作社向国外拓展时常常以建立独资或合资的股份制子公司完成投资，而合作社自身无法与股份制企业合并或建立战略同盟等。

⑤股份制企业的生产经营战略灵活。股份制企业是“资本回报率指向”的，即依据资本回报率的高低决定生产什么、生产多少、进入哪些市场等，生产经营范围、对象及生产方式等可进行广泛的选择和灵活的调整。股份制企业可以带着资本在全球范围内进行投资，可以依据国内外市场及生产经营成本等决定在国内何地甚至全球范围内采购原材料或转移生产基地，所以，股份制企业可依据市场及生产成本、生产技术等灵活调整生产经营战略。工人合作社的目标也是为市场服务，在这一点上与股份制企业没有什么不同，但工人合作社也是生产者成员的企业，它生产什么、生产多少、怎样生产与成员的专业技术、劳动技能等密切相关。合作社主要为成员产品生产提供全方位服务的经营目标与当代以市场为导向的经营理念相冲突，合作社的生产只能限定在少数几类产品上，且很难拓展。这种“生产限制性”降低了合作社能生产的产品范围，难以满足瞬息万变的当代市场需求，同时强化了原有产品的市场计划，延迟其市场化转向，而要解决上述问题只能借助其股份制子公司。

此外，全球化带来了经济自由化，世界贸易组织乌拉圭回合谈判使合作社进入国内支持减少和关税减让的新时期。合作社不仅面临国内还将直接面对国外跨国公司的竞争压力，市场的作用越来越强，同时政府的政策与资金扶持越来越弱，保护伞逐渐失去，合作社所面对的生存环境越来越险恶。这暗示，合作社如果不学习跨国股份制企业的兼并方式与手段，不发展子公司，不充分利用全球化带来的便利、机遇，未来的发展将不容乐观。

从技术方面看，蒙德拉贡的产品包括白色家电（它是西班牙第二大电冰箱生产公司）、各种智能电器、数控机床、计算机零部件、汽车零部件、建筑材料、制冷设备等。当前，经济全球化已是一个既定事实，它对工业生产方式产生了深远的影响。经济全球化条件下，工业产品市场从国内扩大到世界各地，为工业生产经营的全球专业化发展创造了最佳条件。生产经营全球化将工业生产过程拆分为多个部分，然后在不同的国家依照比较优势原则完成各部分生产。目前，生产经营全球化催生的全球供应链已形成并日益成熟，工业生产分工的不断细化、深化使得专业化经济的发展明显提速，产品的生产需要全球更多的企业、组织参与，而供应链中的这些企业异质性强，企业管理者或员工的异质性更强，产权、管理、分配制度、企业文化与价值追求等方面的差异，导致联合生产经营活动中的业务对接与供应链中的联合管理等均比较困难，合作社传统的管理方式完全不适应当代供应链的联合生产管理，因而合作社常常需要在国内外收购、兼并股份制企业成为自己的子公司（或者直接独资或合资设立股份制子公司等），借助子公司完成与当地企业在供应链中的联合生产经营，即由“人的联合”转变为“要素联合”。①

20 世纪 80 年代末，蒙德拉贡就开始有意识地去学习跨国股份制企业，去收购、兼并股份制企业成为自己的子公司，同时也在国内外独资或合资设立股份制子公司。成立股份制的子公司除可“借助子公司完成与当地企业在供应链中的联合生产经营”外，还可以通过股份制子公司完成“借壳”上市融资，以充分利用全球化开放的资本市场解决融资抑制、技术研发资金不足、降低生产成本、获得当地优惠政策并开拓消费市场等问题，谋求全球化扩张进而实现全球化时代下与传统合作社生产经营战略完全不同的“全新发展”，进一步提高集团自身市场竞争力和拓展获利空间。

---

① 由受限的“人的联合”转变为“灵活的要素联合”并不是由合作社自身的“制度缺陷”造成，而主要是由于资本主义各类市场，特别是资本市场没有为合作社这类企业提供生产社会化、生产关系社会化的制度空间。

收购、兼并或独资设立股份制子公司需要大量的资金，作为合作社，蒙德拉贡的资金毕竟有限，不可避免地，外部投资者被允许进入合作社成为非工人社员，这一新发展决定了蒙德拉贡的合作社制度须进一步调整。为吸引外部投资者，同时也为了鼓励社员多投资合作社，1993 年版的《巴斯克合作社法》将合作社的股金投资利率规定为：西班牙政府规定的法定利率（当年为 3.0%）+6%，即可上浮 6%，即最高至 9%。① 蒙德拉贡社员大会最后讨论通过将股金利率最高水平提高至 7.5%（视以后各年物价水平可上下浮动）。② 股金收益利率有所上升，但依然受到严格限制，这并未违反合作社“不以股金谋取收益”或者“不允许以股金投入获利”的要求。在民主管理方面，蒙德拉贡社员大会决议通过了在“一人一票”的基础上实行有限的多票制（Clamp，2000，p. 556），即允许资金投入多的社员拥有一票以上的投票权（有上限规定，即实行“受限的一人多票制”），这意味着传统的“一人一票”的合作社“铁律”在这里有了突破。③

相应的，为了与传统合作社相区分，在 1993 年版《巴斯克合作社法》里提出并确认了“混合合作社”这一概念，“混合合作社就是指该社有个别社员（常常是指投入大量资金、技术资源的社员）在全体社员大会上的投票权不是按合作制的原则每名社员一票，而是根据他提供资金的多少或提供技术的重要性确定”，但不管怎样赋予投票权，“至少 51%的投票权属于合作社劳动者社员”（刘驯刚，1995a，第 37 页），即单个社员，不论他投入的股金是多少，最多仅有 49%的投票权。④ 可以看出，《巴斯克合作社法》的修订，是为了配合蒙德拉贡在全球化下的变革。从蒙德拉贡分配与

① 西方农业合作社普遍的规定是 8%，近年来有所上升，但多数没有超过 9%，《巴斯克合作社法》的规定与西方各国对农业合作社的规定是一致的。

② 参见 https://www.mondragon-corporation.com/en/co-operative-experience/faqs/（2019-08-10）。

③ 蒙德拉贡的合作社原则同国际合作社联盟“95 原则”基本一致。“95 原则”并没有明确反对“受限的一人多票制”。由此可见，合作社原则在全球化发展背景下的调整也间接得到了国际合作社联盟的肯定，即对合作社原则的突破并非蒙德拉贡一家，而是整个国际合作运动的发展模式在全球化背景下进行了调整。尽管合作社原则历经百余年的演化，但它“劳动者所有、劳动者自我管理，劳动者享有收益”的核心本质依然没有发生变化。

④ 即单个社员最多只能拥有 49%的投票权，但在重大事项及最高决策机构社员大会上仍然严格执行“一人一票”。重大事项包括是否执行和在哪些事项上执行“受限的一人多票制”。参见 https://www.mondragon-corporation.com/en/co-operative-experience/faqs/（2019-08-10）。

管理制度的调整可见，在全球化下，外部市场竞争加剧的形势，内部不断提高生产经营效率、决策效率的要求，决定了合作社的制度安排亟须不断调整。此外，由于兼并或独资、合资设立了大量股份制企业，多数子企业难以即时改制为合作社，这些子企业需要拥有大量资本主义企业专业管理技术人员，相应地还会将资本主义企业管理方式引入蒙德拉贡这些尚未合作化改制的股份制子公司内。

全球化下西方工人合作社的制度变化也引起了西方学者的高度关注。Ciplet（2007）将全球化背景下，当代西方工人合作社发展的特征归结为以下八个方面：①基于团结的工人合作运动建设，大量的合作社间联合；②工人合作社同其他组织（包括资本主义企业）开展合作；③加强工人合作运动的内外部宣传教育；④工人合作运动的支撑结构变革；⑤工人合作社的全球战略性增长；⑥工人合作社基层民主的推进；⑦工人合作社的灵活性和务实性；⑧工人合作社资金的自主性，即强调资金对合作社发展的重要性。

从全球化下西方工人合作运动发展的八个主题来看，它们同传统工人合作社的发展理念相比有了较大改变。第一，传统工人合作社的发展在组织层面上主要强调合作经济组织之间的合作，但全球化下它们调整为也同其他组织，包括股份制企业（或资本主义企业）开展合作，但这类合作仅限于生产要素、技术或辅助生产合作等，不涉及合作社产权性质的根本改变。第二，工人合作运动的支撑结构变革，即指合作运动的参与者由单纯的合作社逐渐扩展到多种生产经营组织，如许多股份制企业以合作社子公司的身份或者以合作社合伙人的身份参与到工人合作社的生产经营中来，促进世界工人合作运动不断发展壮大。第三，工人合作社的发展开始强调合作社的全球化战略性增长，工人合作社的发展从国家、地区逐步拓展到全球，不断找寻发展机遇以拓展利润空间。这意味着合作社将会更关注经济层面上的效率和增长问题。第四，在全球化下工人合作社的发展开始强调灵活性和务实性。灵活性和务实性的提出，本质上同前面三点变化相辅相成。灵活性意味着，全球化下的工人合作社不会僵化地“恪守”经典合作社原则，而是在遵守核心原则（即确保合作社主体的本质规定性不变）的基本前提下，根据市场的需求灵活调整自身的发展战略；务实性则意味着，工人合作社不再是一个封闭的，与资本主义企业不合作，甚至是一个阶级抗争的组织[①]，而变革为一个要与周围环境相融合、不断提高生产经营效率、改善成员收益的组织。换言之，就是要加强工人合作的利润导向，这也是工人合作社在全球化市场上实现可持续发展所必须关注的问题。第五，工人合作社资金的自主性即强调了合作社对资金的重视，这实际上默认了在全球化市场的激烈竞争中，资金对合作社发展的重要性。合作社需要自主掌控资金，不再单纯地依靠内部成员和外部金融中介融资。

Curl（2010）也指出，工人合作运动的“原始或经典目标”不可能永久持续下去，随着社会的变迁，工人合作运动的目标也必须随内外部环境的变化而调整。这种调整在全球化背景下的一个重要表现就是，全球范围内的工人合作运动将会更多地融入资本主义经济中，进而工人合作社将会更多地出现在资本主义世界经济的舞台上。

国际通行的合作社制度安排（“95 原则”）来自罗虚戴尔公平先锋社曾经成功发展的实践经验。当前，西方工人合作社发展的内外部条件与当初的已有本质的不同。特别是近 20 多年来，工人合作社发展的外部环境正发生着一系列深刻的、多层次、多维度的变化，不断冲击着经典的合作社制度。西方市场经济中，早期的工人合作社从产生伊始就是一个为反抗资本主义剥削、压迫，自力更生、自强不息，通过联合劳动，发展工业生产以改善成员生存状况的防御性或适应性经济组织。当合作社内外部生产条件及环境相对明确、市场竞争尚不激烈、产品消费对象相对固定、合作社成员的背景相对单纯（如来自同一社区或地区，拥有生产相同或相似产品的技术，持有相同的价值追求等）时，合作社的生产技术及生产方式相对稳定，对资金和新技术的需求并不强烈，也没有开拓新市场的压力。同时成员追求的目标是大体相同或相似的（这意味着成员同质性高），合作社的内部制度安排也将是相对稳定的，依然能适应工业生产力水平的发展，

① 蒙德拉贡在其官网主页上回答“集团是否认为合作主义是资本主义生产体系的替代方案”时，给出的答案是：“我们在这方面没有任何主张。我们只是相信自己已经开发出一种使公司更具人性化和民主参与性的方法。此外，该方法还与最新、最先进的模式非常吻合，更倾向于将工人视为现代公司的主要资产和竞争优势的主要来源，从而赋予他们更多的价值。”参见 https：//www. mondragon-corporation. com/experiencia-cooperativa/（2019-08-01）。

合作社呈现“偏安一隅”的发展状态，其防御性的发展战略不会改变，主要目的是对抗资本主义的压迫与剥削，同时改善工人自身的生存状况。

在全球化席卷而来之后，原来相对稳定和明确的环境逐渐发生了改变。全球化下工业技术变革、全球化分工协作密切，加速了工业生产专业化、模块化和一体化的进程，全球产业链逐步形成。同时，伴随着工业技术的变革，全球物联网、大数据、云计算等技术的使用，内在地需要蒙德拉贡工业集团各部门、各生产单位与外部合作伙伴、供应商乃至产品销售商、消费者之间更好地协作和沟通。这些变化集中表现为旨在提高效率和保证产品质量的全球经济一体化供应链管理技术在工业生产中的大量运用，这内在地要求合作社重心从社内合作生产逐步转向全球化分工协作，生产经营过程中逐步采用加工控制技术，并逐步实现纵向一体化经营等，由此资金需求和技术创新需求①空前增大。为适应经济全球化下工业发展的一系列变革，不断提高生产经营效率与竞争力，工人合作社必须由原来的劳动密集型企业向资本与技术密集型企业转型。在这一形势下，工人合作社面临的困难与压力是空前的，合作社不得不大量合并，或被嵌入供应链中，在特定区域形成产业集群。上述工业技术的变革以及供应链管理趋势的发展，迫使合作社的利益导向及制度安排发生了一系列变革。这些变革的影响是世界性的，深刻的变革不断冲击着合作社传统的价值观和目标追求，迫使合作社的生产经营目标追求由成员利益转向市场需求（包括照顾到供应链上多个合作伙伴的需求），合作社越来越重视资金、技术及效率，越来越重视自身的发展，以通过自身的发展壮大、更好地适应资本主义环境来实现成员收益的最大化。这暗示当代工人合作运动的主题发生了变化：由自我独立、自我服务、争取更多合法权益等以“自我”为中心的主题转向融入并适应资本主义，并为资本主义市场服务；不再强调合作社

① 技术创新需求本质上是人才需求。早在 20 世纪 70 年代，贝尔预言：在后工业化社会里，从事专业和技术的工作人员将在职业结构中占主导地位，科学家、工程师构成了关键性集团或心脏。新技术革命发生后，这个预言逐渐变成现实，现在需要的是技术专家，而不仅仅是产业工人。在一些科技型企业中，80%以上的员工需获得本科及以上学历，并且通过设立专属实验室或博士后流动站等方式将科学家、工程师大量吸收进来。引自 Bell（1976，p. 124）。

的防御、抵抗剥削与压迫的作用，而转向与资本主义合作，充分利用资本主义的一切条件，将自身做大、做强，更好地改善自身物质生存状况。20世纪90年代以来，随着西班牙国内生产要素成本优势的消失，蒙德拉贡只有借助全球高技术电子、汽车等产品供应链重构的机遇，才能摆脱“价值链低端陷阱”[①]，进入全球高技术电子、汽车等产品供应链的控制者行列。[②]

为实现上述目标，经营中的合作社开始在国内外独资或合资构建股份制子公司，或收购股份制企业成为自己的子公司以方便或强化与当地上下游经济实体的合作，加快融入全球电子、汽车零部件等供应链的步伐，同时适时调整利益共享机制，如通过股份制子公司与供应链合作伙伴相互持股，共享利润，甚至构建战略同盟等逐步加入产品供应控制者行列。[③] 这表明，以全球供应链管理趋势为主要特征的工业生产社会化导致了合作社组织制度及利益共享机制的变革，深刻地动摇着传统合作社的制度基础。这种变革逐渐突破了合作社产权“三位一体”的质的规定性，合作社产权关系社会化向外拓展，不再是工人生产者才能拥有合作社子公司产权，供应链中与合作社利益相关的经济实体也可拥有合作社子公司的部分产权，同样合作社也可通过子公司拥有供应链中合作伙伴、经济实体的产权。这暗示合作社产权关系正不断进行社会化变革以适应工业生产社会化发展的内在要求。

人类技术革命的最重要特征就是随着时代的发展技术发明愈加密集性地爆发（Davies，Desbordes and Ray，2018），这必然引起工业生产经营组织的一系列激烈的连锁反应，生产社会化加速在深度和广度上拓展，组织自身不断加速制度变革以适应新技术从而应对不断加剧的市场竞争，甚至是全球范围内的市场竞争。竞争中技术落后的企业可以采取渐进式的“资金介入—股权介入—技术整合”模式，而技术先进的企业可以直接通过并

① “价值链低端陷阱”是指企业的产品技术含量低，附加值少，在价值链中获利较少，由于受生产惯性、技术门槛和沉没成本等的影响，企业很难实施生产方式调整，从而陷入低附加值的陷阱。引自 https：//baike. baidu. com/item/% E4% BB% B7% E5% 80% BC% E9% 93%BE/4766235？fr=aladdin（2019-07-10）。

② 参见 http：//www. mondragon-corporation. com/wp-content/themes/mondragon/docs/eng/annual-report-1998-2019. pdf。

③ 参见 http：//www. mondragon-corporation. com/wp-content/themes/mondragon/docs/eng/annual-report-1998-2019. pdf。

购实现主导全球某类产品供应链的目标（Ebersberger，Bloch and Herstad et al.，2012）。此外，企业在竞争中要保持优势，就需要持续不断地吸收和发展新的技术和管理手段，开拓新的技术领域，在当前以技术变化快、研发项目开支不断增加、研发风险高为特点的环境中，许多企业不得不通过全球并购分摊创新、研发成本，获得新技术资产以增强其创新能力，进而提高市场竞争力，蒙德拉贡作为一家正在实施全球化拓展战略的跨国企业当然也不例外。

工业革命所带来的机器大工业生产技术是对传统生产技术的巨大突破，使得在生产方式上以使用机器为主的工厂制取代了传统的手工工场。工业革命第二阶段，内燃机以及电子技术的发展，使人类进入电气时代；工业革命第三阶段是在20世纪自然科学理论突破的基础上产生的，由于信息技术、新材料与新能源技术的突破与发展，人类开始进入信息技术、新材料与新能源时代。Davies、Desbordes 和 Ray（2018）证实，企业跨国发展可在更大范围实现资源的优化配置，能显著提高企业技术研发效率，提升企业的生产经营效率和增强对市场的适应能力。

合作社以独立自主、自我服务为主，转向为市场服务，更加开放、更加重视技术与资本，其组织制度在四个维度上发生了变革：一是更加重视自身的发展，由追求成员权益转向追求利润（意味着大量子公司出现，部分财产资本化）与成员权益并重，因而更加重视技术与资本的作用，在管理制度设计方面给予其拥有者更多的权力，分配制度上也给予相应的照顾；二是不仅与其他合作社合作，还与非合作社，甚至是资本主义企业合作，这类合作不仅限于材料、资金、技术等的交易，还涉及产权交易，如与供应链上的合作伙伴相互持股，购买资本主义企业的股票，与资本主义企业合资设立子公司，子公司股票可上市交易等；三是将自己部分财产剥离，投资设立独资的子公司，使得这部分财产的法人产权与股东终极所有权相分离；四是成员对合作社的管理权逐步分裂与分化，终极控制权与经营管理权相分离，结果是专业管理及相关技术人员的大量引入，以适应生产经营效率不断提高的内在要求。为提高效率，生产经营目标转向合作社整体利润最大化，然后才是成员收益最大化，此转向的根本目的也是提高合作社的生产经营效率。

上述历史事实证明，合作社组织制度变迁均是技术变革驱动的，或者说是为了不断满足“提高生产经营效率应对激烈市场竞争的内在要求”而进行的，根本的驱动力不是来自“降低交易费用的冲动”，即不是由主观的最优化决策驱动或实现的。

在资本主义全球化时代，在工业技术变革的驱动下，蒙德拉贡在全球开展“扩张与兼并活动”。[①] 在进行全球化扩张之前，蒙德拉贡的扩张模式主要表现为吸收（或收购）其他合作社并进行合作社的一体化或集团化、建立合作联合社等，以推广和扩大合作社发展模式。但进入全球市场后，它的做法发生了改变。根据我们对蒙德拉贡全球化扩张实践进程的分析，可将蒙德拉贡在全球化时代的扩张方式概括为以下三类：①在国内外兼并合作社壮大合作社集团，同时开始大量收购资本主义企业（即股份制企业）成为自己的全资子公司；②与国内外资本主义企业共同投资建立合资性质的子公司；③在国内外独立投资新建工厂或设立子公司（股份制企业）。这里需要说明的是，我们虽然将蒙德拉贡的扩张方式概括为以上三类，但这三类扩张方式相互之间又存在交叉或合并现象，如蒙德拉贡可能与海外资本主义企业合资收购其他资本主义企业作为共同控股与管理的子公司；也可能收购海外资本主义企业作为独资的子公司后，子公司再与海外另一家资本主义企业建立合资企业进行联合生产经营等。[②]

（一）收购、兼并资本主义企业

在第一类方式中，兼并合作社成立合作社集团，蒙德拉贡主要是针对国内的合作社，原因主要是西班牙国内相关法律与政策的支持[③]，同时国内合作社大多拥有相同的合作文化背景及价值追求，工人的同质性强，这

---

① 2014~2018 年，蒙德拉贡累计在海外投资超过 14 亿欧元。2018 年底，蒙德拉贡在海外拥有 141 家子公司，员工总数超过 14400 人。参见 “Mondragon Annual Report 2018,” https：//www. mondragon-corporation. com/? s=REPORT（2019-05-11）。

② 参见 http：//www. mondragon-corporation. com/wp-content/themes/mondragon/docs/eng/annual-report-1998-2019. pdf。

③ 参见 https：//www. mondragon-co rporation. com/experiencia-cooperativa/historia/（2019-05-11）。

类合并或兼并容易进行且易获得成功。对海外合作社的联合或兼并常常由于存在相关适用法律上的差异、合作社的合作文化背景不同、双方工人异质性较强等原因，十分困难，不易获得成功，蒙德拉贡在这方面成功的案例极少。蒙德拉贡在国内外收购资本主义企业却没有太多的障碍（只涉及资本等物质生产要素转移，而不涉及工人合并、共同民主管理等问题），大多能获得成功。

在本土收购方面，典型的案例如：1989年，蒙德拉贡收购了西班牙本土的一家资本主义企业法布雷克（Fabrelec）有限公司[①]。在收购之后蒙德拉贡开始尝试对它进行合作化改造，即通过对工人进行合作理念、价值追求的熏陶和引导，给予他们各类加入、参与合作社管理的机会，最终顺利使法布雷克有限公司由一个资本主义企业转变成为合作制企业。又如：伊里萨尔客车厂是有100多年历史的老厂，1966年被蒙德拉贡收购，由一个资本主义企业改造为合作社。[②] 能对法布雷克有限公司、伊里萨尔客车厂顺利收购并进行合作化改造有很多方面的原因，如西班牙各地有支持合作社发展的相关立法，有相似的民族文化，合作传统、合作文化深入人心，有政府对合作社发展的政策支持[③]等。如今，蒙德拉贡旗下的各类大型合作社，大多是在合并国内特别是巴斯克地区其他合作社，或者改造全资收购的资本主义子公司的基础上扩充、发展而来的[④]，如法格[⑤]、工业建筑领域里的屋玛（ULMA）[⑥]、电气设备生产领域的艾尔、吹塑机械制造

---

① 法布雷克有限公司是西班牙一家有名的、生产家居用品的股份制企业。

② 参见“Mondragon Annual Report 2018,” https：//www. mondragon-corporation. com/？ s＝REPORT。

③ 蒙德拉贡收购国内资本主义企业并进行合作化改造要容易很多，这主要是由于相对于股份制企业，西班牙政府会为合作社提供更多的政策支持，如《西班牙合作社法》第134条规定：任何类型和级别的合作社可以相互地，或与其他自然人或国营的或民营的法人，组建任何类型的公司、协会、组合、企业康采恩和同盟，也可在上述任何一个实体中拥有股份，以便更好地发展、扩张和保证自身目标的实现（周环，1994，第54页）。这是明确地支持合作社进行“一体化、集团化”的合作制改造。

④ 参见“Mondragon Corporation：Companies and Cooperatives,” http：//www. mondragon-corporation. com/en/our-businesses/companies-and-cooperatives/。

⑤ 法格是蒙德拉贡最早的合作社，除原主体外，还先后由Edesa、Aspes、Mastercook等合作社加入或合并组成。

⑥ 屋玛是在合并了包装领域的ULMA Packaging Sarl、收购建筑材料股份制企业ULMA的基础上发展而来的。

商奥罗拉（Urola）① 等。从合作社的制度结构来看，由于收购国内合作社往往只涉及所有权结构的变动而不涉及合作社制度性质的变更，因此在蒙德拉贡扩张的资料及其官方文件中，对收购合作社的行为往往着墨不多，详细分析、论述的往往是收购资本主义企业，特别是收购海外资本主义企业（或股份制企业）的情况。

20 世纪 80 年代末至 90 年代初，蒙德拉贡开始尝试向海外扩张。此时，它的主要目标放在北非（摩洛哥、埃及等国）和拉丁美洲（阿根廷等国）。蒙德拉贡之所以先从这两个地区开始国际扩张，主要还是考虑到经济相对不发达的地区收购压力更小，相比欧洲市场，北非、拉丁美洲市场的劳动力、生产原料价格更低，因此收购与经营成本更低。同时，在非洲和拉丁美洲市场上，来自资本主义企业的竞争压力相对也更小一些。如 2000 年，法格轻松收购了巴西一家车辆配件制造股份公司（Fundiçao Brasileira）51%的股权。② 而随着扩张的推进和合作社集团的壮大，20 世纪 90 年代末，蒙德拉贡将扩张的重心转移到了欧洲市场。

从北非、拉丁美洲市场转移到欧洲市场有国内外两方面的原因：国内市场上，“佛朗哥将军独裁政权终结”③ 这一政治背景的变化带来了西班牙国内经济的开放化和市场化，因此蒙德拉贡在本土市场面临的竞争相比之前更加激烈了；国际市场上，蒙德拉贡在一些关键业务（如白色家电的制造）上的市场份额不足以维持自身在欧洲市场上竞争力的持续发展，加之 20 世纪下半叶以后，全球化市场不断深入发展，北非、拉丁美洲众多生产

---

① 奥罗拉现在是欧洲一家著名的专业设计和生产热塑性塑料容器吹塑机的制造型企业，拥有 20 多年吹瓶机行业的丰富经验，产品包括各种型号系列挤出式和拉伸式吹瓶机，广泛应用于食品饮料、乳制品、化妆品、润滑油等行业。该合作社与时俱进、不断创新，使其技术与产品在竞争激烈的市场上始终处于领先地位，并可根据顾客的实际需要提供最有效、可靠、先进的解决方案。该合作社是由蒙德拉贡收购股份制企业 PULEVA、LACTEOS，并合并合作社 QUICESA 而形成的。参见 http：//www. urola. com/en/（2019-08-10）。

② 参见 http：//www. mondragon-corporation. com/wp-content/themes/mondragon/docs/eng/annual-report-2000. pdf。

③ 佛朗哥是西班牙 1936~1939 年内战中，推翻民主共和国的军队首领。1975 年逝世于马德里，独裁统治西班牙长达 30 多年。死后其继任者胡安·卡洛斯上台，实行民主改革，西班牙结束独裁统治。

相同或相似产品的资本主义企业频频出现，竞争加剧。在这一背景下，为了能够在资本主义市场环境中更好地生存和发展，返回欧洲市场重建并提升竞争力成为蒙德拉贡实现持续增长的必然选择。

1999 年，在蒙德拉贡的帮助下，法格收购了波兰的一家炊具制造企业（Wrozamet）。[①] 2003 年，蒙德拉贡机械工具行业下的领头企业达诺巴特（Danobat）收购了英国新和集团（Newall Group）[②]，进一步巩固了自身在欧洲机械工具制造领域的地位（达诺巴特是欧洲五大机械工具制造企业之一）。[③] 随后，达诺巴特还在德国投资设立了两家股份制子公司（Overbeck 和 Danobat-Bimatec）。蒙德拉贡在欧洲市场上的兼并活动中，规模最大的一次要数 2004 年对法国勃兰特公司（Brandt）[④] 的收购。勃兰特公司是法格在白色家电制造业上的主要竞争对手，因此收购勃兰特公司对蒙德拉贡的海外扩张起到了重要的助推作用，不仅极大地扩大了蒙德拉贡的海外规模，同时还进一步提升了蒙德拉贡进行全球扩张的能力。2004 年的大型收购之后，法格持有勃兰特公司 10%的股份，之后这个股份比例在勃兰特公司及依勒克·拉维多利亚（Electra Vitoria）等股东的认可、合作与推动下，在 2005 年增持至 33%，法格成为第一大股东。[⑤]

关于收购、兼并资本主义企业，蒙德拉贡国际业务总监 Jesús Ma Herrasti 这样解释（Casadesus-Masanell and Khanna，2003，p. 23）：

> 首先，我们的客户日益全球化，因此，如果想满足他们的需求，我们就必须提高我们的国际影响力。其次，我们注意到过去几年国

---

① Wrozamet 是波兰一家雇员接近 2000 人的炊具制造的国有企业。引自 Bretos、Errasti 和 Marcuello（2017，p. 440）。

② 该公司为英国一家大型的汽车和航空业磨床制造商（股份制企业），与劳斯莱斯、美国航空、波音等大型厂家都有业务关系。

③ 参见 http：//www. mondragon-corporation. com/wp-content/themes/mondragon/docs/eng/annual-report-2003. pdf。

④ 勃兰特公司是法国的一家白色家电制造商，拥有 5500 名员工，在法国有 6 家生产工厂，在意大利有 1 家，年销售额达 8 亿欧元以上，在法国占据 17%的市场份额。引自 Errasti（2015，p. 496）。

⑤ 参见 http：//www. mondragon-corporation. com/wp-content/themes/mondragon/docs/eng/annual-report-2006. pdf。

际资本市场重组所带来的巨大效益。因此，我们不应该放过其他地方的商机。再次，为了保持蒙德拉贡的竞争力，我们必须找到生产成本更低的区域。大部分增值活动还是留在巴斯克地区，但那些劳动密集型的生产活动我们需要转移到更具有生产优势的地方。最后，我们必须紧盯国际环境的变化。媒体、娱乐、金融以及各类商业活动都在越发全球化。随着技术的进步，人与人之间的物理距离也将越来越小，彼此之间拥有的信息和知识也会越发增多。

由此可见，正如前述，蒙德拉贡进一步发展的需求和外部环境的客观变化，共同决定了合作社不得不收购、兼并资本主义企业。

（二）与资本主义企业合资建厂

第二类扩张方式是蒙德拉贡与其他资本主义企业进行合资建厂。① 与资本主义企业合作，是蒙德拉贡全球化扩张的重要手段，也是它在全球化下市场行为的重大变化，这方面的相关案例非常多。如 1998 年麦尔（Maier）② 在西班牙的加利西亚地区（Galician）投资建立了一家工厂 Ferroplast，该厂由多个投资伙伴（包括两家股份制企业 Decors 和 Engg）共同注资成立，其中麦尔持有 51%的股份。蒙德拉贡的另一家子公司（Automódulos）的股权结构也是多家合作社和股份制企业共同持有，股权构成情况是：Gestamp③

① 蒙德拉贡极少与其他合作社共同出资设立股份制子公司（因其他合作社规模小、实力弱）。详见“Expoloring the Co-operative Economy Report 2016,” http：//monitor. coop/（2017-02-20）。

② 1987 年后蒙德拉贡改制成合作社集团，麦尔为其旗下合作社，因此麦尔的性质和它类似。麦尔由几家合作社和子公司共同组成，也是蒙德拉贡旗下重要的工业合作社之一，其业务范围主要是汽车和电器的零部件生产。详见“Expoloring the Co-operative Economy Report 2016,” http：//monitor. coop/（2017-02-20）。

③ Gestamp 是全球著名的西班牙汽车零配件制造企业，是车身件和底盘件业务领域的领导者，是一家专注于汽车金属组件设计、开发和制造的跨国集团，目前业务涉及 20 多个国家和地区。一直以来，集团致力于开发创新产品，打造更安全、更轻型化的车辆，从而降低能耗，减少环境污染。详见 https：//www. gestamp. com/cn。/%E5%85%B3%E4%BA%8E%E6%88%91%E4%BB%AC/%E6%B5%B7%E6%96%AF%E5%9D%A6%E6%99%AE%E9%9B%86%E5%9B%A2。

(40%) +Gamesa[1] (20%) +蒙德拉贡 (40%),其中前两家为股份制企业。在蒙德拉贡 40% 的股份中,由麦尔、法格埃德兰、Cikautxo 和 MCC Inversiones 等合作社共同持有。[2] 在汽车工业制造领域,1998 年,蒙德拉贡还与 Gamesa 签订了战略合作协议,共同投资南方共同市场[3],并且创建合资子公司 Promoauto,其中 Gamesa 和蒙德拉贡各持 50%的股份。[4] 1999 年,蒙德拉贡旗下的考普瑞西与美国燃具系统国际有限公司 (Burner Systems International) 共同建立合资企业,主要为美国烹饪器具市场提供零部件。[5] 同一时期,法格埃德兰还与德国 Vaillant 公司在巴斯克地区建立了一家生产热水器的合资企业 Geyser Gastech。[6] 2001 年,法格旗下的阿拉赛特和 Ona Pres 公司在德国建立子公司,各占 50%的股份。[7] 2008 年,尽管受国际经济危机的冲击,蒙德拉贡依旧保持扩张的步伐,和新西兰 Meridian Energy 公司合作创建合资公司[8],并在家庭供暖和能源领域实现了技术创新。[9]

---

① Gamesa 是西班牙风力发动机制造企业,是新能源行业技术领先的一家大型资本主义企业,在海外 40 多个国家装机量超过 25000MW。其综合业务包括风力涡轮机的操作和维护服务等。详见 http://www.sui-on.com/client/client58.html。

② 参见 http://www.mondragon-corporation.com/wp-content/themes/mondragon/docs/eng/annual-report-2000.pdf。

③ 南方共同市场为南美地区最大的经济一体化组织,由阿根廷、巴西、乌拉圭和巴拉圭四国于 1991 年签订条约成立。先后接纳智利、玻利维亚、秘鲁、厄瓜多尔、哥伦比亚等国加入。详见 https://baike.baidu.com/item/%E5%8D%97%E6%96%B9%E5%85%B1%E5%90%8C%E5%B8%82%E5%9C%BA/1775373?fr=aladdin。

④ 参见 http://www.mondragon-corporation.com/wp-content/themes/mondragon/docs/eng/annual-report-1998.pdf。

⑤ 参见 http://www.mondragon-corporation.com/wp-content/themes/mondragon/docs/eng/annual-report-1999.pdf。

⑥ 参见 http://www.mondragon-corporation.com/wp-content/themes/mondragon/docs/eng/annual-report-2000.pdf。

⑦ 参见 http://www.mondragon-corporation.com/wp-content/themes/mondragon/docs/eng/annual-report-2001.pdf。

⑧ 合资公司名为 EHE (Efficient Home Energy),主要生产由天然气驱动的热电系统。该系统采用高效的中央供暖锅炉,覆盖家庭的中央供暖和热水供应,同时产生供家庭自身使用的电力。详见 http://www.mondragon-corporation.com/wp-content/themes/mondragon/docs/eng/annual-report-2009.pdf。

⑨ 参见 http://www.mondragon-corporation.com/wp-content/themes/mondragon/docs/eng/annual-report-2009.pdf。

（三）独立投资建厂

在第三类扩张方式中，蒙德拉贡的海外投资建厂活动近年来主要集中在经济增长较为强劲的发展中国家（因产品市场需求量大且劳动力等生产要素成本低）。典型的例子就是蒙德拉贡在中国开展的一系列投资建厂活动。2001年，蒙德拉贡与中国上海真空有限公司开展合作并在2002年建立了合资公司“上海小型炊具有限公司”。[①] 2005年，蒙德拉贡在上海郊区租下85000平方米土地，继而投资建设分属于Oiarso[②]等四家合作社的工厂。[③] 2008年，蒙德拉贡在中国的昆山工业园区项目工程全面投入使用，同时又新注册了3家子公司，由Batz、Fagor Electrodomésticos、法格埃德兰联合拥有第一控股权，成为这3家子公司最大的股东。[④] 截至2016年，蒙德拉贡在中国共开设19家子公司或工厂，并且还在北京、上海、深圳等地设有办事处。[⑤] 当然，蒙德拉贡在中国的投资建厂绝不止于以上这些，表4-1列出了蒙德拉贡在中国投资的全部情况，主要包括蒙德拉贡在中国开设的办事处和工业园区、投资建设的生产子公司及贸易子公司。除此之外，仅法格埃德兰一家合作社就在6个国家拥有子公司，其中西班牙本地有8家，法国有4家，意大利1家，波兰1家，摩洛哥1家。[⑥] 由此可见，蒙德拉贡的扩张区域已经延伸到了全球多个国家和地区。从蒙德拉贡的最新发展状况来看，其全球工厂的分布包括英国、中国、法国、德国、美国、意大

① 参见 http：//www. mondragon-corporation. com/wp-content/themes/mondragon/docs/eng/annual-report-2003. pdf。

② Oiarso为蒙德拉贡旗下的一次性手术用具生产商。详见 http：//oiarsomedical. yixie8. com/introduce/（2018-9-20）。

③ 参见 http：//www. mondragon-corporation. com/wp-content/themes/mondragon/docs/eng/annual-report-2006. pdf。

④ 详见“Expoloring the Co-operative Economy Report 2016,” http：//monitor. coop/（2018-02-20）。

⑤ 详见“Mondragon Annual Report 2016,” http：//www. mondragon-corporation. com/wp-content/themes/mondragon/docs/eng/annual-report-2016. pdf（2018-09-20）。

⑥ 蒙德拉贡本地的子公司多为合作社或混合合作社，海外收购的则基本为资本主义性质的股份制企业。

利、波兰、墨西哥等地。[①]

表 4-1　蒙德拉贡在中国的扩张情况

类别	公司名称	所属地区
代表处及工业园区（6个）	西班牙蒙德拉贡联合公司北京代表处	北京
	西班牙蒙德拉贡联合公司上海代表处	上海
代表处及工业园区（6个）	西班牙蒙德拉贡联合公司深圳代表处	深圳
	蒙德拉贡国际贸易（上海）有限公司	上海
	蒙德拉贡国际贸易（上海）有限公司深圳联络处	深圳
	西班牙蒙德拉贡昆山工业园	昆山
生产子公司（19个）	巴茨汽车系统（昆山）有限公司	昆山
	巴茨成都有限公司	成都
	巴茨佛山有限公司	佛山
	法格埃德兰汽车配件（昆山）有限公司	昆山
	银峰埃德兰汽车配件（芜湖）有限公司	芜湖
	奥可利电子（昆山）有限公司	昆山
	考普瑞西元器件（珠海）有限公司	珠海
	考普瑞西昆山有限公司（即将开业）	昆山
	奇卡胶橡塑部件（昆山）有限公司	昆山
	迈尔湖北华凯汽车部件有限公司	武汉
	迈尔宁波华凯汽车部件有限公司	宁波
	洛拉门迪（仓库）	上海
	科迪制冷设备（昆山）有限公司	昆山
	北京法格自动化设备有限公司	北京

① 蒙德拉贡的官方网站统计了它遍布全球各国及地区的 139 家子公司：美国（7家）、墨西哥（19家）、哥伦比亚（3家）、秘鲁（1家）、智利（1家）、巴西（7家）、阿根廷（1家）、荷兰（1家）、卢森堡（1家）、比利时（1家）、英国（5家）、爱尔兰（2家）、法国（14家）、葡萄牙（7家）、挪威（2家）、德国（5家）、捷克（9家）、波兰（7家）、立陶宛（1家）、乌拉圭（1家）、土耳其（2家）、罗马尼亚（3家）、意大利（4家）、沙特阿拉伯（2家）、阿联酋（1家）、摩洛哥（1家）、斯洛伐克（3家）、哈萨克斯坦（1家）、俄罗斯（1家）、中国（19家）、泰国（1家）、新加坡（1家）、印度（5家）。参见 http：//www.mondragon-corporation.com/en/（2018-09-20）。

续表

类别	公司名称	所属地区
生产子公司（19个）	法格锻压机床（昆山）有限公司	昆山
	蒙德拉贡自动化设备（昆山）有限公司	昆山
	奥亚索医疗器材（昆山）有限公司	昆山
	达诺巴特北京北车合资公司	北京
	乐凯斯建筑工程咨询公司	昆山
贸易子公司及联络（代表）处（22个）	屋玛管件公司北京销售联络处	北京
	屋玛管件公司上海采购联络处	上海
	屋玛建筑模板公司上海代表处	上海
贸易子公司及联络（代表）处（22个）	法格埃德兰汽车配件贸易有限公司	上海
	考普瑞西上海联络处	上海
	法格电子亚洲有限公司深圳联络处	深圳
	法格电子亚洲有限公司昆山联络处	昆山
	MATZ-ERREKA 珠海采购联络处	珠海
	奥安达昆山代表处	昆山
	MTC 采购联络处	广州
	洛拉门迪北京贸易公司	北京
	MATRICI 上海联络处	上海
	蒙德拉贡模具上海联络处	上海
	法格工业上海办事处	上海
	北京法格自动化设备有限公司成都办事处	成都
	北京法格自动化设备有限公司南京办事处	南京
	法格自动化设备广州代表处	广州
	法格赛达昆山锻压公司北京分公司	北京
	法格赛达上海代表处	上海
	奥贝亚香港公司	香港
	达诺巴特集团北京贸易公司	北京
	乐凯斯工业设计上海联络处	上海

资料来源：整理自"Mondragon Unibertsitatea：Memoria de Actividades Chino，" http：//www.mondragon.edu/eu/memoria（2018-09-25）。

事实上，蒙德拉贡的国际扩张、兼并活动也绝不止于本章以上论述。表 4-2 列出了蒙德拉贡 1998~2016 年兼并、扩张的主要成果。从表 4-2 中所列出的结果来看，蒙德拉贡的海外扩张从未停止过，海外的子公司数量每年都在增长，同时还保持着创新发展战略的持续增长。直观上看，这些成果至少可以证明，蒙德拉贡的全球化扩张战略取得了显著成效。

表 4-2 蒙德拉贡全球化扩张历程及创新战略（1998~2016 年）

年份	全球化的主要表现	技术创新
1998	国外拥有 17 家工厂，主要位于南方共同市场国家	
1999	海外子公司达 23 家，蒙德拉贡旗下 Maier、Batz、Cikautxo 三家合作社分别在英国、巴西、捷克设厂，Irizar 追加在巴西、墨西哥的投资	
2000	海外子公司达 26 家，进一步扩张拉丁美洲市场。Cikautxo、Fagor Ederlan、Maier 分别在巴西设厂；与 Correo Group 合资建立 Rotok Industria Grafica	建立一个技术创新的综合项目 Garaia，旨在未来 8 年创造 1250 个就业机会
2001	Copreci 在意大利收购了 Rampgas；Maier 在英国建立第二家工厂；Eika 在捷克建厂；Irizar 和 Coinma-Danona 在印度建厂	
2002	Matz Erreka 在墨西哥设厂；Fagor Sistemas 和 Danobat 在德国设厂；Fagor Electrodomésticos，Orkli 和 Irizar 在中国建立第二家工厂	新建立 4 家研发中心
2003	Fagor Industrial 在土耳其建设新厂；Danobat 收购英国机床制造商 Newall；Fagor Ederlan 在 Fundiçao Brasileira 的持股比例上涨至 100%	
2004	海外子公司达 48 家；Copreci、Egurko、Eika、Fagor Industrial、Irizar 分别在中国、罗马尼亚、墨西哥、波兰、南非建立新工厂；Ulma Construction 收购波兰本地企业 Bauma	制定 2005~2008 年的新“科技计划”，该计划主要涉及能源、健康、信息和通信技术、材料工艺、先进管理 5 个方面；研发中心增加到 10 家；光伏、家电制造等领域的产品革新

续表

年份	全球化的主要表现	技术创新
2005	海外子公司达 58 家；Fagor Electrodomésticos 收购法国大型白色家电制造商 Brandt；Fagor Ederlan 收购了斯洛伐克的 ZNSP Foundry；Cikautxo、Coinalde、Eika、Irizar、Tajo 分别在斯洛伐克、波兰、南非、波兰和捷克开设新工厂	研发中心增加到 12 家
2006	旗下 Orkli、Wingroup、Orbea 和 Oiarso 四家合作社分别投资建设四家工厂，组建中国昆山工业园区；Matz-Erreka、Orbea、Orkli、Embega 以及 Matrici-Batz 分别在捷克、美国和葡萄牙、巴西、波兰、葡萄牙进一步加大投资	
2007	海外子公司达 69 家；Lana、Fagor Industrial、Dikar 分别在捷克、墨西哥和美国投资；Irizar 在南非开设一家新的工厂	在燃气设备、医疗设备、太阳能等领域实现技术和产品的创新
2008	海外子公司达 73 家；Batz，Fagor Arrasate 和 Fagor Industrial 在昆山工业园区新注册 3 家公司并拥有控股权	
2009	在印度新建 2 家工厂，海外子公司达 75 家；蒙德拉贡与美国最大的工会钢铁工人联合会建立合作	
2010	在德国、巴西、美国和印度开设新的工厂，国外工厂达 77 家；建立了一家新的合作社 Altsa-Suko，由 Copreci 管理	
2011	海外子公司达 94 家；其中，在中国、巴西、美国、印度以及欧洲等地新建 17 家工厂；在法国、比利时和卢森堡收购 3 家新公司	建立欧洲第一家可持续的、自给自足的城市流动研究与创新中心 Orona IDeO-Innovation City，基于产-学-研的协同效应，建设一个创新型的工业“生态系统”
2012	海外子公司达 105 家，其中 Fagor Ederlan 和 Cikautxo 在昆山工业园区引入两个新项目；Batz 在成都新建一家工厂，在广东新建第二家工厂；Ulma Packaging 收购了美国公司 Harpack 的绝大多数股份；Aurrenak 在墨西哥成立了新的子公司；Orona 收购了法国的 Ascensores Altlift 集团和挪威公司 Elevator As；Maier 收购了意大利公司 Cromoplástica；Danobat 在德国投资新建了一家工厂	研发中心增加到 15 个

续表

年份	全球化的主要表现	技术创新
2013	海外子公司达 122 家；Danobat 与中国国家铁路公司成立合资子公司；Cikautxo 收购了其合资企业合作伙伴 Taurus 的全部股份；Orona 收购了巴西第四大电梯生产企业 AMG Elevadores；蒙德拉贡大学收购了墨西哥的 UCO 大学，Cikautxo 在墨西哥新建一家工厂	Orona 在垂直运输、可持续发展和高效能源管理等方面实现了技术创新，并使之成为欧洲能源效率的标准
2014	海外子公司达 125 家；Fagor Ederlan 和西班牙银峰集团签署在中国建立新工厂的协议；Ecenarro 在墨西哥新建一家工厂；URSSA 和秘鲁公司 Fiansa 建立合作协议，旨在强化在该国的业务和打通邻国市场	
2015	Copreci 继续与厄瓜多尔政府合作，以期改变该国家的能源模式并与它签订了供应电磁炉组件的合同；Mondragon Lingua 收购了美国公司 Global Word Inc.；Orona 在巴黎和伦敦收购了两家公司；Orbea 在葡萄牙收购了 News 电器设备生产企业；Orkli 收购了意大利一家水交换器制造商 Valmex 40% 的股份；Fagor Ederlan 和 Industrial Saltillo 集团在墨西哥组建了新的合资公司；Ulma Packaging 在土耳其开设了新的子公司	
2016	Maier 在中国新建两家工厂；Cikautxo 在罗马尼亚开设了 1 家新工厂；Urola、Dikar 分别在俄罗斯、中国和美国开设了 3 家新工厂；Osatu 在中国新成立了一家合资企业	

资料来源：整理自蒙德拉贡年度报告（*Mondragon Annual Report*，1998～2017 年），参见 http：//www. mondragon-corporation. com/en/about-us/economic-and-financial-indicators/annual-report/（2018-08-20）。

我们已介绍了蒙德拉贡的 3 种主要扩张模式，但从蒙德拉贡的发展来看，工人合作社模式的对外传播又绝不止这 3 种方式。2009 年，蒙德拉贡与美国钢铁工人联合会（The United Steelworkers Union）① 签订了战略合作

① 钢铁工人联合会是北美地区最大的工业工会，在美国、加拿大以及加勒比地区拥有 85 万名会员。参见 https：//baike. baidu. com/item/%E7%BE%8E%E5%9B%BD%E9%92%A2%E9%93%81%E5%B7%A5%E4%BA%BA%E8%81%94%E5%90%88%E4%BC%9A/615659?fr=aladdin（2018-09-20）。

协议，建立该合作协议的目的在于，同包括美国、加拿大在内地区的制造企业进行业务合作。这个战略合作协议的建立，事实上为蒙德拉贡向北美地区的扩张打开了通道（Seda-Irizarry，2011）。蒙德拉贡通过为美加等地的企业提供生产技术，间接向它们移植蒙德拉贡的合作模式，从而创造使它们实现企业改造和创新的可能。蒙德拉贡认为，只要将合作社原则与外部市场经济环境有机统一起来，确立恰当的制度结构和灵活的应变战略，工人合作社能够成为现代市场经济中一种有活力的企业形式。[①]

从蒙德拉贡国际扩张的过程来看，它在海内外收购了许多资本主义企业，或与其他资本主义共同合资建厂，以及独立投资建厂。从表面上看，这一系列扩张手段只是实现了合作社规模的壮大，经营市场的不断扩展，但实际上，无论是收购、兼并资本主义企业，还是独立投资建厂、与资本主义企业合资建厂（股份制企业），都是对传统合作社制度的“突破”（资本主义企业雇佣劳动制度在蒙德拉贡，特别是其海外子公司出现）。这一突破产生的关键问题是：合作社的资本主义子公司会使蒙德拉贡的性质发生何种变化？从我们掌握的资料来看，对于收购之后的资本主义企业，蒙德拉贡倾向于将它改造成合作社。由于资本主义企业（股份制企业）与工人合作社是两种截然不同的组织形式，因此，将资本主义企业改造成合作社必然存在制度“障碍”。①蒙德拉贡与资本主义企业共同投资，设立合资子公司，子公司是股份制与合作制在生产要素上的“联合”，是资合性质的企业，在经营模式上只能采用股份制的模式。因合作伙伴对该企业拥有所有权与剩余索取权，因此将它改造成合作社不太可能，除非合作社将股份全部买下，使合资子公司变为独资子公司。②对于独立收购或独立投资设立的全资子公司，才存在改造的可能。资本主义子公司的合作化改造，蒙德拉贡有好几套方案，不同的方案应用不同的情形。从合作化改造的具体实践来看，全资收购的子公司即使不能直接、即时改造，蒙德拉贡也会在条件成熟时想办法对它进行间接改造。

① 参见“Mondragon：Corporate Management Model，2012，” http：//www.mondragon-corporation.com/en/corporate-responsibility/corporate-management-model/（2018-09-20）。

三　蒙德拉贡对资本主义子公司的合作化改造

蒙德拉贡的全球化扩张战略从20世纪90年代初开始，至今已有30年，通过合资或收购大量资本主义企业成立子公司实现生产经营规模的迅速扩大。[①] 从前文论述可知，只有全资子公司才能被合作化改造，即使是全资子公司也只有少部分接受了工人合作社理念并成功实现了向合作社模式的转变，如前文所述的法布雷克有限公司转制成合作社，还有更多的子公司（绝大多数在海外）无法直接向合作社转变，沿袭了原有的资本主义企业形态。[②] 这些没有转变成合作社的子公司（全资股份制子公司），就会构成对蒙德拉贡基本原则的挑战。蒙德拉贡全球化扩张后，合作社内外都存在质疑的声音，即蒙德拉贡收购或海外设立资本主义性质的全资子公司是否违背了合作社基本原则？因此，这就衍生出蒙德拉贡全球化扩张面临的核心问题：如何在扩张过程中既做到合作社集团规模的扩大、实力与竞争力的提升，同时又不丢失工人合作社的原则和属性？为此，蒙德拉贡在实践中进行了不懈的探索和创新。

（一）直接改造方法：合作化改造

在旗下合作社法格收购国内资本主义企业塔法利亚（Tafalla）的案例中，蒙德拉贡创造了一种全新的改造资本主义企业的方法，这种方法拓展了蒙德拉贡的“制度包容空间”，也展现出了蒙德拉贡全球化扩张时期一个重要的制度变革。

同法布雷克有限公司一样，塔法利亚也是蒙德拉贡在20世纪90年代就已经收购的一家资本主义企业。但是，不同于将法布雷克有限公司直接

---

① 截至2015年，蒙德拉贡总共包含261个合作社和子公司，其中资本主义子公司有128家（占49%，即旗下多数生产经营组织是合作社），即这128家都是没有转变成合作社的股份制企业。参见 http://www.mondragon-corporation.com/en/our-businesses/companies-and-cooperatives/（2018-09-20）。

② 无论是在国内外独资收购企业，还是独立投资建厂，除非收购对象或投资新建的均是合作社，否则最终的产物大多不是合作制的性质，甚至多数就是股份制性质的子公司。

转制为合作社，对塔法利亚的改造面临着工人不接受合作社理念等一系列的改造阻碍。工人不接受一方面是因为他们不了解合作社及其价值追求，另一方面成为社员要投入一大笔股金，这相当于花一大笔钱“买”一份工作，并且投票权还与投入的股金无关，部分工人认为“不值得”，有的工人觉得投资成本与风险太大。2005 年，对塔法利亚的改造通过了一个可行的方案，即将塔法利亚改造成一家“混合合作社”（Mixed Cooperative）。根据《巴斯克合作社法》的定义，混合合作社是指“合作社中一部分成员，其大会投票权可以在一定范围内根据其出资额度决定”（Flecha and Ngai，2014，p. 667）。这一措施的主要目的：一是激励和吸引蒙德拉贡全资子公司雇佣工人对公司投资，促使他们成为公司的股东，进而逐步使子公司变为合作社；二是确保被改造的公司有足够的投资，能正常生产经营（Bretos and Errasti，2016b，p. 3）。尽管可以依据社员出资额度决定其投票权，但为了确保合作社的本质不变，混合合作社还规定“社内至少 50%的全体投票权应属于合作社工人”（刘驯刚，1995a，第 37 页），且“合作社内少数社员联合以独占方式拥有最高不超过 49%的股份”（肖维湘，1995，第 13 页），或者“合作社单个股东投资额可以超过 50%，但享有的投票数不能超过 30%”（国家体改委“股份合作经济和中小企业”考察团，1997，第 54 页）。“在一定范围内投票权可以根据其出资额度决定”，正是这一制度设计，给蒙德拉贡子公司的合作化改造带来了出路。在塔法利亚改造成混合合作社之后，其股权由本合作社成员（即原来的塔法利亚工人）、法格埃德兰·塔法利亚成员[①]以及蒙德拉贡三者共同持有，股权比例为：合作社成员占 12%，法格埃德兰·塔法利亚成员占 60%，蒙德拉贡占 28%（Bretos and Errasti，2016b，p. 8）。由于“投票权可以根据其出资额度决定”，法格埃德兰·塔法利亚成员进行了 60%的股权投资，但投票权有上限（49%）约束。[②] 同样的例子还有蒙德拉贡收购的一家食品加工

① 法格埃德兰·塔法利亚即原来的塔法利亚，收购后改的名，是蒙德拉贡部分成员拥有的企业。这些成员是蒙德拉贡旗下合作社的工人，由于他们是在法格埃德兰·塔法利亚成立后加入的新成员，所以文献中将其称为法格埃德兰·塔法利亚成员。

② 尽管如此，法格埃德兰·塔法利亚成员依然控制着合作社，这就为合作化改造提供了可能。

企业莫蒂食品（Multifood），合作化改造中，蒙德拉贡的一家大型合作社埃罗斯基[①]成员和商业、餐饮合作社奥佐拉贡（Auzo-Lagun）成员共同投资，最终他们占有 62%的股份（Arando，Gago and Kato，et al.，2010，p. 13）。

可见，混合合作社的建立，既缓解了子公司的产生对合作社原则的冲击，又尽可能地遵守了合作社的基本原则。这是一个折中方案，以后要通过股权转让，逐步将蒙德拉贡的控制权、管理权与剩余索取权转移到子公司工人手中，使它逐步成为一个工人合作社。在塔法利亚的改造案例中，根据《巴斯克合作社法》的要求及塔法利亚章程的规定，60%的股权掌握在法格埃德兰·塔法利亚成员手里，但他们行使不超过 49%的投票权，这些新加入成员（蒙德拉贡的工人）的主要任务并不是控制法格埃德兰·塔法利亚，而是与原工人共同生产，通过股权掌握管理权、控制权，进而在生产、经营管理中宣扬合作文化及其价值追求，让原资本主义企业的工人认识到自己拥有企业在经济上、道义和价值追求上是值得的。经过 3 年的合作化改造，有近一半的股权转移到原工人手中，最后在工人共同参与管理的议事中，法格埃德兰·塔法利亚股东委员会（由蒙德拉贡的工人组成，就是拥有 60%股权的新成员+2 名蒙德拉贡的代表组成的委员会）只是派其代表“行使”参会人数的投票权，其投票决策恢复了“一人一票”的核心原则。[②] 在对莫蒂食品的收购中，埃罗斯基和奥佐拉贡是两大股东，但根据《巴斯克合作社法》的规定，埃罗斯基和奥佐拉贡将一半的投票权分配给了莫蒂食品的工人，因此改制为合作社后，社内的工人占据了主要的控制权和剩余分配权（有股权的工人才有剩余分配权）（Arando，Gago and Kato，et al.，2010，p. 15）。

从合作社发展的现实意义来看，引入混合合作社这一制度设计的另一

---

① 埃罗斯基是蒙德拉贡零售业务下最大的合作社，由工人和消费社员共同管理。详见 https：//www. eroski. es/（2018-10-01）。

② 以塔法利亚的股权结构为例，我们可以做如下假设：塔法利亚在重要事项上进行会议表决且参会共 10 人，工人代表 5 人，蒙德拉贡代表 2 人，法格埃德兰·塔法利亚只派代表 3 人。根据股份制企业的运作逻辑，法格埃德兰·塔法利亚的与会代表可以占到 6 票，但实际上他们只根据参会人数投 3 票。其目的就是要弱化资本的话语权而强调劳动在控制与管理企业中的重要性，即管理中逐步体现对劳动的民主。

个重要原因，是合作社发展过程中可能会面临一系列的问题，典型的问题如合作社生产经营或转型中存在融资困难。[①] 这种资金缺口常常无法通过合作社的传统渠道[②]填补，因此合作社不可避免地需要引入外来的资金供给者（这些资金供给者可以是其他合作社甚至是第三方机构和个人等），而“合作社单个股东投资额可以超过50%”“在一定范围内投票权可以根据其出资额度决定”等规定为吸引外来投资铺平了道路。通常意义上，外来资金供给者一般是蒙德拉贡内部的其他合作社，但现在有更多的外部非社员个人或第三方机构、组织加入（能降低蒙德拉贡旗下合作社的投资风险与成本）。不论是蒙德拉贡内部的其他合作社，还是外部非社员个人或第三方机构、组织，尽管它们提供大量资金，但是它们的控制权（或说投票权）均被明确控制在一定的范围内（表明相对于劳动，资本仅属于从属地位）。

混合合作社的制度设计为子公司合作化改造（相当于原资本主义子公司产权所有者范围向企业内部工人转移、拓展）铺平了道路：一方面激励和吸引子公司工人对公司投资；另一方面可以使得蒙德拉贡及其旗下的合作社通过股权控制实施合作化改造。同时又为发展中的合作社，包括改制后的合作社吸收更多的外部生产要素，特别是关键生产要素，如资本、关键技术等提供了方便。这是因为要吸收更多的生产要素，就需要拓展合作社所有者范围，而混合合作社的制度设计为吸收更多、更广泛的所有者（相当于合作社所有者范围向合作社外部拓展）铺平了道路。

（二）间接改造方法：企业管理模式、成员借调与临时社员

构建混合合作社尽管是一种有效的改造手段，但从合作社子公司的改

---

① 比如合作社内部工人不愿成为成员并为此提供资金、资本驱动型的制造业自身要求提供大量资金以开展生产经营活动等。此外，由股份制企业转型为合作社，原来的融资渠道或方式不可用，也会造成资金短缺。

② 传统的渠道主要是依靠工人缴纳的入社费或户头中社员的盈余返还，另一种获得资金的渠道是通过蒙德拉贡自有的合作银行，但当贷款额占合作社总资产的比例较高时，为控制风险，合作银行也不会提供资金。

造实践来看，并不是所有的子公司改造都适用于该方法。因此，除该方法外，蒙德拉贡还尝试了一种非直接组织制度改造的方法，即利用合作制企业管理模式[①]（Corporate Management Model，简称 CMM）将合作社的价值理念移植到子公司里，对子公司进行合作文化、合作理念及价值追求的熏陶以备后来进行改造。这与直接组织制度改造方法不同，蒙德拉贡工人不投资，也不加入将被改造的股份制企业，但对被改造对象进行合作理念、文化、价值追求及合作社生产经营管理教育等是相同的。

蒙德拉贡官方网站上将企业管理模式描述为："在合作社原则、价值追求的教育与指引下，逐步使工人们联合起来共享资源、共同参与合作社的民主管理。在团队精神的支撑下，工人组成合作联合体，在合作精神的鼓舞下共同发挥对合作社的领导力，进而实现个体与集体的联合发展。"[②]换言之，这个模式只是为合作社的发展提供了一套指导方针而不是一套具体的操作方法。这是因为，一方面，蒙德拉贡是一家合作社集团，旗下大型合作社很多，子合作社的发展具有多样性，各子合作社可以根据内外部情况，灵活地决定何时、如何改造其子公司，不可强求统一；另一方面，合作社全球化扩张速度也很快，每个合作社子公司又有自身的特殊性。因此，要想实现对子公司的改造，就必须因地（时）制宜、因势利导。因地（时）制宜的依据就是合作社原则，而企业管理模式就是基于蒙德拉贡的合作社原则，将合作文化及合作社的基本管理、经营运作模式、理念等适时传输、渗透给合作社子公司。可见，企业管理模式的应用本质上是在直接改造不适合的情况下，通过潜移默化地间接移植合作社原则、合作文化等实现对子公司性质改造的一种间接手段。以屋玛旗下子公司屋玛建筑有限公司（ULMA Construction）[③] 的改造为例，基于企业管理模式的核心理

---

① 这里需要说明的是，蒙德拉贡将其合作社内部的管理模式称为"Corporate Management Model"，但实际上从该模式构建的基础来看，它建立在合作社基本原则的基础上，所以更应该称之为合作管理模式（这种管理模式反映了每一位社员均享有平等的合作社管理权，体现了合作社在管理制度上对劳动者的民主）。但从官方提供的文件出发，此处将其译为企业管理模式。

② 参见"Mondragon：Corporate Management Model，" http：//www.mondragon-corporation.com/en/corporate-responsibility/corporate-management-model/（2017-09-20）。

③ ULMA Construction 是一家主要生产建筑材料的公司。

念，通过定期或不定期培训，将合作文化、价值追求、管理经营方式等知识引入子公司并加强对子公司工人的熏陶，从而使工人对合作社的经营理念产生兴趣，构建合作社，实现改造资本主义企业的目的；同时加强与工人的沟通、交流，循循善诱地引导工人参与企业民主管理，进而引导他们成为企业的所有者等。通过这些间接办法（直接改造法有时会引起子公司工人们的反感甚至抗拒），蒙德拉贡循序渐进地将其管理、教育机制延伸到子公司，对子公司工人进行思想教育，克服子公司里工人自身的认识“局限性”，最终实现对子公司的改造。

除了企业管理模式之外，蒙德拉贡还利用“成员借调”（Seconded Members）制度对合作社子公司进行合作化改造。成员借调的基本含义是：母合作社派遣社员去子公司充当社员（不投资子公司，但作为收购方——蒙德拉贡的代表参与子公司的管理），随着子公司的不断发展，工人们逐渐接受合作思想与文化，以及合作社的生产运作与管理、经营方式等，并在工人中的社员比例稳步提高时，再慢慢地将母合作社社员调回原合作社。1998 年，巴斯克本地的一家合资子公司 FIT Automoción 的基本组成是：蒙德拉贡和法格各占 33%的股份，德国公共有限公司（German Public Limited Liability Company）占 34%的股份。[①] 2002 年，蒙德拉贡购买了德国公共有限公司 34%的股份，将 FIT Automoción 变成了它的全资子公司。2006 年，利用成员借调制度，蒙德拉贡将 78 名工人骨干调往被改造的子公司，对它实施合作化改造（Bretos and Errasti，2016b）。蒙德拉贡旗下奥索兰（Ausolan）于 2016 年收购一家智利公司（Genova Servicios Gastronomicos）60%的股份从而控制该企业，并通过成员借调制度对该企业进行合作化改造。[②] 类似的改造在其他子公司，如 Victorio Luzuriaga Usurbil 也有，此处不再赘述。

蒙德拉贡对子公司合作化改造的第三种方法是，设立“临时社员”身

---

① 参见 “Mondragon Annual Report 1998,” http：//www.mondragon-corporation.com/wp-content/themes/mondragon/docs/eng/annual-report-1998.pdf（2017-09-20）。

② 参见 “Mondragon Annual Report 2018,” http：//www.mondragon-corporation.com/en/about-us/economic-and-financial-indicators/annual-report/（2019-08-21）。

份。随着蒙德拉贡海外扩张以及子公司、混合合作社等不同于传统合作社的新型组织结构的出现，工人成员身份资格产生了新的变化，即企业组织制度层面的变化决定了工人身份资格的变化。具体而言，由于工人合作文化、思想意识形态等方面的异质性，部分工人很难成为正式股东成员①，进而这些工人就可先成为“临时社员”（Arando, Gago and Kato et al., 2010, p. 32），即出现了“过渡身份”的成员。“临时社员”是在《巴斯克合作社法》下通过的一种新型成员身份资格。在绝大多数权利上，临时社员都同正式社员一样，如在个人薪资的基础上参与合作社的剩余分配，参加选举和被选举、投票决策和在合作社供职等。区别在于他们没有足够的职业安全感（指的是工作的稳定性）。相比于正式社员，临时社员的身份最多可以持续5年。另外，临时社员的入社费只是正式社员的10%（Arando, Gago and Kato et al., 2010, pp. 32-33）。因此，从临时社员这种成员身份来看，它往往意味着，当合作社面临危机时，临时社员更有可能成为合作社的“牺牲对象”，而正式社员几乎不可能被合作社解雇。“临时社员”的设立主要是让那些犹豫不决的，或处于观望状态的子公司工人们有机会体验正式社员的权益，不仅让他们深入了解合作思想、文化及价值追求，而且让他们身临其境地切身体会合作社这一特殊企业是如何实施民主管理、收益劳动者共享的，更重要的是让他们能确实获得当家做主后的收益，获得占有自己剩余劳动的满足感，实现激励相容以巩固和强化合作化改造。

（三）合作化改造的困境

从蒙德拉贡对子公司的合作化改造方案可见，子公司的合作化改造

① Whyte 和 Blasi 在《工人所有权、分享与控制：一个理论模型》（Worker Ownership, Participation and Control: Toward a Theoretical Model）一文中指出（1982, p. 14）：资本主义企业改造为工人合作社，“在所有权转变的那一时刻，在工人获得企业所有权的最初几个月里，企业里总是充满着非常欢欣鼓舞的热烈气氛。但几个月过去后，我们发现一种不满的情绪开始蔓延，有时还会出现严重的对立与冲突。”他们与许多引用者、研究者均认为，这是工人没有能力或不适应自我管理造成的，而笔者认为这一现象的产生是资本主义制度造成的。此外，成员异质性困扰子公司的合作化改造同样也是由资本主义社会造成的：资本主义各类市场，特别是资本市场没有为合作化改造提供制度空间，导致成员异质性困扰合作化改造。

是蒙德拉贡一直关注的核心问题，实践中蒙德拉贡尝试了各种方法，成功的案例不多，且主要分布在西班牙国内（其中有西班牙政府在政策上的支持），而在国外，合作化改造困难重重。蒙德拉贡收购的大部分子公司在国外，这意味着对子公司的改造将不再是国内问题，它将更多地受到子公司自身因素及子公司所在国环境因素特别是所在国相关法律制度的影响——这是导致合作化改造困难的最重要原因。此外，还有子公司自身的原因。

从子公司自身因素来看，主要是在资本主义社会经济环境下，公司工人思想意识、价值观等难以转变，进而给合作化改造带来障碍。合作化改造实践中，能认同或接受合作思想、文化及价值追求的工人并不多，主要是在合作文化、思想意识形态等方面存在高度异质性，许多工人很难接受合作思想、文化，许多管理者也不理解，进而不愿意接受合作社特殊的管理模式①，他们很难成为股东成员。

子公司自身因素的第二个方面是子公司工人常常觉得合作化改造无利可图。子公司工人购买产权成为股东，意味着花费一大笔钱“买”一份工作，直观的经济利益是工人首先关注的。蒙德拉贡海外子公司 Fagor Ederlan Borja 的工作人员提道：“因为他们只与通用汽车合作并为它提供单一产品的生产制造，这就阻碍了他们开展合作化项目，因为合作社业务单一导致他们面临巨大的不确定性，在收益有限的情况下还面临巨大的风险”（Bretos and Errasti，2016b，p. 1）。在权衡利弊后，许多工人不愿意投资成为社员。背后的根本原因还是缺乏合作精神、文化和价值追求的教育、熏陶，对合作社缺少认同感。

从子公司外部环境因素来看，由于蒙德拉贡的子公司大多以股份制企业的形态运作且大多在海外，而大量的临时社员也主要在这些海外子公司里。因而，对海外子公司进行改造，既是对海外临时社员的改造，也是合

① 一位曾经任职于合作社的美国经理陈述道：“当工厂房顶积满厚雪时，我会组织一些人去铲雪。但是在合作社时要用五天时间去讨论清扫房顶积雪的问题，可是在第四天雪已经融化了”。这可能是一个玩笑，但它在一定程度上反映了经理们不理解合作社。引自 Bellas（1972，p. 41）。

作社在适应海外国家环境的基础上进行的合作化改造。西方学者认为外部困难来自四个方面：利润、立法、文化、归属感（Storey，Basterretxea and Salaman，2014）。这四个方面的原因决定了合作社对海外子公司的改造存在障碍。

①利润，即子公司改造成合作社对于母合作社工人而言必须有利可图。因为作为股东，蒙德拉贡的工人投资子公司进行合作化改造一定要有利可图，否则他们不会选择进行合作化改造，甚至都不会购买或投资设立子公司——部分研究者将这称为“集体的自私”（Collective Selfishness）（Kasmir，2016，p. 113）。但笔者认为这无可厚非，在当今资本主义激烈的市场竞争中，蒙德拉贡首先要保证能生存，才能将合作社这一生产经营组织形式传续下去，一味地合作化改造而不顾成本、风险与收益，合作化改造将是不可持续的，甚至会危及蒙德拉贡主体。

②立法。许多国家没有适用于合作社发展或合作化改造方面的相关立法，这意味着合作社子公司的改造根本不具可行性。法格的高管曾提道，在巴西的子公司里推行合作化改造和合作社的建设是一件非常困难的事。因为巴西的法律体系与西班牙有着极大的不同，在巴西当地推行合作化项目或进行合作化改造，制度空间太小。首先，“由于巴西属于联邦制国家，除了联邦统一法律外，每个州和市都有自己的法律，法律体系复杂、法律规定繁多且时常修订”。其次，在具体的企业投资问题上，“外国投资者可以将自己的技术、方法和商标与当地的知识及在巴西的合作者的组织结构相结合，这种结合的结果是形成企业联合体，但它没有法人资格，其成员只需承担各自相应的义务，不视为一个整体”；在巴西也可以成立企业联盟或是合股公司，“它指多家企业为了发展特定事业而组成的联盟。联盟乃是两个或更多的独立企业组合，而不失原有的各自自主性和其法人资格。但这种类型的组合有签订合约，但不具备法人资格。所以，所有签订联盟的公司只遵从所定立的条款，各自对其义务负责”。此外，还有一些相对特别的劳工法律，如“企业雇员中应当有5%～15%的学徒工，以保障年轻人就业；超过100人的公司，要雇用2%～5%的残疾人”等。这些法律间接表明，在没有相关合作社立法支持及对外资

参与存在诸多限制的情况下，蒙德拉贡在巴西的投资只能独资建厂或简单地采取同当地资本主义企业合资建厂。[①]

③文化。许多子公司所在国传统文化中没有合作思想，合作社及其相关知识、文化、价值追求等对于它们来说是舶来品，即子公司工人缺少外部合作文化、合作精神与价值追求的教育或培训。许多外国子公司工人不了解甚至从未听说过工人合作社，更没有在合作社中工作的经历，这种合作文化、合作精神的缺失也导致合作化改造面临重重困难。Bretos 和 Errasti（2016b，p. 10，p. 12）针对昆山汽车零部件公司里的中国工人，论述道：

> 他们以前没有接受过合作训练……对管理公司的能力存有自我质疑，不习惯集体决策，只做上级主管吩咐的事情。

> 中国工人不习惯在集体中做决策的工作方式，因此他们更加不能理解为什么要将自己的资金投入，将公司转变为工人民主控制的合作社。

可见，文化差异以及合作文化、价值追求的教育、培训缺失导致蒙德拉贡在中国开展的合作化困难重重。

④信任关系（归属感）。由于海外子公司工人在文化、信仰、习惯等方面的差异，再加上资本主义制度方面的原因，蒙德拉贡成员与海外子公司的工人异质性很强，蒙德拉贡的成员与子公司的工人相互间不易建立信任关系，因此外国子公司的工人在合作社集团中并不像母合作社成员那样有集体归属感，子公司工人认为他们得不到蒙德拉贡的信任，因而不愿意拥有子公司的所有权。以蒙德拉贡旗下法格埃德兰·塔法利亚的成员为例，他们认为子公司那些签订合同的雇佣工人合作意识、价值追求与他们

---

① 参见 1998～2016 年版 Mondragon Annual Report（http://www.mondragon-corporation.com/en/about-us/economic-and-financial-indicators/annual-report）以及《企业境外法律风险防范国别指引（巴西）》（经济科学出版社，2013）中的第 39、第 119～121、第 169 页。

不同，不会投入太多的财力、精力到合作社，因而子公司是属于他们这些拥有合作社产权的成员的，而不属于那些雇用的合同工人，这种不信任也会传染给子公司工人，进而他们不愿意成为子公司的股东。这一原因决定了蒙德拉贡的很多海外子公司只能转变成混合合作社，甚至就以其原本的股份制企业形态运作，这也解释了为何蒙德拉贡旗下仍有 100 多家海外子公司无法进行合作化改造。

合作社子公司和混合合作社的出现，是蒙德拉贡在全球化下最重要的制度变革，成员身份资格变化则是伴随产物。混合合作社的创建，一定程度上解决了蒙德拉贡在合作化改造上的难题。换言之，混合合作社是蒙德拉贡在全球化扩张后，在组织制度层面上呈现的最重要的新特点之一。分析混合合作社的组织制度，我们可以发现如下两点：①蒙德拉贡工人对合作社的控制权没有丧失，依然可施加民主管理，这意味着蒙德拉贡的合作社属性没有改变；②合作社资金构成开始复杂化，特别是德拉贡旗下的混合合作社，非工人社员（即投资者成员）和外部机构投资者的出现，合作社的资金来源日趋社会化，也意味着合作社成员的日益社会化。

换言之，混合合作社的组建已经开始表现出合作社产权社会化的特征，这是工业生产社会化驱动下的必然选择。同样，许多子公司由于条件不成熟无法改造，甚至转化为混合合作社都很困难，但它们在蒙德拉贡旗下的出现同样也是工业生产社会化驱动下的必然选择（这里仅从生产力视角考察），表明蒙德拉贡产权关系社会化程度的进一步提高，即不仅仅是工人社员，社会上更多的个人、组织、机构，甚至资本主义企业可以按照合作社允许的方式获得其子公司的产权。同时，诸多子公司的存在意味着蒙德拉贡拥有了更多的外部融资手段（蒙德拉贡收购上市股份制企业相当于“借壳上市”融资），这些子公司为合作社的生产经营及未来发展提供了重要助力（还包括技术等蒙德拉贡稀缺的要素）。众多的合资收购、兼并以及投资建厂表明，合作社的所有者及资金来源呈现复杂化、社会化的趋势。此外，伴随子公司的出现，蒙德拉贡将更多的资源联结在了一起，合作社生产经营活动的社会化程度日益提高。

从蒙德拉贡的全球化扩张结果来看，至2016年底，其生产经营活动已涉及工业、零售、金融、教育四大领域，总共包含261个合作社以及合作社子公司①，生产范围覆盖全球5大洲，在全球范围内设有128家子公司及9个办事处②，总计有74335名员工。从其代表性的工业生产领域来看，年销售总额为50.95亿欧元，其中国内销售额14.85亿欧元，国外销售额36.1亿欧元，经营销售职工32925名，投资项目209个。③ 表1-1中我们已经列出了国际合作社联盟统计的全球排名前10的工人合作社的发展概况，蒙德拉贡的发展实力远超后面9家工人合作社。表4-3则列出了蒙德拉贡从1996年到2009年，合作社内的劳动力人数、总收入、投资、盈余等方面的数据（以1996年不变价格计算）。结合表4-3的数据来看，蒙德拉贡这些反映合作社发展概况的主要指标在这十余年虽有波动，但总体都呈现稳步增长之势。

表4-3 蒙德拉贡发展概况（1996~2009年）

年份	劳动力人数（人）	总收入（百万欧元）	投资（百万欧元）	盈余（百万欧元）	合作基金（个）	工人所有权占比（%）
1996	31963	3786	271	216	—	—
1997	34397	4368	378	314	—	—
1998	42129	5348	425	414	—	—
1999	46861	6274	522	362	—	—
2000	53377	7065	738	367	—	—
2001	60200	8106	872	335	—	—
2002	66558	9232	683	370	—	—
2003	68260	9655	847	410	35	—
2004	70884	10459	730	502	42	—
2005	78455	11859	866	545	52	90.50

① 其中包括101家合作社、128家子公司，以及32家其他实体组织（主要为分布在海外的合作社研发中心、互助组织、基金会、国际服务公司等）。

② 9个办事处分布在巴西、中国大陆、印度、俄罗斯、中国台湾、越南、墨西哥、美国。

③ 数据来源：http：//www.mondragon-corporation.com/en/our-businesses/companies-and-cooperatives/。

续表

年份	劳动力人数（人）	总收入（百万欧元）	投资（百万欧元）	盈余（百万欧元）	合作基金（个）	工人所有权占比（%）
2006	78455	13390	1243	677	59	91.90
2007	93841	15056	2809	792	67	91.40
2008	92773	15584	1324	710	72	92.30
2009	85066	13819	378	610	38	92.60

资料来源：1996~2009 年版 Mondragon Annual Report 以及 Åsheim（2011）中的第 42 页。

截至 2018 年底，蒙德拉贡在海外已有 141 家子公司，员工总数超过 14400 人。同时，设施不断地改善，新产品和新服务领域不断开发。尽管 2018 年全球金融业面临不利条件，但蒙德拉贡劳动人民银行仍获得了 1.337 亿欧元的综合税后利润，较 2017 年增长 10.06%，偿债能力增加并且违约率不断下降。2018 年全球经济增速为 3.6%，较 2017 年下降 0.2 个百分点。2018 年是美国实施贸易保护主义不断升级的一年。发达经济体增长 2.2%，较 2017 年回落 0.2 个百分点。在这样的全球经济背景下，蒙德拉贡的总销售额达到了 5922 亿欧元，较 2017 年增长 6.8%，员工总数为 39723 人。国际销售额为 404.1 亿欧元，较 2017 年增长 4%。其中，在法国国内的销售表现依然良好，较 2017 年增长 11%，达到 18.81 亿欧元。在盈利能力方面，2018 年的净利润为 2.3 亿欧元，与 2017 年持平。工业生产部分的营业利润达到 1.636 亿欧元，较 2017 年增长 19.1%，占销售额的 3.48%，较 2017 年增长 0.61 个百分点。利润的上升主要是各种技术开发提高了生产及经营管理效率，包括价值链和物流技术；同时，海外投资设立的独资或合资企业、合作社也为利润的上升做出重要贡献，当然还必须注意到工人对蒙德拉贡生产经营的高度承诺也是促使利润上升的一个重要原因。在就业方面，2018 年蒙德拉贡工业部门平均就业人数达到 38722 人，其中国外合作社生产岗位 14455 人。一年来为社会创造了 1702 个工作岗位，本地 772 个、海外 930 个。2018 年的工业生产部门投资 3.04 亿欧元，主要用于启动新的生产工厂和提高工艺效率以获得竞争力。持续的盈利，能使蒙德拉贡不断关注技术创新：在所有 15 个专攻各种技术研发的中心以及蒙德拉贡大学，2018 年的技术创新支出为 1.75 亿欧元，以保证蒙德拉贡持续的竞争力。在培训方面，2018 年划拨了 860 万欧元，1482 人接受了合作培训，700 名管理人员接受了领导能力和团队合作培训，不但巩固和强化了合作价值追求、思想信念，而且提高了基层管理及相关工作人员的专业技术水平。最后，在合作社的社会责任和保护环境方面，2018 年底合作社已获得 75 个环境管理 ISO 14001 认证，所涉及的产品的销售额占蒙德拉贡总销售额的 65%以上。此外，一些合作社已经支持 SR10 等社会责任标准，这表明它们在努力遵守可持续发展目标，服务社会，致力于创造更美好的外部环境。[①]

部分西方学者认为，蒙德拉贡收购或海外独资设立资本主义企业作为自己的子公司是对合作社原则的背叛。但事实上，无论是收购资本主义企业还是海外独资建厂，蒙德拉贡都是在灵活坚持合作社原则的基础上，尽量去对合作社子公司进行改造。对于子公司，能直接改造则直接改造，若不能，则寻求新的办法，如建立混合合作社、移植蒙德拉贡的管理模式或成员借调、设置“临时社员”身份等方式。在实在没有改造条件的情况下，则选择先暂时按照股份制形态运行，待各方面条件成熟之后，再行改造。但是，无论是改造成合作社、混合合作社还是不改造等待时机成熟，对于蒙德拉贡来说，首要考虑的都是自身在全球激烈市场竞争下的生存能力、实力与持续发展力的提升。

如今，蒙德拉贡的合作社形态既不同于传统的工人合作社，也非西方部分学者批评的那样，是向资本主义企业的退化甚至是背叛，而是一种全新的合作社发展模式。这一发展模式是由合作社发展演进内在规律决定的，它在资本主义市场竞争中必然会出现。事实上，蒙德拉贡在全球化下的变革并非背叛合作社原则与否的问题，也并非真假合作社的问题[②]。那么，全球化下蒙德拉贡为什么会产生这样的变革？其变革的本质及变革背

---

① 数据来源：2016~2019 年版 Mondragon Annual Report（http：//www. mondragon-corporation. com/en/about-us/economic-and-financial-indicators/annual-report/）。

② 罗虚戴尔公平先锋社原则能成为 ICA 认可的合作社基本原则并在世界范围内推广，是因为它们具有最高的效率，能最大限度地改善成员的生存状况。罗虚戴尔公平先锋社原则成为合作社构建的基本原则实际上是市场效率选择的结果，即“胜者为王原则”，从这个意义上说合作社并不存在真假的问题，只存在哪一种模式更有效率、更能适应环境的问题。所以，合作社真假之辩实际上是一个伪命题，缺乏对合作社产生、发展历史事实的基本认识，把问题问错了。

后的动力机制、规律是什么？对资本主义子公司合作化改造的本质是什么？为什么合作化改造推进很困难？现象背后的深层原因是什么？合作化改造困难会不会最终使资本主义制度逐步侵入蒙德拉贡主体而使其变异为资本主义企业？或者说蒙德拉贡全球化战略所导致的一系列变革最终会使它嬗变为资本主义企业吗？显然，要想回答这些问题首先要从蒙德拉贡产生、发展及演进的本质谈起，进而才能深入解析内外部情况变化特别是外部冲击对合作社发展所产生的影响。

四 蒙德拉贡产生、发展与演进的本质[①]

关于合作社的产生与发展，学术界主要有两类分析范式：马克思主义制度经济学和西方经济学特别是新制度经济学分析范式。新制度经济学从交易费用-收益的视角研究企业的产生、发展问题，他们认为工人合作社本质上也是一类企业，工人合作社的产生源自“降低交易费用的冲动”，并进一步将交易费用-收益分析方法用于说明合作社组织的发展与演化问题。但通过回顾蒙德拉贡产生、发展的演变历史，不难发现西方经济学（特别是新制度经济学）对合作社产生、发展的解读并不符合历史事实。

①工人合作社为什么出现在资本主义社会工业革命之后，而没有出现在奴隶社会和封建社会？后两个制度下手工作坊的劳动者同样也需要降低交易费用。[②] 从蒙德拉贡产生、发展、演进的历史来看，合作社是在生产力发展到一定阶段时才出现的。在生产力水平相对落后的阶段，劳动者只会以工场手工业的形式组织生产，它是生产关系适应当时生产力的表现。在资本主义市场经济逐步确立的阶段，工业生产技术的发展促进了生产力的大幅提升，此时工人合作社才出现。因而，是特定阶段的生产力发展水平决定了劳动者组织生产经营活动的组织形式。

②新制度经济学理论在市场经济条件下提出合作社与市场可以互相代

---

① 参考娄锋（2017，第123~136页），有重要更新与修改。

② 这说明工人合作社的出现与工业生产力水平密切相关，具体来看在是资本主义工厂制度和信用制度产生之后出现的。

替。但是从前述工人合作社产生与发展的历史事实来看，合作社几乎与市场经济同时出现，是资本主义市场经济的产物。实际上，工人合作社是资本主义制度下，工人阶级为反抗资产阶级的剥削与压迫，在资本主义市场经济中或者说利用资本主义市场经济自主改善自身的生存状况而构建的，可见工人构建合作社绝不是“在一个没有合作社存在的市场中，当内化市场部分功能的合作社内部交易能降低工人在市场中的交易费用时，合作社才会被构建”。

③工人合作社是为了节约交易费用而产生的，但合作社首先是进行生产的组织（蒙德拉贡成立之初就是一家制造煤炉的工人合作社），为什么合作社偏偏要节约交易费用，而不节约生产费用?[①] 新制度经济学称，工人担心其专用性资产投资被合作伙伴的机会主义行为“套牢”，为降低交易费用，工人们组建了合作社。既然如此，单个工人可以从原材料采购到加工直至销售完全自己处理，这样交易风险为零！但事实是显然不能，因为在激烈的市场竞争中为了生存与发展，就必须提高生产经营效率，就必须进行专业化分工协作（分工协作能提高生产经营效率是马克思主义经济学和西方经济学均认可的、不争的事实）。工人合作社实际上是工人们通过专业化分工协作而组织起来的特殊企业，他们的目的是拥有自己的企业，从而可占有自己创造的剩余劳动，进而改善自身的生存状况。由此可见，工人构建合作社首先是通过专业化分工协作提高产品的生产效率和市场竞争力，或者说首先是为了生存。这样看来，工人构建合作社首先是通过专业化分工协作降低生产费用和提高竞争力，而不是担心合作伙伴的机会主义行为，即在“担心合作伙伴的机会主义行为”时，合作社早已产生。

④新制度经济学理论认为，为降低交易费用和风险，合作社内化了市场的部分交易，占据了市场的业务，因而两者存在着此消彼长的关系——这与前述历史事实不符。历史事实是：工人合作社总是伴随着市场经济、商品经济的繁荣而兴旺发达（蒙德拉贡近 30 年来的飞速发展就得益于经济全球化），并不存在此消彼长的关系。随着合作社的产生和发展，不仅市场交易

---

① 从工人合作社产生、发展的历史事实来看，分工协作后，部分工作，特别是工业生产经营流通领域的工作分离出去，工人们得到合作社的专业服务而节约生产费用，集中精力专注一线生产，提高了生产效率。

在内容、形式和总量上没有减少，反而大大地拓展了，这说明合作社和市场之间不是替代、排斥关系，而是相互刺激、促进，共同发育、发展的关系。

⑤新制度经济学交易费用理论既用来解释工人合作社的产生，同时也用来解释工人合作社为什么会转变为资本主义企业，既然是交易费用居高不下导致合作社转变为资本主义企业，那怎么又会称合作社是降低了交易费用的产物？由于分析范式存在严重缺陷，交易费用理论分析的结果存在严重的内在逻辑矛盾。

从生产经营组织的演化历史来看，蒙德拉贡作为一家工人合作社，它的出现本质上是生产力发展到一定水平的产物。在生产力落后的时代，劳动者采用的都是小作坊、个体式、独立的生产模式，这种低水平的小生产模式决定了劳动者不可能有建立合作社的动机，因为没有必要也无能力构建劳动联合生产组织。因而，蒙德拉贡等合作社的产生，最重要的原因在于生产力的发展。这具体表现为，工人的生产力水平决定了工人的生产方式，进而决定了他们的生产经营组织形式。新制度经济学的“交易费用起源说”忽略了生产技术因素，将合作视为没有生产方式差异的交易或博弈模型，从而就只能基于成本（风险）-收益比较视角分析合作的产生与发展，这是因为新制度经济学分析范式本质上是否定科学技术对经济组织发展演进的决定作用，这显然与历史事实不符。

关于企业或生产经营组织的产生，马克思曾进行过深入、细致的研究，得出了理论逻辑与历史逻辑相统一的科学结论。在《资本论》第一卷，马克思将企业定义为一种在统一指挥下，劳动者按既定要求，通过分工协作而建立起来的联合性生产经营组织，“工人在同一个资本家的指挥下联合在一个工场里，产品必须经过这些工人之手才能最后制成……他们在那里同时协力地进行劳动……以后，马车生产逐渐地分成了各种特殊的操作，其中每一种操作都固定为一个工人的专门职能，全部操作由这些局部工人联合体来完成。”[①] 并指出企业同时包含着生产力和生产关系两个方面，企业是生产力和生产关系的矛盾对立统一体，但企业首先是生产力发

① 马克思：《资本论》（第1卷），人民出版社，2004，第390~391页。

展的产物（从分工-协作的层面来看，企业是生产力发展的产物），生产力在企业发展中起主导作用，同时企业又体现着一定社会制度下的生产关系（从产权-利益的层面来看，企业可视作生产关系演进的产物），这种生产关系对生产力发展具有反作用，但该作用处于从属地位。从生产力与生产关系对立统一、矛盾运动的视角来看，企业既然是生产力和生产关系的矛盾对立统一体，那么说明企业还是生产力与生产关系矛盾运动的产物。随后，马克思还将这种矛盾运动置于社会经济发展的历史进程之中进行动态分析，指出企业的产生、发展及演进还受制于它所处的社会总体生产关系的性质（马克思曾以资本主义、社会主义企业为例进行了详细分析），而社会总体生产关系的性质又受制于社会生产力的变化。最后，在企业生产力与生产关系的矛盾运动中，体现出企业生产社会化的趋势。①

由于马克思将企业视为一种在分工基础上构建起来的、群体性协作的生产经营组织，即在一般意义上定义企业并进行研究，因而他对企业产生及发展的理论同样适用于合作社。

（一）生产力的视角：分工协作的结果

在资本主义企业中，工人在资本家及其代理人的控制与指挥下，通过分工协作完成生产，这一提高劳动生产率的生产方式要远远胜过手工业者各自独立的、手工作坊式的生产方式。随着分工协作的不断深入发展，工人的生产效率会得到进一步提升，而工人遭受资本家的压迫与剥削也会日益加深。因此，工人内在地有摆脱资本家剥削和压迫的需求，而单个工人手工作坊的生产经营效率太低，因此不可能再退回到手工作坊，工人们需要联合起来，进行专业化分工协作以提高生产力水平从而适应激烈的市场竞争。而这时（资本主义社会还处于资本积累时期，对工人的剥削和压迫极端残酷，同时工厂制度与信用制度确立，市场经济逐步走向成熟），合作制原则出现。由于合作制遵循劳动者拥有企业、民主管理企业和劳动者按劳分配的原则（意味着劳动者可完全占有自己的剩余劳动），该原则非

① 参见《资本论》（第1卷）第十一、第十二、第十三章。

常适合基于工人摆脱资本家剥削和压迫而构建自主、独立生产经营组织的要求，因而合作制很快被工人接受并引入工业生产领域，工人按合作制原则构建合作社，在合作社内进行专业化分工协作完成产品生产。[①] 这证明了即使在没有资本家的情况下，工人基于合作制原则，通过专业化分工协作也能构建企业，进行产品生产。马克思曾指出“由于社会的必然性，在合作制成为势在必行的地方就出现了工厂。由于谁也不能单独生产出任何东西，于是就使得合作制成为一种社会必然性。”[②] 这表明，当条件成熟时，工人基于合作制下的分工协作就可构建起合作社，工人作为联合体成为自己的资本家，并基于民主制度实现自我监督与管理。蒙德拉贡产生、发展的历程也佐证了，工人合作社是工人为了摆脱资本家的剥削和压迫，并使这一目标得以实现，为提高生产经营效率而在合作制原则的基础之上，通过专业化分工协作组织起来的企业。

蒙德拉贡中的工人社员既有来自资本主义企业的工人，也有来自手工作坊的劳动者。相对于资本主义企业内的工人，社员摆脱了剥削和压迫，占有了自己的剩余劳动；相对于手工作坊，以分工协作为特征的合作社显示了其巨大的经济性。工业生产中的各道工序原来是由手工作坊家庭中任一成员担任（从事什么工种往往是临时性的，由于人手少、产量低，没有必要也不可能进行专业化分工），而现在由合作社内的专业技术工人完成；同时合作社的管理以及产、供、销等服务工作也分离了出来，由合作社专业人员完成，这些服务工作原来是由作坊家庭任一成员担任，而现在由工人拥有的合作社聘请专业技术人员完成或者由工人中拥有这方面禀赋（如生产技术、信息、管理能力等）的人脱离一线生产而专一从事，大大节约了生产经营成本[③]，可以获得分工、协作的规模效益。经过分工协作后，一线工人可集中资源（精力、技术等）专一从事某道工序的生产，工人的专业性技术逐步熟练和精湛，同时专业化的工具、设备、设施等也能得以广泛使用。分工协作

① 这说明工人合作社的出现首先是生产力的产物，其次才是合作运动的产物。

② 《马克思恩格斯全集》（第16卷），人民出版社，1964，第648~649页。

③ 即降低了合作社生产经营的“交易费用”，可见降低这些“交易费用”是合作社产生的结果而不是其产生的原因。

实现了劳动者运用专门化工具、基于专门技术进行联合生产，这极大地提高了合作社的生产经营效率，也极大地提高了工人的劳动生产率，进而提高了收益（合作社的制度安排保证了收益全部归劳动者所有）。

马克思从九个方面论述了分工协作对提高劳动生产率的作用：一是分工协作可以使相互间的劳动差别抵消，形成社会平均的劳动；二是分工协作可以使生产资料因共同使用而得到节约；三是分工协作不仅提高了个人生产力，而且创造了集体力；四是分工协作引起竞争心和特有的精力振奋，从而提高了个人工作效率；五是分工协作可以使许多人的同种作业具有连续性，从而提高劳动效率；六是分工协作可以同时从多方面对劳动对象进行加工，从而缩小工时；七是分工协作可以集中力量在短时期内完成紧急任务；八是分工协作可以扩大劳动的空间范围；九是分工协作可以集中劳动力以缩小生产场地，从而节约非生产费用。[①]

当前的蒙德拉贡已经是一家高度专业化分工的工人合作社集团，这种高度专业化的分工决定了它是当今世界最成功的工人合作社。随着市场竞争的不断加剧，蒙德拉贡需要不断扩大生产经营规模，实现规模经济以降低单位产品生产成本，提升竞争力。生产经营规模的扩大会进一步深化合作社内的分工协作，即合作社内生产链上的工序需要不断细分，每一道工序都需要专业人员操作。比如，在乌尔格，工人们为实现工业制品的生产，需要对每一个零件的生产制造进行具体分工，并且随着生产规模的扩大，这种分工越来越细，越来越专业，每一个工人都可以细致地专攻于自己负责的生产工序，最后把零件高质量地生产出来，并高效地组装起来形成一个完整的产品。可见，合作社组织规模的扩大，内在地要求合作社内产生更加精细的分工与协作以保证生产效率的不断提高。精细的分工不只体现在合作社的生产链上，管理、服务等领域都需要对应的分工协作细化以保证合作社的生产经营效率有条不紊地提高。[②]

---

① 马克思：《资本论》（第1卷），人民出版社，1975，第358~372页。

② 例如，合作社规模较小时一般很少外聘经理，经理一般来自社员，但随着生产经营规模的扩大，生产运作及管理变得越来越复杂，社员经理常常难以胜任，需要专业人员对生产经营进行专业化指导和管理。不仅如此，随着生产经营规模的扩大，经理的职能开始分化、专业化，如乌尔格中经理就分为总经理、部门经理和销售经理等。

通过上述分析我们发现，工人合作社是工人联合起来，进行分工协作生产的产物，也是工业生产力发展的产物。新古典经济学机械地理解了亚当·斯密关于“经济可以通过市场和价格机制来实现协调”① 的结论，并简单地沿着这一结论，将其演化为一门围绕“理性人”进行假设、专门研究市场机制运作的经济学理论。新古典经济学视合作社为一个不可“细分”的经济组织，基于抽象“经济人”假说将合作社置于市场经济中研究，并将工人建立合作社之后的结果视为合作社产生的原因。新制度经济学派则将制度作为一个变量引入合作社问题进行分析，拓展了新古典经济学的研究方法及视野，批判了新古典经济学将制度视为一个“黑箱”或外生前提条件的分析方法（尽管新制度经济学承袭了新古典经济学的分析范式及理论假设前提），进一步探讨了合作社产生的原因。

新制度经济学在分析合作社产生的原因时，否认分工协作在技术上及生产关系上对合作社产生的重要作用，无视合作社产生的历史事实。该学派认为，分工导致合作社的产生没有说服力，因为“市场价格机制在资源配置方面是有效率的”，因而价格机制在处理分工方面也是有效率的，或者说市场能有效地组织分工协作，因而讨论分工协作没有意义。可见，该学派将市场中的资源配置（社会分工）等同为合作中的分工协作（企业内分工），坚持认为分工协作不是合作社产生的根本原因，进而该学派通过引入交易费用概念，说明合作社出现的原因：市场的运行是有成本的，通过形成一个组织，并利用层级制度支配资源，就能节约某些市场运行成本，合作社就产生了。或者说，如果构建一个层级制度组织，可以“内化”部分市场功能来降低交易成本，那么合作社就产生了。

事实上，市场经济体制的形成与发展是劳动方式革命的客观要求，市场本身就是分工发展的产物。而市场经济的形成对劳动方式的革命有着推动作用，手工作坊的劳动方式向专业化分工协作的劳动方式转变又与市场经济体制的转变紧密相关。分工协作的劳动方式推动了市场经济体制的发展，而市场经济体制的发展反过来促进了分工协作劳动方式的进步。

---

① 参见《国民财富的原因与性质问题的研究》的第四、第五篇。

新制度经济学用交易费用解释合作社产生的原因，颠倒了合作社分工协作进行生产经营与交易费用产生的关系，合作社是先有分工协作进行生产经营，而后才会有所谓交易费用的产生，即合作社首先是通过分工协作生产产品的企业，其次才是基于产品降低成本与市场经营风险的企业。新制度经济学孤立和片面地强调了节约交易费用对合作社产生的影响，否定分工协作的作用。同样，它将合作社建立之后，降低了工人生产的风险以及交易费用（含生产经营、管理等费用）视为合作社产生与发展演进的原因也是错误的。

（二）生产关系的视角：产权关系演进的结果

分工并不意味着相互独立的生产者就能够完成整个产品的生产。分工使生产者相互独立，而要使由于分工而彼此独立的工人之间形成协调统一的、密切互助的合作关系，就需要一种生产经营的组织形式，工人合作社就是应工人生产分工与协作的需要而产生的这样一种生产经营组织形式，目的是提高工人联合生产经营的效率，同时也是摆脱资产阶级的剥削和压迫。[①] 只有工人合作社这一按照合作制产权关系构建的组织才能使得组织生产力水平提高，进而上述目标才能得以实现。但这仅仅是从生产力的角度来解释合作社的起源，合作社既是劳动的技术组织，又是劳动的社会组织。合作社中的工人还须结成某种关系，形成诸如财产所有制、管理、分配等制度，以不断地协调、促进分工协作的顺利进行，进而促进生产经营效率的不断提高，这种关系的总和就是合作社生产关系。从这个意义上说，合作社也是生产关系演化的结果，但这种生产关系的演化是为了适应工业生产力的发展，即合作社产生的根本原因还是来自工业生产力发展的内在要求。

原先在家庭手工业作坊中进行生产的单个工人，资金及其他生产资料完全属于个人私有，但个人生产资料、技术等资源毕竟有限，生产规模及生产技术难以得到实质性突破，生产力难以提高，市场竞争力受限。另外，在资本主义企业里出卖劳动力的工人受剥削的程度日益加深，工人就

---

① 尽管摆脱资产阶级的剥削和压迫的目标能够实现，但资本主义世界多数工人并未组成合作社，这是因为资本主义制度没有为工人合作社的发展提供制度空间。试想，如果资本主义制度为工人合作社的发展提供了制度空间，那么资产阶级如何获得剩余价值？

有摆脱资本家剥削的要求。因此，无论是家庭手工业工人还是资本主义企业内的工人就有联合起来构建自己的企业、成为自己劳动的主人、占有自己创造的剩余劳动，即成立合作社的需求。为成立合作社进行联合生产，工人首先要带着自己的财产或生产资料实现联合，通过出让各自财产的使用权或部分所有权，基于按份共有（社员户头的股金）+共同共有（公积金）的产权结构组建合作社，这样在工人生产经营组织的演进中，共有财产（按份共有和共同共有）出现了，这一质的改变来自工业生产力发展的内在要求。显然，没有共有财产的出现就没有合作社的产生。因此，合作社是缓解工业社会化大生产与工人个人私有制（劳动者个人私有制）两者间矛盾的产物，是合作社共有制①对工人个人私有制的否定，也是对资本主义剥削制度的否定。因此，基于生产关系视角，工人合作社的产生是工业生产力发展内在决定的，表现为在工人反抗资本主义剥削制度的条件下，工人个人私有制产权关系发展演进的结果。

（三）生产力与生产关系矛盾运动的视角：工业生产社会化②的结果

什么是生产社会化？马克思在论及资本主义积累时，提出了其生产社会化理论。马克思首先从生产资料使用的社会化和劳动的社会化角度开始

---

① 即社员共同共有或按份共有，它不同于集体所有制，也不同于公有制，更不同于资本主义私有制，在下一章将有详述。

② 生产社会化有广义与狭义之分。恩格斯在《反杜林论》中将生产社会化的内容概括为三个方面：生产资料从个人的生产资料变成许多人共同使用的社会化生产资料；生产本身从一系列的个人行动变成一系列的社会行动；产品从个人产品变成社会的产品。[《马克思恩格斯选集》（第9卷），人民出版社，2009，第285页。] 恩格斯在这里主要是指物质生产活动本身的社会化，即从狭义的角度谈生产社会化。随着生产力的发展，资本主义社会进入帝国主义阶段，科学技术的发展与深化应用，使生产社会化程度有了更大的提高。列宁在谈到资本主义生产社会化时进一步指出："竞争变为垄断。结果，生产的社会化有了巨大的进展。特别是技术发明和改良的过程，也社会化了。""资本主义进到帝国主义阶段，就使生产紧紧接近到最全面的社会化，为将来由整个社会即全民族来实行剥夺做好了准备。"[《列宁选集》（第2卷），人民出版社，1972，第748页。] 显然，列宁是从广义角度来认识资本主义后期的生产社会化，即将生产社会化理解为全社会的"最全面的社会化"。总之，直接为生产过程的社会化，引起了整个社会经济的巨大变革，形成了最广泛的最全面的社会化。本书在不特别说明的情况下，生产社会化均指狭义的概念。

分析生产社会化。“劳动者对他的生产资料的私有权是小生产的基础……这种生产方式是以土地和其他生产资料的分散为前提的。它……排斥协作，排斥同一生产过程内部的分工，排斥对自然的社会统治和社会调节，排斥社会生产力的自由发展。”① 这种个体小生产在社会生产力发展到一定程度必然要被消灭，“一旦资本主义生产方式站稳脚跟，劳动的进一步社会化……是通过劳动资料的集中进行的。随着这种集中，规模不断扩大的劳动过程的分工协作形式日益发展，科学日益被自觉地应用于技术方面”②，这样“劳动资料日益转化为只能共同使用的劳动资料，一切生产资料因作为结合的社会劳动的生产资料使用而日益节省”③。在这里，根据马克思的论述，生产社会化是一个动态过程：多数人的小财产被剥夺为少数人的大财产，生产资料日益集中，劳动过程的分工协作形式不断发展，劳动日益社会化。从生产力方面来看，劳动过程的专业分工协作形式日益发展，劳动逐步实现了社会化并不断深入发展；从生产关系的变革来看，由于生产资料逐渐集中，引起生产资料使用的社会化，生产资料逐步转化为“只能共同使用的”的资料。在马克思的视野中，生产社会化是一个不断运动的过程，表现出资本主义生产力与生产关系的矛盾运动。

基于马克思的生产社会化思想，恩格斯进一步指出，生产的社会化包括两层含义：一是“生产本身也从一系列的个人行动变成了一系列的社会行动，而产品也从个人的产品变成了社会的产品”④，即生产本身的社会化；二是“生产资料从个人的生产资料变为……只能由一批人共同使用的生产资料”⑤，即生产资料脱离了纯粹的私有属性（起码生产资料的使用权归集体），生产对象的使用实现社会化。

可见，生产社会化是指分散的个体小生产在生产力的驱动下，转变为由社会分工协作联系起来的，共同使用集中起来的、突破了纯粹私有性的生产资料，进行大规模社会生产的过程。资本主义生产方式下的生产社会化通过

① 马克思：《资本论》（第1卷），人民出版社，2004，第872页。

② 马克思：《资本论》（第1卷），人民出版社，2004，第873~874页。

③ 马克思：《资本论》（第1卷），人民出版社，2004，第874页。

④ 《马克思恩格斯选集》（第3卷），人民出版社，1995，第742页。

⑤ 《马克思恩格斯选集》（第3卷），人民出版社，1995，第742页。

下述过程表现出来：为适应生产力的发展，资本主义生产关系产生、发展并打破、取代了旧的封建生产关系，多数人的小财产被剥夺为少数人的大财产，劳动力和原先分散、零碎的生产资料突破纯粹私有性，不断地集中到资本主义企业，企业内的劳动者使用集中起来的生产资料，进行分工协作劳动。分工协作以及规模化生产，使得企业可以充分利用新技术、新设备，先进的技术与设备取代落后的技术与设备。这样，劳动者使用先进技术与设备、集中起来进行生产，从而生产出来的最终产品变成了劳动者分工协作的劳动成果。[①] 同时，在生产力发展的驱动下，提高企业生产经营效率还使得分工协作拓展到企业之外，甚至走向海外："社会化分工协作使得新的生产部门不断产生，生产的专业化程度和各生产部门的分工协作日益深化、扩大和加强，……个人的生产变为社会的大生产，分散的生产过程变成社会的生产过程，地方市场发展为国内市场和世界市场。"[②] 总之，马克思和恩格斯所指的大生产即生产社会化，是指由一种个体式、独立、封闭的小生产转变为规模化的、联合的、开放的、进行社会化分工协作、使用先进技术进行生产的过程。显然，这一过程是由工业生产力与生产关系的矛盾运动引起的。在这个过程中，生产资料逐步集中（生产资料所有者须出让其部分，甚至全部财产的占有权、使用权等权能，这种集中才可能实现），从而使工业产品、工业生产过程和劳动过程，不再完全由个别劳动者及其家庭成员单独完成，而是由社会、由不同的生产组织按与当时生产力水平相适应的联合方式共同完成。

马克思虽然是研究资本主义企业，但他是基于人类生产经营组织的演进历史，从生产力与生产关系的矛盾运动出发，一般性地看待人类生产经营组织的产生、发展与演进，因此马克思的生产社会化理论也适用于工人合作社。工人合作生产社会化是指工业领域内，分散的个体小生产在工业生产力的驱动下，转变为由社会分工协作联系起来的，共同使用集中起来的、突破了纯粹劳动者个人私有性的生产资料，进行大规模社会生产的过

① 关于生产社会化的定义，本书引用了《辞海》（经济分册，政治经济学部分）的相关解释。参见《辞海》（经济分册），上海辞书出版社，1999，第3222页。

② 《马克思恩格斯选集》（第3卷），人民出版社，1972，第310页。

程。在这一过程中，由不同工人劳动者，在专业化分工与协作的基础上（如构建合作社）共同完成工业生产，使工业生产成为社会化生产。同样，拥有生产资料的劳动者也必须出让其部分，甚至全部财产的占有权、使用权等权能，生产才能脱离小作坊，个体式、独立、封闭的小生产才能转化为社会化生产。这样，生产资料从个人的生产资料变成许多人共同使用的社会化生产资料；生产本身从一系列的个人行动变成一系列的社会行动；产品从个人的产品变成社会的产品。

随着生产力的不断发展，工业生产活动逐渐从低效率的、家庭式的手工作坊，演化至利用机器实现规模化生产，采用先进科学技术进行广泛分工协作的阶段。至此，手工作坊转变为了商品化的、开放式的、进行广泛社会化分工协作、使用先进技术进行生产的过程。在这一过程中，工人劳动者掌握的生产资料逐步集中，劳动生产不再是个体独立完成的活动，而是由社会、由不同的生产者或生产组织按与当时生产力水平相适应的联合方式共同完成，从而表现出生产社会化的趋势。显而易见，工人合作社的产生就是这一趋势的具体表现。上述联合生产甚至可能突破国家走向全球，在更大范围内实现生产社会化，蒙德拉贡全球化战略的实施就是在全球范围内实现生产社会化。

从生产力与生产关系矛盾运动的视角来看，工人合作社的产生也可视为工业生产社会化的结果。一方面，手工作坊下的个人私有制并不能适应工业生产力的发展，为提升工业生产效率和增强市场竞争力，劳动者就不得不按照工人联合劳动的需要去组建相应的生产组织形式。另一方面，在资本主义经济中，工人出卖劳动力成为资本家攫取剩余价值的工具，工人始终是资本家剥削的对象。而以劳动者所有、劳动者管理和劳动者受益为核心的合作制原则，体现了工人劳有所得和公平享有收益（即按劳分配）的特点，能够改善工人的生存境遇。因此，工人就有了组建工人合作社的必要。在工人合作社内，生产资料得到了进一步集中，“生产资料从个人的生产资料变为社会的，即只能由一批人共同使用的生产资料”[①]，工人在

① 《马克思恩格斯选集》（第 3 卷），人民出版社，1995，第 742 页。

分工协作的基础上完成工业产品的生产，工业生产从手工作坊式的小生产或从资本主义企业剥削下的生产转变为劳动者按合作制原则组织起来的社会化大生产，工人生产的热情、积极性和生产经营效率均得以提升。可见，在资本主义制度下，从工业生产力与生产关系矛盾运动的角度来看，工人合作社的出现是工业生产社会化的结果。

生产社会化是以生产资料的集中为前提，而生产资料的集中使它越发变成一种只能共同使用的劳动资料，而这种共同使用会随着市场经济的发展、分工协作导致的生产方式变革，促使劳动由个体劳动转化为集体劳动，生产由个人独立生产演变为专业化分工协作生产，由个体行动演变为一种社会行动。这种社会化的转变不仅发生于合作社内部，它还会进一步拓展到合作社外、国内其他地方乃至全球，即劳动分工带来劳动生产的社会化，生产资料的集中伴随产权关系的社会化变革，带来生产资料使用的社会化，两者共同作用使劳动者个人生产转变为合作制的社会化生产并拓展到全球①，产品由个人产品转变为社会产品，进而市场由地方市场扩展到全球市场。在全球化时代，随着生产力的提高，国际分工的不断深化和全球市场的不断发展，合作社生产社会化水平将在全球化竞争的市场下进一步提高。

结合蒙德拉贡的产生、发展，再到工人合作社的全球化生产与扩张，蒙德拉贡的整体趋势表现为生产社会化发展程度的一步步提高。全球化与生产社会化的发展存在着重要联系。关于全球化②，马克思虽未直接提出此概念，但多次论及全球化相关问题。根据马克思对资本主义制度的分析，生产力发展到一定程度会出现大工业和世界市场，以往各民族和国家的孤立状态会被打破，即“资产阶级，由于开拓了世界市场，使一切国家的生产和消费都成为世界性的了”③，从而使“过去那种地方的和民族的自给自足和闭关自守状态，被各民族的各方面的互相往来和各方面的互相依赖所代替了”④。从

① 当合作制的生产社会化在资本主义世界拓展遇到难以克服的障碍时，合作制就只能通过股份制的生产进一步深化和拓展合作生产的社会化。

② 一般意义上，全球化指人与人之间、国与国之间的全球联系不断加强，人类生活在全球规模的基础上开展并有了全球意识，国与国之间则表现为政治、经济各方面的相互依赖。

③ 《马克思恩格斯选集》（第1卷），人民出版社，1995，第276页。

④ 《马克思恩格斯选集》（第1卷），人民出版社，1995，第276页。

这里可以看出，马克思虽未直接提出全球化的概念，但是在他看来，世界市场的形成本质上就是全球化的外在表现。换言之，生产力与生产关系的矛盾运动带来了企业的生产社会化发展趋势，生产社会化内在驱动企业追求低成本生产资料和高利润回报，世界市场得以开拓。随着企业生产力的进一步发展，企业生产社会化的程度不断提高，最终就表现为人类生产经营活动的全球化。可见，全球化本质上是生产社会化向全球扩张的表现。

蒙德拉贡向全球化生产的方向调整，本质上是顺应了生产社会化的内在要求。更高程度的生产社会化会驱动合作社进一步深化产权关系的社会化变革：大量子公司和“混合合作社”① 的出现，成员身份、资格的变化等，意味着蒙德拉贡的产权制度或产权关系变得更加具有“开放性”与“包容性”。这种“开放性”与“包容性”的增强意味着蒙德拉贡不是机械、死板地恪守传统合作社原则发展合作社，而是在坚持合作制核心原则不变的情况下，灵活应用合作社原则，对合作社生产关系进行了创新和突破。合作社的产权不再是社员拥有，非工人投资者或第三方机构等也可拥有合作社的产权，进而合作社可以获得急需的生产资料或技术等。相应地，合作社要适当调整“一人一票”的决策制度，给予稀缺生产资料或技术拥有者、第三方机构以更多的管理、决策权，管理、决策权拥有者范围扩大（即管理关系进一步社会化）。同时，外部投资者还可依其投资，按合作社认可的方式获得相应的回报，这样收益分配权拥有者的范围也扩大了（即分配关系进一步社会化）。这些意味着合作社的生产关系呈现社会化发展趋势。

全球化下，合作社在国内外独资或合资设立股份制子公司同样是在生产社会化驱动下，合作社生产关系社会化的结果，这表明：合作社财产的使用权、管理权及其经营所得的收益权等不再是原蒙德拉贡成员拥有，合作社的外部投资者、生产上的合作者、子公司中的管理者及雇佣工人等均可按与合作社约定的方式，获得合作社部分财产的使用权、控制权、管理权及劳动付出的收益权。因此，蒙德拉贡的产生首先是工人基于分工协作以提高生产经营效率的产物，这里，生产力的发展起到了决定性的作用。

① “混合合作社”是对资本主义全资子公司进行合作化改造的结果，合作化改造是指在企业内进行所有者产权社会化变革，也属于产权关系社会化的一种形式。

随着蒙德拉贡的全球化扩张，生产力的发展带来了合作社生产关系社会化程度的日益提高。

总之，基于对蒙德拉贡产生、发展、演进历史及其本质的解读，我们认为：从生产力的视角看，工人合作社的产生、发展是分工协作不断专业化推进工人联合劳动逐步社会化的结果；从生产关系的视角看，是劳动者财产关系社会化演进的结果。财产关系社会化带来生产资料使用的日益社会化，进而适应了生产力发展的内在要求，并推动了生产力的进一步发展，分工协作也进一步专业化。从生产力与生产关系矛盾运动的视角看，是生产社会化的结果。伴随工业生产力水平的不断提高，工人合作社分工协作需要不断深化，合作社的生产社会化程度会越来越高，进而需要合作社进行生产关系，即产权、管理、分配等关系的社会化调整，最终整个合作社的生产日趋社会化直至向全球市场扩张。

第五章　蒙德拉贡的产权制度分析

一　产权理论的两种范式：一个比较分析①

新制度经济学产权理论认为合作社产权制度主要存在两类问题：一是合作社在其发展过程中存在共同共有财产，共同共有财产是一种“天然”的低效率产权制度安排，易激发社员的“搭便车”等机会主义行为，这会抑制现有社员进行新投资的积极性，产生所谓“共同财产问题”（William and Michael，1979）；二是产权不可流动使得所有权本质上不能带来收益，社员的绝大多数收益只能来自劳动投入，同时还会导致组合投资问题、眼界问题和控制问题等。

这不禁使我们产生疑问：既然共同共有财产会激发社员的“搭便车”行为，形成“共同财产问题”，导致“公地的悲剧”，那么为什么几乎没有任何一家工人合作社会放弃形成共同共有财产的公积金制度（公积金是股东权益的重要内容）？许多有影响的、成功的合作社或合作社集团，如蒙德拉贡、美国太平洋西海岸人造板工人合作社等均未放弃对共同共有财产的积累；恰恰相反，随着合作社的发展，共同共有财产将越积越多，并有进一步扩大共同共有财产积累的趋势，合作社不断做大做强，实力不断提升，市场竞争力不断提高，合作社生产经营甚至可跨出国门、走向全球。如蒙德拉贡，非但没有受“共同财产问题”的“拖累”，反而在合作社共

① 参考娄锋（2017，第138~144页），有重要更新与修改。

有财产不断积累的基础上，实现了规模的持续扩大并进而发展成为大型跨国工人合作社集团。此外，实证研究表明，共同共有财产的增加还有利于合作社解决融资抑制问题。[①]

对于第二个问题，新制度经济学称合作社产权不可流动[②]并不准确，流动性是相对的，准确地说应是相对于现代股份制企业，合作社的产权流动性水平要低。[③] 但问题的关键是合作社的产权制度安排是否可以像现代股份公司那样，实现全部股权上市流通呢？如果不可以，那就说明新制度经济学对合作社产权制度是低效率的判断是错误的，因为经济发展中根本就不会出现全部股权上市流通的合作社，也就不能设想这种不存在的合作社与现实合作社进行对比，而得出现实合作社低效率的结论；如果可以，那么为什么许多成功的合作社，如蒙德拉贡没有变为股份制公司？如何解释新制度经济学结论与现实的矛盾？

目前，对于合作社产权制度的研究，学术界主要存在两种分析范式：马克思主义经济学产权理论与新制度经济学产权理论。当前，新制度经济学已成为国内外学术界对合作社进行产权制度分析的主流方法，马克思主义经济学的产权理论已边缘化，甚至已经出现完全退出的趋势。事实上，近 150 年前，马克思就构建了系统、科学的产权理论。尽管有阶级立场上的不同，西方许多学者仍高度赞扬了马克思的产权理论，如西方著名经济学家熊彼特在《资本主义、社会主义和民主主义》一书中称马克思的产权理论“是以穿透崎岖、不规则的表层，并以深入历史事物的宏伟逻辑的眼光来领会的”（熊彼特，1979，第 17 页）。因此，在这里我们首先应将两

---

① 美国哥伦比亚大学的 Fabio R. Chaddad 在其博士学位论文“Financial Constraints in U. S. Agricultural Cooperatives Theory and Panel Data Econometric Evidence”中指出，美国合作社对内对外融资，确实均存在融资抑制（Financial Constraints），并且发现共同共有财产多的合作社融资抑制要远弱于共同共有财产少的合作社。因此，共同共有财产是不是一种“天然”的低效率产权制度安排不可绝对地一概而论。

② 产权流动性这里指的是合作社主体的股票上市流通。

③ 不可否认，传统的工人合作社相对封闭，在资本主义制度下，相比于现代股份制企业，其产权流动性水平是比较低的，这会带来合作社投资或融资困难等问题。但在工业生产社会化驱动下，工人合作社生产经营的国际化程度不断提高，合作社进行了一系列产权社会化变革，合作社开始拥有各类股票可上市交易的独资、合资子公司，这些资本主义性质的子公司的出现意味着工人合作社部分财产的产权开始具有可交易、可流动的特点。

种理论范式进行比较，揭示新制度经济学关于合作社产权分析结论的缺陷，如此才能深刻领会新制度经济学产权分析结论与现实的矛盾。

（一）产权本质的两种解读

新制度经济学产权理论的主要代表人物阿尔钦认为："产权是一个社会所强制实施的选择一种经济品使用的权利，是授予特别个人某种权威的办法，利用这种权威，可以从不被禁止的使用方式中，选择任意一种对特定物品的使用方式"；"私有产权则是将这种权利分配给一个特定的人，它可以同附着在其他物品上的类似权利相交换"。[①] 阿尔钦强调产权是法律或法规明确规定的、社会强制实施的一种权利。诺斯（1994，第 45 页）认为，"产权是个人对他们拥有的劳动物品和服务占有的权利"，而"占有是法律规则、组织形式、实施行为及行为规范的函数"，且"产权本质上是一种排他性权利"（诺斯，1991，第 21 页）。德姆塞茨指出："产权是一种社会工具，其重要性就在于事实上它们能够帮助一个人形成他与其他人进行交易时的合理预期"，依靠它可"界定人们如何受益及如何受损，因而谁必须向谁提供补偿以使他修正人们所采取的行动"。[②] 张五常（1988，第 6 页）认为："产权是由排他性的使用资产权、运用资产获得收益权和资源自由转让权组成。这三种权利就构成了产权制度的核心。除此以外，其他权利都是由这三种权利派生。"张五常还认为组成产权的各项权利可以自由转让而使其所有者获得相应的收益。

由于解析产权的视角不一样，上述经济学家对产权本质的解读并不完全一致，但从他们的表述中还是可以发现共同点：第一，新制度经济学按照主观个体（或个体唯心）主义方法的逻辑（在这一点上与新古典经济学一脉相承），认为产权是法权，是来自法律、法规的约束，是人们社会经济活动的基础性行为规则；第二，产权是个人对财产的一种排他性的占有权利，用来界定人与人之间对财产的占有关系，这种占有关系既给占有主体带来收益，也给他带来交易费用，占有主体通过权衡交易费用与收益决

---

① 转引自科斯等（1994，第 166 页）。

② 转引自科斯等（1994，第 97 页）。

定占有关系的形成与变革；第三，产权是一种权利，由各项权能组成，根据人们的需要，这组权利是可以分解为各项权能的。

新制度经济学产权理论正是从上述产权所包含的基本内涵出发，研究在现实经济活动中人们的各种关系，并由此建立了有关产权理论的分析范式及一套理论分析框架，但这一分析范式及理论分析框架在研究产权时，大多割裂了产权的产生与其发展的历史背景，单纯地就产权谈产权，基于主观唯心主义范式，运用交易费用或成本-收益、博弈论、委托代理等理论讨论产权、解读产权。部分新制度经济学产权经济学家虽然也认识到产权反映了人与人之间的物质利益关系，但他们只是泛泛地谈论一切物品（包括无形物）的产权，他们没有认识到生产资料的所有权（反映生产资料归谁所有）对其他权能的决定性作用，没有从人类生产活动的历史进程角度考察产权关系的形成，也没有认识到决定产权关系发展演进的根本原因是生产力，所以他们对产权问题的认识是错误的。

经济问题研究的科学方法要由表及里、去伪存真，这就要求研究中要持联系、运动、辩证的观点，即要辩证、动态地分析研究对象与相关事物的内在联系，马克思正是基于这一科学原则研究产权问题。马克思首先将商品及劳动力市场上的法权关系研究作为分析所有权关系的切入点。① “商品是物，所以不能反抗人。如果它不乐意，人可以使用强力，换句话说，把它拿走。为了使这些物作为商品彼此发生关系，商品监护人必须作为有自己的意志体现在这些物中的人彼此发生关系，因此，一方只有符合另一方的意志，就是说每一方只有通过双方共同一致的意志行为，才能让渡自己的商品，占有别人的商品。可见，他们必须彼此承认对方是私有者。这种具有契约形式的（不管这种契约是不是用法律固定下来的）法权关系，

① 马克思研究资本主义生产关系（含产权关系）的逻辑起点是商品理论。马克思经过全面、深入地研究，即经过从具体到抽象的研究过程，认为在资本主义社会，商品生产占统治地位，商品是资本主义生产方式的历史前提；商品是整个资本主义生产关系（含产权关系）最一般的形式，商品范畴是资本主义经济关系的最一般的范畴，其中包含能够发展成为资本主义矛盾的各种矛盾或矛盾的萌芽，因而马克思将商品（含劳动力商品）的法权关系作为分析产权关系的切入点。

是一种反映着经济关系的意志关系。”[①] 这说明经济关系产生意识关系，意识关系产生法权关系，即人们的经济关系是意识关系的基础，意识关系是法权关系的基础。马克思认为产权是人们（主体）围绕或通过物质资料或财产（客体）而建立和形成的经济权利、责任、义务、收益分配或风险（成本）分担的关系。首先，产权表现为人对物质资料的占有关系或占有权利；其次，人们在对物质资料行使特定权利时，必然要以一定的社会关系作为前提，并基于物质资料的占有权同该物质资料的利益相关者发生既定的权、责、利关系：“人们扮演的经济角色不过是经济关系的人格化，人们是作为这种关系的承担者而彼此对立着的。”[②]

马克思在研究产权时，并非泛泛而谈，孤立、封闭地谈产权，就产权的某一外在表现形式谈产权。关于产权，马克思指出：“这种具有契约形式的（不管这种契约是不是用法律固定下来的）法权关系，是一种反映着经济关系的意志关系。这种法权关系或意志关系的内容是由这种经济关系本身决定的。”[③] “财产关系……只是生产关系的法律用语”[④]，揭示了产权与经济、意志、生产关系之间内在的联系。马克思还揭示了法律中的产权是“一定所有制关系所特有的法的观念”[⑤]，即法律中的产权是所有制的法律形态。由于法律中的产权是生产资料所有制关系（反映了人与人之间最核心的经济关系）所特有的法的观念，因此生产资料所有制所反映的、人们在经济活动中的权益关系，一定会通过法律中的产权关系体现出来，即经济关系（经济基础）决定法权关系（上层建筑）。

新制度经济学将人为制定的法律、法规（主要通过权衡交易费用与收益制定）看作决定产权关系的根本原因，这显然违背经济关系决定法权关系的历史事实，表现出其主观唯心主义的方法论。在分析合作社产权制度产生时，认为这一制度的产生是人为地为降低交易费用而选择的一种制度安排。而马克思产权理论认为，法权关系（上层建筑）是由生产过程中的

---

① 马克思：《资本论》（第1卷），人民出版社，2004，第103页。
② 马克思：《资本论》（第1卷），人民出版社，2004，第104页。
③ 马克思：《资本论》（第1卷），人民出版社，2004，第103页。
④ 《马克思恩格斯全集》（第23卷），人民出版社，1972，第102页。
⑤ 《马克思恩格斯全集》（第30卷），人民出版社，1975，第608页。

经济关系（经济基础）决定的，表现为法权的产权关系从本质上说是由经济关系决定的，而经济关系是不能脱离一定的生产力发展水平的，即产权关系或产权制度的起源、发展最终要受制于生产力的发展变化。从蒙德拉贡产生、发展演进的历史事实来看，其合作制产权关系的出现是与工业生产力发展密切相关的，即正是由于生产力的进步，才有蒙德拉贡产权关系的产生。因而我们认为，以蒙德拉贡为代表的工人合作社产权制度的产生是生产力发展的必然，是生产关系应对生产力发展而进行的适应性变革。

（二）方法论的分歧

林岗和张宇（2001）指出，马克思产权理论的方法论是唯物辩证法、科学抽象法、理论逻辑与历史一致法、有机整体方法论。在马克思的分析视野中，社会不是个人的简单加总，社会整体决定了个人的属性，思维的出发点不应是抽象的个人，而是现实的处于社会联系中的个人，人是处在社会整体联系中的，是多种规定性的有机统一。按这种系统、整体、动态的方法论，一定社会的所有制形式和产权结构不是个人之间自由交易和自由契约的结果，而是社会结构的整体即生产力与生产关系、经济基础与上层建筑矛盾运动的产物；不是理性的个人自由选择导致了产权制度的变迁，相反，是社会结构和产权制度的变迁决定个人的行为方式和选择空间。因此，产权制度首先不是个人之间的一种交易关系，而是不同阶级或不同社会集团之间的一种生产关系。

新制度经济学产权理论采用的是唯心的、个体主义分析方法。他们认为：产权关系首先是个人对财产的一种排他性的占有关系，这种占有关系在给经济主体带来利益的同时，也产生交易成本；产权制度的形成和变迁是个人在交易成本约束下追求利益最大化而进行自发交易的产物（科斯等，1994，第97~98页），或者说是个人在追求既定利益目标下，实现交易费用最低而进行自发交易的产物，这一产物是一种占有关系的制度安排，这一制度安排能实现个人经济活动中的利益最大化或交易费用最低。可见，西方产权理论对产权问题的分析完全是建立在“以成本收益比较分析决定制度安排”为核心的新古典经济学理性经济人范式基础之上的（林岗和张宇，2001，第 135 页）。因而，新制度经济学在研究合作社产权问题时，是以制度安排—交易成本—收益为主要方法，辅之以均衡分析法和边际替代法。这种分析范式没有考虑到合作社特殊的生产方式，也就不会考虑共同共有财产作为“成员利益联结纽带”对于合作社生产经营的重要性，更不会考虑到合作社产权流动是否与合作社的构建原则①、生产方式②相矛盾。这也使得新制度经济学产权理论认为以蒙德拉贡为代表的工人合作社产权不是在特定的生产力水平及其决定的生产关系的基础上、在特定的历史背景下产生的，而是理性人的超历史、超自然的主观选择。这一主观唯心主义的经济学思想完全不符合历史事实，这也就决定了新制度经济学产权理论对合作社产权的研究只能是肤浅的，不可能深入地揭示合作社产权的内在本质及其演进规律。

（三）产权与效率关系的不同理解

西方产权经济学家一般性地认为私有产权有效率或效率高，甚至绝对地认为私有产权“天生”就是效率高的，而公有产权是无效率或效率低的制度安排。最具代表性的观点来自德姆赛茨，德姆赛茨在《关于产权的理论》一文中认为：“产权的宏观结构由共有产权、私有产权和国家产权三种形式组成。判断一种产权结构是否有效率，主要看它能否为人们提供比外部性较大的内在刺激。”即只有能“为人们提供比外部性较大的内在刺激”的产权制度安排才是效率高的，才能被社会“选择”或长期“存续”。他运用这一标准，以土地这一财产为例，分析三种产权结构的效率，得出结论：“只有私有产权才能激励、推进和完成市场和提高经济效率这项不可或缺的任务。”③

而马克思认为产权制度的效率具有社会历史性，在他的著作中并没有一般性、绝对地认为公有产权或私有制产权有效率或效率高。马克思在考

① 即“工人拥有、工人民主管理、按劳分配”，实现“劳动雇用资本”。

② 资本主义股份制企业产生的前提是劳动者被剥夺了生产资料，即生产资料与劳动者相分离，这显然与合作社的生产方式相悖。

③ 德姆赛茨的观点转引自科斯等（1994，第 96 页）。

察产权效率问题时，基于唯物史观，运用了生产力决定生产关系、经济基础决定上层建筑的辩证统一原理，将产权与效率的关系放到一定历史阶段的社会物质生产与再生产过程中加以考察。马克思认为，如果某一经济基础之上的，包含产权关系在内的法权关系适应了生产力发展，该种产权安排就是有效率或效率高（准确地说是合适的，没有绝对的高低之分）；如果某一经济基础之上的，包含产权关系在内的法权关系不适应生产力发展，该种产权安排就无效率或效率低，甚至起阻碍作用，进而需要以一种新的产权制度取代落后的产权制度以适应生产力发展的内在要求。

马克思的结论与产权制度演化的历史逻辑是相符的：在自给自足的自然经济占主体的生产方式下，奴隶社会和封建社会的私有产权制度是为了维护统治阶级对劳动者剩余产品的占有。这种私有产权制度所维护的占有关系下的生产，既受制于劳动者的身体条件，同时也受到劳动者的强烈反抗，劳动生产效率难以提高，即这种私有产权制度维护了一种落后的生产方式，阻碍了生产力的发展。因而从总体上看，奴隶社会和封建社会的私有产权制度是低效率的，必然要被资本主义私有产权制度所取代。在资本主义发展初期，这种私有产权制度的取代对生产力的发展起到了积极的推动作用，是高效率的。但是，随着资本主义生产力的发展，社会化大生产的内在要求与资本主义私有产权制度之间的矛盾逐渐凸现，资本主义私有产权制度的效率逐步降低。当资本主义私有产权制度不能容纳资本主义生产力发展的时候，生产力必然要“突破这个外壳”，激发更高效率的产权制度产生以适应其发展。

德姆赛茨得出私有制是高效率产权制度安排的一个重要原因是：“私有制则意味着共同体承认所有者有权排除其他人行使所有者的私有权……如果单个人拥有土地，他将通过考虑未来某时的收益和成本倾向，并选择他认为能使他的私有土地权利的现期价值最大化的方式经营。”[①] 即私有产权能够给人们排他性的自由选择的权利，可以使经济主体在不受任何约束的条件下充分发挥主观能动性，以实现投入物现期价值的最大化。德姆赛

① 转引自科斯等（1994，第105~107页）。

茨认为企业只有实行私有产权才能真正实现产权明晰化，才能激发企业利益相关方从事经济活动的动机以及提升他们完成活动的努力程度，从而使企业在市场经济中的发展具有最充分的内在动力。

从理论上说，人们从事经济活动的努力程度主要取决于两方面的因素：一是物质利益的因素；二是精神的因素。我们先撇开精神方面的因素，单就物质利益方面的因素来看，只要把物质利益与人们的经济活动紧密地结合起来，就会为人们的经济活动提供充分的动力。这里的物质利益包括财产收入和直接收入两个方面，即当人们的经济活动与其财产利益和直接的收入都能够直接结合起来时，他们当然就会对经济活动产生强大的动力。因此，要使经济活动具有强大的动力，关键是要做到这两方面的结合（顾玉民，2005，第 209 页）。

应该看到，在私有产权的条件下，由于财产是私有的，人们的经济活动与财产利益的结合是十分紧密的，因而从财产利益的角度来说，他们的动力是非常充分的，尤其是在小私有制的条件下，这一点就更为突出。但是，在现代社会化大生产的条件下，社会生产早已突破了个体的局限，社会化大生产已成为生产的主流形式，个体小生产在社会生产中只是起着拾遗补阙的作用。为适应社会生产的这一发展趋势，私有产权的形式已经突破了小私有制的局限，以股份制公司为主要形式的私人资本社会化已成为现代社会产权的主要内容。这一变化的实质在于，在股份制的条件下，私人财产与个人的经济活动已经在相当程度上分离了，即财产仍归私人所有，但直接使用这些财产的并不是财产所有者本人，而是其他人。这样，对于财产所有者来说，财产利益与个人的经济活动之间已经不是一种直接结合的关系，而是使这种结合具有了间接性。从这一点来说，私有制在财产利益方面对经济活动所产生的动力已经在相当程度上失去了。也就是说，在股份制公司中，个体的动力如何主要是取决于公司本身的机制，而不是取决于该公司的股票是掌握在私人手里，还是掌握在集体或国家手中。或者说，该公司的股票在私人、集体、国家之间转移、买卖并不会对公司经营产生直接的影响。这一点正是资本社会化这一现代产权形式的主要优势所在（顾玉民，2005，第 210 页）。

对于这一现象，马克思把股份资本的出现看作对个人私有产权的扬弃[①]，是私有产权向社会资本转变的转折点。这一转变说明，个人私有产权这一形式已经不能适应社会化大生产的客观要求，必须采取社会资本的形式才能更好地符合社会生产发展的要求。而社会资本的出现本身已经包含在很大程度上对个人私有产权的否定和对资本社会化这一形式的肯定。因此，说私有制具有最充分的动力和最高效率这一观点，至多只能在个体小私有制经济中成立。在现代经济的条件下，由于私有者与经济活动的直接进行者已经实现了分离，所以，从财产利益的角度看，认为私有制具有最充分的动力和最高效率的观点，已经过时了，不符合现代经济发展的实际。如果私有产权不能实现财产利益与个人经济活动的直接结合关系，那么，说私有制具有最充分的动力和最高效率的观点也就不能成立。这样，经济活动的动力就主要取决于直接收入与经济活动的结合了。而这一点私有制企业可以做到，非私有制企业同样也可以做到。非私有制企业对收入分配制度的改革，可以使人们的经济活动状况与收入直接结合起来，这同样能够使经济活动具有充分的动力，进而实现组织高效率地发展（顾玉民，2005，第 210 页）。

从实践上看，保证经济组织的发展具有充分动力是一个十分复杂的问题，它取决于多种因素，并不只是单一地由所有制决定。在私有制经济组织，尤其是在私有的股份制经济组织中，并不能说经济动力的问题就天然地得到解决，组织就一定能够具有最充分的动力，或者说就一定能够实现经济高效率地发展。低效率的私有制企业到处可见，被市场淘汰的私有制企业每时每刻都在产生。而在非私有制企业中，同样有许多动力是非常充分的，发展的效率是非常高的。因此，实践并没有证明只有私有制才具有最充分的动力和最高的效率，也没有证明非私有制是不具有动力和效率的。大量的事实说明，无论是在私有制还是在非私有制企业中都会有高效率的情况，也会有低效率的情况。如果只看到私有制中高效率的情况以及非私有制中低效率的情况，而对私有制中低效率的情况和非私有制中高效

① 马克思也将资本主义中的合作制视为对个人私有产权的扬弃，只不过股份资本对个人私有产权的扬弃是消极扬弃，合作制对个人私有产权的扬弃是积极扬弃。

率的情况视而不见，片面地、简单化地得出只有私有产权才能实现经济高效率发展的结论，就既不能在理论上得到充分的证明，也完全不符实际（顾玉民，2005，第211页）。实际上，产权制度的公有制还是私有制属性并不能唯一地决定企业的效率，还有其他原因，如企业发展及运营战略、商业计划、企业文化、内部治理及运营规则、管理与分配制度等影响企业的效率，其中有些因素在特定条件下对效率的影响可能还是决定性的。

综上所述，是生产力的发展决定了工人合作社产权制度的产生，这与我们前文对蒙德拉贡产生、发展、演进的历史逻辑分析结论是一致的。此外，新制度经济学站在主观唯心主义的角度上，孤立地讨论合作社的产权制度安排，认为私有产权“天生”就是效率高的，基于静态或比较静态的视角，机械地分析产权制度安排的效率问题，没有基于历史事实，从普遍联系及全动态视角，运用唯物辩证法分析产权制度安排及其效率问题，自然不能发现生产力发展水平、生产技术因素对生产经营组织产权制度安排的决定性作用。这决定了新制度经济学的产权理论不能深入揭示工人合作社产权制度的内在本质和演进规律。尽管新制度经济学在分析合作社产权制度上有一定的合理成分，但从方法论的角度来看，马克思主义制度经济学基于唯物辩证法，依工业生产经营组织演进的历史事实，从生产力与生产关系的矛盾运动和对立统一出发研究生产经营组织产权制度的产生、发展演化及其本质与效率问题，做到了理论逻辑和历史逻辑的统一，因而马克思主义制度经济学的方法论更科学，也更适用于分析合作社内部产权制度的产生、发展与演进。

二　蒙德拉贡产权制度的基本模式

对全球化下蒙德拉贡发展、演进的历史事实分析得知，蒙德拉贡的产权制度在全球化扩张之后发生了一系列重大变革。全球化下变革的基础是工人合作社原有的产权制度模式，因此要揭示全球化下变革的本质、内在机理及未来演进的方向，首先需要解析变革前蒙德拉贡产权制度的基本模式，再通过变革前后产权制度模式的比较研究获得答案。

早期的蒙德拉贡是依据经典合作社原则建立的工人合作社，这意味着它原先的产权制度是按照传统合作社的模式设计的，即按照“工人所有、民主管理（“一人一票”，即对劳动者的民主）和劳动者受益（按劳分配）”的合作制原则组建合作社。“工人所有”意味着工人必须投入个人部分资产，否则合作社没有开展生产经营的物质基础，工人合作社也就无法形成，因而工人们在资产上的联合是形成合作社的第一块基石①，这决定了合作社产权主体就是生产一线的劳动者——工人。这一特征表明，在工人合作社里，工人不再是资本主义企业里的劳动力出卖者，而是合作社的所有者，是以所有者的身份组建、控制和管理合作社。工人在合作社里的劳动成果（包括剩余劳动成果）自然也就归联合起来的工人按劳分配。正因为工人是合作社的所有者，所以他们必然不可能放弃对个人财产的所有权，这意味着合作社股票或股权不可能全部上市流通交易，让外部投资者占有工人创造的剩余劳动。合作社初始资产是工人社员个人投入的②，其目的就是改善自身的生存状况，特别是经济状况。在资本主义制度下，这意味着合作社必须承认个人私有产权，或者说在资本主义制度及资本主义市场经济下，只有基于工人个人私有制构建的生产组织才能改善工人的经济状况。③ 另外，从资本主义工业生产的实际情况来看，私有产权制度依然适应当前工业领域的生产力发展，上述事实决定了工人合作社产权制度的基本性质：

---

① 合作的形成是以各合作者均拥有一定的资源为基础，且合作者和其拥有并可以自由支配的经济资源在一定程度上具有同一性。部分学者认为，合作社是在“劳动联合基础上的资本（应为资金——笔者注）联合”。而通过上述分析，我们得知，没有物质前提的主观合作行为是不可能实现的，即没有物质条件，劳动的联合不可能形成。即使是所谓的“劳动雇用资金”，也首先要从货币或其他非劳动生产要素所有者那里借入资金，随后合作生产经营才能够开展。如当前蒙德拉贡的“入门”资金大约是一名普通工人一年所获得的最低收入，加入者如没有足够的资金，可向劳动人民银行贷款，银行将从该工人每月的收入中逐年扣除贷款利息与本金。

② 没有初始资产的合作社不可能获得外部融资，因而工人投入的股金形成合作社的初始资产，即形成第一批资产。

③ 资本主义制度下或在资本主义市场经济中，生产、交换及分配等均是基于个人私有产权制度完成的，合作社要改善成员的经济状况，首先就要承认成员的个人私有产权。这也正是马克思指出的，资本主义制度下的合作社会生产和再生产出资本主义制度的一切缺陷。

建立在个人私有制基础上的工人联合

这一性质，隐含着两层意义。第一，个人私有制属于劳动者个人所有制，即合作者（劳动者）须拥有或掌握一定的能够自由支配的资源，这是形成合作制度的前提。除自身劳动力以外，没有任何生产资料的工人只能成为资本主义企业内的工人，而不能成为合作社股东工人。[①] 第二，合作者及其拥有并可以自由支配的经济资源在一定程度上具有同质性。首先，合作的主体，即合作者必须是从事某种或某类工业产品生产或与该产品生产经营相关的人，这意味着合作主体在一定程度上具有同质性，正所谓“人以类别”。例如，从蒙德拉贡发展之初的乌尔格组建情况来看，它的创始人是从同一家培训学校毕业的学生，无论是在思想上（受合作文化和合作精神的熏陶，拥有相同的价值追求），还是在技能上（从事具体产品的生产能力）都存在较强的相似性，而随后加入合作社的成员都至少应该满足以上两点，这最终就表现为合作社成员之间存在一定程度上的同质性。其次，合作者生产经营的对象相同或相似，如都是生产家电、人造板的工人（这些工人大多来自同行业的资本主义企业、手工作坊或专业技工学校），实践中成功的合作社大多是生产经营专业性强的合作社——这也决定了合作者投入的资源大体相同或相似，即“物以类聚”。最后，合作要求各合作者同时拥有劳动和资金（或实物资产），并按约定将这些资源集中起来加以合理利用（娄锋，2017，第 153 页）。

（一）基本模式 I

一切合作行为的产生均要有一定的物质基础，即首先要以资金的联合为基础，这就要求每个申请入社者必须缴纳一定的入社费，作为每个社员对合作社最原始的投资，由此形成了合作社最原始的股金。这是西方工人合作社最基本，也是最关键、最重要的产权制度基础，如蒙德拉贡的形

① 西方工人合作社成员入社均要投入股金，并且投入时间、投入多少、怎样投入等均有具体的规定，如蒙德拉贡就有一套详细的入社程序和标准，它将达不到程序和标准要求的工人排除在外。

成，就是基于工人入社费的缴纳，没有初始股金的投入，合作社就无法开展正常的生产经营活动。蒙德拉贡1977年的入社费相当于其工人社员5~6个月的平均工资，1985年相当于年平均工资的2倍，而1994年入社费的金额达到了1.2万美元（张晓山，1995，第46页）。如今，新加入的社员缴纳的入社费是蒙德拉贡内的工人当年可以获得的最低收入（Tkacz, Arando and Pacut，2015，p.78）。

从入社费的规定来看，入社费的缴纳存在一个基本标准①，在工人缴纳入社费成为社员后，这笔入社费就构成了他们在合作社里的初始股金②。蒙德拉贡内工人缴纳的初始股金具有如下特点。①工人对股金享有所有权，退社时可以带走。蒙德拉贡是按分期返还的形式返还股金，避免较多工人或大股东工人离开合作社时，突然造成合作社资产减少而给合作社正常生产经营带来冲击。②工人缴纳的入社费或入社股金是相对固定的，但考虑到物价提高、共同共有财产增加、生产经营规模扩大及盈利能力提升等因素，股金会随着时间的推移而发生变化，从而使新老社员的入社股金保持基本一致。③蒙德拉贡旗下多数合作社还规定了每名社员缴纳的股金的最高和最低限额（如最低入股金至少相当于当地工人一年的最低工资额，最高限额是一名社员的股金不超过全社股金总额的20%等），以避免因社员之间持股额差别过大而产生等级分化。④社员无论入社后从事何种工作、在何岗位、职位高低，入股金大体相等。⑤社员可以多投入股金，这部分资金被视为合作社向社员的借款，“合作社以比银行利率高2~3个百分点的水平支付利息”，利息记入合作社的成本，表明利息不是资本收益。蒙德拉贡成员多投入的股金所能获得的利率有上限约束（国家发改委

① 标准由蒙德拉贡的管理委员会提出并经社员大会批准。设定入社金额多少的原则是股金不应该成为成员的入社障碍。如果预加入者一次性缴纳股金有困难的，可以在规定期限内（一般为2~3年）分期付清，也可向劳动人民银行贷款入社，以后再逐年还本付息支付完入社股金贷款。蒙德拉贡发展早期，正值政府鼓励发展企业，无资金实力加入合作社的工人甚至可以从政府那里得到贴息贷款。缴纳入社股金，一方面是合作社重要的资金来源，另一方面使成员有归属感、拥有感，在成员个人收益与合作社发展之间形成利益纽带，对成员在合作社中的工作有较强的激励作用。

② 股金计利息，相当于贷款给合作社而不是资本投资的收益分红。股息记入合作社生产经营成本，在税前列支。股息率比当地银行基准利率高2~3个百分点。

经济体制综合改革司考察团，2006，第4页）。⑥合作社内重大事项按照“一人一票”的原则民主管理，投票权利与股金多少无关，体现了对劳动者的民主。⑦蒙德拉贡为每名成员设立了“个人经费（或资本[①]）账户”，成员缴纳的入社股金全部存入该账户（只有在离开合作社时才可按社规取走）。这一账户对于成员来说是一个存款账户（存入劳动人民银行），对于蒙德拉贡而言是一个借款账户，这部分资金蒙德拉贡可以使用，劳动人民银行支付利息。个人资本账户上的股金每年按通货膨胀率调整一次现值，以测算出其真实价值。[②]

基于上述蒙德拉贡入社股金的特点，从所有者权益视角[③]对蒙德拉贡产权制度进行解析，得到其产权制度的基本模式Ⅰ：

> 建立在个人私有制基础上的工人对一定范围内资产大体均等的个人所有

这里的个人私有制指的是工人劳动者的个人私有制。合作社的股金集中起来就构成了合作社生产经营活动的基础，这是合作社构建时的第一批资金，是合作社设立的第一块基石，与合作社同时产生。这笔资金形成后，可能被用来为社员批量购买工业生产的器具、原材料，用来储存、运输产品，也可能用来促销产品等，从而使广大社员获得分工协作及规模化生产经营的收益。因此，构成这个基础并由此体现的产权制度，就成为工人合作社核心的产权制度——我们称之为**股金制度**。蒙德拉贡成员共同出资入股实际上是工人为合作劳动提供最基本的物质条件，股金不断积累的结果是联合劳动条件的改善、联合劳动生产经营效率和竞争能力的提高。

---

① 实为每名社员的股金或资金账户，这里为尊重原文，仍然使用资本账户的称呼。

② 参见 https://www.mondragon-corporation.com/en/co-operative-experience/our-principles/，2019-07-10。

③ 以下产权制度解析均基于所有者权益视角。

（二）基本模式Ⅱ

从工人合作社产权制度的基本模式Ⅰ中，我们不难发现，合作社产权制度首先是建立在“以每位社员提供一定数额、大体均等的股金”基础之上的。但是，在资本主义市场经济中，社会化大生产中的企业，为了生存、竞争与发展，需要不断增强实力，而仅靠“每位社员提供一定数额、大体均等的股金”作为其生产经营的基础显然是不够的：股金的集聚使合作社能够建立，但不能保证让合作社正常经营下去。[①] 因此，不断筹措资金是合作社生产经营首先要解决的问题。资金筹措有内外两个渠道。如前文所述，合作社对外不能像股份制公司那样向投资者公开直接融资（除非通过其独资或合资的子公司等“借壳”上市融资），只能进行间接融资（主要来自合作银行、商业银行、外部投资者的贷款等，这些借款形成合作社的负债而非股金），但由于合作社这类企业的特殊性，它们能获得的间接融资也不多，这就使合作社不得不转向以内部融资为主的融资方式（Bretos, Errasti and Marcuello, 2017, p. 119；Bretos and Errasti, 2016b, p. 7）。

工人合作社的内部融资表现为合作社成员的直接投资[②]及缴纳的多余股金（视为合作社向社员的借款）、每年的劳动所得的存留[③]、再投资等。这些将记入成员的个人资本账户，形成合作社的“按份共有”财产，成员离开合作社时可按规定带走。合作社每年的大部分盈余要遵从按劳分配的方式返还给工人（返还的多少与所处的岗位及付出的劳动有关）。在

① 如果说，股金制度使蒙德拉贡得以成立，那么如何筹集更多资金以更好、更快地经营发展，就是蒙德拉贡成立之后考虑的问题。

② 直接投资指社员用现金购买成员资格或普通股，即缴纳入社股金，股金缴纳后，有的合作社发放的是社员证，有的发放的是普通股股权证。此外，如果需要的话，合作社还会向成员发放优先股。合作社的优先股没有投票权，它仅表明成员对合作社的一种债权关系，而不是所有权关系。

③ 劳动所得的存留是指合作社在将收益按工人社员劳动投入的质与量（与所处的岗位及付出的劳动有关）分配给社员（具体分配方案由理事会草拟并提交社员大会审议批准后执行）后，如还有剩余，可根据合作社发展的情况将剩余全部或部分转增社员的股金，转为社员股金的部分即形成社员对合作社的所有权，余下的部分可转为社员的债权或合作社的待分配收益。

计提工人工资[1]及各类生产成本、期间费用、管理费用、应缴税金等之后，合作社纯利润的45%~60%，至多70%用于成员劳动分红（一般在年终发放，按劳动投入的质与量分配并登记在成员个人资本账户上，每年计提利息），其余20%~45%，至少20%留作公积金。如还有结余，可计提作社会基金（一般是纯利润的10%），用于社区教育与福利事业。部分“混合合作社”经过民主讨论通过后，会在纯利润中提取一部分用于按成员户头的股金分红，即按股分红。[2] 合作社计提的公积金和社会基金，成员每人有份但不可分割，即成员离开合作社时不能带走。公积金和社会基金是合作社工人成员的共同共有资产。

社员的劳动分红大多不支付现金，而是记入个人资本账户（从而使社员股金增值），只要合作社盈利，个人资本账户中的股金就会逐年增加。个人资本账户内资金的所有权归社员个人，但资金的使用、运营、管理权归合作社，即形成“按份共有”财产。社员个人在退休或离开合作社时才可按合作社的规定将个人资本账户中的资金逐年提走，如果社员去世，个人资本账户可以分期兑现退还给其法定继承人。个人资本账户是蒙德拉贡最重要的产权制度设计之一。一方面，个人资本账户清晰地界定了合作社与成员以及成员与成员之间的产权关系，并将产权明晰与积累功能有机地统一起来，既促使成员关心劳动增殖，提高了成员的劳动积极性，又确保了合作社未来发展所需要的资本积累。另一方面，在经济衰退时，个人资本账户也是保护合作社免于破产和社员免于失业的缓冲器。经济衰退，合作社亏损时，社员可以决定让合作社局部损失他们的个人资本账户，以保证合作社债务的清偿和维持正常的生产经营。渡过难关后，到经济景气时，个人资本账户就能随着合作社盈利而重新增长。蒙德拉贡建社以来持续保持了相当高的积累能力。20世纪50年代最早参加合作社的90人，当

---

① 绝大多数以现金的方式分配给社员用于他们的生活及各类消费，包括固定和浮动两个部分。

② 红利的利率一般控制在8%以下且多以现金形式发放，目的在于激励成员投资，特别是外部投资者。但蒙德拉贡相当一部分成员不领取而是将之存入户头作为对合作社的股金再投资，这将形成该成员的股金。参见 http：//www.mondragon-corporation.com/，history-mondragon-1956-2014。

初人均户头实缴股金约合 1000 美元，而到 90 年代初，蒙德拉贡人均户头实缴股金已超过 10 万美元（唐宗焜，1995，第 21 页）。

蒙德拉贡规定纯利润的 20%～45%，至少 20%留作公积金，其他工人合作社也有类似规定，这将形成合作社的共同共有财产。西方经济学特别是新制度经济学认为合作社的共同共有财产易产生“搭便车”等机会主义行为，那么蒙德拉贡等西方工人合作社为何要积累共同共有财产？并且始终不放弃这一制度设计？伯纽斯（1986，第 176 页）曾指出：“合作社事实上形成了一种利益平衡，一方面，成员们集中资源，通过集体经营获得收益；另一方面，由于经济利益上各自独立，他们又要追求各自收益的不断增长。因此，这些合作社是以‘向心’力（即共同经营的利益追求，希望合作社做大做强）与‘离心’力（即个人利益追求，希望个人收益不断增加）之间存在着一种不稳定的平衡为特征的。”

应该承认，合作社与成员的利益大多数情况下是一致的，但有时又有冲突，特别是在经济萧条、工人工资收入下降时，这种矛盾更显著、更严重。再加上合作社实行“自愿进出”的原则，一旦矛盾激化，成员可以撤走自己的资产，合作社总资产将会减少，任其发展下去，合作社很可能就解散。这是因为合作社股金划归个人名下，即没有集体产权的共同共有财产，全体成员以集体产权制度为基础的共同利益追求在合作社中难以形成，成员之间缺少一种强有力的利益联结“纽带”。当合作社产权制度把合作社财产全部明细到成员个人名下时，这种利益共同体的联合实际上并不稳固，再加上合作社财产终极所有权与法人产权没有分离（表现为成员离开合作社时可以带走自己名下的投资而不是转让股权），一旦社会经济波动或合作社生产经营遇到困难，成员就可以撤走自己的投资。如果这种行为成为一种普遍现象，合作社就很有可能瓦解直至灭亡。因而合作社需要设立共同共有财产制度，才能在一定程度上解决上述问题。共同共有财产的出现并不必然导致机会主义行为，资本主义企业经理（或 CEO）在委托代理关系中也存在机会主义行为，这种行为甚至会引发企业破产，如美国安然公司事件（企业高管提供虚假财务信息，为谋取私利而欺骗广大股东导致企业破产），是不是企业就不设立企业经理（或 CEO）这个岗位了？

关键在于企业的内部控制、监督管理机制失效，而非共同共有财产或经理（或 CEO）岗位的存在导致机会主义行为。

合作社对共同共有财产的制度设计非常重视，罗虚戴尔公平先锋社原则设立之初就曾出现“关于创立不可分的社有财产”的条款，并从中提取教育公积金。ICA 在“95 原则”以及 1997 的修订原则中，也一再强调合作社应创立“不可分割的共有财产”（张晓山，2000）。从刘振邦的《主要资本主义国家农业合作社的章程与法律汇编》一书提供的资料来看，在现代西方国家中，合作社从收益中提取公积金，形成归社员集体所有的基金，已经成为通行的一项制度，并被法定下来。例如，法国、荷兰、丹麦、瑞典的合作社法规定：合作社应从盈余中提取公积金。多数合作社在税后盈余中按不低于 10%的比例提取，有的合作社还规定每年要提取 2%~5%不等的公益金用于职工福利或社区建设等公益事业。2006 年 8 月 14 日最新修订的《德国工商业与经济合作社法》第七条第二款规定：合作社必须从年度结余中提取公积金，而且公积金的提取须达到最低额。西班牙的《巴斯克合作社法》（1994 年）第六章中规定：每年可自由支配的净盈余中至少有 20%用于强制性公积金（刘驯刚，1995d，第 37 页）。这部分公积金的建立既可以抵御合作社面临的生产经营风险，同时也可以解决诸如工人离社带来的资金流失问题。此外，《巴斯克合作社法》还规定，除了合作社法中规定的用途外，公积金不可分配，不可分割至成员名下。

综上所述，入社股金、多投股金利息回报或股金利息等的再投资（指股权投资）形成了成员对合作社的“按份共有”所有权，公积金或公益金等的计提形成成员对合作社的“共同共有”产权，这样就构成了蒙德拉贡产权制度的基本模式Ⅱ：

> 建立在个人私有制基础之上，通过股金制度联合起来的工人对劳动的个人所有（按份共有）+集体所有（共同共有）

其中，“份”指的是工人留存在合作社个人资本账户上的资产或财产。

这里需要注意三点。第一，社员的集体所有与集体所有制企业的成员集体所有是不同的，前者是建立在私有制基础之上，而后者是建立在集体所有制基础之上，这在分配上表现为：社员利用集体所有（共同共有）财产进行生产经营所产生的收益，要按社员的劳动付出返还给社员（以现金形式分配或记入个人资本账户），即归社员所有；而集体所有制企业中集体所有财产所产生的收益是平均地分给成员或不分配而由企业留存。

第二，当代工人合作社的公积金制度，已完全放弃空想社会主义的初衷，其目的是为合作社的长期发展扩充物质基础。提取公积金，即使它形成不可分割的社有财产，也不能认为公积金与集体所有制有直接的联系。集体所有制企业主要体现在集体股权所占的比重上，公积金能为建立集体股权做准备①，但它本身并不能直接说明企业是不是集体所有制。这就表明，当前理论界部分研究者单凭工人合作社提留了公积金或公益金就判定它为集体所有制或集体所有制新的实现形式，是缺乏充分根据的。更为重要的是，从蒙德拉贡每年提取公积金的比例和用途来看，它并不是以此扩大集体所有的比重，更多的是预防亏损和维持资金的充实，以抵御合作社面临的各类风险。并且，蒙德拉贡也实行了公积金达到一定数额就不再提取的公司制做法，这与集体所有制已经完全没有关系了。

第三，工人合作社产权模式向我们揭示，它是建立在资本主义制度下劳动者个人私有制基础之上的，因而会生产和再生产出资本主义制度的一切缺点。正如列宁指出“合作社在资本主义国家条件下是集体的资本主义组织”②，易成为“资本主义制度这部机器上的一个小零件”③“是资本主义的社会机构，这个机构是在‘小商店’气氛中生长的，它是用资产阶级

① 只有在不可分割的共同共有财产不断提取增加，逐渐在合作社总资产中占绝大多数甚至100%时，该合作社才转变为集体性质的，如人民公社和集体农庄。

② 列宁：《论合作制》，载《列宁选集》（第4卷），人民出版社，1972，第685页。指合作社制度会被资本主义生产关系侵蚀。许多学者仅从字面理解，断章取义地认为资本主义国家的合作社是资本主义性质的企业，这也是错误的。

③ 列宁：《“苏维埃政权的当前任务”一文的初稿》，载《列宁全集》（第27卷），人民出版社，1958，第197页。

政策和资产阶级的世界观精神教育领导者"[①]。

从上述分析不难发现，蒙德拉贡的产权性质与社会主义企业的产权性质有本质的不同，认为"蒙德拉贡是社会主义合作社"显然也不对。从蒙德拉贡的建社原则来看，它已不是作为资本主义生产关系的对立面构建的，即无产阶级工人运动的政治目标已丧失[②]，完全追求经济目标（已逐渐成为资本主义生产关系的补充，充当"竞争尺度作用"），是拥有小资产的劳动者应对大资产者、中间商和进行激烈市场竞争的一种手段。这就在本质上，为合作社产权制度以后的演变，特别是全球化战略下产权制度的演变确定了方向。

（三）基本模式Ⅲ

与股份制公司相比，合作社在外部融资方面存在更大的障碍，因为外部贷款机构往往认为合作社没有足够的市场价值信息进行投资成本与风险评估，如不能通过股票市场对合作社的资产市值、经营状况进行评价等。同时，由于工人合作社这类企业的性质及生产经营的特殊性，难以进行投资类比分析，许多贷款机构不愿对它们进行投资。因此，合作社只能依靠自己的能力、实力向潜在的投资者和贷款人证明，合作社确实有广阔的发展前景，但是西方工人合作社大多比较弱小，再加上合作社的制度设计的特殊性（劳动雇用资本、不遵从一股一票和按股分配、股本不上市流转等），因而合作社倍受逐利性的商业金融机构的歧视，外部融资比较困难。从西方工人合作运动发展的历史来看，内部融资有限、外部融资困难往往是困扰合作社发展甚至最终导致合作社失败的主要原因。但对于蒙德拉贡的合作社来说，这已不是一个问题，因为蒙德拉贡"自带"一个合作银行——劳动人民银行（Caja Laboral Popular，简称 CLP），它为蒙德拉贡的合作社提供融资一体化服务，很大程度上解决了蒙德拉贡及其旗下合作社

---

① 列宁：《列宁全集》（第 23 卷），人民出版社，1972，第 457 页。不仅合作社制度会被资本主义生产关系侵蚀，合作社领导者也易被资本主义价值观思想侵蚀。

② 这从蒙德拉贡构建的基本原则中就可得到印证，当然这对处于资本主义制度下要生存与发展的工人合作社来说无可厚非。

的融资问题[①]，同时为它们的全球化发展提供了重要助力。

吸取早期工人合作社失败的教训，蒙德拉贡于1959年成立了一个信用合作社。起初信用合作社是由3个生产合作社和1个消费合作社联合组建，后逐步发展成为今天的劳动人民银行。该银行是蒙德拉贡旗下各合作社按合作制原则联合构建的第二级信用合作社，具有以下特点：①各个合作社都以独立法人身份入股参加，取得成员资格；②蒙德拉贡旗下的全部合作社均要入股，即向劳动人民银行缴纳股金，并共同承担保证其资本充足率符合西班牙中央银行规定的义务；③投入的股金来自各个合作社的共同共有财产，这相当于蒙德拉贡所有工人社员共同拥有劳动人民银行，而不是劳动人民银行对其成员社控股；④股金存入各成员社在劳动人民银行开设的存款账户。劳动人民银行同入股的各合作社分别签署结盟合约，各合作社相当于加入劳动人民银行的各个成员，劳动人民银行按合作社原则规定双方的权利与义务，各合作社都要通过劳动人民银行进行它们的金融活动，以方便蒙德拉贡对旗下合作社的金融活动进行审计与监管。[②]

劳动人民银行内部治理完全按照合作社基本制度要求构建，其最高权力机构是成员大会，由成员社的代表和劳动人民银行职员（职员也要入股劳动银行）代表组成。成员大会实行“一人一票”民主管理原则。劳动人民银行的重大问题由成员大会讨论决定，并由它选举产生银行管理委员会、社员委员会等机构负责日常经营管理。管理委员会是银行的管理机构，它有12名成员，合作社和合作社集团的代表占8人，银行职工占4人。由管理委员会聘任经理负责日常经营管理工作。社员委员会成员在银行职工中选举产生，负责诸如社会安全、报酬办法、劳保福利等问题的研究，向管理委员会提出咨询意见。社员委员会的成员每两年更换其中一半，不鼓励连任，要求每个

① 蒙德拉贡发展初期，旗下合作社的外部间接融资大多来自CLP，此外有少数商业银行向合作社贷款，但金额大多较少。随着蒙德拉贡旗下合作社的发展壮大，特别是在推行全球化战略后，旗下许多合作社不断发展壮大，盈利能力越来越强，许多金融机构，甚至是世界闻名的跨国银行都愿意向蒙德拉贡及其旗下的合作社放贷了，但金额也不多，蒙德拉贡旗下合作社间接融资仍主要来自CLP。引自：http：//www. mondragon-corporation. com/，history-mondragon。

② 参见http：//www. mondragon-corporation. com/，history-mondragon。

职工在其工作期间至少有一次作为社员委员会的成员。银行还设有审计监督机构，它向成员大会报告集团的财务及生产经营情况。劳动人民银行构成了蒙德拉贡生产经营最强有力的金融支持系统（肖维湘，1994，第 40 页）。

劳动人民银行还定期向成员社提供合作社集团生产经营及其外部市场变化等信息。同时，每个成员社至少每四年要接受一次劳动人民银行的审计。劳动人民银行设立了一个具有合作社“孵化器”功能的特殊部门，即合作社创业部，它由百余名训练有素的各种专业技术人员组成，专门为愿意成立合作社以就业的人们提供办社技术帮助，并向已有的合作社提供管理咨询，也监督它们恪守合作社原则。这个创业部其实是一个以帮助、指导构建和经营管理合作社为专业的合作社，它使合作社的创业程序社会化。随着劳动人民银行金融业务的发展和外界环境的变化，这个创业部的职能现在又从劳动人民银行中分离出来，分别转入新成立的咨询合作社、审计合作社和其他二级合作组织。自成立以来，劳动人民银行支持创办了蒙德拉贡半数以上的合作社，使一批小而分散的合作社向规模化、集约化方向发展，最终培育了一批具有跨国投资经营能力的合作制企业（唐宗焜，1995，第 21 页）。

劳动人民银行也面向社会吸收居民储蓄，而贷款发放首先满足合作社的需要。到 1972 年（全球化战略实施前）已基本能全部满足成员社所需资金[①]，并有部分资金用于社会福利，如兴办教育、创新科技、进行道路交通设施建设等。目前，这家合作银行在西班牙设有 250 多个办事机构。每年利润中的 20%要上交蒙德拉贡合作基金会，其中一半用于蒙德拉贡开支，一半用于发展新的合作制企业（肖维湘，1994，第 41 页）。

蒙德拉贡的劳动人民银行不仅仅向其旗下的合作社提供金融支持、建社服务、生产经营指导及审计与监督服务等，更重要的是以金融为纽带[②]

---

① 1993 年底，劳动人民银行在西班牙设立分支机构 218 家。劳动人民银行不仅贷款给蒙德拉贡旗下的合作社，还放贷给私营企业和个人；全球化战略实施后，劳动人民银行还向国外寻求投资目标（需通过两国政府间签订贷款协定手续）。参见 http：//www.mondragon-corporation.com/，history-mondragon。

② 指基于合作金融的融资功能，劳动人民银行是蒙德拉贡连接其旗下各家合作社的金融纽带，加强和促进了各合作社之间的合作，这对蒙德拉贡的成长与壮大起到了关键性作用，劳动人民银行是蒙德拉贡最重要的金融支持机构。

成为各合作社联合体的核心机构——这也是蒙德拉贡最重要的产权制度设计之一，是蒙德拉贡发展壮大的重要制度保证。

依合作社原则，各成员社以共同共有财产入股构建劳动人民银行，进而各成员社共同共有劳动人民银行并实施民主管理的制度安排，我们称其为蒙德拉贡的**合作金融制度**。

由此，我们就可以得出蒙德拉贡产权制度的扩展模式，即基本模式Ⅲ：

> 建立在个人私有制基础之上，通过股金制度联合起来的工人对劳动的个人所有（按份共有）+集体所有（共同共有）+对合作银行（劳动人民银行）的共同共有
>
> 或：建立在个人私有制基础之上的股金制度+公积金制度+合作金融制度

上述模式中的共同共有指的是蒙德拉贡全体工人社员共同拥有劳动人民银行。

该产权制度形成了蒙德拉贡旗下合作社之间以及工人与合作社之间生死与共、息息相关的制度基础。

西方经济学特别是新制度经济学认为，工人合作社在制度设计上有“重大缺陷”：一是产权制度方面，产权流动困难，新老成员难以顺利实现“承接”，所以部分工人合作社在发展壮大之后，许多老成员退休而新成员却难以接替，导致合作社最终转变为股份制企业或解散；二是管理制度方面，合作社的民主管理易陷入“集体行动的困境”，管理成本高且效率低，成员异质性难以调和也易导致合作社解散。随后的分析，我们将会看到导致上述问题的根本原因是资本主义社会没有为工人合作社这类企业提供解决上述问题的制度空间，资本主义社会这一上层建筑是为资本主义私有制基础之上的资本主义企业构建的，为资本主义企业的生产社会化提供全方位服务，由于理念与价值追求、构建基础不同，资本主义社会不会为工人合作社的生产社会化提供服务。而蒙德拉贡“自带”了一个为其生产社会

化服务的系统，这就是劳动人民银行。

劳动人民银行是蒙德拉贡内部最重要的组织机构，它的第一个重要作用能使合作社顺利实现新老成员的“承接”。由于合作社财产终极所有权（股东所有权）与法人产权没有分离，投资者（即工人社员）与其工作岗位不可分，“人来投资来、人走投资走”。这就造成在资本主义制度下，合作社的人员顺畅流动、投资顺畅流动都很困难，资本主义社会没有为合作社这类企业提供服务其要素流动的市场，合作社产权（所有权）流动困难。但劳动人民银行的出现在相当程度上解决了合作社要素流动的困难，使其产权实现顺利流动。如对于想加入合作社的工人，由于没有足够的投资“买一份工作”或从老成员手中“买到他（她）的工作”，劳动人民银行可以对其贷款，然后再每月从其工资中收回本金和利息；对于要离开合作社的工人，特别是投资较多的工人，带走投资将造成合作社资产不稳定，劳动人民银行可以向合作社贷款，“置换”出资产返还给离开的工人，合作社再逐年向劳动人民银行还本付息。而资本主义市场，特别是资本市场是绝对不会提供上述服务的。劳动人民银行使得合作社产权社会化（表现为合作社产权流动性增强、流动范围扩大等）得以顺利实现，顺应了合作社生产社会化的内在要求，有力地促进了合作社的生产社会化发展。

劳动人民银行的第二个重要作用是能使蒙德拉贡旗下合作社顺利实现“分立”。随着合作社规模的扩大，在成员增加的同时，成员异质性增强，合作文化及价值追求的共同信念受到冲击，结果导致合作社的内部治理难度加大，运营管理成本增加。蒙德拉贡吸取世界上许多合作社由于规模扩大、成员异质性增强最终导致倒闭或嬗变为资本主义企业的教训，当旗下某个合作社规模过大难以贯彻民主管理的合作社原则，且导致企业生产经营效率降低时，就对该合作社实施“分立”，即按专业化原则，从原合作社中分离出一个新的合作社。这样新的合作社又可以吸收更多生产专业与技能一致且志同道合的成员，产权社会化得以持续并且能不断扩大生产经营规模。如此循环往复，蒙德拉贡旗下合作社的数量就可不断增加。由于分离出去的成员有个人资本账户，产权清晰，实行这种分离时资产的剥离与重组并不困难。“分立”工作中的可行性论证、市场调查，“分立”后合作社的生产经营规划等工作均是由劳动人民银行协助蒙德拉贡总部完成。此外，“分立”后，不论新老合作社，资产均大幅下降，单个合作社势单力薄，往往经不起激烈的市场竞争，而劳动人民银行可以为新老合作社提供特别贷款，扶持它们渡过难关，同时劳动人民银行还鼓励合作社之间的相互帮扶，在生产经营上发展各合作社之间的协作互助，实现集团内其他合作社对“分立”社的扶持。

总之，劳动人民银行对于蒙德拉贡来说是一个生死攸关的重要组织，有了这个组织，蒙德拉贡才能不断扩大生产经营规模，才能不断适应工业生产社会化的内在要求，才能在激烈的市场竞争中不断发展壮大。但蒙德拉贡“自带”的、以实现生产社会化的金融支持体系不能与资本主义生产社会化的金融支持体系相兼容①，这也限制了劳动人民银行自身的发展。随着蒙德拉贡旗下合作社的不断增加，规模不断扩大，杠杆效应下，劳动人民银行贷款成本与风险成倍增加，劳动人民银行能提供的贷款及相关融资保证往往“捉襟见肘”②，逐渐不能满足蒙德拉贡全球化战略对资金的需求。③ 但这一情形在蒙德拉贡旗下合作社在国内外投资构建独资或合资子公司之后有了很大改观，因为蒙德拉贡旗下合作社通过其资本主义子公司“借壳融资”（不再单纯依赖劳动人民银行），顺利融入了资本主义资本市场，进而逐步融入资本主义生产社会化体系，充分利用成熟的、高效的资本主义资本市场完成生产社会化。

三 蒙德拉贡产权制度的创新与发展

20 世纪 80~90 年代的经济全球化给西方工人合作社的发展带来了重大

---

① 资本主义生产社会化的金融支持体系指以资本市场如金融、保险等市场为主体，以产品市场和劳动力市场等为辅的，保证资本主义企业生产社会化顺利进行的市场体系。二者之所以不相兼容是因为劳动人民银行的构建原则、目标与价值追求、运行模式等与资本主义商业银行或金融公司有很大的不同。

② 由于劳动人民银行资金有限并且投资成本及风险太高，早期蒙德拉贡旗下合作社大多只能分布于轻工业生产领域，多数资本与技术密集型产业对于蒙德拉贡来说“门槛太高”。

③ “Mondragon Annual Report 2018,” http://www.mondragon-corporation.com/en/about-us/economic-and-financial-indicators/annual-report/, 2019-10-30.

影响，主要有三个方面。①经济全球化导致经济自由化，自由化要求降低甚至消除贸易保护政策，这样扶持和保护合作社生产经营的国家体制、政策及组织机构弱化，更多地强调和重视市场，从而工人合作社要与其他生产经营组织一样平等进入市场参与竞争，特别是与强大的资本主义跨国企业竞争。

②金融市场全球化并未使合作社全球扩张的融资困难问题得到根本性缓解，相反变得更严峻，合作社原有的融资机构（劳动人民银行除外）由于想获得更广泛的融资市场和获利空间，而纷纷转向海外或其他联盟体市场。受制于合作社特殊的融资方式，想进入全球化资本市场融资存在诸多限制，而其竞争对手——资本主义企业在经济全球化下获得了更加广泛和有效的融资体系从而竞争优势大大提高。

③生产与经营技术优势难以转移以拓展收益空间。全球化下，资本主义企业的跨国并购能使其生产与经营技术优势同投资国原材料的低成本、广阔的消费市场相结合，极大地拓展了利润空间，资本主义企业可以“迅速带上资本”全球投资，攫取利润，而工人合作社的生产经营者与生产资料联系在一起，如蒙德拉贡的工人及其生产难以大规模向海外转移，无法获得生产与经营技术优势和投资国原材料的低成本、广阔的消费市场相结合的优势。工人合作社受到了全球化下，已实现了资本、技术、人才、市场等要素全球化攫取的跨国公司绝对优势的挑战；资本主义大环境下，工人合作社的制度安排限制了其全球化战略选择的手段、方式与范围，在与资本主义企业特别是跨国企业激烈的市场竞争中处于劣势。

因而，对于西方工人合作社而言，如何优化自身制度安排，转变以社区、地区、国家范围为导向的“防御性”战略为开放战略，融入外部资本主义市场，探索与合作社组织形式相融的、可嫁接、可并合、可匹配甚至可替换的组织生长方式，充分利用资本主义全球市场资源，在更大范围内实现生产要素的优化配置，捍卫已有市场、拓展新的市场，不断提高竞争力，维持生存与发展，进而不断改善工人社员的生存及收益状况，就成为“性命攸关”的问题。

全球化在给蒙德拉贡带来上述挑战的同时，也带来了机遇。蒙德拉贡已深刻意识到，如果不抓住这次机遇，自身将不可避免地走向灭亡。因而，蒙德拉贡的市场经济行为发生了一系列变革，相应地合作社产权制度也发生了一系列变革。基于通过现象揭示本质的研究思路，我们首先解析全球化战略实施过程中，蒙德拉贡市场经济行为的变化。根据发展事实，蒙德拉贡的市场经济行为变化可分为以下两类。①合作社新组织结构的出现。即蒙德拉贡这一合作社集团内，除了传统合作社外，开始出现“混合合作社”以及资本主义性质的子公司，并允许部分子公司的股票上市交易，合作社的外部合作伙伴，特别是股份制企业日益增多，合作社的生产经营活动日趋社会化、全球化。合作社行为由关注与服务工人社员与社区转向更关注市场，更重视竞争力提升，以最大限度地获得竞争优势。由保持高度的合作社特征，重视独立性，转向更多地关注如何高效利用资本主义社会的各类资源、工具等，更倾向于全方位融入资本主义经济中。

②成员身份资格复杂化。即合作社内开始出现不同于传统社员的成员，如临时社员、合同工（即雇佣工人）等这一类非合作社所有者的成员，以及非投资者成员（非工人股东，仅是资本或关键技术等的投资者），成员身份的整体变化趋势是越来越复杂化、社会化。由排斥资本主义企业的市场经济行为，如雇用工人等转向借鉴甚至学习其市场经济行为。

（一）新型组织结构：合作社子公司与混合合作社

在蒙德拉贡的全球扩张中，合作社组织结构层面的最大变化是并购、独资或合资成立资本主义性质的子公司以及创建混合合作社。在前文中，我们已经详细介绍了蒙德拉贡兼并、收购的一系列行为。表 5-1 中统计了蒙德拉贡 1998~2018 年兼并、吸收以及独资成立的资本主义性质的子公司的数量。从数据来看，合作社子公司的数量几乎每年都在增加。换言之，蒙德拉贡在过去 20 余年的扩张活动可谓开展得“如火如荼”。从表面上看，兼并、吸收、设立资本主义企业的发展逻辑已经与经典合作社原则“背道而驰”，甚至部分西方学者批判这种市场行为是工人合作社的变质。

表 5-1 蒙德拉贡的股份制子公司数量（1998~2018 年）

单位：个

年份	子公司数量	年份	子公司数量
1998	17	2009	75
1999	23	2010	77
2000	26	2011	94
2001	—	2012	105
2002	—	2013	122
2003	38	2014	125
2004	48	2015	125
2005	58	2016	128
2006	65	2017	132
2007	69	2018	141
2008	73		

资料来源：整理自 1998~2018 年蒙德拉贡年度报告（http：//www.mondragon-corporation.com/en/about-us/economic-and-financial-indicators/annual-report/）。

因此，合作社子公司的性质问题是蒙德拉贡必须面对的一个问题。蒙德拉贡对收购、兼并的这些资本主义企业（只能是全资子公司）进行合作化改造，期望将这些资本主义子公司都改造为合作社。在改造的过程中，少数子公司能够接受合作社理念并实现了向合作社的转化，但绝大多数子公司受各种因素的影响没有实现转化。所以，在《巴斯克合作社法》的支撑下，蒙德拉贡引入“混合合作社”这一组织形式对资本主义子公司进行改造。

尽管引入了“混合合作社”，子公司合作化改造依然困难，为此它们进一步制定了合作社“企业管理模式”以将蒙德拉贡的合作文化、合作社理念植入子公司中，为以后的改造创造条件——这是设计合作社“企业管理模式”的第一个目的[①]。“混合合作社”和“企业管理模式”是蒙德拉

① 应该说，在主观上蒙德拉贡确实想将其子公司改造为合作社，但尚未找到一条适合改造的道路，或者说尚在摸索之中。

贡在1990年之后的国际扩张中，用于改造收购、兼并的全资资本主义子公司的主要手段。但从蒙德拉贡的改造现状来看，2016年其旗下的261家合作社和子公司中，仍有128家属于资本主义性质，另有32家混合合作社、101家真正意义上的合作社。这些合作社大多是国内早期加盟的合作社，其生产经营大多已超过50年，实力雄厚，控股128家资本主义子公司和32家混合合作社。[①] 2018年股份制子公司已增加至141家。[②] 从合作制企业管理模式的实践应用来看，它是蒙德拉贡子公司规模扩大之后，为了尽可能提高工人在公司中主体地位的一种尝试。合作社子公司的不断增加必然会对蒙德拉贡的组织性质造成冲击，而企业管理模式的应用则是化解这种冲击的有力措施——这是设计合作社企业管理模式的第二个目的。这样，蒙德拉贡在提高了自身实力与竞争力的同时，也保证了自身合作社主体基本属性不变。

综上所述，蒙德拉贡全球化战略实施中最明显的市场行为变化就是设立独资或合资的股份制子公司。关于股份制子公司的设立需要重点说明两个问题（尽管前文已涉及，这里做一个总结）：一是为什么要设立？二是对全资子公司合作化改造困难的根本原因是什么？对于第一个问题，首先，蒙德拉贡主要生产家用电器、机械工具、机床、汽车及其零部件、电子设备等，为适应全球化下现代工业的技术发展趋势，需要投入大量的资本、技术及工业半成品，而经典的合作社主要依靠成员直接融资和外部金融机构间接融资，相对于现代股份制企业，融资渠道、工具及手段太少，如不充分利用外部资本主义资源，特别是其资本市场，不直接向社会融资，难以在激烈市场竞争中做大做强。所以蒙德拉贡在国外兼并、收购或设立股份制子公司“借壳融资”，以获得更广泛的融资市场与融资工具，同时降低融资成本与风险。此外，依靠股份制子公司可在投资国获得经营技术优势与投资国原材料的低成本、广阔的消费市场，即“借壳生产与销

① 参见 http：//www. mondragon-corporation. com/en/co-operative-experience/faqs/（2017－09－27）。

② 参见“Mondragon Annual Report 2018，” http：//www. mondragon-corporation. com/en/about-us/economic-and-financial-indicators/annual-report/。

售”，同时，子公司在所有投资国的投融资行为几乎均不存在政策、法律等方面的障碍。这些有利因素极大地拓展了蒙德拉贡的收益空间。其次，随着贸易保护政策的降低甚至消除，特别对合作社保护及扶持政策的减弱，蒙德拉贡将面临越来越严峻的国际市场竞争，只有通过在国外兼并、收购或设立股份制子公司才能获得生存空间与竞争优势。最后，蒙德拉贡旗下合作社拥有子公司的多少常常与合作社生产所处的行业、行业结构和行业绩效密切相关。如蒙德拉贡旗下有相当一部分合作社所处的行业是资本、技术密集型的（如汽车、精密机床、高端电子产品等），存在少数几个竞争对手（但都很强），资产专用性程度高，行业退出困难，那么这类合作社就希望拥有更多的股份制子公司并拥有更多的雇佣工人，更希望子公司股票能上市流通以解决融资及技术研发等问题，在不改变合作社基本性质的前提下，将合作社价值观与现代融资、扩大再生产机制有机结合起来。

关于第二个问题，如前文所述，除个别子公司外，蒙德拉贡的合作化改造并不成功，特别是对于国外子公司。查遍蒙德拉贡合作社集团网站文件及所能穷尽的西方研究文献，几乎找不到一个国外成功的案例，大多是对子公司进行部分改造形成混合合作社（数量也不多）。这在西方理论界引起较大争议。不论怎样评价，蒙德拉贡确实对其部分满足一定条件（如所在国法律支持、多数雇佣工人接受合作文化等）的全资子公司进行了合作化改造，但成功的案例（仅限于改造为“混合合作社”）不多也是不争的事实。

通过阅读大量国外文献及蒙德拉贡公布的相关文件，我们发现在全球化战略推进的早期，蒙德拉贡对其子公司的合作化改造是积极的，也投入了大量的人力、财力、物力，但实践证明合作化改造成本高、风险大，有许多障碍当前还难以克服，需要不断创新方法。所以我们不同意盲目乐观的看法，认为合作化改造会取得巨大的成功，同时我们也不同意盲目悲观，认为蒙德拉贡对合作化改造是“装模作样”“口是心非”，合作化根本不能推进，最终蒙德拉贡会背叛合作精神，退化为资本主义企业。

对合作化改造需要动态看，近年来工业领域发生了一系列变化，资本、技术与信息结合得越来越紧密，生产链中与非合作社企业的协同配合变得越来越重要，这一切都对蒙德拉贡资本、技术与信息的获得与掌控提出了更高的要求，对资本、技术、人才的吸引变得性命攸关，而蒙德拉贡“自带”的、以实现合作社生产社会化的系统根本无法持续解决上述这些问题。激烈的全球化竞争下，合作社联合体的独立“小王国”已不能使蒙德拉贡进一步拓展其生存空间，蒙德拉贡必须很快融入外部资本主义大市场中，而其资本主义子公司就是最好的桥梁，因而仅 32 家合作社进行部分改造，成为混合合作社，而 128 家子公司没有改造是不得已而为之，是形势所迫。

同时，我们还需要辩证地看问题，蒙德拉贡绝大多数资产仍然属工人劳动者所有、集团中 71.2%~88.1%的成员是工人劳动者①，依然坚持“一人一票”民主管理和按劳分配原则，蒙德拉贡的主体依然是一个合作社，性质没有发生根本改变，但外部环境与蒙德拉贡成立早期相比有了很大变化。蒙德拉贡如果不借助其资本主义性质的子公司融入外部资本主义大市场，可能早就如同众多其他西方工人合作社一样销声匿迹或异化为资本主义企业了。正是由于子公司的存在，蒙德拉贡才能不断做大、做强，才能在与资本主义企业甚至一些世界著名跨国企业的激烈竞争中不断发展壮大以保证主体的合作社性质不变。

这意味着，合作化改造既是不能为，也是不可为，即既受客观条件限制，也受主观因素影响。如果没有股份制子公司，蒙德拉贡就会失去充分、高效、低成本与低风险地利用资本主义各类资源的机会，失去全球化带来的发展契机，进而失去市场竞争力，甚至生存机会。当然，这本质上是资本主义环境造成的，资本主义社会没有为工人合作社提供适合其生存与发展的空间。换言之，资本主义社会，包括制度设计、各类市场、金融组织与机构、生产与技术服务组织与机构等均是为资本主义企业生存与发展设计的，是资本主义私有制的产物，是追逐利润的产物，与工人合作社的价值追求、产生的逻辑格格不入。资本主义社会实质上是不会支持这类

① 参见“Mondragon Annual Report 2018,” http://www.mondragon-corporation.com/en/about-us/economic-and-financial-indicators/annual-report/。

企业的发展[①]，如果真心实意地支持，甚至作为“第三条道路”取代资本主义企业而成为市场中的主导型企业，那么资本主义企业就会丧失无偿攫取和占有工人剩余劳动的所有机会。[②] 所以，从根源上看，子公司合作化改造困难的根本原因是资本主义制度。合作化改造尚未在蒙德拉贡产权制度中形成既定模式，是一种尚在探索的制度模式。

（二）新型成员身份：临时社员、合同工与资本代理人

蒙德拉贡在结成合作社集团并实行全球化战略之后，就迅速在全球市场中扩展业务。截至 2016 年，蒙德拉贡在全球拥有的子公司已达 128 家，数量不菲的子公司标志着蒙德拉贡的产权制度相比基本模式已经有了很大不同。21 世纪初，许多西方学者对蒙德拉贡这种全球化下的表现给予了重点关注。西方学者在对蒙德拉贡的国际扩张进行分析时发现：工人合作社的海外扩张带来了合作社组织结构的较大改变，合作社内的成员身份相应产生了新的变化，这种新变化主要表现为合作社内出现“临时社员”“合同工”等新型成员身份。

蒙德拉贡产权制度的基本模式决定了工人合作社是建立在股金制度和公积金制度基础上的工人联合，工人对合作社的产权以按份共有和共同共有的模式实现。但是，临时社员和合同工的出现突破了这一基本模式。这一突破，具体体现为蒙德拉贡产权（广义）主体的新变化：对合作社生产资料的使用、管理不再限于正式社员，临时社员和合同工也可以按合作社的要求使用、管理合作社生产资料，创造价值并获得收益。合作社生产资料的使用权、管理权、收益分配权拥有者的身份资格复杂化，即产权（广义）主体多样化，这种成员身份资格的变化本质上是合作社所有权权益主体的扩大化。

临时社员身份是 1993 年《巴斯克合作社法》通过的一种新型成员身

① 尽管资本主义社会在形式上是支持合作社发展的，制定相关法律、法规扶持，甚至将合作社宣扬为人类崇高的“第三条道路”。

② 多数资本主义国家仅仅只是将合作社视为资本主义企业的有益补充，仅发挥“竞争尺度”作用。

份。临时社员在绝大多数权利上同正式社员一样。比如在个人薪资的基础上分享合作社剩余，可以参加合作社内的选举并在选举机构供职，同时也要承担正式社员的绝大多数义务①。临时社员的临时性表现为“工人作为临时社员的身份，最多只能持续 5 年，而且在任何特定的时间内，临时社员与正式社员的比例不能超过 20%”②；“临时社员的入社费只是正式社员的 10%”；临时社员没有工作保障（或说职业安全感）；等等。正式社员往往意味着，工人与合作社有一个长期的权利与义务关系，这种长期关系表明社员的身份是固定的。但是从临时社员的身份性质上可以看出，临时社员打破了这种固化的身份关系，在另一层面上，也意味着如今蒙德拉贡的成员身份资格更具有灵活性、多元化、广泛性。而从内部融资的角度来看，由于临时社员需缴纳正式社员 10%的入社费，这意味着合作社的内部融资渠道从当初的“股金+社员的再投入”扩展到了“股金+社员的再投入+临时社员股金”。临时社员制度的设立实际上是希望给子公司雇佣工人转变为股东工人一个体验期，是让雇佣工人感受到成为企业主人所获得的权益，是蒙德拉贡合作化改造中对股金制度的改革、完善和发展，是一个伟大创举。我们将该制度称为“临时股金制度”。

如果说，临时社员是成员身份资格上的创新，那么合同工（雇佣劳动）的出现，似乎可以说是一种对工人合作社原则的违背。合同工往往与蒙德拉贡签订标准的雇佣合同，在选举上没有与社员相当的权利和义务，既没有表决权也没有就业保障。这些合同工绝大部分在蒙德拉贡海外并购或投资设立的股份制子公司里工作，如对于蒙德拉贡旗下的埃罗斯基，其海外服务业子公司中约有 30000 名合同工，海外制造业工厂中约有 12000 名合同工（Arando，Gago and Kato et al.，2010，p. 18）。从表象上看这种合同工的成员身份可以与资本主义企业下的雇佣工人等而视之，似乎已经违背了工人合作社的基本原则。那么，我们是否可以说蒙德拉贡已经不是一家工

① 正式社员的义务通常包括：参与社内的民主管理、监督经营；不得参与与合作社有竞争关系的经济活动，共同承担合作社的亏损；对合作社的经营活动保密；等等。

② 凡超过 20%的合作社，劳动人民银行就要终止同它的结盟合约，将它作为非合作企业对待。不过，这种情况从未发生过，因为任何一个合作社都不愿失去该银行对自身生存与发展至关重要的多方面服务。参见 Arando、Gago 和 Kato 等（2010，p. 32）。

人合作社了呢？我们整理了蒙德拉贡 1995~2016 年年度报告中的数据，得到了蒙德拉贡工业领域合作社的社员（指股东社员）数量占比（见表 5-2）。从表中的数据我们看到，蒙德拉贡工业领域的社员占比一直维持在 70%~90%[①]（2000 年最低，为 71.2%；2009 年最高，为 88.1%），即使不是像传统工人合作社那样合作社成员 100%是社员，但这依然是一个比较高的数值。也就是说，至少从社员占比的数值来看，我们可以否认蒙德拉贡已经不是一家工人合作社的观点。

表 5-2 蒙德拉贡工业领域的社员占比（1995~2016 年）

单位：%

年份	占比	年份	占比
1995	82.4	2006	81.7
1996	78.0	2007	80.9
1997	73.0	2008	83.0
1998	71.6	2009	88.1
1999	71.5	2010	85.9
2000	71.2	2011	82.0
2001	73.3	2012	82.0
2002	74.7	2013	84.0
2003	76.7	2014	83.0
2004	81.1	2015	81.0
2005	81.0	2016	77.8

资料来源：整理自 1995~2016 年版蒙德拉贡年度报告（http://www.mondragon-corporation.com/en/about-us/economic-and-financial-indicators/annual-report/）

合同工等成员身份的出现是蒙德拉贡在资本主义世界中实施全球化战略的“附带”产物。如前文所述，面对激烈的市场竞争，蒙德拉贡的首要

① 从具体的数值解读来看，1995~2005 年是蒙德拉贡海外扩张（尤其是在欧洲市场上）狂飙突进的几年，社员占比的下降意味着雇用了更多的合同工。2008 年之后，受国际经济危机影响，蒙德拉贡也不例外，那么被优先辞退或裁员的一定是合作社雇用的合同工，所以这一时期，合作社的社员占比有所上升。

任务就是要保证生存，在全球经济一体化的背景下，这就要求蒙德拉贡必须进行全球化扩张。在蒙德拉贡的海外扩张中，由于受制于资本主义的各种限制与障碍，合作模式的向外输出存在相当的困难，因此对合同工的雇用在某种程度上是一件不得已而为之的事。

合同工的出现使得工人社员的身份发生了变化，既是工业的生产劳动者，同时也成为资本家，成为合作社子公司的股东，占有子公司合同工的剩余劳动，并且股东工人们是按照其资本账户余额占总资本的比重占有合同工创造的剩余劳动。

除临时社员与合同工外，蒙德拉贡还有经理、雇员（生产经营一线管理人员，如班、组长和销售部主任等）等专业管理人员。全球化战略实施前，他们大多是蒙德拉贡的教育机构自己培养的专业人才，也是合作社的股东成员，当然也有少部分外聘的经理和雇员（不拥有合作社的股权），他们与合作社股东成员之间形成委托代理关系，合作社股东成员是委托者，经理等专业管理和技术人员是代理人。全球化战略实施后，合作社子公司内的经理、雇员等专业管理人员大多是外聘人员，他们与合作社股东成员之间的委托代理关系与前述委托代理关系有了本质的不同。委托者不再是劳动者，而是资本，子公司内经理、雇员等专业管理人员成为资本的代理人，代替投资者（股东成员）经营资本，使其保值、增值。

（三）基本模式Ⅳ

合同工的出现使得股东工人投入合作社的财产（以按份共有和共同共有的形式占有）可在理论上划分为两部分：一部分是协助社员实现其劳动价值的投资，另一部分则转变为资本，即与股份制公司或资本主义企业为攫取剩余价值而投入的资本无异。至此，资本主义雇佣劳动关系在工人合作社中出现。蒙德拉贡既是一个工人劳动者的企业，又是一个工人资本家的企业，社员的身份具有了双重性。社员除按劳分配获得自己的劳动成果（包括自己的剩余劳动成果）外，还获得了雇佣工人的剩余劳动，社员劳动权益与资本权益在这里实现了结合。这样，我们有了蒙德拉贡的产权模式Ⅳ：

建立在个人私有制基础之上，通过股金制度（包含临时股金制度）联合起来的工人对劳动的个人所有（包括个人劳动成果和对合同工剩余劳动的占有）+集体所有[①]（共同共有）+对合作银行（劳动人民银行）的共同共有+外来投资者（包括非上市和上市子公司的外来非社员股东和合作社少量非社员股东）所有

此模式中，合同工大多存在于蒙德拉贡海外子公司，外来投资者所有包括外来投资者拥有蒙德拉贡部分财产的所有权，并依次获得相应的管理权与收益分配权（含剩余分配权），收益中包括合同工创造的剩余劳动。此外，该模式还包含对蒙德拉贡的股份制（或资本主义）子公司改造的情形，因为一旦子公司中的部分雇佣工人转变为工人股东，相应的子公司就变为混合合作社；当所有雇佣工人转变为股东工人时，混合合作社就转变为真正意义上的合作社，而按蒙德拉贡章程的规定，混合合作社所有者的权益将与蒙德拉贡其他股东工人无异，即体现了合作社成员的权益与义务无差异原则。

上述产权模式在理论上可以分解为两部分：①建立在个人私有制基础之上，通过股金制度（包含临时股金制度）联合起来的工人对劳动的个人所有（包括个人剩余劳动成果）+集体所有（共同共有）+对合作银行（劳动人民银行）的共同共有；②建立在个人私有制基础之上，通过股金制度（包含临时股金制度）联合起来的工人对合同工剩余劳动的占有+外来投资者（上市子公司的外来非社员股东和合作社少量非社员股东）所有。

前者是传统合作社的产权模式，后者具有了投资者拥有企业，即资本主义企业的产权制度特征[②]，但在蒙德拉贡后一模式不占主导地位，前一模式才是主流，占主导地位。基于上述分析，不难发现，当前的蒙德拉贡已变为一类特殊的企业，这种特殊性就表现在其产权模式上，即一种建立

① 包括合作社的共同共有固定资产、公积金以及子公司的资产等。

② 如奥索兰收购了一家智利公司（Genova Servicios Gastronomicos）60%的资本，使后者成为子公司。另一家合作社奥佐拉贡独资设立了子公司 Jangarria，该公司是马德里主要的餐饮公司之一，拥有近 800 名员工。这些合作社的产权制度均具有资本主义企业的部分特征。

在私有制基础上的既具有部分传统合作社产权性质（处于主导地位），又具有部分股份制企业产权性质的一种“多重复合产权”制度（国内有研究者称其由传统合作社转变为股份合作社），这种“多重复合产权”已经带有部分资本主义企业的特征（如表5-3所示）。

表5-3　全球化下蒙德拉贡的制度特征

产权制度		管理制度	分配制度
从主体考察	从客体考察	集体民主管理制度+旧式等级管理制度	对自己劳动成果的按劳分配制度+对雇佣劳动创造的剩余价值按投资股金的比重分配
劳动联合制度+雇佣劳动制度	股金制度、公积金制度+资本制度		

当前蒙德拉贡（合作社联合体）的产权模式特征显示，它与传统的合作社有了很大的不同，它拥有传统合作社与股份制企业的双重特征。由于产权制度上的差异，蒙德拉贡在生产经营活动中，表现出与传统合作社不同的经济行为，如兼并股份制企业成为自己的子公司、合资或直接投资设立股份制子公司，雇用工人，让子公司公开发行股票并上市交易，股东工人按个人股金占总股金的比重分配剩余等。在集团内部，股东工人之间在生产经营中结成的权、责、利关系属于合作社生产关系范畴，而在股东工人与雇佣工人之间结成的权、责、利关系属于资本主义企业雇用与被雇用的生产关系范畴。

国外部分研究者将蒙德拉贡全球化扩张称为公司化，但我们认为准确地说是资本化。公司化是一种表象性描述。早期蒙德拉贡工人社员的投资是一种劳动者自我价值及权益的实现行为，是为了占有自己的剩余劳动价值，其产权制度的基础——股金制度是一种私有产权制度，但没有雇佣劳动制度，不具有资本主义企业产权制度的特点。而实施全球化战略之后，蒙德拉贡的股金制度带有了部分资本主义企业的性质①，雇佣劳动制度在合作社中出现了，即有一部分股金变为资本，这样其股金制度就部分地具

① 在全球化战略实施之前，蒙德拉贡旗下合作社也有合同工，但数量极少，持续时间也短，雇佣劳动制度尚未成型，不能说其股金制度带有部分资本主义企业的性质。

有了资本主义企业产权制度的特点。一旦合作社雇用外部工人，合作社的部分生产资料就变为资本，合作社则获得一种通过占有他人剩余劳动实现利润最大化的途径。所以，全球化战略实际上使蒙德拉贡部分财产资本化了。不仅如此，蒙德拉贡旗下合作社拥有的部分子公司（主要在国外）的股东不再局限于其他合作社及其工人股东，拥有资本、技术等稀缺要素的所有者（个人、企业或组织等）也成为子公司的股东，甚至部分子公司的股票还在海外上市流通，这样更多的投资者成为子公司的股东。所以，全球化战略实施后，蒙德拉贡的部分财产不仅资本化了，资本化的财产还实现了社会化，即资本社会化（张彤玉，1999，第46页）。

尽管已经资本化，但蒙德拉贡仍保持了合作社的四个基本特征。第一，它仍然是工人劳动者投资并拥有的企业。如表5-2所呈现的，蒙德拉贡绝大部分财产的拥有者是工人社员。第二，工人股东仍然实施“一人一票”的民主管理制度，即蒙德拉贡的终极或最高管理制度依然是“一人一票”的民主管理制度。第三，蒙德拉贡不允许少数人拥有多数股份，进而完全控制合作社的情况出现。第四，盈余主要按劳分配。①

蒙德拉贡部分财产已实现了资本化，有西方研究者基于社会学或管理学视角认为蒙德拉贡已异化或嬗变。我们认为，在资本主义制度下，与其说是异化或嬗变，不如准确地说是变革。以生产力标准来看，这一变革是合作社生产关系的一种进步，是为了适应资本主义工业生产力发展的内在要求。马克思在《资本论》第一卷中提出了所有制的“否定之否定”规律：“个人的、以自己劳动为基础的私有制”否定了“原始社会公有制”；“资本主义私有制”否定了“个人的、以自己劳动为基础的私有制”，资本主义发展中生产力与生产关系的矛盾又造成资本主义制度的自我否定。这一系列的否定是生产力发展的内在要求，以生产力标准来衡量，每一次否定都是一种进步。在论及公有制对资本主义私有制的否定时，马克思使用了“重建个人所有制”一词，许多学者将传统合作社的所有制理解为是在“资本主义私有制”基础之上的“重建个人所有制”。“重建个人所有制”

① 参见 http://www.mondragon-corporation.com/en/about-us/economic-and-financial-indicators/annual-report/（2019-01-10）。

不是指重建劳动者生产资料的个人所有制，而是重建劳动者共同共有的生产资料公有制，即社会主义公有制，以后者来衡量，即使早期的蒙德拉贡也远不够格。同时，本章前述揭示了：传统合作社本质上属于“个人的、以自己劳动为基础的私有制”，而蒙德拉贡全球化战略实施之后的产权制度介于“个人的、以自己劳动为基础的私有制”与“资本主义私有制”之间，是传统合作社产权关系社会化的深入发展，是资本主义制度下合作社生产关系对资本主义生产力发展的一种适应性变革，是一种进步，但同时它也会生产和再生产出资本主义制度的一切缺陷。[①]

这里需要注意，对资本主义子公司进行合作化改造也是产权关系社会化的深入发展，但与合作化的方向不同，资本化是蒙德拉贡的部分财产（多是子公司财产）成为雇佣工人的资本，众多非工人劳动者（特别是稀缺要素的拥有者）成为股东，甚至部分子公司的所有权可上市交易，财产所有权的流动性、可交易性水平得到提高，从而使其财产所有权的主体向外扩张，是典型的产权关系社会化表现；合作化也是蒙德拉贡部分财产的所有权主体扩大，不过方向是向合作社内，原来只有蒙德拉贡原股东工人拥有的资产，现在也有一部分被其子公司内的雇佣工人拥有了，类似于资本主义企业的雇员持股计划[②]，财产的所有权主体范围扩大了，也是典型的产权社会化表现：两者产权关系的社会化方向不同。全球化战略实施下的蒙德拉贡在两个方向上实现着产权关系的社会化，但在资本主义制度下，前者容易实现，而后者比较困难。

总之，当前的蒙德拉贡同时具有合作制与股份制的特点，是传统合作社的资本化。从产权制度来看，它既是劳动者（社员）拥有的企业，也是资本拥有的企业。激烈市场竞争的倒逼机制、不得不推进的全球化战略使蒙德拉贡由“投资—劳动价值实现”转向“投资—劳动价值实现+资本利润实现”，社员投资的主要目的既是实现自己的劳动价值，占有自己的剩余劳动，同时也是占有子公司雇佣工人创造的剩余劳动。

---

① 马克思和恩格斯以及列宁均指出，只有推翻资本主义制度，建立在社会主义公有制基础之上的工人合作社才能彻底消灭合作化中的资本主义一切制度因素。

② 但与雇员持股计划有本质不同，后详述。

全球化战略实施后，蒙德拉贡产权制度的基本模式进一步演化至Ⅳ，我们对工人合作社产权制度的分析，实际上是从所有者权益构成的角度对合作社资源或财产所属关系的分析。而工人合作社产权制度的演进，也就是合作社内部资源或财产所属关系的演进。人类在活动中所使用的经济资源都是有其主体的，因此，任何经济组织又包含和体现着活动中各经济主体之间的关系，各经济主体之间经济关系的不同会造成经济组织制度性质的改变。蒙德拉贡从产权模式Ⅰ演变到产权模式Ⅱ、产权模式Ⅲ，在全球化扩张之后演变到现在的产权模式（Ⅳ），合作社内各经济主体之间的关系发生了一系列变化，即从劳动者个人私有一直演进到联合起来的劳动者对劳动的按份共有和共同共有，再到当前进一步拥有了对雇佣劳动的剩余索取权。这一系列的演进过程不仅体现着工人合作社的本质规定性（即社员所有、社员民主管理和社员享有收益），还表现出合作社产权制度的新变化。那么，蒙德拉贡这一系列的演变，即产权模式Ⅰ→Ⅱ→Ⅲ→Ⅳ的演化，本质到底是什么？为什么会发生这样的演进？我们认为，这种变化的实质是产权关系的社会化（简称产权社会化），而驱动产权社会化的根本原因是工业生产社会化。

四　蒙德拉贡产权社会化及其原因

（一）产权社会化的含义[①]

何谓产权社会化？马克思曾论述道："资产阶级要是不把这些有限的生产资料从个人的生产资料变为社会的，即只能由一批人共同使用的生产资料，就不能把它们变成强大的生产力。"[②] 随着生产社会化的发展，"社会的生产和资本主义占有的不相容性，也必然越加鲜明地表现出来"[③]。这就迫使资产阶级对资本主义产权关系的实现形式做了社会化的调整，"使大量生产资料不得不采取像我们在各种股份公司中所遇见的那种社会

① 参考娄锋（2008），但有重要更新与修改。

② 《马克思恩格斯选集》（第3卷），人民出版社，1995，第742页。

③ 《马克思恩格斯选集》（第3卷），人民出版社，1995，第744页。

化形式”[1]。虽然这并不能从根本上解决资本主义的基本矛盾，“但是它包含着解决冲突的形式上的手段，解决冲突的线索”[2]，那就是消灭私有制，实现公有制。这里马克思从资本主义所有制的变迁角度论述了所有制的实现形式——产权关系的变化，即产权的私人性向社会性转化，这是一个必然的趋势和过程。可见，产权社会化是指为适应生产社会化的内在要求（或者说在生产社会化的驱动下），私人性产权全部或部分地分裂、分化和重组，分裂、分化和重组后的权能又被社会范围内越来越多的社会成员按社会认可的方式获得、交易并受益的过程。生产社会化使生产资料集中起来，同时也使生产资料分散到更多人手中，这必然要求生产资料突破其固有的私人所有制属性，向社会化方向转变，进而完整的私人产权开始分裂、分化为各种权能，各种权能可通过购买或其他方式为更多的其他主体所拥有。这里，“社会化”包含：①由私人的、个别人的变成集体的、多数人共同的；②人们依据各自的分工协作关系，获得不同的产权权能并行使相应的职能。

因此，产权社会化的内涵主要有以下两个方面。第一，产权的所有或所属关系社会化。即生产社会化的客观要求，生产资料在空间和时间上的聚集，进行专业化分工协作、规模化经营，以提高生产效率，这内在地要求完整的、私人个体产权在所属关系上突破原来的私有性，即突破“纯私有制的外壳”，完整的私人产权分裂、分化出各项权能（如合作社狭义的所有权、合作社的经营权或使用权等），各项权能可以通过社会认同的方式（如合作制、股份制）转为其他主体所有（按份所有或共同共有）。[3] 第二，产权的行使不再由某一固定的主体完成，即产权的

---

① 《马克思恩格斯选集》（第 3 卷），人民出版社，1995，第 628 页。

② 《马克思恩格斯选集》（第 20 卷），人民出版社，1971，第 303 页。

③ 例如，当今蒙德拉贡的产权一方面归缴纳了入社股金的工人联合所有，合作社的产权主体不是某一个工人，而是众多联合起来的工人；另一方面，工人合作社独立设立子公司或同外部非合作社的合作伙伴建立合资子公司，工人合作社的产权主体进一步呈现多样化的特点。这两方面共同决定了当今工人合作社的产权表现出高度社会化的属性。从资本主义企业的演进历史来看，随着生产社会化的发展，资本主义企业从业主制、合伙制、近代股份制到现代股份制，其内部的产权主体也明显呈现多样化的趋势。可见，工业生产社会化驱动产权社会化的适应性调整是人类工业生产经营组织发展的一种普遍趋势。

"行使社会化"。完整的私人个体产权分裂、分化为各项权能后，这些权能由更多的成员按既定的生产方式，通过分工协作的职能安排行使①，具体的行使者可能是全体成员选举出来的委托代理人（如董事会、监事会、审计委员会等）、经理或者是外部的社会化机构（如会计师事务所等）。这样，产权的各项权能由专业化的内外部人员或机构行使，这种权能的社会化行使将会受到更多的社会化制约，但产权主体的生产力将得到进一步"释放"，生产经营效率将会大大提高。

工业企业（包括合作制与股份制企业）产生、发展的进程中，其产权的私人性向社会性转化（财产的所有权②归投资者——合作社工人或股份制企业股东，但财产的管理、使用等项权能已部分或全部出让给生产经营组织集体），是一个必然趋势和过程。首先，这种过程和趋势表现为私有制在自身性质所允许的范围内对产权关系进行调整；其次，这个过程和趋势表现出私有制自我否定、逐步扬弃的性质，但这种否定与扬弃不会改变私有制的根本属性。在这一转化进程中，从宏观上看，企业产权的私有性逐步向社会性转化。从微观上看，产权逐步由不可分裂、分化，不可交易转向可分裂、分化，可交易，这样使得产权的拥有和行使可以由更多的社会成员、组织或机构完成，产权突破了纯私人性，更多的社会成员、组织或机构都可以通过既定程序拥有和行使产权。最终，企业产权的拥有和行使在私有制允许的范围内从私人性权利逐步演化为社会性权利。

企业的产权在社会化后呈现以下特征。①产权分化。产权分裂与分化，即从广义的所有权中分裂、分化出狭义所有权，即终极所有权，投资者行使，表现为退社时可以抽回股金或通过资本市场交易流转，和法人所有权（生产经营组织行使）、经营权或使用权（理事会、生产经营组织聘请的经理或雇员行使）等各项权能，分裂、分化后的各项权能都可以由分

① 如在工人合作社里，工人组成的社员大会是最高权力机关，是权能行使的主体，但经过工人选举产生的管理委员会、监事委员会等机构也相应行使不同的权能，即完整的产权分裂、分化成各种权能并由不同的主体行使。

② 所有权有广义与狭义之分，本书在不特别说明的情况下指的是所有权的狭义概念。

工协作的人们按生产经营组织认可的方式拥有和行使。

②产权主体多元化，即合作社产权分裂、分化后，产权的拥有和行使主体的范围扩大，并且可以是分散的、多元的，因为同一产权分裂、分化出的各项权能可被不同的主体所拥有和行使。如入股财产在狭义所有权上依然归投资者“按份”拥有，而最终控制权与管理权的行使则归社员或股东大会。

③产权开放化。由于产权拥有和行使的主体多元化，产权改变了原有封闭的私人性质（即投资者完全拥有），不再是某个主体专有的权利（欲加入者均能以生产经营组织认可的方式获得这些权利），生产经营组织产权的拥有和行使具有了开放性。

④产权流动化，即产权甚至产权分裂、分化后的各项权能都可以在一定范围内、不同主体之间自由流转，当然股份制企业产权的流动性水平远高于合作社。

⑤产权商品化，由于产权开放、流动，产权成为商品，可以在一定范围内交易，如蒙德拉贡拥有股票上市的子公司，表明合作社的部分资产可以上市交易，而股份制企业股票可全部上市交易、流通。

⑥产权收益分散化，即产权的收益不再完全由单个投资者或一群投资者分享。如产权社会化后，生产经营组织的收益由掌握各项权能的主体，如合作社工人社员、临时社员、经理、子公司雇佣工人等按合作社或股份制企业的分配制度安排共同分享；股份制企业中的股东、经理、雇佣工人等按股份制企业的分配制度安排共同分享。

（二）蒙德拉贡产权社会化的含义

工人合作社的产权社会化，是生产力发展驱动的生产关系变革，两者是生产力与生产关系的辩证统一。在生产社会化的驱动下，产权关系要进行适应性调整。如前文所述，在蒙德拉贡进行变革之前，其产权性质是建立在私有制基础上的劳动者个人所有与集体所有，产权不开放、不流动，产权制度的私人属性比较强。但随着全球化扩张的推进，大量合作社子公司（特别是上市子公司）及混合合作社的出现意味着合作社产权制度的社会化属性得到了进一步提高，从财产所有权拥有者范围来分析：①合作社上市股份制子公司的出现，意味着合作社工人股东部分财产的终极所有权与法人产权相分裂、分离，合作社财产产权的开放性、流动性及商品化程度大大提高了，合作社子公司的产权主体实现了多元化，合作社的股东中有了外来非社员股东，从所有者的来源看，这是“外向型”产权社会化程度的提高；②蒙德拉贡对其部分子公司进行合作化改造，混合合作社的出现，使其子公司部分雇佣工人变为股东工人，合作社所有者的范围又扩大了，这是“内向型”产权社会化程度的提高。最终，合作社产权收益分散化，能获得收益的群体由原来的工人股东扩展到其上市子公司的非社员股东、混合合作社内的工人股东等。

如前文指出，全球化本质上是生产社会化的外在表现形式，因此，蒙德拉贡的全球化扩张本质上是其生产社会化发展的外在表现。随着科学技术的进步和专业化分工协作向深度和广度拓展、生产力水平不断提高，工人合作社生产社会化的程度也会不断提高。这样，生产社会化就会内在要求合作社对其生产关系进行调整，即对合作社产权、管理、分配、交换关系向社会化方向进行适应性调整。

蒙德拉贡的产权社会化，从宏观上看，是产权属性逐渐从私人性向社会性的转变；从微观上看，是合作社产权表现出可分裂、可分化、可交易的特点，产权的拥有和行使将由更多的主体完成，产权的性质突破了其固有的私人属性外壳并最终实现了从私人性权利逐步演化为社会性权利。这种转变，在蒙德拉贡 1990 年以来的全球化扩张上得到了进一步体现。全球化扩张后出现的混合合作社、合作社资本主义子公司（甚至还有部分上市子公司），意味着合作社产权主体的多元化，即蒙德拉贡的产权从内部的社员联合所有，转变为包含外部非社员股东和子公司雇佣工人（已转变成的股东工人）在内的按份共有和共同所有，这种转变将依次通过三个阶段实现。

①蒙德拉贡没有成立时，各个手工业者独立生产，生产资料完全归个人所有，产权没有分裂、分化；产权封闭，不开放、不流动。合作社成立时，各成员均投入了自己的部分财产，这部分财产的终极所有权归成员，

控制权、管理权及使用权归合作社，这意味着成员投入财产的产权分离、分化出终极所有权、控制权、管理权及使用权等。控制权、管理权及使用权等可以被各主体依据合作社组织制度要求获得，如在蒙德拉贡民主管理的制度下，社员组成社员大会，通过民主选举产生管理委员会、监事委员会、审计委员会等多个权力行使主体，上述权能依据合作社制度要求，由上述各主体，包括合作社经理行使。

②在蒙德拉贡全球化扩张战略下，蒙德拉贡的生产由本土市场扩大为全球市场，这意味着蒙德拉贡的生产社会化程度进一步提高，相应地，合作社产权（广义）进一步分裂、分化，变得更加复杂，产权更加开放、流动性不断提升。在全球化下，蒙德拉贡的产权（广义）进一步表现出开放化的趋势。如在国内外投资建厂，成立股份制子公司，合作社财产的管理、使用者除其拥有者——蒙德拉贡的工人社员股东外，还有子公司的经理与雇佣工人，财产的管理、使用者范围扩大了；同时部分子公司股票可上市交易，股权流动性大大增强，这意味着合作社财产所有者的范围由工人股东扩大到包括子公司的非社员股东（子公司股票拥有者）等。此外，蒙德拉贡旗下部分合作社还与资本主义企业（多为供应链上的合作伙伴）合资设立股份制企业，它们实现了从合作社之间的合作，扩大到合作社与非合作社（如资本主义企业）的合作，成立了股份制子公司，这表明合作社财产的控制权、管理权及经营权突破了仅仅被合作社成员所有的专有权利，这些权利也可能被非合作社的合作伙伴按股份制要求拥有并行使。[①]全球化后，蒙德拉贡的成员身份进一步多样化，临时社员也成为合作社的股东，所有权拥有者范围扩大了。临时社员还可履行正式社员的义务，这意味着临时社员也可在民主选举下，成为合作社内的管理人员，行使对合作社财产的管理权、经营权，拥有管理权的人员范围扩大了。上述一切变化表明，工人社员投入合作社的财产对应的产权分裂、分化产生了各项权能，这些权能可按照不同的组织制度要求由多个主体，如与合作社合作的资本主义企业、非社员投资者甚至合作社的临时社员等来行使，这标志着

---

① 与合作伙伴按照相应的投入财产比例分配管理权与收益权（包括剩余索取权），这与资本主义企业无异。

蒙德拉贡开始出现产权行使主体多元化，产权社会化程度进一步提高。

合作社上市子公司的出现还意味着合作社的部分资产可上市交易，合作社财产突破了封闭性、不流动、不可交易的特性，并由原来在一定范围内（工人之间）的流动、交易转变可在资本市场上，在任一合法企业或自然人公民间交易、流动①，合作社的产权流动性进一步增强，这意味着产权社会化程度进一步提高。上市子公司的存在大大增强了工人合作社产权的开放性与流动性，在相当程度上解决了合作社融资、技术及人才引进等问题。

实施全球化战略，拥有越来越多的子公司也是合作社在生产社会化驱动下产权社会化的表现。全球市场一体化不断加深、科学技术的发展带来生产力进一步提高，合作社生产社会化的程度会越来越高。为应对不断白热化的市场竞争，合作社需要在全球范围内获得稀缺的各类要素与开拓市场，提高竞争力，拓展利润空间。在资本主义世界中这就需要借助资本主义的拓展方式，即通过收购、兼并、独资或合资设立股份制子公司实现。从表象上看是股份制因素出现在合作社中，实质是合作社的部分产权（广义）发生了一系列分离与分化，分离出的各项权能被更多的个人、企业、社会团体等拥有，同时由于部分子公司股权可上市流通，合作社部分财产的股权流动性水平提高了，产权拥有者的范围又可进一步扩大，这一切均是合作社在生产社会化驱动下对其产权制度进行适应性调整的结果。随着全球化市场竞争的加剧，合作社将会拥有越来越多的合资或独资的子公司，看似是合作社融入资本主义的程度提高，实际上是更多的个人、企业、社会团体等拥有了合作社产权（广义）分离、分裂出的各项权能，合作社的产权社会化程度越来越高，各项权能的流动性水平、流动范围、层次也会相应提高。可见，随着全球化战略的实施，拥有越来越多的子公司

---

① 当前蒙德拉贡正充分利用其财产的流动性、可交易性实现合作社的高效经营：当合作社发展顺利时，蒙德拉贡可以使它与资本主义企业的合资企业转变为自己的独资子公司（即全资收购），甚至在条件允许的情况下，将子公司改造成合作社，实现合作社主体的进一步扩大化；在市场不景气时，则可以将子公司的所有权出售给资本主义企业，以维持母合作社运营上的良性循环。典型的例子是法格破产之后，资本主义企业对其固定资产进行接盘。

是合作社产权社会化程度提高的表现。

③最终，蒙德拉贡的产权收益也将分散化，即产权的收益不再由社员独享，而是由多个主体共同分享。在全球化之前，蒙德拉贡的收益由合作社的社员及行使产权各项权能的主体（如合作社内的经理、雇员等）按合作社制度要求共享。而全球化扩张之后，由于混合合作社和合作社子公司的出现，以及相应发生的成员身份资格变化，合作社的收益还将与合作社的“协作伙伴”共享，包括混合合作社内的经理、雇员、临时社员，子公司中的经理、雇员、合同工，甚至资本主义企业等。

综上所述，蒙德拉贡产权社会化的含义是：为适应工业生产社会化的内在要求，工人们通过将个人财产联合在一起，个人私有产权经过一系列的分裂、分化，并进行重组合并，依次出现“按份共有”和“共同共有”财产以及对雇佣工人剩余劳动占有的产权模式，即遵循产权模式Ⅰ→Ⅱ→Ⅲ→Ⅳ的演进路径，并以最终的产权模式占有生产资料，共同支配、控制、管理和经营合作社财产并分享收益，从而使合作社产权关系的社会性在深度（完整产权分裂、分化的程度）和广度（产权各项权能拥有主体的范围）上得到不断发展的过程。

在产权模式Ⅰ中，合作社财产是划归社员名下的，工人对自己的股金享有所有权；到产权模式Ⅱ，合作社出现按份共有的财产，即社员除了拥有对自己股金的终极所有权外，将管理权、使用权等权能让渡给集体（日常具体的管理权、使用权等又通过委托代理关系让渡给拥有专业管理技术的经理、雇员等），同时公积金制度的设立还导致出现了不可分割的共同共有的财产；再到产权模式Ⅲ，合作社内出现社员共同共有的劳动人民银行，合作社财产的控制权、管理权、使用权的行使者由合作社内的管理者、监督者、雇员等扩大到劳动人民银行内的管理者、监督者和雇员；最后再到产权模式Ⅳ，合作社拥有股份制子公司，合作社财产的股权流动性进一步增强，产权（广义）拥有者范围进一步扩大。子公司招募雇佣工人，依合同，雇佣工人拥有合作社财产的使用权，进而社员股东可占有子公司雇佣工人的剩余劳动。

可见产权模式的演进表明产权关系获得了社会性发展：完整的社员产

权发生了一系列分离、分裂，分化出来的一系列权能按合作社或股份制要求分配给不同的行使主体，并且随着分工协作的深化和广化发展，生产社会化水平不断提高，产权还会进一步分裂、分化，各项权能的行使主体范围还会不断扩大，不再是由单个工人社员拥有。产权各项权能拥有主体的范围在不断扩大，为每一个社会成员或经济主体提供了能参与合作社（包括其子公司）生产经营、财富分享的制度安排和条件，使得每个社会成员或经济主体能以合作社认可的方式（包括合作社对其旗下股份制方式的认可）获得、拥有和行使合作社产权各项权能的机会，并且据此获得相应的收益。上述这一切均表明合作社产权关系的社会性变得越来越强。

（三）生产社会化是蒙德拉贡产权社会化的根本原因

如前文指出，蒙德拉贡的产权社会化是生产社会化内在驱动的结果，这里进行总结性说明。产权社会化与生产社会化的关系，本质上就是生产关系与生产力的矛盾运动、辩证统一的关系。马克思曾指出："生产社会化及其发展就是由少数人的生产协作到许多人的生产协作以至打破地域界限的社会大协作的发展过程，就是人们共同使用生产资料，进行紧密而广泛的生产协作的社会性生产活动。"①

对于工人合作社来说，生产协作分工越细，专业化程度越高，协作范围就越广（有更多的成员或经济主体等加入生产序列）；社会性生产协作越多，合作社生产经营的社会化程度就越高，合作的范围就越来越广（越来越多的成员、经济主体等会加入合作社的生产经营过程）。由于成员或经济主体等加入需要投入各类资源，因而在合作社生产经营中所结成的各类资源产权关系就会越来越复杂，即合作社产权关系的社会性越来越强。结合蒙德拉贡的发展历程，不难发现，在其发展、演变的60余年历史中，生产经营上的分工协作在深度和广度上不断拓展，特别是20世纪90年代全球化扩张之后，混合合作社与合作社全资或独资子公司的出现，合作社内成员身份的变化，表明工人合作社的分工协作越来越细、越来越紧密，

---

① 《马克思恩格斯选集》（第3卷），人民出版社，1972，第309页。

越来越复杂，同时分工协作范围也越来越广泛，有更多的个人或组织加入生产序列，这样合作社生产经营的社会化程度就越来越高，成员在合作社生产经营中所结成的责、权、利关系就会越来越复杂，结合范围越来越广，合作社产权关系的社会性越来越强。

从整个人类社会的发展进程来看，无论是原始、奴隶，还是封建社会，产权都远未达到开放、流动和可交易的程度，完整的产权也没有分裂与分化（生产方式不需要），因此还不是社会化产权。产权社会化迅速发展是在生产力水平达到一定程度（即达到资本主义生产力水平），市场经济或商品经济制度逐步确立之后。在市场经济下，生产社会化程度的提高导致产权社会化程度的提高，从工业生产经营组织形式的演进来看，工业生产社会化程度的提高，导致工业生产经营组织的产权社会化程度不断提高。从工业领域生产经营组织形态的历史演进过程来看，在资本主义制度下，工业生产先后经历了个人手工作坊、业主制、合作制、合作股份制（或业主制、合伙制、近代股份制和现代股份制，这里我们仅讨论前一路径）。在这一变化演进过程中，不同生产经营组织形式的产权制度安排有很大的不同，从个人手工作坊到合作制、合作股份制，产权制度总的变化趋势是日益社会化。

在个人完全占有生产资料，个人手工作坊的小生产以及随后的业主制时期，产权具有极高的私人性，生产资料完整的产权没有实质性地分离、分化，基本上完全集中于财产拥有者之手，生产资料的流动性及可交易性水平也不高。随着生产力的发展，生产技术水平提高，生产效率的提升带来生产商品化程度的提高，生产和管理以及市场营销过程变得越来越复杂，成本与风险也增加了。这要求有私人性的经济主体进行横向联合，并吸引更多的、拥有各类资源（资金、技术等）的经济主体加入组织，进行专业化分工，共同协作劳动、管理，共同进入市场，降低生产经营成本与市场交易风险，提高组织实力与市场竞争力。这内在地要求生产资料使用权社会化，要求工人生产者的产权进行一系列分裂与分化，并且分裂与分化出的各项权能可流动、可出让、可交易，即生产社会化推动了产权社会化。

合作社正是构建于这种生产资料使用权社会化的基础之上，并被生产社会化继续驱动，向更高层次的产权社会化演进，如合作社产权模式Ⅰ→

Ⅱ→Ⅲ→Ⅳ的演进就反映了其产权社会化程度的不断提高。合作社生产经营规模越大，经营管理合作社就会越复杂，制约因素（如专业技能、知识和信息等）就会越多，财产拥有者（社员）自己经营合作社已不可能，为了提高生产经营效率和市场竞争力，内在地要求由专业化人才经营管理合作社，这样就要求合作社管理权的社会化。此外，为解决融资抑制问题，合作社融资需要采取社会化的方式，将部分财产的经营管理权出让给劳动人民银行，甚至将部分财产的所有权出让给非社员股东等，如工人合作社出让小部分普通股股权给与其有密切经济、技术联系的企业，在海外兼并、购买、独资或合资设立股份制子公司（包括部分上市子公司）等，越来越多的非工人投资者或经济实体拥有了合作社的部分产权，即实现了合作社所有权（广义）的社会化。

在全球化扩张下，合作社的专业化分工协作不断在深度与广度上发展，合作社产权社会化的程度还将进一步得到提高，合作社产权继续分裂、分化，产权的可流动性、可交易性进一步增强，即生产社会化推动了产权社会化。在西方工人合作运动过程中，为了适应现代工业生产力的发展，蒙德拉贡实现了一种突破。这种突破表现为，它既最大限度地遵守了合作社的基本原则，保持了作为工人合作社的基本属性，同时借全球化扩张政策，充分利用资本主义的一切条件，顺利实现了合作社产权的进一步分裂、分化，增强了合作社产权的流动性、开放性、商品性。即蒙德拉贡在生产社会化的推动下，合理、高效地利用了资本主义一切资源，为自身的产权社会化创造了进一步拓展的制度空间[①]，实现了全球化下的快速发展，使自己能在资本主义“汪洋大海”中持续发展，不断做大做强，当然这也不可避免地使其“机体带有了资本主义制度基因”。

（四）以蒙德拉贡为代表的工人合作社与现代股份制企业产权社会化程度的比较

尽管当代西方以蒙德拉贡为代表的工人合作社产权社会化程度得到很

---

① 西方许多工人合作社主观上不愿意，客观上不能，即没有条件利用资本主义的资源，封闭发展的最终结果是走向灭亡，这是导致西方工人合作社总体上数量少、规模小的一个重要原因。

大提高，但在资本主义制度下，相对于现代股份制企业，合作社的产权社会化程度要低，这种差距主要表现如下。①合作社产权分离、分裂、分化得不彻底，除财产的狭义所有权与经营管理权分离外，社员入股财产的终极所有权与合作社法人产权没有分离，表现为社员离开合作社时可以带走自己的入股财产，而不是转让股权。而股份制企业股东的财产所有权与法人产权已完全分离，表现为股东离开企业、放弃股东身份时不能带走自己名下的企业财产，只能通过股票市场流转所有权。股份制企业有高度发达的资本市场服务于它完成股权交易与流转，现代工人合作社的股权也可流转，但常常需要在劳动人民银行的协助下完成，并且股权交易的范围、数量、层次等远远不如股份制企业，这主要是由于资本主义不会为合作社这类企业提供股权交易服务系统，资本主义制度限制、阻碍了工人合作社的产权社会化。②合作社所有权没有完全开放，主要是针对愿意加入合作社的工人，当然合作社上市子公司的所有权完全开放，可上市流通、交易。但合作社所有者的主体依然是工人劳动者，而且要求具有一定程度的同质性，所有权（普通股）流转的范围小，对象受限。③由于合作社法人财产所有权与社员终极所有权没有分离，因而合作社主体的产权性质仍然是自然人产权，这带来最大的问题就是一旦合作社多数成员退休、后继无人，且资本主义制度没有提供相应的产权交易市场、合作社自身亦不能提供，它们常常只能被卖掉或者倒闭。相对于股份制企业，合作社法人产权不完整，即合作社法人产权是受限的。④合作社主体依然是拥有者、终极管理者与使用者，三者身份同一，即只有社员才能控制、管理和使用合作社的生产资料，当然合作社子公司的出现已经表现出三者身份的分离，相应地，控制、管理和使用合作社生产资料的范围也从社员拓展到雇佣工人、子公司经理及雇员等，但形成合作社子公司的财产在蒙德拉贡总资产中所占的比重不高[①]。⑤合作社产权流动性不强，流动范围有限。由于对成员同质性的要求，合作社主要的产权常常只能在“志同道合”的工人间或部分社区居民间流转，流动性及流转范围均受限制；而股份制企业有专门

① 参见 http：//www. mondragon-corporation. com/en/about-us/economic-and-financial-indicators（2019-10-12）。

的、高度发达的资本交易市场为其服务，其产权流动性及流转范围几乎没有限制，社会化程度较高。尽管合作社子公司增强了其部分财产的流动性及扩大了这部分资产的流转范围，但如前文所述，子公司的财产在蒙德拉贡总资产中所占的比重不高。⑥合作社成员入社股金受限制。成员入社股金大体均等，多余部分视为对合作社的贷款，一定程度上影响了合作社的财产积累。

尽管工人合作社的产生、发展直至股份制因素在合作社中的出现，是在工业生产社会化驱动下，合作社产权社会化演进的结果，但相对于股份制企业，这仍然是一种较低水平的产权社会化。由于产权社会化程度低，分离、分化不彻底，所以难以分裂出众多权能给市场中的企业、个人等投资主体，这意味着在资本主义制度下，合作社相对于股份制企业在时间和空间上通过可行的途径从资本主义各类市场中，迅速、高效聚积大量的人、财、物力完成一项工作相对困难。产权社会化程度低导致工人合作社在资本主义环境中数量少、规模小，随着工业生产社会化的推进，合作社的产权社会化水平将会进一步提升，合作社会拥有更多的合资或独资子公司，更多的经济组织（不限于合作社）和个人（不限于工人）等会以合作社认可的方式加入合作社的生产经营过程。总之，西方工人合作社产权制度是一种建立在劳动者私有制基础之上的复合产权制度，其产权社会化程度相对于现代股份制企业要低。

工人合作社相对于现代股份制企业，产权社会化程度低是由它所处的环境造成的，前文已对此问题零星涉及，这里做一总结。任何一种企业产权制度建立的基础，受其所处的社会主体制度的深刻影响，也就是说西方工人合作社产权制度基础受资本主义制度的深刻影响。合作社的产权制度能否社会化以及社会化得如何，除生产力的影响外，很大程度上还取决于它与主体制度的“融合”程度，与主体制度“融合”得好，就可以在保持组织性质的情形下，进一步提高产权社会化程度，该类企业就能不断地蔓延、扩张并茁壮成长。合作社在西方国家没有成为工业领域生产经营组织的主要组织形式，一个重要原因为资本主义制度没有为合作社提供产权进一步社会化的制度空间。

我们知道资本主义生产关系建立的前提是劳动者生产资料所有权（狭义）与使用权相分离，即剥夺劳动者的生产资料，使他成为只能靠出卖劳动力的劳动者，进而资本才能无偿占有工人创造的剩余价值。而合作社产权最根本的特征就是生产资料所有权（狭义）与使用权不分离，劳动者拥有生产资料才能占有自己的剩余劳动。这样一些发展得较好的合作社，资产不断增加，服务水平不断提高，当有社员退休时，由于财产的使用权与所有权（狭义）没有分离，新加入的社员就不得不以一个可能是很高的价格去“买”一个工作岗位。而资本主义生产关系的基本特征是两权分离，财产所有权（狭义）可以通过股票市场流转。所以，发展得好的工人合作社最终会因转移所有权费用高昂而大多会被整个卖给资本主义企业（这种情况常常会在成员大量退休或离开合作社、成员又希望最大限度地获得企业投资收益时出现），从而演变为资本主义企业，即使没有完全演变为资本主义企业，也或多或少地渗入了资本主义的因素，如股份投资型合作社（Investor-Oriented Firms）、外部联合型合作社（Cooperatives with Capital Seeking Cooperatives）等（Chaddad and Cook，2003，p.10），这些合作社均有外来非社员投资者入股，这是因为普通工人劳动者资金有限，难以支付高昂的入社股金。

最后，产权社会化是工业生产经营组织生产关系演进的一个重要特征，也是一个发展趋势，但是产权社会化程度的高低与组织的生产经营效率以及绩效之间没有必然的联系，也就是说产权社会化程度高的组织并不意味着生产经营效率高、经济绩效好。组织的生产经营效率和绩效归根结底是由生产力水平决定的，产权的社会化程度要与生产力水平及与之相匹配的生产方式相适应是工业生产经营组织绩效高的基本条件。也就是说，产权社会化程度的高低并不能决定该类组织生产效率以及绩效的高低，关键是产权社会化程度（属于生产关系范畴）要与所处领域生产力水平及其决定的生产方式相适应，这样该组织的生产经营效率及绩效才可能是高的。

人类社会的生产经营组织自产生伊始就是基于个人理性构建的。在资本主义体制下，个人私有制是绝大多数生产经营组织构建的基石，个人理性是贯穿组织构建的意识指导，基于这一制度生长的逻辑起点，资本主义体制下的工业生产经营组织大多会向股份制演化，资本主义社会中的资本市场、劳动力市场等均是与股份制企业的产生、发展与演进相匹配的，能为股份制企业的产权、管理、分配社会化程度的提升不断提供广阔的制度空间，能最大限度地促进股份制企业生产社会化程度及生产力的提高。而合作制企业是集体理性的产物[①]，资本主义市场经济下，各类市场不可能为这样的企业生产社会化提供全方位服务，资本主义社会也不可能为这样的企业提供相匹配的，能使其产权、管理、分配社会化程度不断提高的制度空间，这就需要合作社自己为自己创造社会化程度不断提高的制度空间，同时还要合理、高效、充分地利用资本主义市场。

蒙德拉贡是为实现工人独立自主生产、占有自己剩余劳动的自由民主组织，在现有资本主义体制下，合作社需要更高层次的制度设计与组织技术（甚至超越股份制企业，尽管当前仍处于探索之中），在工人民主、合作价值追求与效率、收益追求之间获得平衡，并且能互相助益。蒙德拉贡全球化战略的成功实施为世界工人合作运动提供了一个合理的、可选择的模式，这已被许多西方学者观察到。一些研究者经常批评合作社乌托邦的想法是完全不顾人类本性不只有向善，更有强烈向恶的趋势，合作社容易堕落为资本主义企业，进而反对工人合作社（即认为工人合作社是脆弱的——笔者注），而蒙德拉贡很明白地显示出这个说法并不正确。不仅蒙德拉贡是可行的，而且它比其对手资本主义企业更好，特别是在应对重大经济危机灾难时显示出极强的生命力和适应能力。蒙德拉贡显示出工人民主与效率的结合，可以证明资本主义对人性的信条是错误的：人类天生是自私、懒惰且不负责任的，有强烈向恶的趋势，只能用“胡萝卜和棍子”来治理。因而，蒙德拉贡是值得研究的，因为在现实中，它是个成功的例子，要打破资本主义的论述，光有乌托邦理论是不够的，必须用实践去证明可行。资本主义在其实践过程中将人性摧残殆尽，解决这个现状的唯一途径是去证明有个更好且可实行的方式。如果我们发现有比蒙德拉贡更好

① 合作社的部分成员，特别是核心成员可能要暂时牺牲自己的眼前利益而在长远过程中实现全体成员的共同致富，有时甚至还要关心社区非成员的生存状况等，即更关注集体、社会利益，在实现集体、社会利益的同时实现个人利益。

的方式，那就马上着手去实现它。

蒙德拉贡的成功是一个奇迹，是巴斯克地区的特殊文化与传统、工人的自觉意识、巴斯克地区固有的凝聚力与群体生活传统使得蒙德拉贡取得成功。从这个意义上说它的成功具有一定的偶然性，但仅仅有这一偶然性不能使其成功持续，全球化战略的实施，向资本主义跨国企业学习，并充分利用资本主义各类市场提供的要素资源及便利手段等才是蒙德拉贡获得持续成功的关键。也正是因为在发展中能依据内外部环境的变化，灵活实施发展战略，蒙德拉贡才能做大做强，在与资本主义跨国企业激烈的市场竞争中，不断提高生产经营效率与竞争力，进而才能使合作社文化及其价值追求传承下来。

（五）蒙德拉贡子公司产生的原因辨析

新制度经济学派的主流观点认为工人合作社是一种高成本、低效率的制度安排，他们沿用交易费用-收益分析范式说明合作社子公司出现的原因：由于市场与合作社执行的是相同职能①，因而市场与合作社可以相互替代，但是市场与合作社协调分工的成本或费用是不一样的，由于自身的制度缺陷，合作社在“内化”部分市场交易时净收益低，甚至为负，就需要兼并、购买或设立股份制子公司，借助它们实现“内化”部分市场交易的功能，如果子公司“内化”部分市场交易能降低合作社整个产品生产与交易过程的交易费用，降低工人专用性资产及“频繁交易”的风险（即降低其专业性资产被交易伙伴“敲竹竿”的风险），那么子公司就会产生。利用子公司对市场的“内化”并不会无限扩张，即子公司对市场的替代拓展是有边界的，这是因为合作社基于其子公司的科层管理、组织运行及扩张是有成本。如果合作社利用其子公司“内化”部分市场交易所花费的成本小于市场机制组织这些交易的成本，则这些交易就应通过子公司“内化”到合作社，即由合作社子公司组织完成，这样合作社子公司就会产生，直到合作社子公司“内化”一项市场交易所花费的成本大于市场机制

① 即市场也能进行分工协作下的生产。这实质上是混淆了市场下分工协作与合作社或企业内分工协作这两个概念。

组织这项交易的成本时，合作社设立子公司“内化”市场的工作就会停止，而这项交易还由市场组织完成。

首先，新制度经济学所认为的工人合作社发展子公司的目的与事实不符，工人合作社设立子公司的目的并不是“内化”市场的部分职能，如蒙德拉贡购买、设立子公司的根本目的是充分利用资本主义的一切资源将合作社做大做强，进而将这一独特企业持续下去，否则蒙德拉贡早就转化为资本主义企业或者不存在了。其次，新制度经济学强调了生产经营组织成本、管理费用、期间费用以及交易风险等——这些所谓的交易费用对子公司产生的影响，具有一定的合理性，但从总体上说，新制度经济学否定生产力发展对合作社子公司产生的决定性作用，认为只有交易费用一个原因决定，这显然是不对的，与合作社子公司产生、发展的历史事实不符。子公司的产生首先是因为工业生产力水平的提高，是工业生产社会化下，合作社进行产权社会化的结果。从历程来看，合作社生产方式的转变（由传统合作社转变为带有股份制子公司的合作社）是在资本主义制度下，由工业生产社会化造成的，这种社会化从外因看就是合作社为充分利用资本主义各类资源，借子公司之“壳”在全球范围攫取资金、技术、人才等要素，降低生产经营成本，提高竞争力，同时开拓消费市场，获得更多市场份额的过程；从内因看就是工人社员不断追求合作社生产经营效率的提升，以满足收益不断提高要求的过程。从现实的角度来看，依据新制度经济学的逻辑，两个外部市场相同或相似、专用性资产、生产经营所产生的交易费用也相同或相近的合作社，就应该拥有相同数量、相同规模的子公司。但事实并非如此，蒙德拉贡旗下，在同一个地区，拥有相同的专用性资产，生产经营所产生的交易费用相同或相近的合作社所拥有的子公司数量及规模各不相同，参差不齐，甚至有相当一部分合作社没有子公司。这就说明交易费用不是决定子公司产生的唯一因素，还有更重要的因素在起作用。事实上，分工协作下生产经营效率的提高所产生的生产费用节约，比合作社设立子公司进行纵向一体化所导致的交易费用节约更重要，因为合作社首先是一个生产性组织，生产中的分工协作、技术进步对合作社纵向一体化扩张起着决定性的作用。

马克思从历史和逻辑相统一的角度，对企业的规模扩张进行了科学的论述。马克思把企业的规模变化视为企业为不断提高劳动生产率、追求利润而做出的适应性调整，本质是企业产权关系为适应生产社会化发展所做的调整。

依据马克思的分析范式，我们认为提高生产经营效率是合作社子公司产生的根本原因。合作社是效率的产物，在生产经营中又不断追求效率。在激烈的全球化市场竞争中，合作社与各类股份制企业，特别是跨国企业之间的优胜劣汰主要取决于合作社生产经营效率的高低，而生产经营效率又在很大程度上由合作社的生产经营规模决定（马克思将这一规律称为企业的效率与企业的规模之间存在着函数关系），因为合作社主要通过采用先进的生产技术、有效地组织分工协作和获得低成本生产要素等提高生产经营效率，而引进先进的生产技术，进行科学、合理的组织分工协作又是以单个股金的增大和合作社规模的扩张为基本条件的。同时，合作社规模的扩张，即子公司的出现还有利于合作社融入资本主义各类市场，方便获得资金、技术、人才等要素并降低获得资金、技术、人才等要素的成本，提高产品竞争力，并有利于在全球开拓消费市场，给合作社带来进一步增加收益的机会。因此，子公司是合作社生产经营效率不断提高的产物。

工人合作社生产经营效率的提高是工业生产力发展的内在规定性，其结果就是工人合作社生产的进一步社会化。合作社子公司的出现、股票上市流通以及外来非工人投资者的入股使得合作社生产资料，特别是稀缺的生产资料在更广的范围内和更高的程度上得到集中，随着生产资料的积聚，“规模不断扩大的劳动过程的协作形式日益发展……劳动资料日益转化为只能共同使用的劳动资料”①，越来越多的人加入合作社的生产经营活动中。“生产资料从个人的生产资料变为社会的，即只能由一批人共同使用的生产资料……生产本身从一系列的个人行动变成了一系列的社会行动，而产品也从个人的产品变成了社会的产品。”②

---

① 马克思：《资本论》（第1卷），人民出版社，2004，第874页。

② 《马克思恩格斯选集》（第3卷），人民出版社，1995，第742页。

第六章　蒙德拉贡的管理制度分析

一　企业管理制度的产生及管理权归属：一个比较分析[①]

首先，马克思认为，管理的产生是生产过程中，劳动协作的性质决定的。管理之所以必须源于结合劳动过程的性质与特点，是因为“一切规模较大的直接社会劳动或共同劳动，都或多或少地需要指挥，以协调个人的活动，并执行生产总体的运动——不同于这一总体的独立器官的运动——所产生的各种一般职能。一个单独的提琴手是自己指挥自己，一个乐队就需要一个乐队指挥”[②] 这说明，要组织许多人进行协调一致的生产，就必须进行以指挥、控制、反馈与监督为主要内容的管理。这种管理既要保证生产中的劳动要素与物质要素有效地结合，又要保证生产过程中的分工协作有效地进行。

其次，马克思认为资本主义生产的性质决定了管理的产生。资本主义生产的根本目的是尽可能多地榨取剩余价值：“随着同时雇用的工人人数的增加，他们的反抗也加剧了，因此资本为压制这种反抗所施加的压力也必然增加……同样，随着作为别人的财产而同雇佣工人相对立的生产资料的规模的增大，对这些生产资料的合理使用进行监督的必要性也增加了。”[③] 这表明，资本主义企业管理的产生来自：①调和工人与资本家之间

---

① 参考娄锋（2017，第 178~183 页），有重要更新与修改。

② 马克思：《资本论》（第 1 卷），人民出版社，1975，第 367 页。

③ 马克思：《资本论》（第 1 卷），人民出版社，1975，第 368 页。

激化的矛盾；②合理、有效地规划、监督使用与工人相对立的、规模的不断扩大的生产资料，以最大限度地获取剩余价值。

从单纯劳动过程考察的生产劳动，历史上曾经出现两种不同的类型。一类是个体生产者的劳动。在这种劳动过程中，劳动的一切职能都融合于一身，劳动者是一个自我管理者。另一类是许多生产者组成的结合劳动。只要生产力有一定的发展，不仅生产不同使用价值的劳动存在着分工，就是生产同一使用价值的劳动，也会分化成许多不同的独立职能。它们只有结合在一起，才能构成一个完整的生产过程。“在工场手工业中，社会劳动过程的组织纯粹是主观的，是局部工人的结合；在机器体系中，大工业具有完全客观的生产机体，这个机体作为现成的物质生产条件出现在工人面前……因此，劳动过程的协作性质，现在成了由劳动资料本身的性质所决定的技术上的必要了。”① “整个过程是客观地按其本身的性质分解为各个组成阶段，每个局部过程如何完成和各个局部过程如何结合的问题，由力学、化学等等在技术上的应用来解决”②。劳动存在着分工，就是生产同一使用价值的劳动，也会分化成许多不同的独立职能。这客观上就要求有一个独立的管理者或部门负责计划、控制与协调，将这些独立职能结合在一起，以构成一个完整的生产过程。

由此可见，资本主义生产条件下，管理的产生既来自劳动过程中分工协作的要求，又来自调和生产资料所有者——资本家与直接生产者——工人之间激烈的、不可避免的矛盾对立与对抗的要求。而对于合作社来说，直接生产者也是生产资料的所有者，由于两者同一，也就没有矛盾对抗需要调和（这里不涉及合作社子公司，涉及时会做详细说明）。合作社就主要是针对劳动过程中的分工协作进行协调，这就存在着由谁通过客观技术手段行使这种调节职能的问题，这一问题构成了研究合作社管理制度的核心和关键，也是我们分析该类组织管理制度的逻辑起点。

新制度经济学的合作社理论认为，合作社的管理权应按股金的多少配置给成员。因为“一人一票”的民主管理制度有缺陷，会向成员发出一个

---

① 马克思：《资本论》（第1卷），人民出版社，1975，第423页。

② 马克思：《资本论》（第1卷），人民出版社，1975，第417页。

错误的信号，产生所谓的“囚徒困境”，从而抑制大股东或稀缺资源拥有者的投资，还会造成成员的“短视行为”；同时，新制度经济学认为合作社风险最大的承担者是股金投资最大的成员，因为投资者向合作社投入了一种抵押品，一旦合作社出现经营不善甚至倒闭，成员投入的资产将会被“套牢”，投入越多损失越大，自然就有了做出最优决策的积极性和主动性。合作社应按成员承担风险高低的不同，即投资多少的不同将管理权分配给成员，也就是“按资分配管理权”，否则将导致合作社管理的低效率。

对于新制度经济学的上述结论，我们只要经过仔细分析，就会发现是站不住脚的。

第一，新制度经济学的合作社理论所指出的投资抑制问题，在蒙德拉贡这样的工人合作社中并不存在，原因如下。①从入股金方面来看，因为入股金是统一的（是加入者的责任和义务），并且入股金的具体数额会依据当地物价水平和合作社的资产及生产经营、盈利等情况，做上下浮动，潜在加入者可以衡量是否值得花这笔入股金去“买一份工作”、获得成员资格，这是自愿的“工作机会市场买卖”选择，因而在入股金方面不存在投资抑制问题。

②在合作社的生产经营中，成员投资也不会受到抑制，这是因为合作社成员个人资本账户的股金（包括每年的盈余分红）是存入劳动人民银行的，利率一般固定，多投入者会多获得收益。那么“一人一票”的民主管理制度会不会抑制大股东或稀缺资源拥有者的投资，即付出与权利不对等导致所谓的投资“囚徒困境”？这在一程度上可能存在，但蒙德拉贡有一套成熟和完善的教育体系，在强大的合作文化、精神及价值追求的熏陶下，绝大多数成员能自觉地向合作社投资，并不会因为在重大事项上自己只有一票的话语权而减少甚至不再投资。此外，蒙德拉贡在 20 世纪 90 年代后修订了投票制度，允许资源多投入者获得多于一票的投票权（仅限于非重大事项上），但有上限限制，即受限的一人多票，因而投资的“囚徒困境”问题在合作教育与受限的一人多票两项制度设计的“夹击”下，已没有多少负面影响。

③成员的入社股金和再投资大多只构成工人合作社发展初期的资产，合作社持续进行生产经营，不断积累资金、不断提升实力以持续提高市场竞争力，主要还是靠工人社员的生产积累，这就要求工人不断提高自己的劳动生产效率，提高合作社的产品质量和对外销售量。而“一人一票”的全员参与民主管理制度能最大限度地激发成员的主人翁精神和责任感，提高他们工作的积极性和效率，有利于合作社资金的积累，有利于合作社做大做强（Azevedo and Gitahy，2010）。随着工人劳动生产效率提高，合作社积累增加、实力增强，产品质量也会相应提高，产品的市场竞争力会更强，合作社就会走上良性循环的发展道路。

第二，我们是否应将合作社的投票权按成员的股金比例分配？按股投票——这实际上是对股金的民主。我们认为，合作社应按成员承担风险高低的不同将管理权分配给成员是对的，合作社与自身利益的关联性越强，成员就越有做出最优决策的积极性。但问题的关键是：是成员股金承担的风险高，还是成员投入的其他资源承担的风险高？当今发达资本主义国家中，工业生产的专业化水平越来越高，这种专业化不仅在区域内进行，也在工业生产组织——工人合作社中进行。为提高生产力水平，增强市场竞争力，工人合作社中的专业化分工协作在深度和广度上不断拓展，使得合作社资产的专用性不断提高。

在手工作坊或家庭手工业阶段，工人劳动者作为独立的生产者要完成全套生产流程，即使在家庭内也只有简单的分工协作且不固定，这决定了手工作坊生产经营规模小，积累少，资金、技术力量薄弱，市场竞争力低下，而通过合作制原则联合起来的工人们通过专业化分工协作生产，提高了生产经营效率及市场竞争力。因而基于专业化分工的生产模式必然替代家庭手工业生产模式，即在工业生产力不断提高的条件下，市场经济下工业社会化大生产代替手工作坊的小生产。工业生产经营效率的提高必然要以专业分工广泛而深入地推进为基础，这内在地决定了工人合作社必须实现资产专用性。因此，可以这样说，工人合作社的资产专用性是现实中，其生产力发展的基本条件。同时，合作制企业的特点决定了其中生产资料与其所有者不可分离，合作社的资产专用性使得工人社员的知识、技术等也具有了专业性特征，这些专业性常常是在工人加入合作社前就拥有了（原先在资本主义企业中通过工作获得或加入合作社后，通过合作社教育、培训获得），正所谓合作社是生产相同或相似产品的工人合作组织，而合作社资产的专用性不断提高，使得工人的知识、技术、经验等人力资源的专用性越来越强。

在工人社员将自己的人力资源投入工业这一特定的行业和合作社后，它也成为一种投资品，具有了投资风险。两类投资中，工人对合作社的股金投资可以在离开合作社时收回，而他们对自身人力资源的投资（学习掌握工业生产中特定产品生产工序的专业知识、技能、经验和经营、运作某产品生产合作社的专业知识等）却无法收回，即工人社员投入的股金与自身专业化人力资源相比较，专业化人力资源才是最大的风险承担者。因为股金投资可以一定程度上规避风险，即使股金是专用性资产也比专业化人力资源容易收回（专用性资产可变卖收回部分甚至全部成本），而专业化人力资源与合作社的关系却逐渐直接化和紧密化①，改变多年形成的人力资源、专业技能极其困难，而且成本极大、风险极高。因此，不是股金，而是专业化人力资源才是合作社风险的最大承担者，进而从理论上讲，合作社应按成员的专业化人力资源大小分配投票权。西方工人合作社在组建时也要求成员是大体同质的，其中包括成员具有的专业化人力资源是大体均等的，这就是为什么长期以来西方工人合作社的“一人一票”管理原则（体现了对人的民主）倍受西方理论界部分学者的批评，但在实践中许多合作社依然不能放弃基于“一人一票”原则设计投票制度。即使在全球化战略实施后，蒙德拉贡在拥有众多子公司的条件下也未放弃“一人一票”原则。

新制度经济学对合作社管理制度的批评还集中在合作社内部的委托代理问题上。他们认为，合作社工人（委托者）应将管理权配置给充分掌握信息及专业技术的经理人员（代理者），这样可以降低合作社的运行成本，从而节约交易费用。但作为理性人，掌握管理权的经理在实现自身收益最

① 如社员随意进入一个不适合自己人力资源专长的合作社，或者退出一个适合自己人力资源专长的合作社，都会给自己造成巨大的损失

大化目标时可能会与社员的利益相冲突，因此经理层应获得合作社的剩余索取权，使两者的激励相容（即管理权与剩余索取权相联系，配置给代理者）。关于这个问题我们前面已涉及，既然社员是合作社生产资料的拥有者，那么社员就不会出让自己的剩余索取权——对盈余返还的占有权，让他人占有自己的剩余劳动。对盈余返还的占有是工人加入合作社的先决条件，试想一个不能占有自己剩余劳动的工人会去构建或加入合作社吗？这就是在实践中没有哪一个合作社会施行让合作社经理拥有剩余索取权的原因。美国学者 Trechter、King 和 Cobia 等（1997）通过对美国合作社的调查发现一个基本事实：合作社的经理都没有剩余索取权。那么为什么新制度经济学有关合作社的研究文献会反反复复提这一问题？这是因为他们没有把生产资料的所有权关系视为合作社生产关系的核心，也不认为所有权关系决定着其他经济关系。事实上，任何生产经营活动，都是以物质生产资料的存在为前提。只有首先具备生产资料，才有可能形成真正意义上的生产，因而生产资料的所属关系，即生产资料归谁所有的归属关系就成为生产关系的核心。而新制度经济学认为，各种要素（包括生产的客观条件和主观条件）的所有权关系对于经济活动同等重要，各种要素之间的关系是平等的，经济学要解决的问题就是构建何种制度安排，降低交易费用以实现收益最大化。可见，方法论上的缺陷最终造成新制度经济学合作社理论分析结果与现实的冲突。

二 蒙德拉贡管理制度的基本模式

马克思认为，体现在管理权上的经济关系的性质最终是由生产资料所有制的性质决定的，即谁拥有生产资料，谁就最有权力决定生产资料管理、经营、使用的主体，理由如下。①生产资料所有制是社会进行生产必不可少的前提和条件，它决定了生产资料与劳动者的不同结合方式、直接生产过程中人们的不同地位和他们的相互关系以及人们在交换和分配中的不同关系。生产资料所有者最有权力、权威决定谁是管理者以及如何管理。②生产资料所有制决定了一定社会的生产目的和社会成员的经济利益关系，从而决定了生产关系的基本特征和本质。③生产资料所有制的变化是生产关系变化的根本原因。一旦生产资料所有制发生了变化，生产关系的其他方面也会随之发生变化（吴宣恭等，2000，第 54～55 页）。因此，要理解合作社的管理制度，首先要从分析合作社的产权制度（生产资料所有制的实现形式）开始。

西方工人合作社的产权制度是基于合作社基本原则构建起来的产权制度，从而也就决定了其管理制度是一种合作管理制度。基于前面产权关系的基本模式分析，不难发现合作社的产权制度具有以下几个特点。首先，劳动的联合与财产的联合相统一，即合作社产权的主体是工业生产的劳动者，而且每一个成员都拥有一部分产权（既有财产的联合，也有劳动的联合，劳动的联合建立在财产联合的基础之上[①]），这样每个成员对合作社就拥有了管理权。其次，合作社的产权主体是社员个人，所有权主体的个体性要求确保个人对其财产的管理权。再次，合作社的入股金是限制在一定范围内的，且入股金要依据合作社内外部情况不断调整以使新老成员入股金大体一致。入社者大多从事相同或相似的工种或专业生产，接受了合作文化及其价值追求教育，具有较高程度的同质性，这样作为合作劳动者，成员是无差异的，所以合作社无差别地对待每一个成员。最后，因为成员的专业化人力资源承担合作社的最大风险，所以要求合作社按成员的专业化人力资源多少分配投票权，而合作社成员的同质性要求，使得加入的成员所具有的专业化人力资源也是大体均等的。

基于上述要求，在西方工人合作社内就形成了一类特有的管理制度模式（Ⅰ）：

以“一人一票”为基础的工人生产者合作管理制

或：“一人一票”的民主管理制

就其内容来看，这种管理制度反映了每一位社员均享有平等的合作社管理

---

① 全球化战略实施后，还有与外部非社员投资者资本等的联合，当然这些会影响合作社的管理制度。

权，体现了合作社在管理制度上对劳动者的民主[①]，是一种工人民主自治的管理制度形式。

在进行全球化扩张之前，蒙德拉贡的管理制度基本遵循着“一人一票，民主管理”的制度模式。而在20世纪90年代实施全球化战略之后，蒙德拉贡的管理制度发生了变化，这种新变化主要是由混合合作社的出现带来的。[②] 混合合作社的引入实现了对合作社“一人一票”原则的突破。根据《巴斯克合作社法》的规定，混合合作社的投票并不是按照“一人一票”的模式运作，而是可以根据提供资金的多少决定投票权，但是有上限规定。根据《巴斯克合作社法》的规定，混合合作社内至少51%的投票权属于工人社员，也就是说提供资金较多的社员至多只能有49%的投票权。关于混合合作社的投票机制，以塔法利亚为例，在其内部管理结构中，成立了一个12人的理事会。如果按照股份制企业的管理逻辑，在这个理事会中，工人代表由于只占12%的股份，那么他们大概只能占到2席理事代表的位置。但事实上，这个理事会的最终组成是，工人在理事会中有5个代表，法格（收购塔法利亚的合作社）5名代表，蒙德拉贡2名。同样的情况在麦尔收购改造的混合合作社Ferroplast（Ferroplast原为一家资本主义企业）中也有所体现。麦尔作为收购者，理论上应该拥有混合合作社100%的控制权、管理权，但是在共9人的理事会中，有4名代表来自工人。Ferroplast的工人评价道（Flecha and Ngai，2014，p. 673）：

> 麦尔就像一个沉默的伙伴，仅仅贡献合作社发展所需的大部分资金，并提供巴斯克地区以外的业务扩展机会。

麦尔并没有以所有者自居，而是让混合合作社Ferroplast的原雇佣工人享有蒙德拉贡所有工人社员享有的民主与自由。理事会的组成不仅给予了

① 资本主义企业的管理制度体现的是对资本的民主，所以它的管理制度模式是以“一股一票”为基础的等级管理制。

② 蒙德拉贡旗下有少部分合作社允许受限一人多票，且只能是对非重大事项，如日常经营管理决策进行表决。受限一人多票表决制度主要出现在全球化战略实施之后的混合合作社中。

原雇佣工人充分的话语权和投票权（9 名理事的权利与义务是完全相同的），同时保障了在它完全转变成合作社之前，母合作社拥有一定的控制权（保证合作化改造持续进行，防止它退化为资本主义企业）。但又不会出现对合作社生产经营事务的绝对控制权（冲击民主管理原则），因为合作社内的决策需要理事会 2/3 的人表决通过。正是这种在理事会内，基于“一人一票”的表决程序，而非“按股说话”，保证了在混合合作社里决策是民主的，即“程序正义保证了结果正义”。

在塔法利亚和 Ferroplast 的改造案例中，法格、蒙德拉贡、麦尔的这些举动恰恰证明了，它们依然努力地遵循蒙德拉贡所坚持的“一人一票，民主管理”的核心原则，并进行合作管理、经营理念及相关知识的传输，尽可能地对其全资子公司进行合作化改造。在混合合作社里，社内的核心议题（诸如薪酬调整、对外投资等议题）都掌握在子公司工人（多为入股工人，即工人社员）自己手里。这种坚持“一人一票”核心管理原则的行为，使合作文化在企业管理中进一步的普及，不断地熏陶、教育子公司工人，努力促使它向更符合蒙德拉贡要求的工人合作社方向演化。从蒙德拉贡或其子合作社收购并改造的子公司（即混合合作社）的管理中，我们不难发现，蒙德拉贡或其子合作社严格执行《巴斯克合作社法》的规定，体现了它们对合作社法的遵守，也体现了它们对合作社基本原则、文化及价值追求的坚持。蒙德拉贡及其子合作社按资本主义市场交易方式并购资本主义企业作为自己的子公司，但它们并未按资本主义企业的管理方式“一股一票”地管理子公司，而是严格遵守合作社法，以身作则限制自己的投票权[①]，同时向子公司工人宣扬了合作社价值追求及其管理原则。

蒙德拉贡及其旗下合作社在重大事项上坚持“一人一票”，而在日常管理中则多使用有上限约束的“一人多票”。既要限制股金的“话语权”，体现对劳动者的民主，又要承认蒙德拉贡成员（包括合作社成员

---

① 尽管它们对子公司有很强的话语权，但除非原则性问题，一般不会使用。原则性问题决议是“一人一票”，但蒙德拉贡会增加理事会人数，遏制混合合作社的不良倾向。参见 Flecha 和 Ngai（2014，p. 674）。

和子公司已成为社员的工人）对合作社集团的付出是有差异的；既承认蒙德拉贡成员有为合作社创造相同财富的潜能，同时又承认成员的能力（除工作能力外，还包括对合作社的认知、合作生产经营管理等能力）是有差异的；既要民主，又要公平。这与我们前面的讨论并不矛盾，作为专业化人力资源载体的社员是合作社风险最大的承担者，相对于社员的投资来说，作为劳动者的社员对于合作社更重要。但社员的能力是有差别的，“一人一票”是在数量上对劳动者的民主，而劳动者的劳动付出在质上也是有差异的，合作社同时又要满足能力强的社员的现实利益要求，即在质量上实现对劳动者的民主。所以在这里既要坚持“一人一票”制的原则性，同时又要有灵活性，原则性与灵活性在这里实现了辩证统一。而受限的“一人多票”使蒙德拉贡的管理既做到了坚持“一人一票”的合作社基本原则性，同时又具备灵活性，实现了原则性与灵活性的辩证统一。

基于此，我们可以将蒙德拉贡的管理制度进一步概括为（Ⅱ）：

> 以“一人一票”为基础的受限附加表决权合作管理制或受限的“一人多票”合作管理制

其中：①以“一人一票”为基础，表明“一人一票”制度凌驾于“受限的一人多票”制度，因为重大事项上严格遵循“一人一票”制度，包括“受限一人多票”制度的确立，这意味着受限的“一人多票”制度受制于“一人一票”制度；②“受限”指合作社中的大股东成员及子公司投资者（包括合作社）的投票权受限，以体现合作社的基本价值追求，即对劳动者的尊重；③合作管理包括工人社员对其拥有的劳动人民银行的合作制管理，劳动人民银行实为蒙德拉贡旗下负责融资、合作社“孵化”、商业规划、经营运作设计等工作的一个子合作社，其内部管理与其他子合作社完全一样；④受限的“一人多票”合作管理制主要出现在被改造的混合合作社中，蒙德拉贡及其旗下的合作社，包括合作银行（劳动人民银行）多遵循“一人一票”制，也有部分合作社，特别是生产经营规模大的合作社在日常管理中遵循受限的“一人一票”制（为吸引投资），但在重大事项的表决上，所有合作社严格遵循“一人一票”制。

以“一人一票”为基础的受限的“一人多票”合作管理制没有从本质上改变合作社的民主管理原则，没有突破合作社“三位一体”的质的规定性，即合作社与“按资投票”是有本质区别的。合作社增加的票数是对高贡献者劳动、资金、技术等付出的承认，它不同于资本家对企业的股金投入，前者是为了提高合作社生产经营效率、增强合作社实力从而为社员提供更好的服务，而后者是为了占有更多的工人剩余劳动。但合作社的股金是要支付利息的，为了保证收益率限制在一定范围内这一原则的存续（一般限制在8%以内，很少超过12%），合作社不会滑向“按资分配”，不会突破“三位一体”原则，所以要限制投资多的社员的投票权，保证没有任何一个社员能够控制合作社。尽管投资多的社员拥有更多的投票权，但他们并不将多配给的投票权视为一种对合作社的影响力，乃至一种可以凌驾其他社员意志的权力，他们更多的是将其视为一种补偿或者是荣誉。他们认为对合作社最重要的是构建一种成员间相互尊重和认同的企业文化，这是因为在资本主义激烈的市场竞争下，合作社为了生存就必须加强成员间的认同感，构建一种和谐的企业文化，而相对于这种企业文化来说投票权的多少并不重要（Kyriakopoulos and Meulenberg，2004）。

对于混合合作社也是相似的，给合作社增加的票数是对高贡献者[①]付出的承认，因为合作社的投入是为了增强被改造对象的实力和创造力，为工人提供更好的工作条件，提高生产经营效率以增加工人的收益、改善工人的生存状况，而不是榨取工人的剩余劳动。合作社对全资子公司的合作化改造是困难的，为防止子公司内反合作化的倾向，合作社要拥有更多的投票权，同时又要将合作文化、精神、价值追求传输给被改造对象，所以要限制投资多的社员的投票权，进而就有了受限“一人多票”的制度设计。虽然蒙德拉贡或其子合作社掌握了混合合作社的大部分股权，但并不

① 不仅涉及资金、技术等实物生产资料，也针对合作文化、精神以及合作价值追求等。

以此完全控制、管理和支配混合合作社的日常生产经营，而是充分尊重混合合作社的工人，以宣扬合作文化及其价值追求，非重大或原则性的问题均由混合合作社的股东工人民主自决。

工人合作社“一人一票”的管理制度是它区别于其他非合作社经济组织管理制度的一个重要特征。下面我们将工人合作社的管理制度与资本主义企业的管理制度做对比分析，以进一步深化对工人合作社管理制度的认识。

第一，合作社与资本主义企业的管理制度有着不同的产权基础。工人合作社的管理制度是以它特有的产权制度即股金制度为基础的，表现为劳动的联合对联合劳动收益的按份共有和共同共有，因而管理的基本制度就是劳动者的“一人一票”——对劳动的民主；而资本主义企业的管理制度是以资本制度为基础，表现为资本家拥有生产资料，从而占有工人的剩余劳动，因而管理的基本制度就是资本的“一股一票”——对资本的民主。产权制度的差别，是造成这种不同的最根本原因。

第二，工人合作社与资本主义企业的管理制度有着不同的内涵。资本主义企业是资本家出资组建的企业，资本家是企业的所有者、控制者和工人剩余价值的攫取者，企业建立以及生产经营的主要目的是追求资本家投入收益（剩余价值）的最大化，因此，企业管理制度必然是围绕保障大大小小资本家投入的收益而设计，这种制度设计要体现出资本家平等原则。资本家平等原则的实质是资本的平等（资本家是资本的人格化），资本平等的具体化就是“一股一权利”，进而“一股一票”“一股一收益（风险）”，并且“多入股、多责任（义务）、多收益（风险）”，反之亦然，这是对资本的民主。因而，在资本主义企业中，股东作为自然人，其个人身份并不重要，关键的是资本。拥有等质、等量的资本，就拥有相同的权力和利益。

合作社是工业一线生产者——工人进行横向联合、民主自治并受益的组织，工人成立合作社的目的主要是解决工业社会化大生产与生产资料劳动者个人占有之间的矛盾，提高自身的劳动生产率及产品市场竞争力，占有自己创造的剩余价值，改变被压迫与被剥削的命运。因此，合作社的最终目的是通过成员自己的劳动改善他们的生存状况，而不是为了赚取投资收益。而资本主义企业是资本家把资本聚集起来用以攫取工人剩余价值的一种组织形式，其最终目的是实现资本投资收益（即攫取剩余价值）的最大化。可见，资本主义企业是为资本服务的，资本在企业生产经营中决定一切。因此，在表决权方面，资本主义企业实行的是“以资为本”的“资本多数决”原则，而合作社实行的是“以人为本”的“成员多数决”原则。

就表决权而言，合作社与资本主义企业一样，都实行民主管理，不过民主管理的对象不同，合作社是劳动者（成员）拥有企业，所以管理制度表现出对人（劳动者）的民主；资本主义企业是资本拥有企业（资本家是资本的人格化），所以管理制度表现出对资本的民主。随着竞争的日益加剧，工人合作社的“一人一票”制都有不同程度的突破，特别是在混合合作社中，在“一人一票”基础上安排了受限附加表决权，附加表决权的多少取决于成员对合作社贡献的大小。资本主义企业股东的表决权没有上限限制，完全由其资本投入的多少决定，实行“一股一票”表决制。

第三，合作社与资本主义企业的管理制度有着不同的管理者。这里所说的管理者是指企业经济活动的最高管理者，即企业经济活动的最终控制者和决策者。合作社的管理者具有多重身份。首先，他们是合作社生产资料的拥有者。工人首先是以生产资料的拥有者的身份组建或进入合作社的，这就决定了他们与“身无分文”，而只能出卖劳动力的雇佣工人不同（即使真是“身无分文”，工人也必须通过合作银行，如劳动人民银行获得贷款作为入股金），他们在合作社中不可能是以被管理者的身份出现的，生产资料的所属关系决定了他们是最高管理者；工人是生产资料的拥有者及最高管理者又决定了他们是最终产品（包括剩余产品）价值的占有者。因此，工人社员是合作社的拥有者、管理者和最终产品占有者，三种身份“合三为一”，但这三种身份不是平行的，第一身份决定第二、第三身份。谁拥有生产资料谁就掌握了企业的管理权，在这一点上合作社与资本主义企业没有什么不同，不同点在于前者控制合作社是为自己的生产服务，以占有和获得自己劳动的剩余产品；而后者是为了控制工人，占有和攫取工人创造的剩余价值。

随着全球化战略的深入实施，蒙德拉贡的管理制度有了新的变化。由于受子公司所在国法律制度、文化传统等因素的影响，蒙德拉贡很难立刻将其在国外兼并、收购或投资设立的股份制子公司做合作化改造。这样蒙德拉贡旗下存在为数不少的股份制子公司，其中包括全资和合资子公司。对于部分全资子公司尽管不能即刻改造，但可进行合作文化及价值追求的持续教育，如蒙德拉贡每年均要组织全资子公司骨干到奥塔罗拉管理中心（Otarola Management Center）[①] 接受培训。而对于合资子公司，由于投资伙伴常常是股份制企业，对合资子公司不可能进行合作化改造。条件不成熟、尚不能合作化改造的全资子公司和无法改造的合资子公司全是“资合”性质的企业，其产权性质与资本主义企业无异，由于是建立在资本联合基础之上，因而它们的管理制度是对资本的民主——“一股一票”的等级管理制。

这样，由于蒙德拉贡旗下合作社拥有许多合资或独资的股份制子公司，我们就有了全球化战略下蒙德拉贡的管理模式（Ⅲ）：

以“一人一票”为基础的受限附加表决权合作管理制或受限的“一人多票”合作管理制+对子公司“一股一票”的等级管理制

其中：①子公司指尚不能进行合作化改造的全资子公司以及无法改造的合资子公司，这些子公司几乎全部在海外，均为股份制或资本主义企业；②尽管在蒙德拉贡出现了“一股一票”的等级管理，但并未从根本上改变蒙德拉贡作为合作社的本质属性，因为蒙德拉贡绝大多数资产仍然由工人社员拥有，这意味着“一人一票”制（包括受限的“一人多票”制度）

---

① 奥塔罗拉管理中心得到西班牙教育部的认可，该中心既有对合作社领导人为期 9 个月的常规轮训，也有合作社生产管理、市场营销、金融等短期培训，培训包括对年轻人的技术培训，对所有成员的合作培训，对管理人员的专业培训等。这个管理中心还为来自世界各地的学者和工商界人士开设课程。参见沈莉（1997，第 6~7 页）。

占主流，特别是在蒙德拉贡总部内部及其旗下各合作社内部主导性的表决方式（指凌驾于其他表决方式）依然是“一人一票”。

与全球化战略下的复合产权制度相对应，蒙德拉贡在全球化战略下也呈现复合管理的制度特征，从管理模式Ⅲ中可以看出，它是合作管理与等级管理的“联合”。我们可人为地将管理模式Ⅲ分为两个部分：①以“一人一票”为基础的受限附加表决权合作管理制度；②对子公司“一股一票”的等级管理制度。前者基于劳动的联合（包括由雇佣工人转变为股东工人的联合）对联合劳动收益的按份共有和共同共有，因而对应的基本管理制度就是劳动者的“一人一票”或受限的“一人多票”，表现出对劳动的民主；而后者主要受限于客观条件，对于无法进行合作化改造的子公司（独资或合资），只能保持其“资合”性质，因而该管理制度是以资本产权制度为基础的，表现为投资者（社员、合资伙伴、外来非社员投资者等）拥有子公司生产资料，从而占有子公司雇佣工人的剩余劳动，因而对应的基本管理制度特征就是“一股一票”，即对资本的民主。产权制度的差别，是造成这种不同的最根本的原因。

管理模式Ⅲ也反映出在全球化战略下，蒙德拉贡的管理者（指企业经济活动的最高管理者，即股东工人[①]）具有多重身份。首先，他们是合作社生产资料的拥有者。股东工人是以生产资料的拥有者的身份组建或进入合作社的，这就决定了他们与只愿意或只能出卖劳动力的雇佣工人不同，他们在合作社中不可能以被管理者的身份出现，生产资料的所属关系决定了他们是最终的管理者。其次，由于拥有和直接使用合作社生产资料，他们还是工业生产的劳动者和自己剩余劳动的占有者。最后，在资本主义体制下，为了生存、竞争与发展，要充分利用资本主义资源以拓展生存

① 在蒙德拉贡旗下的合作社中，经理是受雇于合作社的，他们中部分也入股了合作社（他们是正式社员），没有入股的经理在经济困难时，常常会成为被裁员的对象，他们不是最高管理者，社员才是。在合作社中，社员既是最高管理、决策者，选举或聘请经理层人员，同时又是合作社的生产劳动者，接受经理层人员的领导和管理，从而形成了经理对社员和社员对经理的双向制约机制，这种制约机制是建立在合作文化及价值追求基础之上的，与资本主义企业等级管理有本质区别，是合作社特有的合作管理模式（基于管理关系的视角来考察）。

空间，股东工人们还不得不充当“联合资本家”的角色，占有子公司雇佣工人的剩余劳动。因此，社员是蒙德拉贡的拥有者、劳动者、管理者和“联合资本家”，基于复合产权主体的复合管理制度对合作社联合体进行“复合管理”。

在这种复合管理制度中，社员与海外子公司工人之间的雇佣关系与资本主义企业无异。正如列宁指出，在资本主义生产关系下，“合作社由于是纯粹商业性的机构，受到竞争的压力，有蜕化为资产阶级股份公司的趋势”[①]。在工人合作社与资本主义企业的竞争中，资本主义生产关系从外部“挤压”合作社的生存空间。为了在激烈的竞争中生存与发展，合作社必须借鉴资本主义的管理方式管理子公司以增强实力，在全球市场特别是海外市场提高竞争力。同时，与资本主义企业相比，合作社存在难以直接从资本主义的资本市场融资等难题，而通过雇佣劳动获得利润以增加积累显然是资本主义“现成”的经验，是符合外部制度环境的、可资利用的“现成资源”。正因为存在资本主义竞争压力再加上资本主义社会没有提供合作社生产社会化、产权社会化的制度空间，合作社的基层组织（子公司）最终成为“集体资本主义组织”，并按资本主义企业的管理方式进行管理。

三　蒙德拉贡的内部治理结构

（一）内部治理结构：合作管理结构

合作社管理制度的基本模式是建立在“一人一票”核心基础上的合作管理制度，因而合作社的内部治理结构必然是围绕合作管理制度开展的合作管理结构。在企业治理问题上，马克思指出，由于生产过程本身具有二重性，对生产过程管理的内容也是二重的：一方面是通过组织生产力，对生产或劳动过程进行控制和指挥，使企业生产过程联系为一个统一的整体，这时管理表现出与组织生产力和社会化大生产相联系的自然属性；另一方面是对生产过程中人与人关系的调节，这是与生产关系紧密联系的一

① 《列宁全集》（第4卷），人民出版社，1959，第263页。

种对生产者在分工协作中关系的协调，是对生产者在整个生产过程中的一种控制与监督，这时管理表现出与生产关系和社会制度相联系的社会属性。①

当前西方经济学所说的治理问题实际上是居于上述第二个层次展开讨论的。如 John（1998）认为："治理是组织利益相关者为保护自身的利益而对内部人和管理部门进行控制"。全球治理委员会在 1995 年发表的《我们的全球伙伴关系：全球治理委员会报告》（*Our Global Neighbourhood: The Report of the Commission on Global Governance*）一书中，对治理给出了权威性的定义："治理是各种公共的或私人的机构管理其共同事务的诸多方式的总和，它是使相互冲突的或不同的利益得以调和并且采取联合行动的持续的过程，它既包括有权迫使人们服从的正式制度和规则，也包括各种人们同意或以为符合其利益的非正式之制度安排"。②

进一步，学者们给出了企业（公司）治理的定义。Sherriff（1997）认为："企业治理是企业资金提供者确保获得投资回报的手段。如资金所有者如何使管理者将利润的一部分作为回报返还给自己，如何确定管理者是否侵吞他们所提供的资本或将资本投资他处，如何控制管理者等。" Powys（1998）指出："企业治理是一个机构中控制企业所有者、董事和管理者行为的规则、标准和组织"。Blair（1999）认为："企业治理是法律、文化和制度性安排的有机整合。任何一个企业治理制度内的关键问题都是力图使管理人员能够对企业资源贡献者如资本投资者、供应商、员工等负有义不容辞的责任。"国内学者李维安（2005）认为："企业治理则是通过一套包括正式或非正式的内部或外部的制度或机制来协调企业与所有利益相关者之间的利益关系，以保证企业决策的科学化、合理化，从而最终维护企业各方面的利益的一种制度安排。在这种制度安排下，一组联结并规范企业成员、内部组织机构（理事会、监事会、经理等）之间的相互权利和利益关系的制度安排、组织架构、职权配置等将被构建，以解决企业不同利益主

① 《马克思恩格斯全集》（第 23 卷），人民出版社，1972，第 367~372 页；《马克思恩格斯全集》（第 25 卷），人民出版社，1972，第 421~432 页。

② 转引自俞可平（2000，第 46 页）。

体之间的决策、激励、监督等问题。这种企业治理是企业利益相关者通过一系列的内部和外部机制实施的共同治理。”①

有关企业治理的概念，西方学者基于不同的视角有着不同的理解，但从总体上看，西方学者对企业治理的界定，主要是从两方面进行：一是基于如何管理、激励或引导经理层做好经营管理工作，以保护企业所有者利益或实现所有者利益最大化而展开的讨论，包括控制经营管理者论，对经营者的激励论，股东、董事和经理的关系论等；二是基于企业管理如何做好战略决策，以保护包括股东在内的企业利益相关者的利益，或者是实现他们利益的最大化而展开的讨论，包括对经理、董事和所有者的控制论，企业利益相关者之间的相互制衡论等。

伴随着企业治理这一概念的提出，企业治理结构的概念出现并逐步完善、发展起来。联合国开发计划署将治理结构定义为：“对组织、社区、社团和国家的社员、公民或居民的行为行使的管辖权、控制权、管理权和支配权。管辖权、控制权、管理权和支配权都是复杂的机制、过程、机构、关系和制度。通过这些复杂的机制、过程、机构、关系和制度，公民和社会团体可以表达他们的利益愿望、履行他们的权利和义务，调和他们之间的利益冲突。有效治理结构致力于资源分配和管理，解决面临的共同问题。”即治理结构是一种管理和控制的体系，它不仅规定了组织内的各个参与者、机构和其他利害相关者的责任和权利分布，而且明确了决策组织事务时所应遵循的规则和程序。② 钱颖一（1995，第6页）认为：“企业治理结构是一套制度安排，用于支配若干在企业中有重大利害关系的团体投资者（股东和贷款人）、经理人员、职工之间的关系，并从这种联盟中实现经济利益。企业治理结构包括：如何设置企业内相关机构并配置相应的权力、行使控制权；如何监督和评价董事会、经理人员和职工；如何设计和实施激励机制等。”可见，西方的企业（公司）治理及治理结构的理论完全是基于人与人关系展开讨论的，而马克思关于企业的管理理论是基于技术与社会（即人与人的关系）两个层次展开的，在内涵、外延及其理

① 各外国学者及李维安对治理的定义转引自李维安（2005，第10~13页）。

② 联合国开发计划署的定义及解释转引自叶祥松（2001，第47页）。

论深度方面都远超西方的企业（公司）治理理论。[①]

基于马克思企业管理理论，参考前人的研究成果，我们给出工人合作社内部治理的定义：工人合作社为适应工业生产力的发展而对其内部管理进行的一系列制度设计，这种制度设计是合作社为了适应工业社会化大生产，而在其内部构建相应的机构、岗位并配置权力，实现专业化分工协作[②]，以提高合作社生产经营效率的制度安排。这样的制度安排从合作社各相关利益主体间关系来看，是一组联结并规范和制衡社员、内部组织机构以及外部利益相关者之间的相互权利和利益关系的管理制度安排（本质上反映了合作社生产经营活动中人与人之间的关系）。具体包括：合作社内部的组织机构、成员（含外聘人员）之间是如何分工协作，配置权、责、利关系，如何制衡，即如何通过合理的监督与激励机制达到提高合作社的生产经营效率、增加成员收益的目的。合作社治理实质是一种为解决合作社不同利益主体之间的参与、控制、激励、监督等问题，以提高生产经营效率而设计的合作社内部责、权、利分配及其制衡机制的管理制度安排。

基于马克思企业管理理论，我们给出工人合作社内部治理结构的定义：应工人合作社生产力发展的内在要求，工人合作社进行了产权社会化变革，合作社完整的产权分裂、分离与分化出一系列产权权能，合作社就要设计并构建相应的内部机构，以配置各项权能及相应的权力，并建立一套联结、规范合作社各机构间关系的、系统的制度安排，从而可以明确合作社各利益相关方之间的权、责、利关系，以达到权力制衡、激励相容从而提高合作社生产经营效率的目的。基于上述定义，我们分析工人合作社的内部治理及治理结构。

（二）内部治理中各机构的组成

从具体的组织结构来看，蒙德拉贡的内部管理结构主要由“一会五

---

① 参考娄锋（2017，第191～193页），有重要更新与修改。

② 专业化分工协作会不断拓展、细化、深化以及广泛化、社会化，从广义产权关系的变化来看就会导致产权关系的社会化。从这个意义上来说，合作社治理及其治理结构的产生、合作社各类治理关系的规范，是为了保证合作社广义产权关系的顺利社会化。

委”组成，即由社员大会、常务委员会、管理委员会（理事会）、监事委员会、社区委员会、上诉委员会组成。

社员大会是蒙德拉贡里的最高权力机关，最多由650名选举出来的代表组成，决定合作社各项重大事项，如章程制定、运营方针制定、对重要人事的任免以及对外经济活动等，在对议案表决时严格遵循“一人一票”制。社员大会是合作社内对“人”的民主的直接体现。根据《巴斯克合作社法》的规定，社员大会在每个会计年度结束之后的半年内召开。例行的社员大会一般是对合作社过去一年的经营情况进行检查、决定合作社剩余分配、对合作社下一年度的生产经营进行战略决策，形成的决议由管理委员会、监事委员会等部门具体负责执行、监督等。常务委员会则是一个政策性机构，该委员会由各部门选举成员组成，其主要权力是提名职位、停职及确定理事会主席的薪酬。换句话说，这个机构主要负责提名、任命蒙德拉贡的高管和确定高管薪酬。它由21名来自蒙德拉贡各个部门的代表组成。[①]

管理委员会又称理事会，是负责指导和协调合作社内相关政策和法规的管理机构，也就是合作社日常运作的主要执行机构。理事会的成员一般由社员大会从正式社员中民主选举产生，并对社员大会负责。理事会的成员大多有一定的任期，一般不鼓励连任。理事会往往选举产生一名负责人，作为合作社的法人代表。理事会受全体社员的委托，代表合作社的利益，贯彻和执行社员大会所制定的方针和计划，同时负责合作社的对外经济活动。蒙德拉贡理事会由1个主席、分管9个部门的副主席和6个来自蒙德拉贡总部的理事组成，各部门下分管的小组还有部门经理（Bakaikoa, Errasti and Begiristain，2004，p. 70）。这样，理事会的主席加上各部门的副主席，再加上部门经理就共同组成了蒙德拉贡最核心的管理机构。

为了保证合作社正常有序地进行生产经营活动，保证社员大会决定的战略、方针能被社内各机构正确地执行，防止滥用职权，避免危及合作社、社员和第三方利益，合作社设立了监事委员会。监事委员会成员由社员大会从正式社员中民主选举产生，执行监督职能并对社员大会负责。监

---

① 参见 http：//www. mondragon-corporation. com/en/co-operative-experience/faqs/。

事同理事一样也有聘用期。监事委员会是与管理委员会平级的合作社常设监督机构。监事委员会的职能是独立地行使对理事会、总经理、高级职员以及整个合作社生产经营、管理的监督权。监事委员会也是蒙德拉贡管理结构中最重要的监督组织。根据《巴斯克合作社法》的规定（刘驯刚，1995c，第 43 页）：“监事会成员不得少于 3 名，任期为二至五年，监事会成员的任职期限不得与管理人员的任期一致”。蒙德拉贡的管理结构能够高效率地运转，跟监事委员会在横向上的监督有很大的关系。随着业务的不断扩大，蒙德拉贡还从监事委员会中分离出审计委员会，对合作社生产经营的财务状况进行内部审计。蒙德拉贡旗下有的合作社不设监事委员会，而设立审计委员会，专业从事审计工作。

社区委员会并不是合作社内强制成立的一种机构。《巴斯克合作社法》规定（刘驯刚，1995c，第 44 页）：“有 50 名以上劳动社员的合作社在其章程中可规定成立社委会作为本社社员的机构”。同样，社区委员会也是由社员大会选举产生的。它根据合作社内社员的数量，按一定比例选举产生，主要职责是为社员在工资福利、劳动卫生及社会保障等方面提供咨询服务。

上诉委员会则是蒙德拉贡内部民主管理的进一步体现。在合作社的各项经营活动中，如果社员感到合作社内的管理有失公平或受到不公平对待，可进行申诉。本质上，上诉委员会是拓展合作社内社员自我管理和自我监督的新渠道。其中，为保证申诉的公正性，“上诉委员会成员不担任任何职务，不领取工资”（刘驯刚，1995c，第 44 页）。

“一会五委”是蒙德拉贡管理结构的核心部分，其中，社员大会、常务委员会和管理委员会是合作社垂直管理结构的主要组成部分，而监事委员会、社区委员会、上诉委员会则代表了合作社内横向管理上的制约、监督和自我管理。常务委员会、管理委员会、监事委员会、社区委员会和上诉委员会构成了合作社的职能部门，它们全部受制于社员大会，并向社员大会负责。图 6-1 展现了蒙德拉贡的垂直管理结构。从蒙德拉贡的管理结构和各机构的权力来看，结合前文对蒙德拉贡主要组织结构的介绍，可以发现，蒙德拉贡的管理结构就是一个高度民主化的产物。上至权威的社员大会，下至各部门小组的经理，都是在合作社成员民主选举下产生的。

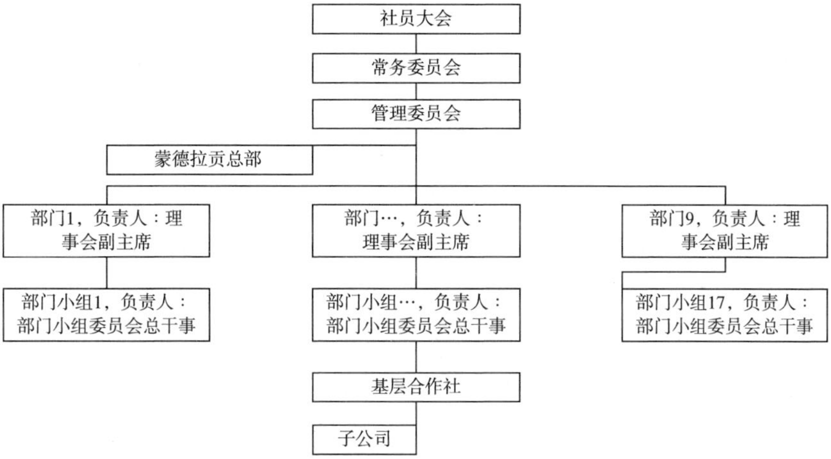

图 6-1　蒙德拉贡的管理结构

资料来源：Bakaikoa、Errasti and Begiristain（2004，p. 70）。

在工人合作社的治理结构中，社员大会、理事会和监事委员会是最重要的、不可或缺的三个部门，作为不同产权权能的载体，它们分工协作，分别拥有合作社的所有权（狭义）、支配（或经营管理）权和监督权，它们的产生本身就是产权社会化的结果。①合作社完整的产权分离、分化出经营管理权权能，由理事会行使。社员大会是委托人，理事会是受托人，承担受托责任，负责经营管理合作社的法人财产。社员大会与理事会之间形成一种委托代理的权利与义务关系。一旦理事会或个别理事徇私舞弊、玩忽职守，社员大会可以依法解散理事会或解除理事职务直至移送司法机关。②理事会又可以将其权能进一步分解，分化出具体的日常生产经营管理权，并根据专业技能和工作经验，挑选和聘任适合的经理人员行使该项权能。经理人员接受理事会的委托，便有了对合作社日常生产经营事务的管理权和代理权，但其权力受到理事会委托范围的限制。这种关系也是一种委托代理关系。③合作社财产所有权（狭义）与合作社经营管理权的分离，与监事委员会的设置密切相关。在两权分离和社员大会不可能“事必躬亲”的情况下，为了防止理事会和经理人员滥用权力，保护合作社、社员及第三方的权益，客观上要求设立监事委员会对理事会和经理人员实施监督和制衡，由此合作社完整的产权分离、分化出监督权权能，由监事委员会行使，这实际上是合作社财产所有者——全体社员委托监事委员会及其成员代为行使其财产的监督权。这样，合作社产权社会化促使社员大会、理事（董事）会和监事委员会形成了一种“三权鼎立”的权力制衡机制，以适应合作社分工协作提高生产力水平的内在要求。此外，监督权能还分配了一部分制衡权力给予上诉委员会，如果理事会或监事委员会处理问题有失公允，甚至监事委员会监督失效，社员觉得受到不公平对待，也可向上诉委员会进行申诉。

上述“一会五委”在表决时均严格遵守“一人一票”制，这一管理制度是相对“封闭”的内部民主管理制度。全球化扩张后，蒙德拉贡引入了“混合合作社”和“合作社子公司”两种新的组织形式，新形式的引入必然会带来管理制度的变革。混合合作社是经过合作化改造的组织形态，它具备传统合作社的部分特点（如民主管理、一人一票），同时与传统合作社的制度安排又不尽相同。在混合合作社的管理制度中，同样拥有社员大会和理事会，同时成员也可以民主决定是否设立社区委员会、监督委员会和上诉委员会等机构。混合合作社里工人的权利与传统合作社类似（临时社员的工作稳定性除外），他们可以就合作社内部事务参与讨论并投票决策（蒙德拉贡鼓励混合合作社里的雇佣工人积极参与合作管理），这种参与是与合作社内其他成员共享，这就意味着合作社内的议事权归全体成员，包括雇佣工人和临时社员。这意味着蒙德拉贡部分财产的管理权主体范围扩大，不在仅仅限于正式成员，有更多的个人或组织可以不同的身份参与管理。从这一点上看，合作社管理主体的增多意味着合作社管理制度社会化程度的提高。尽管如此，由于全部混合合作社被蒙德拉贡全资拥有，蒙德拉贡已向它们移植合作社的治理结构，并实施了合作管理制度，混合合作社的内部治理、治理结构及管理模式与蒙德拉贡主体是一致的。而蒙德拉贡拥有的子公司沿袭资本主义企业运作模式，它们的管理制度就必然会构成对传统合作社管理制度的冲击，这种冲击会带来何种影响？引发合作社管理结构的何种变革？下面将详细论述。

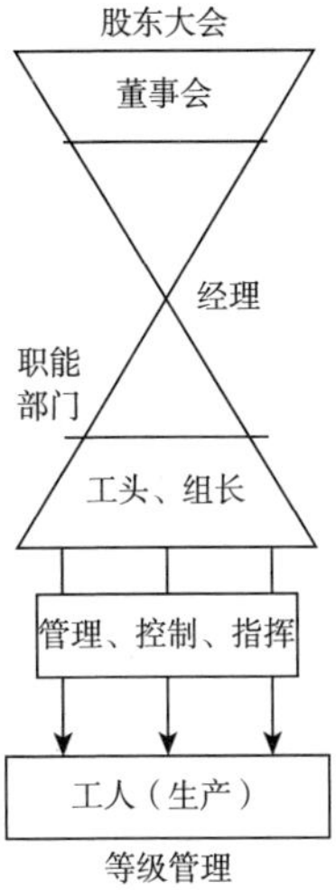

图 6-2 资本主义企业的内部治理结构

（三）内部治理结构：从合作管理结构到复合管理结构

如图 6-2 所示，资本主义企业内部的最高权力机关是大大小小的资本家组成的股东大会，并按一股一票管理企业（显然小资本家没有多少话语权）。股东大会举办不易且成本较高，不可能对涉及企业的每项活动或业务均进行讨论，这样股东大会就会选举产生董事会（几乎全部由大资本家组成）作为企业常设机构，负责处理企业生产经营事项。但企业具体的生产经营业务繁杂，要求专业管理人员完成，因而董事会外聘专业管理人员（包括 CEO）处理具体的生产经营业务，进而董事会与经理之间存在委托代理关系（董事会是委托者，经理是代理人）。经理又基于董事会的授权，根据企业生产经营的需要招募工人；并基于董事会的授权，依据各职能部门管理的需要聘请工头、组长等管理一线工人的生产。由此可见，资本主义企业内部是典型的单向等级治理结构，其话语权完全掌握在资本手中，企业依据资本的多少分配管理权（指终极管理权），经理、工头和组长等是资本不同等级的代理人，依据资本授予的权力管理工人，以最大限度地获得工人创造的剩余价值。

工人合作社与资本主义企业的内部治理结构有根本的不同。在工人合作社中，劳动者（社员）所组成的社员大会是企业的最高权力机构，它取代了资本主义企业的最高权力机构——资本家或股东大会（联合的资本家），并将合作社的其他权力，如合作社的经营管理权、收益分配权、人事权、审计权等，全部置于这个最高权威之下。由此，工人合作社的经理层人员由社员大会选举产生，一些大型合作社由社员大会民主选举理事组成理事会，再由理事会推选经理层人员，但最终要经过社员大会批准。这样，在工人合作社中，社员既是最高决策者（委托者），选举（聘请）经理层人员（代理人）；同时又是生产劳动者，接受经理层人员的领导和管理，从而形成了经理对社员和社员对经理的双向制约机制（由于有劳动契约、规章制度和生产计划等的约束，这种双向制约机制是一种双向强控制）。这是一种循环管理结构，但这种循环管理是有主次的：由于拥有生产资料，作为委托者的社员对经理层人员的管理居于主导地位，作为代理人的经理层人员对社员的管理处于从属地位。因而，工人合作社的内部治理结构是一种以工人社员为中心的合作管理模式下的循环管理结构。

工人合作社中社员与经理层之间存在一种委托代理关系，但这种关系与资本主义企业有明显的不同：合作社中经理的权力是由社员集体权威授予的，他们对全体社员负责；资本主义企业中经理的权力是由资本的权威授予的，他们要对资本家负责。所以，在资本主义企业中经理是资本代理人，在资本的委托下监督工人的劳动，以榨取和实现更多的剩余价值。而在工人合作社中，经理的职能主要是在生产经营中按计划和规章制度指导、管理全体社员进行合作劳动，协助全体社员最终实现并占有他们劳动产品的全部价值，社员与经理之间的联系更紧密，经理与合作社产权主体——社员之间是一种合作管理或协助管理的关系①。因而我们也可以将工人合作社的管理结构称为合作管理结构（如图 6-3 所示），但这是针对全球化之前的蒙德拉贡。

① 工人社员既接受经理的管理，又基于合作文化、价值追求等进行自我约束和自我管理。合作社生产经营中，经理常常是协助社员自我约束、管理，当然有时工人社员的自我管理会失效，此时他们就要接受强制管理。

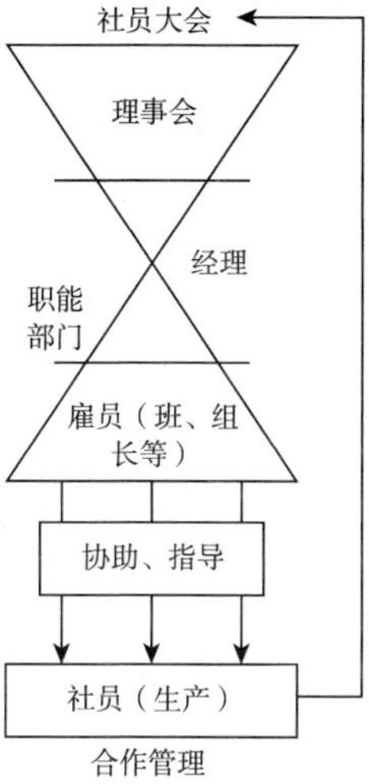

图 6-3　全球化战略前合作社的内部治理结构

全球化后，蒙德拉贡的内部治理结构有了变化，下面我们对全球化前后的合作社内部管理结构做一简要对比。在两个时期中，社员大会均是最高权力机关，理事会成员从社员中选举产生，经理由理事会聘请，这些都是相同的。但合作社的内部治理发生了一些变化。由于合作社在海外存在大量的独资或合资的资本主义企业性质的子公司，资本主义企业的等级管理制度以及与其相匹配的等级管理结构在合作社内部出现，除工人社员与经理之间的循环管理结构外，工人社员还可通过子公司经理对公司内的工人（非社员）进行等级控制（这里不包括被合作化改造或正在改造的子公司，即混合合作社），即在合作社子公司内部是等级控制的治理结构（与资本主义企业相同），社员与子公司工人之间是一种雇用与被雇用的关系，社员与子公司经理之间是一种委托代理关系。这样，全球化后的合作社中存在循环控制和等级控制两种治理结构，这是一种复合治理结构，具体地说是以社员（股东）“一人一票”为基础的循环控制+等级控制的复合治理结构（如图 6-4 所示）。

在这种复合治理结构中，社员与子公司工人之间的雇佣关系与资本主义企业无异。正如列宁指出，合作社在资本主义生产关系下，“由于……

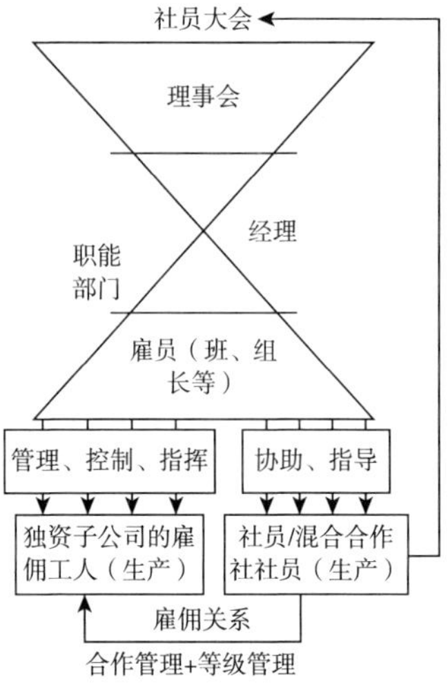

图 6-4　全球化战略后合作社的内部治理结构

受到竞争的压力，有蜕化为资产阶级股份公司的趋势”[①]。如前文所述，在工人合作社与资本主义企业的竞争中，资本主义生产关系“潜移默化”地影响着合作社。因为存在资本主义竞争压力再加上资本主义制度下没有为合作社生产及产权社会化提供拓展的制度空间等原因，合作社最终演化为“集体资本家组织”，并按资本主义企业的管理方式对子公司进行管理。

综上所述，全球化前后的工人合作社与资本主义企业内部治理结构的不同主要表现在以下三个方面。①资本主义企业的投资者进入股东大会是资本的选择，是资本的“择优录取”，而合作社成员进入社员大会是劳动的选择，纯资金投资者一般不能进入（子公司除外），只有劳动者才能成为股东（社员）并进入社员大会，在这一点上全球化前后的合作社均是相同的。②合作社的股东是工人，因而工人社员是合作社的最高决策者，同时作为合作社的劳动者又是合作社的一线生产人员；而资本主义企业的股东是资本家，他们不是一线生产者，而是追逐剩余价值的投资者。全球化

① 《列宁全集》（第 4 卷），人民出版社，1959，第 263 页。

战略实施后，股东工人既是工业生产一线劳动者，也是“集体资本家”。③与资本主义企业内部专制或强制的管理不同，合作社中社员与经理存在一种微妙的关系。经理由社员决定人选，而社员在生产中又不能离开经理的专业管理与协调，所以在合作社中存在一种双向制约机制，这是一种强制制约机制：经理由社员决定，这一方向的制约是强制约，而经理对社员的制约方面，也是一种强制约，即生产计划一经社员大会批准，经理有责任要求社员完成，社员有义务完成。全球化战略实施后，工人合作社对子公司的管理与资本对其企业的管理无异，即对子公司实施的是资本的等级、强制管理制度。

（四）子公司的出现对合作社管理制度的影响与冲击

作为一种遵循资本主义企业管理制度的组织形式，合作社子公司的出现是否会冲击母体合作社的管理制度，甚至导致母体合作社的制度嬗变，转变为资本主义企业呢？西方部分研究者认为，合作社子公司的出现将会导致蒙德拉贡管理制度上的“退化”。他们指出，随着蒙德拉贡国外子公司的增加，合作化改造开始举步维艰，雇佣工人的比重将会上升，股东工人（社员）的比例降低，财产将集中到少数人手里，这意味着权力越发集中于少数人，最终蒙德拉贡的管理制度会逐渐向资本主义企业的管理制度退化，即一人一票→受限一人多票→不受限一人多票→一股一票。从蒙德拉贡股东成员比例的数据来看，截至 2015 年，合作社股东成员总数为 74335 人，其中 44.2% 的社员在巴斯克地区工作，西班牙其他地区为 39.9%，海外占比为 15.9%。[①] 目前，蒙德拉贡约有 40% 的成员是合作社股东。但在工业合作社中，其工人社员（股东）占比却超过 80%。由此可以看出，非股东成员主要在巴斯克以外的分销部门以及位于西班牙其他地区或在海外的子公司中。[②]

---

① 参见 http：//www. mondragon-corporation. com/en/co-operative-experience/faqs/（2019 - 01 - 10）。

② 参见 http：//www. mondragon-corporation. com/en/co-operative-experience/faqs/（2019 - 01 - 10）。

事实上，合作社股东成员比例的降低主要是蒙德拉贡海外扩张和收购、设立子公司的结果。在这种扩张、收购和设立的过程中，蒙德拉贡内部的消费合作社也迅速扩大（典型的例子是蒙德拉贡旗下的埃罗斯基），消费合作社的股东成员比重相对工人合作社要低很多①，由此导致整个合作社集团层面股东成员比例的降低，但是从表5-2所列示的数据来看，近年来在蒙德拉贡主营领域内的工业合作社中，社员比例一直维持在77%和88%之间。换言之，蒙德拉贡的绝大多数资产依然掌握在工人社员手中，即企业的绝大多数财产依然掌握在劳动者手中。同时，蒙德拉贡还会持续对其旗下的合作社、混合合作社进行合作文化、精神及价值追求等方面的教育，提高旗下合作社，特别是混合合作社股东成员的比例。企业绝大多数财产被企业内的劳动者拥有，联合劳动的内在机制必然会实现对劳动者的民主，即一人一票，而不受限一人多票是不会进入蒙德拉贡主体管理制度的。换言之，只要蒙德拉贡多数财产依然被广大工人社员所占有，其管理制度就不会“逐渐向资本主义企业的管理制度退化”。同时，只要蒙德拉贡多数财产依然掌握在广大工人社员手中，其主体制度就不会嬗变，蒙德拉贡就不会转变为资本主义企业。Birchall（1997）曾指出，只要坚持“劳动者所有、劳动者自我管理、劳动者受益”的基本原则（其中劳动者所有很重要），那么它本质上依旧是一家合作社，没有从根本上违背国际合作社联盟的规则。从蒙德拉贡的发展状况来看，它依旧遵循“劳动者所有、劳动者自我管理、劳动者受益”的基本理念。因此，可以否认部分西方学者所持有的合作社“退化论”。

当前子公司的出现尚未影响蒙德拉贡主体合作社的性质，但为应对子公司今后可能带来的制度冲击，即既希望子公司带来更多的利润，发挥它们在资本主义社会中优良“工具”的作用，又防止它们导致主体合作社制度的嬗变，蒙德拉贡内部制定了一套合作制企业管理模式，其重要作用之一就是化解子公司的管理制度对母公司的冲击。我们在前文中已经提到，合作制企业管理模式是一套指导方针，其基本含义是：加强合作社相关知

① 参见 http：//www.mondragon-corporation.com/en/co-operative-experience/faqs/（2019-01-10）。

识、合作精神及价值追求的教育，进而在合作社原则的支撑下，工人们联合起来共享资源、共同参与合作社管理。在团队精神的激励下，工人组成合作联合体，在合作精神的鼓舞下共同发挥对合作社的领导力，进而实现个体与集体的联合发展。从蒙德拉贡的基本管理模式可以看到，该模式依赖于工人个体的联合，而个体的联合首先是工人追求个人利益的结果；其次是合作文化、合作精神鼓舞的结果。合作精神、合作文化对工人合作社的支撑意味着，作为合作社原则核心之一的“教育原则”是关键。也就是说，蒙德拉贡管理模式的核心本质是：在合作文化的教育下，基于一人一票的民主管理制度，物质与精神激励相结合，鼓励工人主动参与合作社的管理，进而在工人联合的基础上进行自我民主管理。也就是说，既要使工人成为劳动者又要使他们成为管理者，让他们为自己而劳动同时又实现自我管理和自我价值。

由于这套企业管理模式是包括合作社、合作社子公司以及集团下其他组织的共同指导方针，所以它作为蒙德拉贡的指导方针[①]，在未来的全球扩张中将会发挥重要的作用。蒙德拉贡在2003年的社员大会上，进一步强调了子公司融入合作社管理结构的重要性。这意味着，创新制度安排，鼓励子公司里的非股东工人实现自我管理、激励他们缴纳股金加入合作社的可能性正在提高。在大会中讨论时，多数代表提出要让子公司里的工人所有权达到30%。即一方面要让工人所有权的比例逐渐提高[②]，将子公司的性质不断导向合作社；另一方面，也要强化非股东工人对企业的管理权，从而为将他们转变成合作社成员奠定基础（Flecha and Ngai，2014，p. 677）。

基于企业管理模式我们可以看出，蒙德拉贡并没有一味地“放纵”其

---

① 子公司尚未对蒙德拉贡的主体制度形成威胁，因而合作制企业管理模式尚未成为一套具体的、可实施的制度，只是指导方针。

② 资本主义企业也采用类似的方案激励员工参与企业管理（典型的如员工持股计划），并依据入股的多少分配管理权，但是在资本主义企业里，员工并没有参加管理的热情，而只想基于自己所有的股权去享有资本分红。甚至根本上一些员工持股计划只是流于表面，因为它赋予员工的股份太少（防止工人获得太多财产的所有权而减少资本家的管理权以及剩余索取权），最终只是为了缓和资本主义企业内部的劳资矛盾而已。

子公司管理制度向母体渗透——这是一个微妙的平衡，既要最大化利润，又不能伤害主体的制度性质。因而，蒙德拉贡设计了合作制企业管理模式，强调合作社相关知识、合作精神与价值追求教育的重要性，同时重视合作化下物质与精神激励的相容性。其中，合作教育是核心，是关键，这也是蒙德拉贡得以持续壮大发展、获得成功的关键。蒙德拉贡在这一方面有宝贵的实践成功经验，教育是其特有的企业文化，也是其内部管理中最强的规制手段和工具，当然就会成为防止蒙德拉贡在全球化战略实施过程中嬗变的“法宝”。

（五）合作社的激励机制

工人合作社是工业劳动者自愿组织、拥有并管理、控制的企业，社员间的合作劳动关系是在平等和自愿的基础上结成的，这样才能真正唤起劳动者在管理中的自我实现。同时，由于合作社是劳动者——社员自己拥有企业的生产资料，因而社员完全可占有自己的剩余产品，实现按劳分配，这是激发全体社员积极参与合作管理的基础，但仅有所有权激励是远远不够的，在西方对积极参与合作管理的所有成员（包括社员、经理，甚至雇佣工人等）还有精神激励和物质激励。

精神激励是指由于积极参与管理而得到合作社或社内其他成员的表彰与赞誉，提升了自身形象，在合作社及社区内得到更多人的尊重，同时由于积极参与管理，提升了自己在合作社管理与经营方面的能力。这样对于积极参与合作管理的成员，社会资源、人力资源均得到提升。物质激励是指根据积极参与者的工作业绩或贡献给予相应的物质奖励，例如蒙德拉贡往往根据积极参与者的工作业绩或贡献，评定他在合作社中相当于哪一级管理者，再根据该职务（位）应得的报酬决定给予积极参与者相应的奖励，评定工作由理事会完成，评定报告经监事委员会审察后报请社员（代表）大会批准执行。

综上所述，以蒙德拉贡为代表的西方工人合作社在内部管理中都普遍建立了规范的法人治理结构及其机制，构建了社员大会、理事会、监事委员会——“三权分立”并相互制衡的治理结构，在生产经营、管理及监督工作中，各机构均坚持基于“一人一票”的表决制度开展工作，同时各机构还配套建立了治理与监督制度，重视对财务活动的监督管理，建立了强制审计制度。管理中高度重视合作教育，同时加强民主治理与控制机制的建设。在生产经营中积极采取措施吸引经营管理方面的专业人才，以不断提高合作社的管理效率。

工业社会化大生产内在地驱动着合作社产权不断进行社会化变革，以蒙德拉贡为代表的西方工人合作社不断深化完善治理结构与治理机制。合作社管理中逐步实现了财产经营管理权与所有权分离；重视物质激励与精神激励相结合，强化合作社的激励与监督机制；注重对合作社管理制度的创新，不再僵化地遵循经典（或 ICA）合作制管理制度，而是在充分尊重现实的前提下，灵活地掌握与运用经典（或 ICA）合作制管理原则，形成了既大体符合合作制民主控制原则，又顺应合作社产权社会化的治理结构及治理机制，明晰治理中各方的权、责、利关系；设计合作制企业管理模式，防止主体制度嬗变，强调合作教育等。这些均对构建和完善我国合作社内部管理具有十分重要的借鉴意义，但在学习时，不可照抄、照搬，一定要从我国合作社发展的内外部现实条件出发，基于我国合作社发展的具体实践，走出一条具有中国特色的合作社管理之路。

四　蒙德拉贡管理社会化：从社员中心管理模式到利益相关者管理模式

西方工人合作社的内部治理模式由早期的封闭型向当代的开放型转变，合作社财产的所有权与管理权发生了分离，管理中专业化分工协作进一步深化，这是工业生产社会化发展的内在要求，也是产权社会化的具体表现。随着工业生产社会化的发展，工业生产经营越来越需要供应链上各合作伙伴，如原材料供应商、储运和其他中介经营商、经销商或零售商之间的纵向协调和一体化。特别是全球化下，这种一体化在全球范围内展开，使得合作社的所有权与管理权分离程度不断加深，管理权逐渐由社员中选出的管理者转移至合作社聘入的、拥有专业技术知识的管理人员；此外，合作社还要考虑合作伙伴（如供应链中的一些合作伙伴甚至拥有合作社的少部分股权）的管理建议。这样，以产权社会化为实现前提，从管理的主体来看，当代西方工人合作社的管理模式逐步由以社员为中心的管理模式转向利益相关者管理模式。

合作社是建立在社员生产资料私有制基础上的社会化生产，社员对工业生产经营的“绝对”指挥和协调是合作社管理模式——社员中心模式最基本的特征。在合作社发展的早期，这种社员对合作社的权力表现得最为突出，合作社的生产管理，即生产什么和怎样生产完全由社员按“一人一票”决定，经营管理具有明显的单一性和封闭性，其他专业技术人员、企业、社会组织和政府机构没有参与的权利，这也反映了合作社早期奉行劳动者“绝对所有权”的观念。当生产的社会化程度还处于较低阶段时，这种单一和封闭性的管理还能够适应生产力发展的需要（李强，2010，第138页）。但是，随着工业生产社会化水平的提高，专业化要求越来越高，单纯依靠社员集体的指挥和安排已无法适应生产力发展的内在要求，尤其是在当前新经济、技术条件下，这种依靠社员集体所进行的生产管理已经完全不能满足社会分工发展的需要。

在这种情况下，合作社的生产经营管理开始出现明显的社会化趋势，我们将这种趋势概括为四个方面。一是合作社相关的社会性管理专业阶层出现，一些拥有专业技术的管理、营销经理①甚至相关管理组织进入合作社，参与合作社的生产经营管理。二是一体化管理经营中，合作社与合作社或资本主义企业之间生产管理的社会协作性和联系空前加强，各种形式的生产外包、生产性服务外包开始出现，合作伙伴逐步介入合作社生产经营管理的各个层次，这样合作社不得不调整其管理模式以适应一体化发展

① 全球化前，拥有专业技术的管理、营销经理等专业人才大多是由蒙德拉贡的教育系统自己培养的。全球化后，蒙德拉贡的生产经营与管理，特别是对海外子公司及相关业务的管理越来越复杂，不仅涉及合作社生产经营方面的知识，还涉及全球生产拓展、技术研发、市场营销等，甚至涉及对资本主义子公司的管理。由此，专业技术管理、营销经理等专业人才开始大量从外部引进。

趋势。三是受生产社会化驱动，工人合作社的产权关系社会化导致其管理社会化。如混合合作社、合作社子公司的出现本质上是蒙德拉贡产权关系的社会化变革。即在混合合作社、子公司加入蒙德拉贡的管理体系后，蒙德拉贡的管理主体将不再局限于合作社社员，包括临时社员、雇佣工人以及合作社外部投资者在内的一系列对象都可以以合作社认可的方式加入合作社管理的各个层次，他们可以以不同的身份进入合作社，获得合作社产权社会化后的、与其身份相匹配的各项权能，合作社的管理逐步呈现社会化发展趋势，越来越多的个人或企业以合作社认可的方式参与到合作社的管理中。四是国家的市场化管理和调节深入发展，如当前西方政府越来越重视市场机制的主导作用，优惠的资金支持（如对合作社的补贴）减少，转而加强合作事业的研究和人员培训，提高合作社的自助能力——这方面的介入越来越深。政府组织相关部门研究合作社的经济、法律、财务、社会环境等方面存在的问题，通过研究分析找出解决问题的新方法，及时公布研究结果并提供各种技术服务，提升合作社的市场竞争力。同时，西方各国相关管理部门加大合作教育投入，编制各种培训资料发给合作社，不断提高合作社成员素质，使之逐步适应大型合作社现代化经营的技术要求，进而适应新经济、技术时代的新形势、新变化。

上述四个趋势反映出合作社的生产经营管理越来越需要依靠合作伙伴（包括个人与企业等）间的分工协作、社会性管理机构的专业化服务以及政府部门的深入干预，合作社之外的相关个人、企业、组织等（非社员、其他合作社甚至资本主义企业等）越来越多地参与到合作社的生产经营管理中，利益相关者合作管理模式的逐步确立，使得合作社的管理更具开放性和社会性的特征。

利益相关者管理模式由于与较高的产权社会化水平相适应，必然在产权社会化不断发展的过程中取得绝对的优势地位。原因在于，任何特定的合作社管理模式，都是特定国家的政治、法律、经济、历史、合作文化等环境因素的产物，只有那种能够最好地适应社会环境变化、平衡各种利益要求的合作社管理模式才能不断发展壮大起来（李强，2010，第 138 页）。

当前西方工人合作社为适应内外部环境变化，将生产资料管理权在不同利益相关者之间进行了重新分配，合作社生产资料的管理权并不仅仅由社员拥有，更多的组织或个人参与到合作社的经营管理中，合作社的管理权由封闭逐步转向开放，不断促使合作社管理模式由社员中心管理模式向利益相关者管理模式转变。

第七章　蒙德拉贡的分配制度分析

一　企业分配制度理论：一个比较分析①

新制度经济学对合作社分配制度的批评主要来自两方面。一是合作社的经理没有剩余索取权，由于经理缺少一种内在激励，合作社的经营管理效率难以提高，并且会导致所谓的眼界问题。二是合作社的分配制度会导致融资抑制。企业外的投资者不能获得剩余分配权，抑制了企业来自外部的投资；收益按劳分配，而社员投资合作社的入股金利息收益受限，上述两方面将同时抑制合作社的内外融资，导致合作社的融资抑制问题。

对于第一个问题，上一章我们已得出结论：社员不可能放弃剩余索取权。而对于眼界问题，我们更倾向于认为这是信息不对称造成的，这就需要加强对社员的教育，加强社员与经理层之间的理解与沟通，使社员认知合作社建设与社员收益之间相辅相成的关系。关于第二个问题，合作社是社员（劳动者）按份共有和共同共有的企业，他们不可能出让企业股权（普通股股权），而让企业外的投资者拥有合作社的剩余劳动占有权，这同时也是为了保证成员（投资者）的同质性。社员的入股金利息收益受限是合作社与资本主义企业的重要区别之一，它表明前者生产经营的目的是确保社员（劳动者）实现其劳动价值，通过劳动投入获得收益，而不是通过股金投入获得收益，而后者生产经营的目的是通过资本投资占有工人的剩

① 参考娄锋（2017，第232~237页），有重要更新与修改。

余劳动；前者是劳动者拥有的企业，后者是资本拥有的企业，资本投资收益自然不会受限。可为什么西方新制度经济学合作社理论会反复地强调除生产者之外其他要素，特别是投资（来自企业内外的资金）参与分配的重要性？这是因为在其理论分析范式中，他们认为其他生产要素与劳动“共同”为创造产出（价值、财富或效用）做出了“贡献”，所以其他要素应“公平”地参与分配，否则将导致融资抑制问题。

各经济学派的收入分配理论是建立在其价值理论的基础之上的，即不同的收入分配理论与其价值理论相对应。古典经济学的创始人亚当·斯密在《国民财富的原因与性质问题的研究》一书中，至少提出了三种价值理论：第一种是多要素决定论，即工资、利润、地租决定价值；第二种是劳动决定论，即生产中耗费的劳动决定价值；第三种是交换决定论，即交换中购买的劳动（即为社会所承认的劳动）决定价值。[①]

多要素决定论源自斯密，以萨伊为代表的古典经济学家创立了效用价值论，即在所谓“斯密教条”（工资、利润和地租是一切收入和一切可交换价值的三个根本源泉）的基础之上构建了三要素效用价值论，该理论在克拉克、马歇尔等经济学家那里又得到了进一步完善与发展，最终提出一套完整的所谓“公平合理”的收入分配理论。该理论认为：①企业财富来源于资本、劳动、土地和企业家才能等要素的投入（这是各要素主体参与分配的基础），各要素在生产中对财富的贡献正好等于各要素的边际产出（产品），每个要素的所有者都有权取得与所拥有要素的边际产出（产品）相对应的一份收入；②依据“欧拉定理”，各个要素的边际产品（贡献）决定要素的价格。进而推出：第一，企业内各要素均为创造产出做出了“贡献”，各要素拥有者按要素的边际贡献（产品）“各得其所”；第二，各主体参与分配应得的收入是由市场要素供求关系确定的，收入分配的多少实际上是各生产要素的价格决定的，生产要素的购买者的收入应等于购买生产要素的成本（价格）加利润。

新古典经济学的分配理论从表象上说明了某些要素如劳动、土地、资

① “三种价值理论”转引自许涤新（1980，第427页）。

本等的价格形成过程，以及影响这些要素所有者收益变动的因素。但是，受方法论的限制，新古典经济学关于企业分配的理论存在着严重的缺陷。第一，边际效用及产出理论能在一定程度上解释使用价值的生产和产品数量的增加，但该理论依然不能解释价值的形成与增值。事实上，资本主义企业的特征是剩余价值的生产以及存在于价值形态上的产品分配，而不是使用价值的生产和分配。第二，把工人的收入称为劳动的价值是错误的。资本主义生产关系下的工人只是劳动能力的所有者，而不是企业生产中劳动的支配主体，在工人与资本家签订劳动合同后，工人劳动能力的支配权和使用权已归属资本家，资本家在合同期内可以自由支配，从而剥夺工人创造的剩余价值。第三，在资本主义企业中，资本家拥有生产资料从而控制企业，因而资本家与工人的产权关系是不对等的，在企业生产经营及管理中工人没有实质上的话语权，进而决定了企业的分配关系也是不平等的，工人不能获得自己创造的剩余价值而被企业所有者——资本家剥夺就是这种不平等分配关系的集中体现。因此，认为资本主义企业的分配是各要素所有者平等参与分配的结果，是不符合现实的。这样看来，新古典经济学的分配理论是片面的，忽视甚至是隐讳财产所有关系，或掩盖产权关系对分配关系的决定性作用，自然就不能科学、合理地揭示资本主义企业分配关系的本质，当然就不可能提供一个正确的研究企业分配问题的方法论。

新制度经济学继承新古典经济学分配理论的分析范式，并认为交易费用决定着劳动者、资本所有者、土地所有者、企业家的收益。研究交易费用就是为了寻找一种合适的企业分配制度，以降低交易费用从而提高各成员的收益。这样，新制度经济学的交易费用理论在新古典经济学分析范式的基础上拓展了新古典经济学的研究视野，不再把企业视为一个“黑箱”，而是深入企业内部，将企业内部成员的收益同企业的交易费用结合起来。成员的收益来自用自己手中的资源与别人或企业进行交易，而交易费用决定了何时交换、能否交换、怎样交换和交换多少等。对于交换者来说，如果一项交易的成本、风险大于这项交易可能带来的潜在收益，这项交易就不会发生，要使交易能够发生或者交易能够继续就必须想办法降低交易成本与风险，交易成本与风险越低的交易者所获得收益就越高（即认为收入分配的多少是由交易决定的），反之亦然。当然这就涉及制度设计问题，而新制度经济学证明了资本主义分配制度是最优的制度设计，甚至认为这是资本主义市场经济“天然”决定的，这显然受其阶级立场的影响。新制度经济学的合作社分配理论没有涉及合作社价值来源问题，也没有追溯要素投入与收益之间的关系，而要说明这些问题又必然回到新古典经济学错误的分配理论。

斯密的价值创造理论是多元的，在给新古典经济学收入分配提供理论依据的同时，也为马克思的收入分配论提供了理论之源。马克思从斯密的“生产中耗费的劳动决定价值”出发，将劳动划分为具体劳动（创造使用价值）和抽象劳动（创造价值），创造性地提出了劳动二重性学说及科学的劳动价值理论，并在后者的基础上提出了按劳分配理论。① 马克思认为，应社会化大生产的内在要求，个人消费品的分配方式应当是“等量劳动领取等量产品”，马克思指出：“每一个生产者，在作了各项扣除以后，从社会领回的，正好是他给予社会的。他给予社会的，就是他个人的劳动量……他以一种形式给予社会的劳动量，又以另一种形式领回来。”② 1917年，列宁在其所著的《国家与革命》一书中将这种分配方式称为按劳分配。为实现按劳分配，马克思提出了一种理想的分配模式：“在一个集体的，以共同占有生产资料为基础的社会里……和资本主义相反，个人的劳动不再经过迂回曲折的道路，而是直接地作为总劳动的组成部分存在着。”③

马克思继承了斯密的劳动创造价值论，构建了科学的按劳分配理论。而西方经济学（新古典经济学与新制度经济学）的收入分配理论从总体上说是不科学的，这是因为：①西方经济学的按要素分配理论与现实的差距较大，事实上在资本主义企业中，工人与资本家的地位不平等，产权关系不对等，因而分配关系也不可能是平等的；②新制度经济学用交易费用理论掩盖了分配制度的本质，其分配理论没有说明企业的价值来源，也不涉

---

① 参见马克思《资本论》第一篇及《哥达纲领批判》。

② 《马克思恩格斯选集》（第3卷），人民出版社，1995，第304页。

③ 《马克思恩格斯选集》（第3卷），人民出版社，1995，第10页。

及要素所有者收入的根本来源等问题。事实上，劳动者在使用工具对劳动对象进行生产劳动时，土地、资本等要素只是发生了价值转移，都是通过劳动者的具体劳动一次或逐次地将自身的价值转移到新产品中去，而没有价值增值，生产中只有活劳动才能够创造新价值，即劳动者创造了新价值。

马克思的按劳分配理论是建立在科学的劳动价值论基础之上的，他首先科学地提出劳动二重性学说及劳动价值理论，论述了价值及使用价值的产生及其决定因素，并以资本主义企业为例论述其分配理论。马克思首先区别了劳动与劳动力，进而分析了在劳动力成为商品后，资本主义企业中资本家与工人的不对等产权关系，这就决定了以下两点。第一，既然劳动力成为商品，那么“劳动力的价值也是由生产从而再生产这种特殊物品所必需的劳动时间决定的”①。即工人的收入是以劳动力商品的价值为中心上下波动的。这科学地解决了劳动（力）的均衡价格的基础问题，而这一问题长期以来未被西方主流经济学解决。由于劳动力是商品，劳动力的供给方是工人，需求方是资本家，劳动力市场的供求关系变化也必然会影响工人的工资收入。第二，既然资本家是生产资料的所有者，工人是被资本家雇用的劳动力，那么由工人劳动创造的剩余就必然归资本家占有，并且资本家占有的剩余价值还要在利益相关者之间分配。实际上，马克思在对资本主义企业分配制度的深入解析中，已揭示了企业分配的一般理论，“分配关系和分配方式只是表现为生产要素的背面……分配的结构完全决定于生产的结构，分配本身是生产的产物”②。马克思基于历史角度，从所有制关系的深度对分配理论进行了全面、深刻地研究与阐述。我们认为马克思的收入分配理论是科学的，而西方经济学按要素分配的理论来自其错误的价值决定论，将劳动与其他要素混淆，仅从边际分析、统计数量与价格关系角度，抽象地研究收入分配，忽视和割裂了收入分配产生的条件、历史背景及制度环境等，因而不能作为分析工人合作社分配制度的理论基础。

---

① 马克思：《资本论》（第1卷），人民出版社，1975，第193页。

② 《马克思恩格斯全集》（第46卷·上），人民出版社，1979，第32页。

二 蒙德拉贡的分配制度

马克思曾指出，资本、工人和地主分别获得剩余价值、工资与地租，完全是由于“资本（包括作为资本的对立物的土地所有权）本身已经以这样一种分配为前提：劳动者被剥夺了劳动条件，这些条件集中在少数个人手中，另外一些个人独占土地所有权”①。“工资以雇佣劳动为前提，利润以资本为前提。因此，这些一定的分配形式是以生产条件的一定的社会性质和生产当事人之间的一定的社会关系为前提的。因此，一定的分配关系只是历史规定的生产关系的表现。”② 可见，马克思认为生产资料所有制，决定生产经营组织生产活动中生产资料的占有、使用和交换等。且因决定生产制度，对分配起着制约作用，即生产资料所有制决定着生产经营组织的利益分配制度或分配结构。这一理论逻辑与蒙德拉贡发展演进的历史逻辑是相符的，因而成为我们研究工人合作社分配制度的基本方法。

根据马克思的论述，产权关系是生产关系中的核心，产权关系决定分配关系。这意味着，合作社生产资料所有制决定了其利益分配制度，进而合作社产权制度模式决定其分配制度模式。

不同于资本主义企业，以蒙德拉贡为代表的西方工人合作社的分配制度依托于一套独特的产权制度设计。要了解蒙德拉贡的分配制度，首先需要分析蒙德拉贡这套独特的产权制度设计——内部资本账户。这套内部资本账户制度具体又被细分为两个方面：个人资本账户和集团资本账户。其中，个人资本账户制度的建立依托于工人入社时缴纳的入社费，即工人的股金，基于此构建的蒙德拉贡股金制度在蒙德拉贡产权制度分析时，已详细论述过。股金制度既表明了工人对合作社的所有权，同时奠定了他们参与合作社内部剩余分配的基础。集团资本账户的资金则来源于各种渠道。以合作社利润分配为例，合作社利润的20%～45%会被用来做强制

① 马克思：《资本论》（第3卷），人民出版社，1975，第994页。

② 《马克思恩格斯全集》（第25卷），人民出版社，1974，第997页。

性公积金，10%拿来做教育培训、合作社发展以及其他公益事务，剩下的45%~70%根据工人的劳动量，按劳分配返还给工人（Tkacz, Arando and Pacut, 2015, p.78）。如此，强制性的公积金就形成了集团资本账户。这种强制性公积金是不可分割的资产（即共同共有财产），一方面用于抵御合作社面临的重大生产经营风险，另一方面也是为了防止成员离社带走财产所带来的风险。由于合作社终极财产所有权与合作社法人产权没有分离，成员离开合作社时可以带走自己名下的财产，这容易造成合作社财产流失，甚至引发经济震荡。针对这一问题，蒙德拉贡规定“社员离社时个人资本账户上余额分5年偿还，每次偿还1/6”（张晓山，1995，第46页）。正是这种基于集团资本账户，形成不可分割的资产和逐年返还成员离社时个人资金的制度设计，最大限度地降低了合作社面临的风险。

（一）蒙德拉贡工人社员的收入分配制度

基于资本主义企业的分配制度，资本家按投入资本的多少瓜分了工人创造的全部剩余价值，分配制度设计追求资本收益的最大化。与资本主义企业完全不同，工人合作社是工人劳动者拥有的企业，合作社依据劳动投入来分配盈余，其分配制度在着眼于社员个人福利最大化的同时，兼顾盈余的公平分配。

在蒙德拉贡内部，工人的个人收入主要由三个部分组成：工资（含固定工资和浮动工资）、多投入的股金（蒙德拉贡视为借款）利息以及每年的剩余（或盈余）返还，即劳动分红。工资绝大多数情况下以现金的方式分配给工人用于生活及各类消费。蒙德拉贡工人的人均工资收入比当地同类资本主义企业的工人高20%左右。蒙德拉贡基于工作岗位、责任及技能等确定了八级工资表，这样就可以根据每名工人的工作岗位、技术水平等确定具体等级，发放固定工资。而浮动工资由工人的具体贡献、业绩表现决定，一般以绩效奖金的形式发放（Tkacz, Arando and Pacut, 2015, p.78）。上述规定，体现了蒙德拉贡成员工资“按劳分配，多劳多得”的基本原则。除了工资收入外，蒙德拉贡的成员多投入的股金（超过资格股金的部分）可以计提利息，这也形成了工人社员个人收入的一部分，即股金利息。此外，还有劳动分红，即分享合作社盈余，盈余也是发放至社员的个人资本账户。工人社员个人资本账户中的金额会随着合作社的经营状况改变。当合作社盈利时，个人资本账户中的金额会相应增加；合作社亏损时，金额会相应减少，即亏损会从个人资本账户中扣除（Tkacz，Arando and Pacut，2015，pp. 79-81）。

资本主义企业将股金利息视为投资者的资本投资所带来的收益，因而记入所有者权益，即属于投资者或者说是资本所有。而合作社却将股金利息记入成本（托马斯和劳甘，1991，第 142 页），这充分体现了合作社生产经营的最重要原则——使用原则，即股金投入建立合作社的目的是使用（或得到好的服务）而不是投资获利。而将股金利息记入成本，从根本上否定了合作社是通过投资而获利的企业。成员对合作社的投资不是资本，而是维持合作社生产经营和持续发展的股金。合作社承认成员个人对其缴纳的股金拥有所有权，同时限定股金投入的“食利”目的，就是为了保持合作社为成员服务的宗旨不变。可见，这种与资本主义企业内的资本属性完全不同的合作社股金，目的是维护合作社的主体性质不变，并保证其健康运行，那么将这种股金的租金或价格记入经营成本也就成为必然。

关于成员工资，蒙德拉贡工资制度的另一个特点是“报酬一致性”，即合作社集团下“各合作社实行统一的工资确定法，即合作社按工作岗位、业绩等的不同，制定不同的工资标准，确定方法是统一的”（国家发改委经济体制综合改革司考察团，2006，第 3 页），同时，“蒙德拉贡还可以通过横向调剂，确保合作社或子集团间社员工资水平不会出现太大差别”（孔妮，2009，第 14 页）。在具体的工资制定上，为不失公允，实现客观与公正，蒙德拉贡或其旗下合作社常常聘请外部中介机构（一般为会计师事务所）对合作社规模、技术水平、效益等进行评估，依此确定工资水平，即“根据生产、经营、技术等方面的因素确定每个工作岗位上工资分数；同时，对每个社员按照知识、经验、领导能力、公共关系、责任心等计算一个具体分数”（国家发改委经济体制综合改革司考察团，2006，第 4 页），最后对两种分数进行综合，确定每个职工的工资级别。该方法既考虑了合作社规模、生产经营情况，也考虑了职工个人所在岗位的工作量、工作能力及其付出等，从合作社及职工个人两方面入手确定工资，比较科学、合理。这一确定工资的方法与资本主义企业不同，完全是基于计量劳动投入的质与量确定工资（合作社规模、生产经营情况等也与职工的劳动投入密切相关）。从蒙德拉贡的工资制定规则来看，这个工资制度既体现了合作社对工人劳动的尊重，同时也体现了劳动收入分配的公正性。2004 年，蒙德拉贡的职工平均月收入为 1300 欧元（西班牙全国年均每月 800 欧元），一年发 14 个月的工资，年总收入 1.82 万欧元，在西班牙属上等水平，甚至比英法某些地区还高（中华全国手工业合作总社考察团，2004，第 17 页）。①

在收入差距方面，它一直坚持薪酬差距“1∶3”的核心原则（托马斯和劳甘，1991，第 173 页）。这个原则从 1956 年蒙德拉贡创立之初就被确认下来，尽管随着蒙德拉贡的不断扩张，薪资差距也在不断进行调整，甚至在 2002 年为了应对市场压力扩大至“1∶8.9”（Arando，Gago and Kato et al.，2010，p.30）。尽管如此，相比于按 FTSE100 指数②标准分类的平均薪资差距为 1∶29 的资本主义企业，蒙德拉贡的内部分配公平性仍然要远胜过它们。表 7-1 统计了蒙德拉贡内部薪资差距，2005~2009 年，蒙德拉贡内部薪资差距几乎（97%）都被控制在 3.5 倍以内。从这一点上看，全球化扩张后合作社制度的变革并没有改变蒙德拉贡内部分配的公平性（这里指按劳分配、同工同酬、薪资差距受限）。

按劳分配、同工同酬、薪资差距受限是合作社区别于资本主义企业最本质的分配制度特征，这三项特征的内在逻辑是一致的。合作社是工人劳动者拥有的企业，就要体现出对劳动的尊重，因而要一人一票（对劳动的

---

① 原文为“近 1.6 万欧元”，可能有误。

② FTSE 100 指数由世界级的指数计算金融机构 FTSE（富时指数有限公司）编制，自 1984 年起，挑选在伦敦证券交易所交易的 100 种股票，其成分股涵盖欧陆 9 个主要国家，以英国企业为主，其他国家包括德国、法国、意大利、芬兰、瑞士、瑞典、荷兰及西班牙，系当前全球投资人观察欧股动向最重要的指标之一。除股票指数外，FTSE 还公布上市公司或企业的生产经营状况、企业内部成员收益情况及企业审计报告等，FTSE100 指数的特点是统计面宽、范围广，能较为全面地反映整个股市企业的状况。

民主)，那么分配制度就只能是按照劳动投入的质与量分配盈余，必然是依据劳动的同工同酬，再加上合作社成员同质性的内在要求（成员劳动投入的质与量不会差异很大），所以成员的收入差距不会太大。[①] 而资本主义企业是资本拥有的企业，一切制度均要体现出“充分尊重资本”，因而要一股一票（对资本的民主），那么分配制度就只能是按资分配，由于资本投入是不受限制的，因而薪资差距也是不受限的。

表 7-1 蒙德拉贡内部薪资差距（2005~2009 年）

单位：%

薪资差距倍数	2005	2006	2007	2008	2009
1.19 倍及以下	17	16	16	17	18
1.20~1.49 倍	12	13	14	12	14
1.50~1.99 倍	35	34	34	33	35
2.00~2.49 倍	21	22	21	22	19
2.50~3.49 倍	12	12	12	12	11
3.50 倍以上	3	3	3	3	3

资料来源：Åsheim（2011，p.48）。

前文对蒙德拉贡产权制度的分析中已说明，全球化扩张之后合作社成员身份资格制度变得更加复杂化。这种复杂化主要表现为临时社员与合同工（即雇佣工人）的出现。临时社员的权益同正式社员基本相当，因此在工资制度上与社员也基本相同。雇佣劳动的出现是因为蒙德拉贡在全球化扩张时期兼并、独资或合资设立了大量的资本主义性质的子公司（几乎全部在海外），合同工就是子公司的相应产物。由于子公司与资本主义企业无异，公司内雇佣工人的工资分配制度与当地资本主义企业内工人的工资分配制度一致，是合作社投入资本获得剩余价值、工人出卖劳动力获得工资的分配制度。

需要说明的是，工人合作社内出现雇佣劳动意味着工人合作社也开始“生长”出资本主义制度的缺点。现实与许多研究者的认识大相径庭，许

① 绝大多数成员的收益差距不大，差距大的是个别成员。

多研究者认为蒙德拉贡体现了马克思工人合作社思想，甚至是马克思主义工人合作社的实现，这些认识值得商榷。因为在马克思和恩格斯看来，资本主义制度下的工人合作社是“劳动者仅在工厂内摆脱了资本奴役自愿组织起来进行联合劳动的有限形式”（顾宝孚，1985，第30页），而要实现工人的完全解放，则要在工人阶级领导无产阶级推翻资产阶级、夺取政权的基础之上，建立全民所有制，即在公有制或集体所有制基础之上建立的工人合作社才能彻底否定劳动者对其所在经济组织资金的传统意义上的个人所有（高峰，1998，第188页），最终从内容和形式上否定、消灭资本主义所有制及资本主义企业。显然，马克思认可的合作社和蒙德拉贡并不一样，这一点是由二者拥有完全不同的所有制基础决定的，蒙德拉贡不是集体所有制企业。① 恰恰因为当代西方工人合作社建立在个人私有制的基础上，因而它必然会像恩格斯所说的那般，生长出资本主义制度的“一切缺点”。②

尽管如此，在本书的分析框架下，我们认为蒙德拉贡在全球化时期出现子公司和合同工，进而导致合作社内出现雇佣劳动的关系，本质上是在生产社会化的驱动下，在私有制的基础上，在资本主义市场经济有限的制度空间内进行合作社的产权社会化调整。生产社会化使合作社部分财产的所有权、管理权、经营权和使用权等进一步发生了分离、分化（即产权进

---

① 理论界对合作制企业和集体所有制企业的认知仍处于一个不清晰的状态，即还是将合作制和集体所有制画等号。我国现行《宪法》第8条规定：“农村中的生产、供销、信用、消费等各种形式的合作经济，是社会主义劳动群众集体所有制经济……城镇中的手工业、工业、建筑业、运输业、商业、服务业等行业的各种形式的合作经济都是社会主义劳动群体集体所有制经济。”但事实上，对于厘清合作制和集体制的差别，学术界早已指出其必要性。唐宗焜（2003，第10页）就认为：“集体制是计划经济的产物；在计划经济中，集体经济成为占垄断地位的国营经济的附庸。合作制是市场经济的产物；合作社在市场经济中生存和发展，它们首先是市场经济中利益易受损害的人们自愿联合起来维护自身权益的、独立的、自助的经济组织，也是吸引更广大的人群聚集他们的知识、技能、信息、资金和人际网络关系，以人为本联合起来参与经济、社会发展的组织。”实际上，集体所有制是一类所有制形式，属于公有制，而合作社是一类企业（或生产经营组织）的组织方式，不代表也不属于某一种所有制。合作社既可以建立在集体所有制基础之上，如集体农庄、人民公社和以色列的基布兹等，也可以建立在个人私有制基础之上，如蒙德拉贡、西方的农场主合作社等。

② 《马克思恩格斯全集》（第25卷），人民出版社，1974，第498页。

一步社会化），原来由社员承担的一系列投资、管理、经营、生产及营销等工作，现在部分让渡给了外部投资者、合作社雇用的专业经理、雇员、雇佣工人等，各加入者依自己的技能、禀赋获得相应的权能（这顺应了生产社会化的内在要求并促进了生产进一步社会化），并基于得到的权能获得相应的收益。这样，合作社的分配关系也表现出社会化的特征。可见，经济全球化作为生产社会化的外在表现，内在要求合作社在产权、管理、分配制度上进行一系列社会化变革，提高合作社联合体的生产经营效率、实力以应对激烈的市场竞争。

（二）蒙德拉贡的剩余分配制度

由于产权制度不同，作为工人合作社，蒙德拉贡的剩余分配制度同其他非合作经济组织有着很大不同。蒙德拉贡的社员收入，除了工资、股金利息之外，剩下的主要就是合作社的剩余分配（只有正式或临时社员才有资格参与剩余分配）。蒙德拉贡的剩余分配主要由三部分组成，第一部分（45%~70%的剩余），是按照社员的劳动投入返还给社员的剩余，即劳动分红。这部分返还也是按照每位工人社员投入的劳动质与量及绩效确定，常常在年终发放。蒙德拉贡旗下有许多合作社经过社员大会讨论通过，不以现金发放，而是发放至每位社员的个人资本账户作为再投资以壮大、提升合作社的实力（Åsheim，2011，p. 71）。第二个部分（20%~45%的剩余），是合作社按照固定比例，从剩余中提取公积金。第三个部分（10%的剩余），也是合作社按照固定比例提取教育基金。这样一来，剩余或盈余由“按劳分配（45%~70%）+公积金（45%~20%）+教育基金（10%）”（Tkacz，Arando and Pacut，2015，p. 78）组成，其中，公积金与教育基金将形成共同共有财产，用于合作社的发展①，以上就形成了蒙德拉贡剩余分配的基本制度特征。

在剩余分配中，蒙德拉贡主要遵循“按劳分配，多劳多得”的基本原

① 西方工人合作社大多遵循国际合作社联盟的建议，出台了相应的法律、法规，不允许合作社将公共积累分配到社员个人。公共积累在合作社解散时一般要赠予当地政府、慈善机构用于公益或合作事业。

则，即根据社员劳动投入的质与量（多数合作社依据工作时间和薪资等级）返还。在公积金的提取上，《巴斯克合作社法》规定，合作社每年至少提取20%的剩余作为公积金储备以投入再生产或防范生产经营风险（提取的多少与外部市场环境、合作社自身发展情况以及政策支持等密切相关）。而蒙德拉贡的公积金提取方案，视情况而定，20世纪60年代占剩余的35%～52%，70年代为10%～29%，80年代超过了50%，现在大约是45%（逍遥和罗兰滋，2014，第202页）。由于蒙德拉贡旗下拥有100多个合作社，在涉及一些具体的合作社时，情况又有所不同。以蒙德拉贡旗下的屋玛为例，该合作社旗下的每个子合作社都会拿出50%的利润建立公积金。而在蒙德拉贡其他合作社里，这个准则是剩余的15%～40%（Arando, Gago and Kato et al.，2010，p.34）。同时，在整个集团的层面，成员社还投资于两种不同的基金：第一，蒙德拉贡要求成员社投资蒙德拉贡基金会的风险资本基金，成员社在考虑合作社规模和绩效等各种因素后，既有初始投资也会每年继续追加投资；第二，蒙德拉贡向中央基金会提供工业和零售类企业5%的税后利润捐款，其中更多的则是向其自身的合作银行，即劳动人民银行提供捐款（Arando，Gago and Kato et al.，2010，p.35）。除此之外，蒙德拉贡每年还要提取教育基金用以扶持旗下的教育合作社、科研机构开展教育培训及科研活动等（Arando，Gago and Kato et al.，2010，p.36）。

（三）全球化下蒙德拉贡的分配制度模式

综上所述，全球化下的蒙德拉贡中有四类主体：社员（股东）、外聘经理、雇员和雇佣工人（合同工）。蒙德拉贡是以社员提供入社股金为构建与发展前提的，社员是企业的拥有者。合作社中的外聘经理、雇员和雇佣工人都是企业的受雇者，他们的劳动参与产品分配的方式都表现为工资。但是外聘经理和雇员与雇佣工人的工资分配有所不同，外聘经理和雇员是合作社聘请的，主要目的是得到必要而合作社、混合合作社或合作社子公司自身又稀缺的管理及市场营销、加工技术的知识和经验，他们主要从事生产经营管理、信息收集、市场营销和技术指导等服务，大多是年薪制（Arando，Gago and Kato et al.，2010，p. 35）。在合作社中，如前文所述，他们与社员的关系是指导、协助管理的关系；而在合作社子公司中，社员与他们的关系更类似于资本主义企业中的资本家与经理间的委托代理关系。此外，无论是合作社中的外聘经理、雇员，还是子公司中的外聘经理、雇员，他们在生产经营活动中凭借社员赋予的管理指挥权可以对合作社或子公司的生产经营活动以及社员的经济行为产生重大影响。在合作社中，从外聘经理和雇员的工资量以及工资的决定因素来看，与传统合作社相同；而在子公司中，外聘经理和雇员的工资量以及工资的决定因素与资本主义企业相同。

子公司的雇佣工人没有生产资料所有权而必须出卖劳动力，在资本主义生产关系占主导地位的制度环境下，社员与工人之间的关系就是一种雇用与被雇用的关系，因而工人的收入主要表现为工资。合作社的子公司实质上就是一个资本主义企业，工人工资的多少及其决定因素，完全由资本主义生产关系下资本雇用劳动的规律决定，即工人的工资由劳动力价格决定，它相当于维持和恢复劳动力再生产所必需的生活资料的价格。

传统合作社很难直接融资，所以合作社大多采用贷款的形式间接融资。全球化前合作社生产经营相对封闭，贷款多来自工人社员的额外投入、劳动人民银行或其他合作社的借贷。全球化后，合作社逐步融入现代工业生产一体化，除上述渠道外，合作社贷款也会来自其合作伙伴（个人或供应链上的资本主义企业等），但工人社员的额外投入，即向合作社的额外放贷依然存在。有贷款就意味着要支付贷款本金及利息，利息支出也属于合作社的分配项目，在工资和盈余分配之前完成，如何支付、何时支付等，依贷款合同实施，在财务处理中记入生产成本。这样，我们得到了全球化下合作社的分配制度模式：

建立在股金制度基础之上的社员按劳和按资相结合的分配制度+贷款利息分配制度+股金利息分配制度+合作社经理、雇员和雇佣工人的工资分配制度+公积金制度其中：①“建立在股金制度基础之上”意味着只有投入股金，成为股东，才有资格参与按劳分配（包括遵循多劳多得、同工同酬与分配差异受限的原则）与按资分配（即工人部分财产已成为资本，这时遵循多投多得、同投同酬与分配差异不受限的原则）；②社员按劳分配包括社员的工资分配和按劳动投入的质与量获得的剩余（或盈余）分配，即劳动分红，此外还包括按工人投入合作社股金的多少获得的股金利息（因工人投入合作社的股金也是其劳动创造的价值）；③贷款利息分配是基于贷款合同，工人社员向合作社额外贷款所应获得的收益；④工人社员按资分配是指按他们投入子公司股金的比重获得雇佣工人的剩余价值；⑤工人合作社的强制性积累制度——公积金制度与传统合作社相同，均遵循各国或地区的相关法律、法规。

下面将工人合作社分配制度与资本主义企业分配制度进行比较，通过比较分析可发现这两种分配制度在分配主体、分配方式等方面都存在着重大差别，不仅如此，工人合作社在其全球化战略实施前后的分配制度也不尽相同。这些差异归根到底是由不同性质的生产经营组织的产权制度以及产权制度变化造成的。因此，不同的产权制度是确定分配制度性质并借以划清不同分配制度边界的最主要依据。

全球化前，工人合作社利益分配的依据是按劳分配、多劳多得。全球化前的传统工人合作社中，工人社员的收益获得既有按劳分配，也有按多投股金分配（股金利率受限），但两种制度安排的轻重是不同的。显然，按劳分配在其中处于主导地位，分配对象的大部分内容是按社员的实际投入劳动的质与量分配的。因此，可以把西方工人合作社分配制度的基本模式概括为：**以对工人社员工作岗位、工作质与量进行评级与考核的按劳分配为主，以按股金和剩余分配为辅的复合分配制度**。这种分配制度否定剩余分配中的按资分配（多投股金实际上也是工人社员的劳动所得投入），从而实现社员的劳动收益最大化目标。从本质上看，社员的收益不再是劳动力的价格而是社员全部贡献（劳动和股金）的报酬；从量上看，社员的收益不再仅仅表现为新价值减去利润后的余额而是全部新价值，即工人社员占有了自己创造的全部剩余价值。

全球化战略实施后，工人合作社利益分配的依据是多重的：既有传统合作社的按劳分配（按劳动投入的质与量分配）、按股金分配（按股金的多少分配利息）、按贷款额分配（按额外投入的贷款分配利息），也有资本主义企业的按劳动力价格分配，如受雇者（包括经理、职员和雇佣工人等）的收入（年薪）和工资分配制度，还有凭借借贷资本所有权（按投入资本的比重分配）参与剩余产品的分配。下面我们以工人合作社的全部新增价值①作为分配对象，对比分析各有关生产经营组织的制度安排（如表7-2所示）

表7-2 各经济组织分配制度比较

组织分类	企业产权	工资	红利、利息	未分配权益	社员收入（待分配净利润）
传统工人合作社	劳动者拥有	按劳分配	按多投股金（贷款）额分配且利率受限制	按法定或企业需要与可能留存	按劳分配（多有70%的下限限制）+按股金（多投股份）分配
全球化后的工人合作社	劳动者拥有+资本拥有	按劳分配+按劳动力市场价格分配	按多投股金（贷款）额分配并利率受限制+按资分配红利	按法定或企业需要与可能留存，进行资本再循环	按劳分配+按资分配（资本回报利率不受限制）
资本主义企业	资本拥有	按劳动力市场价格分配	按资本、贷款额分配，利率没有限制	按法定或最大可能留存，进行资本再循环	按资分配

三 关于全球化下工人合作社分配制度的简要结论

（一）一种多重复合分配制度

全球化战略实施后，工人合作社的分配制度是一种多重复合分配制

① 新增价值=社员工资+股金利息+劳动分红+额外贷款利息+受雇者的收入+公积金

度，这种多重复合分配制度是由合作社全球化战略实施后的多重复合产权制度决定的，即传统合作社与资本主义企业的多重复合产权制度，使得工人合作社既有传统合作社的分配制度特征，也有资本主义企业的分配制度特征。从蒙德拉贡的分配制度来看，它的分配依据是多重的：由于全球化下工人合作社的产权（狭义）是劳动者拥有+资本拥有，所以其分配制度就是“按劳分配+按资分配”。

在“按劳分配+按资分配”中，工人社员的按劳分配部分依然是主体。首先，全球化战略实施后的工人合作社主体依然没有改变合作社的基本属性，其绝大多数财产依然被工人劳动者占有，“一人一票”依然是其管理制度的基本特征，这就决定了按劳分配处于其分配制度的中心地位，工人社员的工资分配依然是主体。其次，工人合作社兼并、合资或独资设立子公司是不得已而为之，即受激烈的外部市场竞争的倒逼机制影响，更重要的是资本主义制度没有为合作社的产权社会化提供可拓展的空间，所在国法律、政策不支持等导致子公司的出现。此外，合作社子公司获得的利润大多也是用于合作社的发展。最后，随着合作社海外子公司数量的不断增加，它们带来的利润总额也会不断增大，剩余的增加意味着工人社员可获得的剩余分配额的增加。未来某一天，在工人社员的收入中，从子公司雇佣工人身上获得的剩余价值额是否会超过他们按劳分配的工资额，从而导致合作社变异？为防止这一变异情形的出现，蒙德拉贡设计了合作制企业管理模式，通过加强合作文化、思想及其价值追求的教育，强化合作制企业管理（包括对子公司的合作化改造），提高工人劳动者的股权比重，巩固工人劳动者的主体地位等措施来防范。总之，只要有以上这几个重要制度工具或措施的制约，工人社员的按劳分配部分依然处于工人合作社分配制度的主体地位。

（二）一种效率优先兼顾公平的分配制度

西方工人合作社分配制度所追求的目标是什么？或者说它是一种什么样的分配制度？要搞清楚这一问题，首先要知道西方工人合作社追求的目标，因为分配制度所追求的目标是该目标在分配领域的具体表现。那么工人合作社追求的目标是什么？正如我们在第五章所指出的，工人合作社产权制度仍然以生产资料私有制为核心，并且以社员个人持有股金及依此形成的股金制度为存在的基础。由工人合作社股金制度所决定，社员将首先追求个人收益最大化，即首先要追求效率，如外聘雇员、经理进行专业化分工协作，甚至通过在全球化下并购、独资或合资设立子公司等获取更高利润，增强实力，以提高生产经营效率。

个人收益最大化包括个人劳动收益最大化和个人投资收益最大化。由于当前蒙德拉贡主体的合作社性质没有改变，追求劳动收入最大化依然处于主流。蒙德拉贡绝大多数财产依然掌握在工人手中，工人作为劳动者，必然要求劳动收入最大化。在当前工人合作社的生产经营实践中，劳动收入最大化还是其主要目标。蒙德拉贡在全球化下并购、独资或合资设立子公司等以获取更高利润，体现了它追求效率（说明按资分配是追求效率的结果，显然这是需要优先追求的目标），但从子公司设立的主要目标来看，还是合作社的生存与发展，为了持续保持合作社的主体性质不变，或者说更高利润的获得也是为了实现工人社员的劳动收入最大化，即投资收益最大化的主要目的也是实现社员的劳动价值。那么如何实现劳动收入最大化？既然每一个社员都是合作社的拥有者，也是劳动者，这种产权制度与劳动者身份的结合，自然形成合作的民主管理制度，必然会按劳动者劳动投入的质与量公平地分配剩余劳动产品。也就是说，这种民主管理制度权利实现过程的结果——按劳分配，主要体现了合作社追求公平的特征。追求效率与公平目标中，先要实现效率目标，合作社才能生存和发展，有了盈余才可能实现按劳分配。总之，工人合作社的分配制度既是一种复合分配制度，也是一种效率优先兼顾公平的分配制度。

四　蒙德拉贡的分配关系社会化

分配关系是生产关系的重要组成部分，是产权关系在经济上的最终实现形式。产权关系决定分配关系，分配关系的变化反映了产权制度的变革。工人合作社产权关系的社会化发展，导致合作社分配关系的社会化。可通过对分配关系的多方面调整为合作社生产力的发展不断创造条件。

在合作社生产关系演变的过程中，社员完整的产权发生了一系列的分裂与分化，生产资料占有形式逐渐由纯粹的工人劳动者个人占有形式向社会占有形式转变，产权关系的私人性质得到了部分扬弃。在委托代理关系下，越来越多的非社员（经理、雇员、外部投资者、雇佣工人等）拥有了合作社生产资料的管理权、经营权、使用权，越来越多的非社员利益相关者或组织有权参与合作社的收益分配，分配范围由封闭的合作社内部逐渐开放，转向合作社外，分配对象由单一的工人社员转向合作社的利益相关者或群体。特别是利益相关者管理模式的出现，进一步使得合作社财产的私人性质被扬弃，社会性质凸显。由此，产权社会化的发展开始从微观层面扩展至宏观层面，而产权社会化在宏观层面的一个重要表现就是分配关系的社会化。

所谓合作社分配关系社会化，是指在工业生产社会化驱动下，工人合作社产权社会化导致社员（股东）的收入分配权分裂与分化。在合作社内，这表现为根据工人的劳动贡献进行评级并按劳分配，同时合作社的收益还要拿出一部分建立公积金、教育基金等，合作社的收益分配表现为个人占有和集体占有，突破了纯粹的个人私有，收益分配关系表现出社会化发展的趋势。同时，合作社外的非社员利益相关者或经济实体逐渐获得分裂与分化出的各项权利，并依据这些权利进入合作社的生产经营活动中，进而获得了相应的收益。分配关系社会化导致工人合作社的分配关系出现了一些新的趋势，主要表现为：在按劳分配依然占统治地位的同时，出现了收入分配形式的多样化，按资分配出现，即按投资分配子公司雇佣工人的剩余价值，相应就必然会出现经理、雇员与雇佣工人的工资分配等，这意味着合作社的总盈余不再由合作社单方决定（因为分配对象的类别增加了），非社员利益相关者或组织在利益分配中出现。此外，政府通过制定相关的法律、法规，越来越多地介入工人合作社收入的初次分配和再分配过程等。分配关系社会化的发展，非社员利益相关者或组织参与到合作社的利益分配中来，影响利益分配并按拥有的不同权能获得相应的利益。同时，这种利益的获得会激励它们利用自身的专业化知识、技能不断提高合作社的生产经营效率，对当代工人合作社发展起到了巨大的推动作用，这也正是蒙德拉贡得以较快增长、合作社竞争力快速提高的重要原因之一。

总之，产权关系的性质决定了分配关系的性质，而分配关系的变化反映了产权关系的变革。基于本书构建的“生产社会化—产权社会化—管理、分配社会化”的分析框架，生产力的发展决定了工人合作社的生产社会化发展趋势，生产社会化的发展内在地要求合作社的生产关系进行调整，因而，合作社的产权、管理、分配关系都会发生适应性变革。由于产权关系居于生产关系的核心位置，因而在工人合作社这里，是蒙德拉贡的产权社会化变革决定了合作社分配关系必然要向社会化的方向变革。反过来，工人合作社对分配关系的多方位、多层次调整又为生产社会化不断创造条件，进一步激发合作社产权社会化向更高的程度发展。在蒙德拉贡产权关系的演变过程中，社员的完整产权发生了一系列分裂、分化，生产资料占有形式由私人占有不断向社会占有演变，产权性质上的私人性向社会性转变。在全球化扩张演进中，蒙德拉贡的产权社会化程度越来越高，社会性越来越强。最终，产权的社会化变革导致了合作社收益分配关系的社会化。

第八章　全球化下西方工人合作社制度变革的评价与启示

一　对全球化下西方工人合作社制度变革的评价

经济全球化下蒙德拉贡基于收购、兼并、合资、海外投资等方式，实现了工人合作社集团的全球化发展。这种全球化发展不仅显示出蒙德拉贡作为一家工人合作社集团在组织规模上的扩大，而且意味着工人合作社在全球化下生长并发育出了新的生命力。全球化发展中，蒙德拉贡始终坚持合作社核心原则不变，在工业生产力的驱动下（外在表现为工业生产的全球一体化发展等），在资本主义制度大环境中，工人合作社生产社会化的程度不断提高，并受生产社会化的驱动，进行着产权、管理、分配关系的社会化调整，从而表现出工人合作社在全球化时代下的一系列制度变革。这种变革非但没有将蒙德拉贡异化为资本主义股份制企业，反而使它在合作社领域越发壮大，在全球经济环境中的竞争力日益提升，实力不断增强，进而成为西方工人合作社中最成功的典范，甚至比很多相同领域的资本主义股份制企业都要优秀，特别是在应对经济危机方面比绝大多数资本主义企业都要强（逍遥和罗兰滋，2014，第 198 页）。

结合前文对蒙德拉贡的制度分析可以看到，全球化战略实施之前，工人合作社的产权制度演化从模式Ⅰ——“建立在个人私有制（所有制）基础上的工人对一定范围内资产大体均等的个人所有”，到模式Ⅱ——“建立在个人私有制基础之上，通过股金制度联合起来的工人对劳动的个人所有（按份共有）+集体所有（共同共有）”，再到模式Ⅲ——“建立在个人私有制基础之上，通过股金制度联合起来的工人对劳动的个人所有（按份共有）+集体所有（共同共有）+对合作银行（劳动人民银行）的共同共有”。而全球化变革之后，蒙德拉贡的产权制度从模式Ⅲ又进一步演化至模式Ⅳ——“建立在个人私有制基础之上，通过股金制度（包含临时股金制度）联合起来的工人对劳动的个人所有（包括个人劳动成果和对合同工剩余劳动的占有）+集体所有（共同共有）+对合作银行（劳动人民银行）的共同共有+外来投资者（包括上市和非上市子公司的外来非社员股东和合作社少量非社员股东）所有”。这种转变标志着蒙德拉贡的产权制度从相对封闭式的、内部的工人社员个人所有和集体所有的模式，转变成了更加开放的、包含更多方面利益主体的产权制度模式。转变在本质上是全球化的背景下，在工人合作社生产社会化逐步提高的驱动下进行的产权社会化调整。

具体而言，合作社的产权社会化调整受内外两方面的原因影响。①在内部，首先是合作社生产力发展的结果，即生产力的不断发展是蒙德拉贡生产社会化程度不断提高的根本原因。在生产社会化的驱动下，工人合作社开展产权社会化，管理、分配社会化的适应性调整，合作社的制度安排最终表现出社会化的特点和趋势。②在外部，主要表现为全球一体化的经济环境变化。全球经济日益一体化的趋势，为蒙德拉贡的生产转移、外包和产权扩展提供了社会化的条件和空间。正是顺应这种全球化的转移，才会有蒙德拉贡在产权、管理以及分配制度上的进一步社会化变革。

随着蒙德拉贡产权制度性质的变迁，管理制度和分配制度同时也会产生相应变革。管理层面，工人合作社产权制度基本模式的演进决定了管理对象必然不再局限于社员等内部主体，而开始将雇佣工人以及外部非合作社主体的合作伙伴（个人投资者或资本主义企业）包容进来，各主体可依据拥有的产权社会化后分裂、分离出的各产权权能，获得参与合作社生产经营的机会，并基于获得的权能，根据相应的、不断拓展的制度规则参与或影响合作社的管理过程。这样由于参与合作社管理的主体不再局限于工人社员，更多的利益相关者加入合作社的管理，从而使得合作社的管理关系日益表现出社会化的特点。同时，由于各种非社员的加入，分配关系也变得更加复杂。分配关系不再局限于合作社与社员之间，而是涉及多个利益主体，相应地分配制度设计也要进行社会化拓展，各利益主体可以依据各自获得的权能，按契约要求获得相应的收益，分配受益人不再局限于社员，各利益主体也可参与到合作社的分配中来，进而合作社的分配关系也表现出日益社会化的趋势。

总之，我们将蒙德拉贡在当代发展、演进的制度特点及其本质概括为：工业生产力不断发展，工人合作社生产社会化的程度不断提高，为顺应生产社会化发展的内在要求，传统合作社的产权、管理和分配等关系（即生产关系）进行了一系列社会化变革。在引入混合合作社、合作社子公司等一系列不同于传统工人合作社组织结构的同时，增强了对成员身份资格的包容性，引入了传统社员以外的成员（临时社员、经理、雇员、雇佣工人等）。这些行为，本质上就是在资本主义制度下，合作社应生产社会化内在要求而进行的产权社会化调整；同时，基于合作社结构、组织上的这些变化，管理制度也会向社会化趋势变革，合作社的管理权不再仅仅属于社员，而是在以社员管理为核心的基础上，引入了更多的管理者，管理关系日趋复杂化和社会化。最终，产权制度的社会化变革引起管理制度的社会化变革，不仅如此，产权制度的社会化变革还同时引起分配制度的社会化变革，合作社的分配对象由社员转向包含社员、临时社员、经理、雇员以及雇佣工人等在内的多重对象，且分配关系中与合作社合作的资本主义股份制企业也被纳入分配体系，分配关系呈现日益复杂化、社会化的趋势。

由此，基于对蒙德拉贡全球化下变革的制度分析，我们就可以尝试对西方学者的质疑和批判进行回应，即蒙德拉贡的全球化变革究竟是不是工人合作社的变质或退化？是不是如西方学者批判的那般是对合作精神的背叛？在我们看来，答案是否定的。

首先，蒙德拉贡在全球化下的任何一项变革，都是围绕其核心原则开展的，即蒙德拉贡作为合作社的“三位一体”的本质规定性在改革中始终没有被放弃。从蒙德拉贡产生、发展、演进的历史事实来看，它的任何一项变革举措在主体上都没有违背“工人[①]所有、工人民主管理、工人享有收益（按劳分配）”的核心原则。

其次，蒙德拉贡的变革是在资本主义市场经济下顺应生产社会化的表现，其产权、管理、分配关系的社会化调整是在资本主义制度下的一种“与时俱进”的动态变革。显然，蒙德拉贡正是看到了全球市场的激烈竞争，并意识到传统工人合作社制度及其发展模式并不能很好地应对这种竞争所带来的挑战，因而进行了一系列制度变革。任何一家企业（无论是资本主义企业还是合作社）首先必须关注自身的生死存亡问题。在全球化下的资本主义市场经济环境中，蒙德拉贡只有借助资本主义社会中的一些“制度工具”（如股份制）在最短时间内、高效地将资源在空间和时间上集结、聚集起来迅速投入生产，才能在激烈的市场竞争中生存下来；也只有在有效生存的基础上，才有可能、有能力去不断提高自身的生产经营效率，进而才能不断提高工人社员的收益，不断改善工人社员的生存状况，得到工人股东的支持和认可，从而才能保证合作社主体属性不变。

最后，关于合作社子公司的出现，我们需要辩证地看问题。工人合作社制度只有在一定程度上自我否定，才能使合作社的制度存续下去，才能保证合作社这一特殊的企业组织不会被市场淘汰。

从蒙德拉贡国际扩张的实际做法来看，合作社子公司的出现是合作社制度的最大嬗变。那么，我们应该如何评价这种嬗变？中外部分研究者将蒙德拉贡的这种行为视作合作社的变异，甚至是对合作文化与精神的背叛，但实际上，机械、僵化地坚守经典（或传统）合作社原则并不能保证合作社健康发展，甚至生存都困难，更谈不上合作制度的存续。在 20 世纪 90 年代蒙德拉贡全球化扩张的同一时期，美国西太平洋沿岸还存续着许多工人合作社，但随着国际经济环境变化和受自身“固步自封”的影响，如今那些工人合作社已寥寥无几，生产经营失败率极高（丁为民，1998，第 37 页），能活下来的合作制企业生产规模都比较小。此外，由

① 这里指作为股东的工人，包括临时社员。

于缺少投资激励，合作制企业内外部投资者均比资本主义企业投资热情更低、更不稳定性（吴宇晖和佟训舟，2011，第160~163页）。形成鲜明对比的是，西班牙巴斯克地区的蒙德拉贡在内外部环境变化时灵活应对，使自己不断壮大，实力与市场竞争力不断增强，已成为一家跨国大型合作制企业。

可见，合作制企业要善于审时度势、因势利导，要善于依据合作社内外部的发展条件及现实情况，实事求是地及时调整发展战略，不断进行制度变革，不断开拓进取。罗虚戴尔公平先锋社曾被人批评是走“实用主义路线”，“虽然社章中强调了政治目标，但实践中真正落实的是经济目标”，即提高经营效率以改善成员收益。事实上，这正是罗虚戴尔公平先锋社以及蒙德拉贡成功的关键，即先要实现经济目标，政治目标才可能实现，即没有经济目标的实现作为基础，政治目标是不可能实现的。这一原则从罗虚戴尔公平先锋社以及蒙德拉贡成功发展的历史事实中就可以印证，两者均是将提高合作社生产经营效率以改善成员收益和生存状况放在首要位置，不因循守旧，不教条、不僵化地理解和执行合作社的原则与制度设计，而是与时俱进，不断变革。与此相反的是，集体农庄和人民公社将政治目标放在首位，机械、僵化地理解马克思主义合作社理论，想通过生产关系调整（如“一大二公”等），先实现政治目标再实现经济目标，甚至想通过政治手段或行政手段强制实现经济目标。这些均是不可行的，注定是要失败的。

二　以蒙德拉贡为代表的工人合作社当代变革的普遍性及启示

从蒙德拉贡近30年的全球化扩张历程和合作社制度的变革、演进来看，作为一类生产经营组织，合作社的生产社会化及其在生产社会化驱动下的生产关系社会化变革绝不会停滞，而这不会只体现于蒙德拉贡一家，西方其他工人合作社出现了类似趋势。除蒙德拉贡外，世界排名前10的工人合作社中，位于第二名的北新电力合作社（Basin Electric Power

Cooperative）旗下也拥有 8 家股份制子公司，其中 4 家为全资营利型的子公司。[①] 同样，排名第三的奥格尔索普电力合作社（Oglethorpe Power Corporation）通过收购拥有 3 家发电厂（子公司）和参股了 5 家发电厂（成为参股股东）。[②] 合作社制度中出现了股份制，这是合作制与股份制的“融合”，是合作制的资本化。这意味着全球化背景下，许多工人合作社正在进行着生产社会化及其驱动下的生产关系社会化变革。更重要的是这一趋势同样也呈现于当代其他领域的合作社，如农业、金融、消费等领域的合作社。

（一）工人合作社的社会化变革是合作社发展的共同趋势

全球化是人类社会发展的必然趋势，当前虽有逆全球化行为“抬头”，但不会改变全球化的大势所趋，这意味着任何企业均要面对。合作社的未来发展也必然要面临程度越来越高的经济全球化。换言之，合作社的全球化发展在合作运动中的重要性会越来越高。Birchall（2005）在对合作社原则及其未来演化的思考中，总结了合作运动在未来的两种截然不同的发展策略：①本土化思考，全球化行动；②全球化思考，本土化行动。对于前一种，他指的是大型合作社跨越国界，以本地的主体合作社为发展基地在全球范围收购、兼并、独资或合资设立子公司，在全球范围内吸收资金、技术和人才等，在全球范围内购入低成本原材料并开拓市场，不断提高生产经营效率与竞争力，为拓展利润空间进行“全球化行动”；而后者指从国外引入资金、技术和人才等，集中力量在国内发展并开拓市场。经过比较研究，Birchall 指出后者的发展空间狭窄，不可持续，而根据前文对蒙德拉贡全球化下变革的制度分析，不难发现蒙德拉贡的策略显然属于前者，即大型合作社的全球化扩张。

根据 Birchall 的描述，英国、斯堪的纳维亚、意大利和瑞士的消费者合作社，美国、加拿大、澳大利亚、新西兰、巴西和日本的农协，荷兰和

---

① “Basin Electric 2016 Annual Report,” http://www.basinelectric.com/sites/CMS/files/files/pdf/Annual_Report/AnnualReport.pdf，2018-01-29.

② 参见 https://en.wikipedia.org/wiki/Oglethorpe_Power#External_links。

德国的合作银行都在做与蒙德拉贡类似的事，如日本农协、德国的合作银行对其旗下的部分信用合作社进行股份制改造并在国外设立金融子公司。美国、加拿大部分传统的农场主合作社变革为新一代合作社（Hilchey，2004，p. 25），使合作社既具有传统合作社的制度特征，也具有了部分股份制企业的制度特征。新一代合作社常常直接购买或设立资本主义企业（多为农产品加工厂）作为子公司，并聘请专业人员进行管理，生产并销售加工后的农产品。这样的制度设计在合作制与股份制之间找到了最佳结合点，同时还保持了合作社的主体属性不变（娄锋，2017，第 278 ~ 339 页）。德国农业合作社由成员需求导向转化为市场需求导向，股份制逐渐被引入合作社。法国允许将合作社的部分业务交给附属子公司进行商业化运作等（高兴民和郭芹，2017，第 200 页）。荷兰、意大利的农业合作社开始出现公司化的发展模式。这种公司模式具体表现为，"合作社团体与合作社公司相分离，后者成为类似于有限责任公司或者公共有限公司的形式，而前者是后者唯一的股东，所有经济活动在合作社公司中运作。同时，合作社公司会持有若干其他分公司的股份，这些分公司或者与其他社员有交易关系，或者从事非社员关系的其他经营活动等"（赵黎，2017，第 123 页）。泰国农业合作社逐步实行市场化经营，根据市场情况和资金状况对成员产品进行收购，对合作社的管理采用经理制度，同时与私营部门加强合作，成立合作社附属子公司（高兴民和郭芹，2017，第 200 页）。

在亚洲，韩国农协、日本农协同样也发生了类似变革。韩国农协近年来也成立了合作社子公司。申龙均在《农业产业化主体组织：韩国农业协同组合论》中提道："2012 年 3 月 2 日，农协中央会出资 1 兆 7551 亿韩元和 17 兆 1846 亿韩元，分别成立了农协控股的公司和农协金融控股公司"（第 60 页）。成立此类子公司，农协的目的在于："通过从事农业经济和畜牧业经济及其附带事业，支援农民和农协经济活动，提高他们的经济地位，增加他们的经济利益"（申龙均，2016，第 60 页）。而对于日本，2015 年日本新修订的《农协法》也要求农协联合会旗下的 JA 全农（即合作金融）向股份制的方向进行改革，以提高联合会旗下部分合作社的经营效率（刘松涛和王林萍，2018，第 109 页）。

此外，这种全球化扩张行为还包括以下两点。①与其他国家的合作社展开跨国合作、创办新的合作社[①]、与股份制企业合资生产经营，甚至接受股份制企业的注资等。如印度的合作社接受外部资本主义企业注资，成立合作社形式的大型商业企业，并由专家和管理董事会的社员进行决策（高兴民和郭芹，2017，第200页）②嵌入供应链中，形成生产经营一体化。合作社与合作社或股份制企业之间生产管理的社会性协作和联系空前加强，各种形式的合作如合作社生产外包、生产性服务外包开始出现等（USDA Rural Development，2012，p.6）。根据Nilsson（1998）的调查，当代欧洲、美洲地区的大型农业合作社的发展开始走向一种初级加工和二级加工分离的模式。初级加工在大型合作社，甚至在国际市场上完成。而二级加工由农业合作社、农户以及外部投资者共同所有的子公司完成。Nilsson认为，对于那些加工程度深的产品，农业合作社有理由开展合作社加工的新模式，即实现一二级加工分离。尽管这些扩张行为发端于那些在全球化下寻求进一步扩张的大型合作社，但从目前世界范围内的合作运动趋势来看，这些做法日益为全球许多合作社借鉴和学习。这映射出国内部分研究者强调要坚持的一些传统合作社原则，如限制大股东社员资金投入；坚持不允许外部投资者进入合作社等，以使合作社规范化或正规化发展。这些原则正是作为合作运动发源地的西方国家及其合作社逐步变革甚至放弃的制度设计，这些制度设计太过陈旧，已跟不上时代的发展。

事实上，当代农业合作社制度中出现股份制因素或加强与股份制企业的合作，根本原因与蒙德拉贡是一致的，本质是在经济全球化下为提高生产经营效率、改善成员收益及生存状况而进行的合作社生产社会化——产权、管理及分配社会化变革。对于绝大多数合作社来说，在市场经济的大环境下，这是被迫做出的选择，是为了提高竞争力、为了生存与发展的一种手段。尽管工人合作社同农业合作社、信用合作社等处于不同行业，生产经营方式有很大的差异，但从它们的共同之处（相同的构建原则、文化、价值追求、制度设计等）来看，在经济日益全球化的外部环境下，

---

① 在创办新的合作社这一点上，Birchall（2005）已经指出，根据已有的失败经验来看，如果在当地没有成员基础（或说缺少创办合作社的文化、土壤），合作社不容易创办成功。

工人合作社、农场主合作社均面临来自资本主义企业的竞争（且竞争日益激烈），均难以在资本主义制度下拓展合作化生存空间。从内部看合作社也要解决融资抑制、眼界、“搭便车”及管理决策效率低下等问题。因此，合作社必须采取一定的措施，引入股份制因素，并购、独资或合资设立子公司，同时加强与股份制企业的合作以维持和提升合作社的实力与竞争力。

从当今世界合作运动的发展状况来看，在经济全球化大背景下，在合作社生产力水平还不高、实力不强的情况下，引入股份制“基因”是大势所趋。从表面来看，是合作社的制度安排里出现股份制因素，它包括组建、兼并股份制性质的子公司，与资本主义合资建厂等，而从其内在机理来看，这是在资本主义大环境下，在缺乏合作化拓展的制度空间且要与资本主义企业激烈竞争的情形下，合作社为提高生产经营效率而必须进行的变革，而股份制“基因”的引入就是合作社在生产社会化驱动下生产关系的社会化变革。不论处于何领域的合作社只有不断变革原有的、落后、与生产社会化不相适应的制度设计才能生存与发展，这种变革有时甚至会在某种程度上突破既有的经典合作社原则。

从当代工人合作社以及前述各国农业合作社、消费合作社、合作银行等都开始为应对经济全球化而进行变革，并逐渐吸收股份制因素以实现制度创新的行为可以看出：对传统合作社原则进行适度突破以寻求合作社制度创新并非蒙德拉贡的独创，而是当前及未来世界合作运动发展的大趋势。这印证了前文的观点，合作社只有在一定程度上自我否定，才能不断提高自身生产经营效率，不断改善成员收益，也才能将自身的制度存续下去，即确保主体属性不变。而关于对合作社原则的突破与发展，Birchall（2005）已经给出了肯定的意见。他认为在坚守底线的基础上，应该让合作社原则去实现创新和发展。所谓合作社原则的底线，就是前文反复提及的“劳动者所有、劳动者管理和劳动者受益”的本质规定性①。而从当代

① 该原则具有极强的包容性，即使合作社拥有股份制子公司或与股份制企业合资设立子公司，甚至接受股份制企业注资，但只要合作社多数财产仍然被劳动者成员所拥有，就满足该条件。

各类合作社的变革来看，合作社的这种本质规定性并没有被放弃。在日益全球化的背景下，随着合作运动的发展，越来越多的合作社逐渐强调服务市场、效率优先的目标导向，进而对自身制度安排展开变革与调整。

那么，当代合作社的这种变革是否会导致合作社的嬗变？我们认为一定程度上存在可能性，因现实中确实有一些西方工人合作社嬗变为股份制企业（自改制或者卖给股份制企业等），那么是不是不应该引入股份制“基因”？如许多国内外研究者指出的，股份制的引入是合作社退化、变异的开始，要坚决杜绝。但问题的关键是，因循守旧，不与时俱进创新合作社制度（该制度是100多年前为了适应那个时代的合作化而构建的）能使当代的合作社持续生存、发展下去吗？事实是，当代西方工人合作社因因循守旧、经营不善倒闭的比嬗变为股份制企业的还要多（Miyazaki，1984，p. 911）。

合作社的存在有重要意义，但合作社需要依据内外部情况的变化，因地（时）制宜地实施制度变革。那么变革中如何保持这种平衡？既保持合作社为劳动者所有、为成员服务，又要增强其活力、提高其生产经营效率？蒙德拉贡提供了一个成功的榜样。首先，要积极主动抓住机遇应对挑战。抓住全球化机遇，适时设立股份制子公司，同时通过合作化改造子公司，划清蒙德拉贡母体与其子公司之间的界限。不断地向子公司渗透合作思想、文化及价值追求等，以此阻止股份制因素向母体渗透。蒙德拉贡合作化改造子公司不仅仅是要将子公司改造为合作社，更重要的是向全体成员及世人发出一个重要信号：这项重要的制度设计是要割断子公司股份制因素向上侵入母体，即蒙德拉贡要坚持合作社的主体性质不变，决不允许母体变异。

其次，蒙德拉贡的子公司主要是为了给合作社发展过程中无法依靠合作社自身力量达成的一些经济活动目标提供助力，如作为桥梁与资本主义企业做生意、进行上市融资、引进先进技术等。子公司的出现，是在合作社生产力不断发展的内在要求下，在有限的制度空间内，在无法直接拓展经典合作社模式的情况下，为提高合作社生产社会化程度而选择的一种折中手段。蒙德拉贡仅仅是将发展子公司作为进行合作化的一种辅助手段，而不是蒙德拉贡以后主要依靠子公司生存、发展（蒙德拉贡的主要目的还是发展、壮大合作经济）。如果是为追求后一目标，蒙德拉贡完全可以改制为股份制企业或在发展得较好的时候以一个可观的价格卖给一个大型跨国公司，显然蒙德拉贡至今也没有表现出这方面的迹象。

再次，为防止子公司带来的制度冲击，保持主体的合作社性质不变，蒙德拉贡还设计了一套合作制企业管理模式，这一管理模式的重要作用之一就是有效化解子公司管理制度对母合作社的潜在冲击。前文中已详细论述，这里不再赘述。

最后，蒙德拉贡建立伊始就十分重视合作思想、文化、精神及价值追求等方面的教育，特别是在全球化战略实施中强化了这方面的教育。蒙德拉贡"自带"一个强大的、系统的教育体系，这是其合作企业文化的常青之源，也是它在资本主义企业的"汪洋大海"中屹立不倒的重要原因之一。蒙德拉贡的教育系统不仅能提供合作思想、文化及价值追求等方面的教育、培训，而且能提供合作社构建、发展以及合作社生产经营管理所需的专业技术等方面的教育。可以说，只要是蒙德拉贡需要的教育内容，其教育系统均能提供。该教育系统当前已发展得相当完善和成熟，这是蒙德拉贡成功的重要保证。

总之，经济全球化大背景下，在当前工业社会化大生产中竞争、生存的工人合作社在目标追求上，已逐步从服务成员转向服务市场；生产社会化驱动下，不再僵化地恪守经典合作社原则，而是灵活地将经典合作社原则进行不同程度的变革以适应自身不断发展的要求。更加注重现代工业生产社会化发展的趋势与特点，深化要素联合，不断提高产权社会化程度而引入股份制，但能在合作制与股份制之间达到微妙的平衡，并且能有效控制股份制"生长"的范围。

（二）西方工人合作社的当代变革对我国农民合作社的启示

随着市场经济的不断深入发展，生产力不断进步驱动下的一切合作社的生产关系均会表现出社会化发展态势。蒙德拉贡的成功经验，正是建立在生产力不断发展的基础上，在合作社生产社会化程度的日益提高下，进行的产权、管理、分配社会化的适应性调整与变革。我国虽没有工人合作社，但我国有其他类合作社。其中，农民合作社就是我国理论界重点关注的对象。从当前世界合作运动的发展趋势来看，包含蒙德拉贡在内的各类大中型合作社，都在全球化背景下开展了一系列制度创新，这种创新值得我国农民合作社以及各类合作经济组织学习、借鉴。

从我国农民合作社的发展现状来看，无论是2007年的《中华人民共和国农民专业合作社法》，还是2017年新修订通过的《中华人民共和国农民专业合作社法》，都是基于西方经典合作社原则，同时参照1995年国际合作社联盟通过的合作社制度设计构建的。但事实上，当代西方的工人合作社，包括其他各类合作社，奉行的合作社制度安排正在持续变革。这一变革的本质是：在资本主义经济全球化下，合作社生产力不断提高，生产社会化向深度和广度拓展并驱动合作社进行产权、管理、分配社会化变革。这一变革过程，决定了当代西方各类合作社都在不断突破既有的经典合作社制度安排。

目前我国农民合作社的发展要求坚持经典合作社制度安排，这种坚持固然保持了纯粹意义上的合作社性质，但是在未来可能会面临合作社建设和发展的瓶颈。而当代西方合作社的变革给我们最重要的启示就是，它们在保持合作社主体性质不变的情况下，为适应生产力发展的内在要求，不断进行制度创新，不断提高生产经营效率、实力与竞争力，不断提升成员收益，改善成员的生存状况，这强化了合作化，激励了成员参与合作化的信心与决心，形成了激励相容、相互强化的良性循环。而相反的情况是，许多西方合作社一味地坚持传统（或经典）合作社制度设计，不因势（时）利导，在竞争越发激烈的全球经济一体化下，与外部环境格格不入，最终生产经营效率逐步降低、成员收入下降，合作化无法与成员的收益追求形成激励相容、相互强化的良性循环，甚至越经营不善，越仇视资本主义外部环境，越将自己封闭，成员收益越难提高，形成恶性循环，最终只有解散或倒闭。上述成功与失败的案例不仅仅出现在工人合作社中，农业合作社也呈现完全相同的情况。①

① 受篇幅所限，正文中不再赘述，感兴趣的读者有可参阅娄锋（2017），书中对该问题有详细论述。

我国在未来的发展道路上需要借鉴西方合作社的有益做法，在市场经济的背景下灵活理解[①]和应用合作社原则，给现实中正在进行实践的农民合作社发展留下足够的制度创新空间，从而高效地发展我国的农民合作社，不断提高农民的收益水平。

借鉴以蒙德拉贡为代表的西方工人合作社及其他合作社发展的成功经验，基于我国农民合作社的发展现实[②]，本章提出以下几点启示。①合作社的产权社会化改革应因地制宜，基于当时、当地合作社的内外部条件做适应性调整，要制定相应措施吸引社会资金、技术等稀缺要素的投入，甚至可以出让部分股权给外部投资者或组织（但出让股权不应超过50%，确保民主制度及服务广大农户成员的宗旨不变），以提高合作社的生产经营效率，不断改善成员生存状况；同时产权制度安排要使合作社中利益相关方激励相容，产权制度安排应逐步实现明晰化；逐步建立、完善成员账户管理制度，防止个人产权模糊化。在公积金方面，应适当提取不可分割的公积金，同时公积金提取到一定程度后应不再提取，实践中公积金提取的限额最好由合作社民主决定。合作社的产权社会化改革应审时度势，因势利导地、高效率地从空间和时间上聚集更多的资源，并明晰产权关系，实现合作社的生产社会化，不断提高合作社的生产效率和成员的收入水平。

②农民合作社应加强内部治理，设计一套有效率的内部治理制度。合作社内部治理制度的设计，应综合考虑合作社发展的内外部约束，逐步构建、完善社员大会、理事会、监事委员会“三权鼎立”的治理结构。合作社的治理应当逐步趋向以社员大会为中心的治理结构模式。应设立、完善监事委员会（应至少设一名执行监事），以形成对理事会经营决策权力的制约。随着合作社的发展壮大、经营管理复杂程度的提高以及市场竞争的加剧，合作社应适时进行管理权社会化变革，及时分权设岗，如聘请经理、雇员等专业技术人员进行专业化生产经营与管理，同时明确各岗位间

---

① 如将价格改进（即合作社为成员产品支付更高的价格，或向成员提供价格较低的供应或服务）视为一类特殊形式的按交易额分配盈余方式。参见徐旭初（2018，第50页）。

② 关于中国农民合作社的发展情况，感兴趣的读者有可参阅娄锋（2017）。

的权、责、利关系，不断提高经营管理效率。

③受内外部现实条件的制约，我国农民合作社的盈余分配制度尚未发挥全部的效能，还需改进，以释放其积极的激励作用。第一，在盈余分配原则上，应坚持效率优先的公共积累分割原则。坚持市场导向、为市场服务，尊重现实国情，坚持效率优先，抛弃合作社基于成本经营的思想，鼓励合作社与非社员或非合作社进行交易，不断增强合作社实力，实现提高生产经营效率的目标。第二，在盈余分配的决策上，完善盈余分配规则制定的知情权制度。在监督程序上，明确监事的权责，健全与完善合作社监事委员会的监督机制，同时强化广大普通社员的监督，加大政府部门对合作社盈余分配制度的监管。

④加强合作教育。第一，作为合作社的灵魂，也是包括蒙德拉贡在内的当代全球许许多多合作社成功的重要“法宝”——合作教育在我国没有得到足够的重视。合作社相对于中华文化来说是一个" 舶来品"，就中国农村目前的情况来看，促进广大农户合作、与合作社相关的乡土文化或村社制度建设缺失，农户整体素质偏低，对合作社的基本知识缺乏足够的了解。这就要求政府应加大力度做好有关合作社知识的宣传工作，从思想上引导、教育农户，宣传与普及合作社的相关知识等。第二，《中华人民共和国农民专业合作社法》中有关合作教育的制度设计缺失，不仅不利于社内核心层民主管理意识的增强以及合作管理能力的提高，也不利于广大普通社员积极、主动地参与合作社的民主管理。除政府支持外，在未来修订的合作社法中，对于合作社应规定从盈余中按一定比例提取教育基金，用于合作社相关知识教育或技术培训。

最后需要指出，尽管本书运用创新的研究方法，基于全新的视角，以蒙德拉贡为例，对西方工人合作社在全球化下的一系列变革，在尽可能拓展的深度和广度上进行了制度解析，对工人合作社生产社会化驱动下的产权、管理、分配制度变革行了深入研究，对其中涉及的一些具体问题也进行了分析，如工人合作社产权制度的形成机理、内部治理机构建立与机制完善、合作社的全球化扩张对其制度安排的影响，股份制引入对合作社制度的影响以及合作社如何扬弃，等等。但研究中依然存在不足，由于受篇幅所限，尚未对工人合作社与政府的关系、合作社制度变革前后的经济绩效对比等进行深入研究，对西方工人合作社成功变革经验在中国的应用没有展开深入讨论。此外，本书虽然构建了一个合作社制度分析的理论框架，但理论的挖掘深度还有待提高，因此，在今后的科研工作中还需要认真研究上述问题，不断开拓进取。

参考文献

[1]彼得·纽曼主编《新帕尔格雷夫经济学大词典》(第一册),经济科学出版社,1992。

[2]波纳斯:《作为一个企业的合作联合会:一个交易经济学的研究》,载埃瑞克·菲吕博顿等主编《新制度经济学》,姜建强、罗长远译,上海财经大学出版社,1998。

[3]蔡昉、费思兰:《蒙德拉贡合作公司的发展绩效与制度创新——兼论现代合作制度的外部环境与治理结构》,《中国工业经济》1999年第9期。

[4]查尔斯·马斯克列:《超越合作:重新审视工人自治企业的变革功能》,郭海龙译,《国外理论动态》2019年第5期。

[5]查尔斯·莫瑞克兹:《合作社结构与功能》(中译本),成都科技大学出版社,1993。

[6]仇章建:《西班牙蒙特拉贡合作社考察(二)》,《中国供销合作经济》1999年第3期。

[7]丁为民:《西方合作社的制度分析》,经济管理出版社,1998。

[8]杜吟棠:《合作社:农业中的现代企业制度》,江西人民出版社,2002。

[9]段春晖、尤庆国:《浅论合作制对于构建和谐社会的重要意义》,《北方经济》2006年第6期。

[10]法国全国合作社联盟:《法国的合作运动》,张明浩译,中国商业出版社,1986。

[11]冯开文:《学“蒙德拉贡”寻求自己道路》,《中国供销合作经济》

2001 年第 3 期。

[12] 傅立叶：《傅立叶选集》，赵俊欣译，商务印书馆，2010。

[13] 高峰：《发达资本主义国家的所有制研究》，清华大学出版社，1998。

[14] 高兴民、郭芹：《借鉴国外经验推动农民合作社发展》，《甘肃社会科学》2017 年第 6 期。

[15] 高玉林：《企业治理中的劳动者参与研究——一个西方经济学和马克思主义经济学的综述》，《财经理论与实践》2005 年第 7 期。

[16] 龚华斌、卢大晶译《国际劳工组织第 127 号关于合作社在发展中国家经济和社会发展方面应起作用的建议》，《财贸研究》1994 年第 3 期。

[17] 顾宝孚：《对马克思、恩格斯的合作工厂思想之考察》，《中国经济问题》1985 年第 4 期。

[18] 顾玉民：《马克思主义制度经济学理论体系・比较研究・运用分析》，复旦大学出版社，2005。

[19] 管爱国、刘惠：《国际合作社联盟关于合作社定义、价值和原则的详细说明》，《中国供销合作经济》1995 年第 12 期。

[20] 郭家宏、徐铱景：《工人阶级的自助和互助——19 世纪英国消费合作运动探析》，《史学月刊》2012 年第 12 期。

[21] 郭铁民、林善浪：《合作经济发展史》（上），当代中国出版社，1998。

[22] 国家发改委经济体制综合改革司考察团：《发展现代合作经济在我国仍有重要意义——西班牙蒙德拉贡合作社的经验与启示》，《经济研究参考》2006 年第 11 期。

[23] 国家体改委"股份合作经济和中小企业"考察团：《西班牙、法国合作经济和中小企业的考察报告》，《经济学动态》1997 年第 3 期。

[24] Holyoake：《罗虚戴尔公平先驱社概史》，彭师勤译，全国合作社物品供销处，1944。

[25] 哈耶克：《致命的自负》，冯克利、胡晋华译，中国社会科学出版社，2001。

[26] 汉克・托马斯、克里斯・劳甘：《蒙德拉贡——对现代工人合作制的

经济分析》，刘红等译，上海三联书店，1991。
[27]洪远朋：《合作经济的理论与实践》，复旦大学出版社，1996。
[28]蒋晓光、陶国良：《从 MCC 的成功看国有中小企业产权制度改革模式》，《华东交通大学学报》1996 年第 S1 期。
[29]蒋玉珉：《当代合作运动的特征及合作思想发展的总体脉络》，《经济学动态》1998 年第 1 期。
[30]科斯等：《财产权利与制度变迁》，上海三联书店，1994。
[31]孔妮：《发达国家利润分享模式研究——蒙德拉贡模式与员工持股模式的比较》，硕士学位论文，南开大学，2009。
[32]蓝益江：《论信用合作：兼评中国农村信用合作社的发展与改革》，中国金融出版社，1999。
[33]李秉龙、薛兴利：《农业经济学》，中国农业大学出版社，2003。
[34]李继祥：《资本主义社会为什么会出现工人自己的合作工厂——兼评否认资本主义社会内可出现社会主义经济因素的观点》，《辽宁大学学报》1994 年第 6 期。
[35]李强：《论资本主义财产关系的社会化发展》，中国海洋大学出版社，2010。
[36]李树生：《合作金融》，中国经济出版社，2003。
[37]李维安：《公司治理学》，高等教育出版社，2005。
[38]李鑫：《我国农业合作社与西班牙农业合作社的差异及启示》，《合作经济与科技》2009 年第 18 期。
[39]林岗、张宇：《产权分析的两种范式》，《中国社会科学》2001 年第 1 期。
[40]林松华：《以人为本互助合作：西班牙蒙德拉贡合作社联合体简介》，《上海集体经济》2001 年第 2 期。
[41]刘国忠：《西班牙蒙德拉贡职业教育特色》，《教育与职业》2001 年第 2 期。
[42]刘会春：《不断追求创新——蒙德拉贡实行股份合作制的经验》，《求知》1999 年第 9 期。

[43] 刘松涛、王林萍：《新〈农协法〉颁布后日本农协全面改革探析》，《现代日本经济》2018 年第 1 期。
[44] 刘驯刚：《西班牙巴斯克地区合作社法评介》（一），《中国集体工业》1994a 年第 11 期。
[45] 刘驯刚：《西班牙巴斯克地区合作社法评介》（二），《中国集体工业》1994b 年第 12 期。
[46] 刘驯刚：《西班牙巴斯克地区合作社法评介》（六），《中国集体工业》1995a 年第 4 期。
[47] 刘驯刚：《西班牙巴斯克地区合作社法评介》（三），《中国集体工业》1995b 年第 1 期。
[48] 刘驯刚：《西班牙巴斯克地区合作社法评介》（四），《中国集体工业》1995c 年第 22 期。
[49] 刘驯刚：《西班牙巴斯克地区合作社法评介》（五），《中国集体工业》1995d 年第 3 期。
[50] 娄锋：《试析生产社会化与产权社会化及其实现形式》，《学习与探索》2008 年第 5 期。
[51] 娄锋：《西方农业合作经济组织的制度分析》，社会科学文献出版社，2017。
[52] 罗木水、蔡水珍：《论股份合作制是实现工人阶级主人翁地位的好形式》，《求实》1998 年第 5 期。
[53] 马玲之：《英国合作社》，《中国集体经济》1986 年第 3 期。
[54] 马歇尔：《经济学原理》，商务印书馆，1981。
[55] 慕永太：《合作社理论与实践》，中国农业出版社，2001。
[56] 穆勒：《经济学原理》，郭大力译，中华书局，1942。
[57] 穆勒：《政治经济学原理》（下卷），商务印书馆，1997。
[58] 穆勒：《政治经济学原理及其在社会哲学上的若干应用》（下卷），商务印书馆，1991。
[59] 诺斯：《经济史中的结构与变迁》，上海三联书店，1991。
[60] 诺斯：《制度、制度变迁与经济绩效》，上海三联书店，1994。

[61]欧文：《欧文选集》（上卷），商务印书馆，1965。
[62]《企业境外法律风险防范国别指引》系列丛书编委会：《企业境外法律风险防范国别指引（巴西）》，经济科学出版社，2013。
[63]蒲鲁东：《什么是所有权?》，孙署冰译，商务印书馆，1963。
[64]钱颖一：《企业的治理结构改革和融资结构改革》，《经济研究》1995年第1期。
[65]荣兆梓：《关于现代企业民主管理的几个问题》，《经济社会体制比较》1995年第5期。
[66]上海市科协与上海市市农村工作委员会：《农村合作经济》，上海科学出版社，1997。
[67]申龙均：《农业产业化主体组织：韩国农业协同组合论》，浙江大学出版社，2016。
[68]沈莉：《股份合作制先驱——蒙德拉贡探秘》，《中国商界》1997年第11期。
[69]圣西门：《圣西门选集》，董果良、赵鸣远译，商务印书馆，1985。
[70]宋葛龙：《西班牙蒙德拉贡经验与中国传统合作经济的改革》，《财经界》2006年第10期。
[71]苏志平等：《合作经济学》，中国商业出版社，2006。
[72]谭扬芳、程恩富：《蒙德拉贡合作经济模式的经验及其启示》，《中国集体经济》2012年第34期。
[73]唐宗焜：《合作之龙：蒙德拉贡》，《科技与企业》1995年第6期。
[74]唐宗焜：《中国合作社政策与立法导向问题——国际劳工组织〈合作社促进建议书〉对中国的意义》，《经济研究参考》2003年第43期。
[75]托马斯·莫尔：《乌托邦》，商务印书馆，1962。
[76]王东光译《德国工商业与经济合作社法》，《商事法论集》2007年第12期。
[77]王洪春：《中外合作制度比较研究》，合肥工业大学出版社，2007。
[78]王树桐、戎殿新等：《世界合作社运动史》，山东大学出版社，1996。
[79]王文举：《中国合作经济发展与社会主义新农村建设研究》，《农业经

济》2007年第11期。
[80]王醒男:《日本农协演变经纬的政治经济学分析》,《中国农村观察》2006年第1期。
[81]威尔·杜兰特:《世界文明史》(第十一卷),东方出版社,1998。
[82]吴法俊、朱嶙:《蒙德拉贡合作企业集团的创始人——阿里斯梅迪》,《中国集体工业》1994年第2期。
[83]吴宣恭等:《产权理论与比较——马克思主义与西方现代产权学派》,经济科学出版社,2000。
[84]吴宇晖、佟训舟:《西方国家工人合作制经济的理论与实践》,《劳动经济评论》2011年第1期。
[85]吴宇晖、张嘉昕:《经济民主:一种关于"劳动的政治经济学"》,《当代经济研究》2008年第1期。
[86]逍遥(Claudia Sanchez Bajo)、罗兰滋(Bruno Roelants):《资本与债务陷阱:向全球危机中的合作社学习》,中华全国供销合作总社国际交流促进中心译,中国商业出版社,2014。
[87]肖维湘:《从蒙德拉贡合作银行谈我国城乡合作银行的试点工作》,《中国集体工业》1994年第3期
[88]肖维湘:《西班牙巴斯克区实现了合作制企业规范化》,《中外管理》1995年第5期。
[89]解安、朱慧勇:《股份合作制的治理机制及其创新实践——西班牙蒙德拉贡合作社的借鉴与启示》,《中共浙江省委党校学报》2016年第5期。
[90]熊彼特:《资本主义、社会主义和民主主义》,商务印书馆,1979。
[91]徐更生、熊家文:《比较合作经济》,中国商业出版社,1992。
[92]徐旭初:《如何看待合作社分配不规范问题》,《中国农民合作社》2018年第7期。
[93]许涤新:《政治经济学辞典(中册)》,人民出版社,1980。
[94]杨坚白:《合作经济学概论》,中国社会科学出版社,1990。
[95]杨巧园:《西班牙蒙特拉贡合作制经济研究》,硕士学位论文,吉林大

学经济思想史专业，2017。
[96]叶祥松：《关于现代公司治理结构的两个基本问题》，《北京大学学报》（哲学社会科学版）2001年第4期。
[97]依然、云杉：《达诺巴特集团，西班牙最大的机床企业——访问西班牙达诺巴特集团工厂》，《航空制造技术》2008年第5期。
[98]俞家宝：《农村合作经济学》，北京农业大学出版社，1994。
[99]俞可平：《治理与善治》，社会科学文献出版社，2000。
[100]苑鹏：《德国最新〈合作社法〉的修订变化及其对我国的启示》，《学习与实践》2016年第7期。
[101]张嘉昕、吴宇晖：《蒙德拉贡联合公司的企业模式及绩效研究》，《吉林工商学院学报》2008年第1期。
[102]张嘉昕、杨巧园：《西班牙蒙特拉贡合作制经济的体系构建与社会经济绩效研究》，《海派经济学》2017年第3期。
[103]张嘉昕：《劳动者管理型企业的经济学说述评》，博士学位论文，吉林大学，2010。
[104]张嘉昕：《马克思工人合作工厂理论视阈下的蒙特拉贡合作公司研究》，《马克思主义研究》2012年第11期。
[105]张铁诚、何一埠：《从蒙德拉贡经验谈明晰产权制度》，《中国集体工业》1994年第12期。
[106]张彤玉：《社会资本论——产业资本社会化发展研究》，山东人民出版社，1999。
[107]张五常：《中国的前途》，香港信报有限公司，1988。
[108]张晓山、苑鹏：《国家立法与合作组织的发展》，《农村经济与社会》1990年第5期。
[109]张晓山：《合作社的基本原则与中国农村的实践》，载李惠安编《农村专业合作经济组织国际研讨会文集》，中国农业科技出版社，2000。
[110]张晓山：《西方合作运动浅析》，《中国农村观察》1988年第3期。
[111]张晓山：《一种独特的企业制度：蒙德拉贡合作社纪实》，《经济学动

态》1995 年第 9 期。
[112]张勇:《西班牙蒙德拉贡模式研究综述——兼论当前中国农民合作社的发展》,《世界农业》2013 年第 10 期。
[113]赵鲲、门炜:《关于合作社基本特征的分析和思考》,《中国农村观察》2006 年第 3 期。
[114]赵黎:《欧洲农业合作社的制度创新及其对中国的启示》,《农村经济》2017 年第 11 期。
[115]中国工合国际委员会代表团:《蒙德拉贡合作社联合体考察报告》,《中国市场监管研究》1994 年第 4 期。
[116]中华全国手工业合作总社考察团:《借鉴国际经验大力发展新型合作经济——赴西班牙“蒙德拉贡公司考察报告”》,《中国集体经济》2004 年第 3 期。
[117]周环:《当代合作社原则的异化及思考》,《世界经济文汇》1994 年第 4 期。
[118]朱启臻、王念:《论农民专业合作社产生的基础和条件》,《华南农业大学学报》(社会科学版)2008 年第 3 期。
[119]Abando J., Gallartegi E., Rodriguez J., “The Quality of Management in Basque Companies: Differences Existing Between Cooperative and Non-cooperative Companies,” in Novkovic S. and Sena V. (eds.), *Cooperative Firms in Global Markets* (Bingley: Emerald Group Publishing Limited, 2007).
[120]Agirre I., Reinares P., Agirre A., “Antecedents to Market Orientation in the Worker Cooperative Organization: The Mondragon Group,” *Annals of Public and Cooperative Economics*, 2014 (8).
[121]Agirre I., Reinares P., Freundlich F., “Does a Democratic Management Model Enhance Performance Through Market Orientation? Empirical Evidence from the Mondragon Industrial Group,” *Review of Radical Political Economics*, 2015, 47 (3).
[122] Alessandrini M., Messori M., “Workers' Effort: A Comparison

Between Capitalist and Cooperative Firms," *Theoretical Economics Letters*, 2016, 6.

[123] Altuna L., "Mondragón: The Dilemmas of a Mature Cooperativism," *Cooperatives and Socialism*, 2008.

[124] Arando S., Bengoa I. A. "Inter-cooperation Mechanisms in Mondragon: Managing the Crisis of Fagor Electrodom Ésticos," in Berry D., Kato T. (eds.), *Employee Ownership and Employee Involvement at Work: Case Studies* (Emerald Publishing Limited, 2018).

[125] Arando S., Gago M., Jones D. C., Kato T., "Efficiency in Employee-owned Enterprises: An Econometric Case Study of Mondragon," IZA Discussion Paper No. 5711, 2011.

[126] Arando S., Gago M., Jones D. C., Kato T., "Efficiency in Employee-owned Enterprises: An Econometric Case Study of Mondragon," *ILR Review*, 2015, 68 (2).

[127] Arando S., Gago M., Kato T., Jones D. C., Freundlich F., "Assessing Mondragon: Stability & Managed Change in the Face of Globalization," *SSRN Electronic Journal*, 2010.

[128] Azevedo A., Gitahy L., "The Cooperative Movement, Self-management, and Competitiveness: The Case of Mondragón Cooperativa," *Working USA: The Journal of Labor and Society*, 2010, 13.

[129] Azkarraga J., Cheney G., "Mondragon: Cooperatives in Global Capitalism," in *The Palgrave Handbook of Workers'Participation at Plant Level* (Palgrave Macmilla, 2019).

[130] Bajo C. S., Roelants B., *The Global Crisis: Mother of All Warnings* (Palgrave Macmillan, 2011).

[131] Bajo C. S. and Roelants B., *From Cooperative to Hybrid Organization: Capital and Debt Trap* (New York: Palgrave Macmillan, 2013).

[132] Bakaikoa B., Errasti A., Begiristain A., "Governance of the Mondragon Corporación Cooperativa," *Annals of Public and Cooperative Economics*,

2004, 75 (1).

[133] Barton D. G., "The Principles of Cooperatives," edited by Cobia D. (Englewood Cliffs, N. J.: Prentice-Hall, 1989).

[134] Bastida R., Marimon F., Carreras L., "Human Resource Management Practices and Employee Job Satisfaction in Nonprofit Organizations," *Annals of Public and Cooperative Economics*, 2018, 89 (2).

[135] Batstone E., "Worker Self-management in Industry: Mondragon Experience," *British Journal of Industrial Relations*, 2009, 16 (3).

[136] Bell D., *The Coming of Post-industrial Society: A Venture in Social Forecasting* (Basic Books, 1976).

[137] Bellas C. J., *Democracy and the Worker-owned Firm* (Praeger Publisher, Inc., 1972).

[138] Benner A., "The Life-cycle of Worker-owned Firms in Market Economics," *Journal of Economic Behavior & Organization*, 1988, 10 (3).

[139] Bernacchio C., Couch R., "The Virtue of Participatory Governance: A MacIntyrean Alternative to Shareholder Maximization," *Business Ethics: A European Review*, 2015, 24 (S2).

[140] Berry D., Bell M. P., "Worker Cooperatives: Alternative Governance for Caring and Precarious Work," *Equality, Diversity and Inclusion*, 2018, 37 (4).

[141] Bijman J., Hendrikse G., "Ownership Structure in Agrifood Chains: The Marketing Cooperative," *American Journal of Agriculture Economics*, 2003, 84 (1).

[142] Bijman J., Lindgreen A., Hingley M. K., et al., "Agricultural Cooperatives and Market Orientation: A Challenging Combination?" in *Market Orientation: Transforming Food and Agribusiness Around the Customer* (Gower Publishing, 2010).

[143] Birchall J., "Co-operative Principles Ten Years On," *Review of International Co-Operation*, 2005, 98 (2).

[144] Birchall J., *The International Cooperative Movement* (Manchester University Press, 1997).

[145] Birchall J., "What Motivates Members to Participate in Co-operative and Mutual Business?" *Annals of Public and Cooperative Economics*, 2004, 75 (3).

[146] Bonache J., Zárraga-Oberty C., "Compensating International Mobility in a Workers' Cooperative: An Interpretive Study," *Journal of World Business*, 2018, 55 (5).

[147] Bonin J. P., Jones D. C., Putterman L., "Theoretical and Empirical Studies of Producer Cooperatives: Will Ever the Twain meet?" *Journal of Economic Literature*, 1993, 31.

[148] Bonin J. P., Putterman L., *Economics of Cooperation and the Labor-managed Economy* (Harwood, 1987).

[149] Bonus H., "The Cooperative Association as a Business Enterprise: A Study in the Economics of Transaction," *Journal of Institutional and Theoretical Economics*, 1986, 142.

[150] Borgen S. O., "Identification as a Trust-generating Mechanism in Cooperative," *Annals of Public and Cooperative Economics*, 2001, 72 (2).

[151] Bradley K., Gelb A., "Motivation and Control in the Mondragon Experiment," *British Journal of Industrial Relations*, 1981, 19 (2).

[152] Bradley K., Gelb A., "Motivation and Control in the Mondragon Experiment," in Prychitko D. L. and Vanek J. (eds), *Producer Cooperatives and Labor-Managed Systens*, Vol. Ⅱ (Cheltenham, UK and Brookfield, US: An Elgar Reference Collection, 1996).

[153] Bradley K., Gelb A., *Worker Capitalism: The New Industrial Relations* (Blackwell Publishing Ltd, 1985).

[154] Bretos I., Errasti A., "Managing Degeneration in Large Multinational Cooperatives: Lessons from the Mondragon Group," Conference Programme: Managing Degeneration in Large Multinational Cooperatives:

Lessons from the Mondragon Group, 2016a, 24th-27th May.

[155] Bretos I., Errasti A., "Challenges and Opportunities for the Regeneration of Multinational Worker Cooperatives: Lessons from the Mondragon Corporation—A Case Study of the Fagor Ederlan Group," *Organization*, 2016b, 24 (2).

[156] Bretos I., Errasti A., "The Challenges of Managing Across Borders in Worker Cooperatives: Insights from the Mondragon Cooperative Group," *Journal of Co-operative Organization and Management*, 2018, 6 (1).

[157] Bretos I., Errasti A., Marcuello C., "Ownership, Governance, and the Diffusion of HRM Practices in Multinational Worker Cooperatives: Case-study Evidence from the Mondragon Group," *Human Resource Management Journal*, 2017 (1).

[158] Bretos I., Errasti A. and Marcuello C., "Multinational Expansion of Worker Cooperatives and Their Employment Practices: Markets, Institutions, and Politics in Mondragon," *ILR Review*, 2019, 72 (3).

[159] Burdin G., Dean A., "Endogenous Formation of Coops and Cooperative Leagues," *Journal of Economic Behavior & Organization*, 2008, 68 (1).

[160] Burdin G., Dean A., "New Evidence on Wages and Employment in Worker Cooperatives Compared with Capitalist Firms," *Journal of Comparative Economics*, 2009, 37 (4).

[161] Campbell A., "The Role of Workers in management: The Case of Mondragon," *Review of Radical Political Economics*, 2011, 43 (3).

[162] Casadesus-Masanell R., Khanna T., "Globalization and Trust: Theory and Evidence from Cooperatives," *William Davidson Institute Working Papers*, 2003 (5).

[163] Chaddad F. R., Cook M. L., "The Emergence of Non-traditional Cooperative Structures: Public and Private Policy," Paper Presented at the NCR-194 Research on Cooperatives Manual Meeting, 2003.

[164] Cheney G., *Values at Work: Employee Participation Meets Market Pressure at Mondragon* (*Cornell University Press*, 1999).

[165] Cheney G., Cruz I., Peredo A. M., Nazareno E., "Worker Cooperatives as an Organizational Alternative: Challenges, Achievements and Promise in Business Governance and Ownership," *Organization*, 2014, 21 (5).

[166] Ciplet D., "Building the U. S. Worker Cooperative Movement in the Context of Global Capitalism," *Capstone Collection*, 2007 (11).

[167] Clamp C. A., "The Evolution of Management in the Mondragon Cooperatives," *Mapping Cooperative Studies in the New Millennium*, 1999, 52 (3).

[168] Clamp C. A., "The Internationalization of Mondragon," *Annals of Public and Cooperative Economics*, 2000, 4.

[169] Clamp C. A., Alhamis I., "Social Entrepreneurship in the Mondragon Co-operative Corporation and the Challenges of Successful Replication," *The Journal of Entrepreneurship*, 2010, 19 (2).

[170] Convers G., "Are Worker-managed Firms More Likely to Fail Than Conventional Enterprises?" *Industrial & Labor Relations Review*, 1995, 112 (4).

[171] Cook M. L., "The Future of U. S. Agricultural Cooperatives: A Neo-institutional Approach," *American Journal of Agricultural Economics*, 1995, 77 (5).

[172] Cook M. L., Tong L., "Definitional and Classification Issues in Analyzing Cooperative Organizational System," in Cook M. et al. (eds.), *Cooperatives: Their Importance in the Future Food and Agricultural* (Washington, DC: The Food and Agricultural Marketing Consortium, 1997).

[173] Cornforth C., "Developing Successful Worker Co-operatives," *Local Economy*, 1988.

[174] Curl J., "The Cooperative Movement in Century 21," *Affinities: A Journal of Radical Theory Culture & Action*, 2010, 4 (1).

[175] David H., "Mondragon: A For-profit Organization that Embodies Catholic Social Thought," http://www.entrepren eur.com/tradejournals/article/print/116926710.html, 2004.

[176] Davies R. B., Desbordes R., Ray A., "Greenfield Versus Merger and Acquisition FDI: Same Wine, Different Bottles?" *Canadian Journal of Economics/Revue Canadienne D'Economique*, 2018, 51 (4).

[177] De Paula Leite M., Duaibs R., "Cooperatives and Productive Internationalization: A New Challenge," *Sociologia & Antropologia*, 2017, 7 (2)

[178] Delgado A., "Co-operatives and Education in the Basque Country: The Ikastolas in the Final Years of Franco's Dictatorship," *Journal of the History of Education Society*, 2013 (17).

[179] Dobrin A., "The Role of Agrarian Cooperatives in the Development of Kenya," *Studies in Cooperative International Development*, 1966.

[180] Domar E., "The Soviet Collective Farm as a Producer Co-operative," *American Economic Review*, 1966, 56 (4) .

[181] Dow G. K., *Governing the Firm: Workers Control in Theory and Practice* (Cambridge, UK: Cambridge University Press, 2003).

[182] Dow G. K., Putterman L., "Why Capital Suppliers (Usually) Hire Workers: What We Know and What We Need to Know," *Journal of Economic Behavior and Organization*, 2000, 43.

[183] Draheim G., *Die Genossenschaft als Unternehmungstyp* (Gottingen, 1952).

[184] Drèze J., "Some Theory of Labor Management and Participation," *Econometrica*, 1976, 44 (6).

[185] Drèze J., *Money and Uncertainty: Inflation, Interest, Indexation* (Rome: Bancad' Italia 1993).

[186] Dunning J. H., "Relational Assets, Networks and International Business Activity," *Cooperative Strategies & Alliances in International Business*, 2002 (3).

[187] Ebersberger B., Bloch C., Herstad S. J., et al., "Open Innovation Practices and Their Effect on Innovation Performance," *International Journal of Innovation and Technology Management*, 2012, 9 (6).

[188] Ellerman D., "Three Themes about Democratic Enterprises: Capital Structure, Education, and Spin-offs," in Kruse D. (ed.), *Sharing Ownership, Profits, and Decision-making in the 21st Century* (Emerald Group Publishing Limited, 2013).

[189] Emelianoff I. V., *Economic Theory of Cooperation* (Edwards Brothers, 1942).

[190] Errasti A., "Mondragon's Chinese Subsidiaries: Coopitalist Multinationals in Practice," *Economic and Industrial Democracy*, 2015, 36 (3).

[191] Errasti A., Bretos I., Etxezarreta E., "What Do Mondragon Coopitalist Mulitationals Look Like? The Rise and Fall of Fagor Electrodomesticos S. coop. and Its European Subsidiaries," *Annals of Public and Cooperative Economics*, 2016, 87 (3).

[192] Errasti A., Bretos I., Nunez A., "The Viability of Cooperatives: The Fall of the Mondragon Cooperative Fagor," *Review of Radical Political Economics*, 2017, 49 (2).

[193] Errasti A., Heras I., Bakaikoa B., "The Internationalisation of Cooperatives: The Case of the Mondragon Cooperative Corporation," *Annals of Public and Cooperative Economics*, 2003, 74 (4).

[194] Etxagibel J. A., Cheney G., Udaondo A., "Workers' Participation in a Globalized Market: Reflections on and from Mondragon," in Atzeni M. (ed.), *Alternative Work Organizations* (Palgrave Macmillan, 2012).

[195] Fakhfakh F., Perotin V., Gago M., "Productivity, Capital, and Labor in Labor-managed and Conventional Firms: An Investigation on French (Mondragon) Data," *ILR Review*, 2012, 65 (4).

[196] Fama E. F., Jensen M. C., "Separation of Ownership and Control," *Journal of Law and Economics*, 1983, 26.

[197] Flecha R., Ngai P., "The Challenge for Mondragon: Searching for the Cooperative Values in Times of Internationalization," *Organization*, 2014, 21 (5).

[198] Fleurbaey M., "Economic Democracy and Equality: A Proposal," in Bardhan P. K., Roemer J. E. (eds.), *Market Socialism: The Current Debate* (Oxford University Press, 1993).

[199] Forcadell F. J., "Success in the Practical Application of Cooperative Principles at Spain's Mondragon Cooperative Corporation," *National Productivity Review*, 2000 (2).

[200] Forcadell F. J., "Democracy, Cooperation and Business Success," *Journal of Business Ethics*, 2005, 56.

[201] Fulton M. E., Giannakas K., "Organizational Commitment in a Mixed Oligopoly: Agricultural Cooperatives and Investor-owned Firms," *American Journal of Agricultural Economics*, 2000, 83 (5).

[202] Furubotn E., "Toward a Dynamic Model of the Yugoslav Firm," *Canadian Journal of Economics*, 1971 (5).

[203] Furubotn E. G., Pejovich S., "Property Rights and the Behavior of the Firm in a Socialist State: The Example of Yugoslavia," *Journal of Economics*, 1970, 30 (3).

[204] Furubotn E. G., Pejovich S., "Property Rights and Economic Theory: A Survey of Recent Literature," *Journal of Economic Literature*, 1972, 10 (4).

[205] Gallego-Bono J. R., Chaves-Avila R., "Innovation Cooperative Systems and Structural Change: An Evolutionary Analysis of Anecoop and Mondragon Cases," *Journal of Business Research*, 2016, 69 (11).

[206] Geppert M., Dorrenbacher C., "Politics and Power Within Multinational Corporations: Mainstream Studies, Emerging Critical Approaches and Suggestions for Future Research," *International Journal of Management Reviews*, 2014, 16 (2).

[207] Gibson-Graham J. K., "Enabling Ethical Economies: Cooperativism and Class," *Critical Sociology*, 2003, 29 (2).

[208] Hafe A., et al., "Cooperation of Worker-owned Companies in Criticism," Journal of Economics, 2013, 125.

[209] Hakelius K., "Cooperative Values: Farmer Cooperatives in the Minds of the Farmers," *Uppsala: Swdish University of Agricultural Sciences*, 1996.

[210] Hanna N., Ridnour R. E., Meadow H. L., "Marketing Strategy Lessons from the Mondragon Agricultural Cooperatives in Spain," *Journal of International Food & Agribusiness Marketing*, 1992, 4 (3).

[211] Hansmann H., "When Does Worker Ownership Work? ESOPs, Law Firms, Codetermination, and Economic Democracy," *The Yale Law Journal*, 1990, 99 (8).

[212] Hansmann H., *The Ownership of Enterprise* (Cambridge, M. A.: The Belknap Press of Harvard University Press, 1996.

[213] Harding S., "The Decline of the Mondragon Cooperatives," *Australian Journal of Social Issues*, 1998, 33 (1).

[214] Harris A., Stefanson B., Fulton M., "New Generation Cooperatives and Cooperative Theory," *Journal of Cooperatives*, 1996 (11).

[215] Hart O., Moore J., "Cooperative vs Outside Ownership," London, Cannada: Discussion Paper No. TE/98/346, 1998.

[216] Haste L. N., Shleife J., Vishny D., *Creeping Privatization of the Irish Cooperatives: Transaction Cost Explanation* (Assen: Van Gorcum, 1997).

[217] Heckscher C., *Making Mondragon: The Growth and Dynamics of the Worker Cooperative Complex* (Ithaca, N. Y.: Industrial and Labor Relations, 2013).

[218] Hendrikse G., Veerman C., "Marketing Cooperatives: An Incomplete Contracting Perspective," *Journal of Agricultural Economics*, 2001, 52 (1).

[219] Heras I., "The Ties that Bind? Exploring the Basic Principles of Worker-

owned Organizations in Practice," *Organization*, 2014, 21 (5).

[220] Heras I., Basterretxea I., "Do Co-ops Speak the Managerial Lingua Franca? An Analysis of the Managerial Discourse of Mondragon Cooperatives," *Journal of Co-operative Organization and Management*, 2016 (1).

[221] Herrera J. J. D., Davó N. B., "From Cooperative to Hybrid Organization: Internationalization, Financing and Crisis," in Machado C., Davim J. P. (eds.), *Organizational Management* (Palgrave Macmillan, 2016).

[222] Hilchey D., "New Generation Cooperatives—Adding Value and Profits," *Small Farm Quarterly*, 2004.

[223] Hindmoor A., "Free Riding off Capitalism: Entrepreneurship and the Mondragon Experiment," *British Journal of Political Science*, 1999, 29 (1).

[224] Hoffmann E., "Confrontations and Compromise: Dispute Resolution at a Worker Cooperative Coal Mine," *Law & Social Inquiry*, 2001, 26 (3).

[225] Hoffmann E. A., "Dispute Resolution in a Worker Cooperative: Formal Procedures and Procedural Justice," *Law and Society Review*, 2005, 39 (1).

[226] Holger M. and Wärneryd K., "Inside vs Outside Ownership: A Political Theory of the Firm," *Journal of Economics*, 2001, 32.

[227] Horvat B., *The Political Economy of Socialism: A Marxist Social Theory* (Armonk, N. Y.: Sharpe, 1982).

[228] Huet T., "Can Mondragon Go Global?" *Peace Review*, 2000, 12 (2).

[229] Hymer S. H., Cohen R. B., "The Multinational Corporation: A Radical Approach," *Rugman Reviews International Business*, 2009.

[230] Irizar I., MacLeod G., "Claves Empresariales de Mondragon," https://journals.sagepub.com/doi/10.1177/1350508414539784, 2010.

[231] Iturrioz C., Aragón C., Narvaiza L., "How to Foster Shared Innovation Within SMEs' Networks: Social Capital and the Role of Intermediaries," *European Management Journal*, 2015, 33 (2).

[232] Johnson R. D., "The Mondragón Alternative," *Rediscovering Social Economics*, 2017, 24.

[233] Jones D. C., "The Productive Efficiency of Italian Producer Cooperatives: Evidence from Conventional and Cooperative Firms," in Novkovic S., Sena V. (eds.), *Cooperative Firms in Global Markets* (Bingley: Emerald Group Publishing Limited, 2007).

[234] Kalmi P., "The Study of Co-operatives in Modern Economics: A Methodological Essay," Paper Presented at the Congress, Mapping Co-operative Studies in the New Millennium, 2003.

[235] Kasmir S., *The Myth of Mondragon* (State University of New York, 1996).

[236] Kasmir S., "The Mondragon Cooperatives and Global Capitalism: A Critical Analysis," *New Labor Forum*, 2016, 25 (1).

[237] Kerswell T., Pratap S., *Worker Cooperatives in India* (Palgrave Macmillan, 2019).

[238] Klein B., Crawford R., Alchian A., "Vertical Integration, Appropriable Rents and the Competitive Contracting Process," *Journal of Law and Economics*, 1978, 21 (2).

[239] Kostova D., "Workers' Participation in Mondragon: Past and Current Developments," in Lafferty W. M., Rosenstein E. (eds.), *The Challenge of New Technology and Macro-political Change* (Melbourne: Oxford University Press, 1993).

[240] Kremer M., "Worker Cooperatives as Economic Democracies," MIT Working Paper, 1998.

[241] Kyriakopoulos K., *The Market Orientation of Cooperative Organizations: Learning Strategiesand Structures for Integration Cooperative Firm and Members*

(Assen: Gorcum, 2000).

[242] Kyriakopoulos K., Meulenberg M., "The Impact of Cooperative Structure and Firm Culture on Market Orientation and Performance," *Agribusiness*, 2004, 20 (4).

[243] Lambert T. E., "US Worker Co-operatives and Their Spans of Management, Decision Making, and Governance: An Exploratory Analysis," *Journal of Co-operative Organization and Management*, 2017 (5).

[244] Lawler E. E., Mohrman S. A., Ledford G. E. Jr., *Creating High Performance Organizations* (San Francisco, C. A.: Jossey-Bass, 1995).

[245] Lawler E. E., *From the Ground up: Six Principles for Building the New Logic Corporation* (San Francisco, C. A.: Jossey-Bass, 1996).

[246] Levin H. M., *Raising Employment and Productivity with Producer Co-operatives* (Palgrave Macmillan, 1983).

[247] Lutz M. A., "The Mondragon Co-operative Complex: An Application of Kantian Ethics to Social Economics," *International Journal of Social Economics*, 1997, 24 (12).

[248] Luzarraga J. M., Mondragon Multilocalization Strategy: Innovating a Human Centered Globalization (Ph. D. diss., Mondragon Unibertsitatea, 2015).

[249] Macleod G., Reed D., "Mondragon's Response to the Challenges of Globalization: A Multi-localization Strategy," in *Co-operatives in a Global Economy: The Challenges of Co-operating Across Borders* (Cambridge Scholars Publishing, 2009).

[250] Malleson T., "What Does Mondragon Teach Us about Workplace Democracy?" *in Sharing Ownership, Profits, and Decision-making in the 21st Century* (Published Online: 21 Aug 2014).

[251] Martínez F. J. F., "Democracy, Cooperation and Business Success," *Journal of Business Ethics*, 2005, 56.

[252] Martínez F. J. F., "Success in the Practical Application of Cooperative

Principles at Spainõs Mondragîn Cooperative Corporation," *National Productivity Review*, 2000, 2.

[253] McCain R. A., "On the Optimum Financial Environment for Worker Cooperatives," *Journal of Economics*, 1977, 37.

[254] Meade J. E., "The Theory of Labour-managed Firms and Profit Sharing," *Economics Journal*, 1972, 82.

[255] Meek C. B., Woodworth W. P., "Technical Training and Enterprise: Mondragon's Educational System and Its Implications for Other Cooperatives," *Economic and Industrial Democracy*, 1990, 11.

[256] Meister A., Ross J. C., "Participation, Associations, Development, and Change," *in Thermal Investigation of ICs and Systems* (IEEE, 1984).

[257] Meister H., "Development and Change of the Labour-managed Firm in the Capitalist Economy," *Journal of Political Economy*, 1994, 172 (5).

[258] Mikami K., "Workers' Enterprises in Imperfect Competition," *Journal of Comparative Economics*, 2013, 15 (4).

[259] Mintzberg H., *The Nature of Firm & Managerial Work* (London, UK: Prentice Hall Europe, 1971) .

[260] Miyazaki H., "On Success and Dissolution of the Labor-managed Firm in the Capitalist Economy," *Journal of Political Economy*, 1984, 92 (5).

[261] Moye N. A., Langfred C. W., "Effects of Task Autonomy on Performance: An Extended Model Considering Motivational, Informational, and Structural Mechanisms," *Journal of Applied Psychology*, 2004, 89 (6).

[262] Munkner H. H., *Principios Cooperativosy Derecho Cooperativa* (Bonn, Germany: Friedrich Eberhart Stiftung, 1988).

[263] Nilsson J., "The Emergence of New Organizational Models for Agricultural Cooperatives," *Swedish Journal of Agricultural Research*, 1998, 28 (1).

[264] Nilsson J., "Organizational Principles for Cooperative Firms,"

Scandinavian Journal of Management, 2001 (17) .

[265] Oakeshott R., *The Case for Workers' Co-ops* (Boston: Routledge and Kegan Paul, 1980).

[266] Olsen E. K., "The Relative Survival of Worker Cooperatives and Barriers to Their Creation," *Advances in the Economic Analysis of Participatory & Labor-managed Firms*, 2013, 14.

[267] Park R., "Responses to Emotional Exhaustion: Do Worker Cooperatives Matter?" *Personnel Review*, 2019, 48 (2).

[268] Patrick R., Tirole J., *Financing and Access in Cooperatives* (Toulouse: University of Social Sciences, 2001).

[269] Podivinsky J. M., Stewart G., "On the Choice Between Capitalist and Labour-managed Production: Evidence from a Panel of Entrants into UK Manufacturing Industries," in Bryson A. (ed.), *Advances in the Economic Analysis of Participatory and Labor-managed Firms* (Emerald Group Publishing Limited, 2012).

[270] Porta R. L., Lopez-De-Silanes F., Shleifer A., "Corporate Ownership Around the World," *The Journal of Finance*, 2001, 54 (2).

[271] Porter P. K., Scully G. W., "*Economic Efficiency in Cooperatives*," *Journal of Law and Economics*, 1987, 30.

[272] Ranis P., *Cooperatives Confront Capitalism: Challenging the Neoliberal Economy* (London, UK: Zed Books, 2016)

[273] Rebelo J., Caldas J., Teixeira M., "Manuel, Economic Role, Property Rights, Labor Skills and Technology in the Portuguese Wine Co-operatives," *Annals of Public and Cooperative Economics*, 2002 (1).

[274] Reynold B. J., Gray T. W., "Evolution of Cooperative Thought, Theory and Purpose," *Journal of Cooperatives*, 2001, 13.

[275] Robotka F., "A Theory of Cooperation," in Abrahamsen M. A., Scroggs C. L. (eds.), *Agricultural Cooperation : Selected Readings* (Minneapolis: University of Minnesota Press, 1957).

[276] Roche O., Freundlich F., Shipper F., Manz C. C., "Mondragon's Amorphous Network Structure: Making the Whole Truly Greater Than the Sum of Its Parts," *Organizational Dynamics*, 2018, 47 (3).

[277] Roy E. P., *Cooperatives: Today and Tomorrow* (The Interstate Printers and Publishers, 1964).

[278] Royer J. S., "Co-operative Organizational Strategies: A Neo-institutional Digest," *Journal of Co-operatives*, 1999, 14.

[279] Saive M., "Mondragon: An Experiment with Co-operative Development in the Industrial Sector," *Annals of Public and Cooperative Economics*, 1980, 51 (3).

[280] Schoening J., "Cooperative Entrepreneurialism: Reconciling Democratic Values with Business Demands at a Worker-owned Firm," in Smith V. (ed.), *Worker Participation: Current Research and Future Trends* (Emerald Group Publishing Limited, 2005).

[281] Schomisch T. P., "Edwing G. Nourse and the Competitive Yardstick School of Thought," *UCC Occasional Paper*, 1979 (2).

[282] Scott A., "Equality and Exploitation in the Market Socialism Community," *Social Philosophy and Policy*, 1992, 9 (1).

[283] Seda-Irizarry I. J., "Crisis, Class, and Cooperatives: Some Comments on the United Steelworkers-Mondragón Alliance," *Rethinking Marxism*, 2011, 23 (3).

[284] Selucky R., *Marxism, Socialism and Freedom: Towards a General Democratic Theory of Labour-managed Systems* (Macmillan, 1979).

[285] Spear R., "Governance in Democratic Member-based Organisations," *Annals of Publics and Cooperative Economics*, 2004, 25

[286] Spear R., "The Co-operative Advantage," *Annals of Public and Cooperative Economics*, 2000 (4).

[287] Staatz J. M., "A Game Theoretic Analysis of Decisionmaking in Farmer Co-operatives," in Royer J. S. (ed.), *Cooperative* 151 *Theory: New*

Approaches (Washington, D. C.: USDA ACS Service, 1987a).

[288] Staatz J. M., "Recent Developments in the Theory of Agricultural Cooperation," *Journal of Agricultural Cooperation*, 1987b, 2.

[289] Staatz J. M., Levay C., "Agricultural Co-operative Theory: A Review," *Journal of Agricultural Economics*, 1987, 34.

[290] Stikkers K. W., "Dewey, Economic Democracy, and the Mondragon Cooperatives," *European Journal of Pragmatism and American Philosophy*, 2011 (2).

[291] Storey J., Basterretxea I., Salaman G., "Managing and Resisting' Degeneration' in Employee-owned Businesses: A Comparative Study of Two Large Retailers in Spain and the United Kingdom," *Organization*, 2014, 21 (5).

[292] Surroca J., García-Cestona M. A., Santamaria L., "Corporate Governance and the Mondragón Cooperatives," *Management Research*, 2006, 4 (2).

[293] Taylor P. L., "The Rhetorical Construction of Efficiency: Restructuring and Industrial Democracy in Mondragón, Spain," *Sociological Forum*, 1994, 9 (3).

[294] Tennbakk B., "Marketing Cooperatives in Mixed Duopolies," *Journal of Agricultural Economics*, 1995, 46 (1).

[295] Thomas H., Logan C., *Mondragon: An Economic Analysis* (London: George Allen and Unwin, 1982).

[296] Thompson P. J., Sanders S. R., "Partnering Continuum," *Journal of Management in Engineering*, 1998, 14.

[297] Thompson S., "Towards a Social Theory of the Firm: Worker Cooperatives Reconsidered," *Journal of Co-operative Organization and Management*, 2015, 3 (1).

[298] Tkacz M., Arando S., Pacut A., "Cooperative Response to Societal and Market Challenges—The Motives and Stages of Development of

Mondragon Cooperative Model: A Case Study," *Ekonomia Spoleczna*, 2015 (2).

[299] Torgerson R. E., Reynolds B. J., Gray T. W., "Evolution of Cooperative Thought, Theory and Purpose," Conference on "Cooperatives: their Importance in the Future of the Food and Agricultural System," Food and Agricultural Marketing Consortium, Las Vegas, 1997.

[300] Tortia E., Albanese M., Navarra C., "Equilibrium Unemployment as a Worker Insurance Device: Wage Setting in Worker Owned Enterprises," Working Paper, 2017.

[301] Trechter D., King R. P., Cobia D. W., et al., "Case Studies of Executive Compensation in Cooperatives," *Review of Agricultural Economics*, 1997, 19 (2).

[302] Turnbull S., "Case Study: Innovations in Corporate Governance: The Mondragón Experience," *Corporate Governance: An International Review*, 1995, 3 (3).

[303] USDA Rural Development, Business and Cooperative Services, "Joint Ventures and Subsidiaries of Agricultural Coopertives," RBS Research Report 226, 2012.

[304] Uzuriaga A. A., Freundlich F., Gago M., "ULMA Architectural Solutions: A Case from the Mondragon Cooperative Group," in Berry D., Kato T. (eds.), *Employee Ownership and Employee Involvement at Work: Case Studies* (Emerald Publishing Limited, 2018)

[305] Vanek J., *Producer Cooperatives and Labor-managed Systens*, Vol. Ⅱ (Cheltenham, UK and Brookfield, US: AnElgar Reference Collection, 1981).

[306] Vanek J., *The General Theory of Labor-managed Market Economics* (Ithaca, N. Y.: Cornell University Press, 1970).

[307] Vitaliano P., "Cooperative Enterprise: An Alternative Conceptual Basis

for Analyzing a Complex Institution," *American Journal of Agricultural Econmics*, 1983, 65.

[308] Ward B., *Economic Theory of Cooperation* (Ann Arbor: Edward Brothers, 1954).

[309] Ward B., "The Firm in Illyria: Market Syndicalism," *American Economic Review*, 1958, 48 (3).

[310] Ward B., *The Socialist Economy: A Study of Organizational Alternatives* (New York: Random House, 1967).

[311] Webb S., *A Constitution for the Socialist Commonwealth of Great Britain* (Longman, 1920).

[312] Webb S., Webb B., *The Consumers, Cooperative Movement* (London: Longmans, Green, 1921).

[313] Whyte W. F., Whyte K. K., *Making Mondragon* (ILR PRESS Ithaca, 1991).

[314] Whyte W. F., "Learning from the Mondragón Cooperative Experience," *Studies in Comparative International Development*, 1995, 30 (2).

[315] Whyte W. F., Blasi J. R., "Worker Ownership, Participation and Control: Toward a Theoretical Model," *Policy Science*, 1982.

[316] William M., Michael J., "Rights and Production Functions: An Application to Labor Managed Firms and Codetermination," *Journal of Business*, 1979, 52 (4).

[317] Wolff R., *Democracy at Work: A Cure for Capitalism* (Chicago, I. L.: Haymarket Books, 2012).

[318] Zusman P., "Constitutional Selection of Collective-choice Rules in a Cooperative Enterprise," *Journal of Economics Behavior and Organization*, 1992, 17.

[319] Zusman P., Rausser G. C., "Inter-organizational Influence and Optimality of Collective Action," *Journal of Economics Behavior and Organization*, 1994, 24.

[320] Latinne A., *The Mondragon Cooperatives: Workplace Democracy and Globalization* (Cambridge, Antwerp, and Portland: Intersentia, 2014).

[321] Åsheim K. A., Worker Cooperatives and the Financial Crisis: A Case Study of Mondragon Corporation (Master's Thesis at the Department of Economics, University of Oslo, 2011).

后　记

本书所用理论分析框架来自国家社会科学基金课题（项目编号：19BJL013）的阶段性创新果，本书是该课题发展、创新的核心制度解析理论对全球化下西方工人合作社变革进行制度解析的一次理论检视。经过实践对理论的检验，创新理论得以进一步改进，得以不断丰富与完善。

本书得以顺利完成还得益于云南大学社科处及云南大学经济学院同仁的鼎力支持。研究期间，我带的几位研究生罗凌锋、李庆良、陈辰辰、何婉杰、姜皓天、张弛、王昌虎等在资料收集、甄别、归类整理、统计分析等方面做了大量的工作。参与研究或为研究提供资料的人员除云南大学的同仁、研究生外，还有南开大学、云南农业大学、西南林业大学的专家、教授。此外，国际合作社联盟（ICA）的 Hyungsik Eum 等朋友为我提供了西方工人合作社大量可靠、翔实的第一手资料。在本书的形成过程中，中国合作经济学会的李国宝主任，以及中国社会科学院农村发展研究所的胡冰川、曹斌研究员给予了积极的支持与帮助，在此，一并对上述单位、同仁、学生、朋友、专家学者们致以诚挚的感谢。同时，还要感谢在此没有提到的所有为完成本书提供帮助的老师、同学和朋友。

笔者研究能力、水平有限，书中定有肤浅和不妥之处，恳请有关领导、专家学者批评指正。

娄锋

2020 年 10 月 1 日

图书在版编目（CIP）数据

全球化下西方工人合作社演化的制度分析：以蒙德拉贡为例 / 娄锋著. -- 北京：社会科学文献出版社，2021.8

ISBN 978-7-5201-8504-2

Ⅰ.①全… Ⅱ.①娄… Ⅲ.①合作社-企业经济-研究-西方国家 Ⅳ.①F279.1

中国版本图书馆 CIP 数据核字（2021）第 105572 号

全球化下西方工人合作社演化的制度分析

——以蒙德拉贡为例

著　　者 / 娄　锋

出 版 人 / 王利民
组稿编辑 / 恽　薇
责任编辑 / 田　康
责任印制 / 王京美

出　　版 / 社会科学文献出版社·经济与管理分社（010）59367226
地址：北京市北三环中路甲 29 号院华龙大厦　邮编：100029
网址：www.ssap.com.cn
发　　行 / 市场营销中心（010）59367081　59367083
印　　装 / 三河市龙林印务有限公司

规　　格 / 开　本：787mm × 1092mm　1/16
印　张：22.75　字　数：349 千字
版　　次 / 2021 年 8 月第 1 版　2021 年 8 月第 1 次印刷
书　　号 / ISBN 978-7-5201-8504-2
定　　价 / 128.00 元